Kunst- und Kulturführer Sachsen-Anhalt
Straße der Romanik

W0199592

Kunst-
und Kulturführer
Sachsen-Anhalt

# STRASSE DER ROMANIK

Edition Leipzig

**Autorenverzeichnis**

Prof. Dr. Hans-Joachim Bartmuß
Torsten Buchholz (T. B.)
Dr. Johanna Flemming (J. F.)
Dorothee Honekamp (D. H.)
Dr. Mathias Köhler (M. K.)
Dr. Hans-Joachim Krause (H.-J. K.)
Gerhard Leopold (G. L.)
Dr. Hellmut Müller (H. M.)
Rolf Naumann (R. N.)
Dr. Helga Neumann (H. N.)
Prof. Dr. Heinrich L. Nickel (H. L. N.)
Dr. Peter Ramm (P. R.)
Dr. Irene Roch (I. R.)
Reinhard Schmitt (R. S.)
Dr. Horst Scholke (H. S.)
Prof. Dr. Ernst Schubert (E. S.)
Gisela u. Andreas Schattanik (G. u. A. S.)
Dr. Christian Antz stellte die Reiseinformationen zur Verfügung

Umschlagvorderseite: Quedlinburg, Stiftskirche St. Cyriakus
Umschlagrückseite: Jerichow, Klosterkirche

Straße der Romanik
Projekt des Minsteriums für Wirtschaft,
Technologie und Verkehr des Landes Sachsen-Anhalt
Projektleitung Dr. Christian Antz
Referat Tourismus

Herausgegeben mit Unterstützung des
Landesamtes für Denkmalpflege Sachsen-Anhalt

Die Deutsche Bibliothek - CIP-Einheitsaufnahme
Straße der Romanik : Kunst- und Kulturführer
Sachsen-Anhalt. - Leipzig : Ed. Leipzig, 1994
ISBN 3-361-00401-2

© 1994 Edition Leipzig
Umschlag: Dietmar Kunz, Leipzig
Gestaltung: Dietmar Senf, Leipzig
Satz und Reproduktion: a bis z - Publishing, Leipzig
Printed in Slowenija
ISBN: 3-361-00401-2

**Inhalt**

*Hans-Joachim Bartmuß*

# Zur Geschichte

Das Land Sachsen-Anhalt ist als administrative Einheit noch sehr jung. Es ging bekanntlich erst 1947 aus der 1945 gebildeten Provinz Sachsen-Anhalt hervor und wurde nach seiner 1952 erfolgten Auflösung erst im Jahre 1990 wieder begründet. Deshalb hat dieses Land zwischen Ostharz, Helme/Unstrut, Mittelelbe/Saale bzw. Mulde und Ohre über lange historische Perioden auch keine einheitliche Geschichte. Und doch gibt es einen historischen Zeitabschnitt, in dem dieser Raum eine denkwürdige Einheit bildete, nämlich die Zeit nach dem Zerfall des fränkischen Großreichs der Karolinger bis zum Ende der Herrschaft der staufischen Dynastie in Deutschland. Dies ist in etwa der gleiche Zeitabschnitt, in dem sich in der mittelalterlichen europäischen Kunst die Romanik als erste große Stilperiode ausbildete und für fast drei Jahrhunderte herrschend wurde. Von ganz besonderer Bedeutung für das im heutigen Bundesland Sachsen-Anhalt vereinigte Gebiet war dabei das 10. Jahrhundert, als die sächsischen Liudolfinger/Ottonen als Könige und Kaiser in dem von ihnen geschaffenen frühmittelalterlichen deutschen Reich herrschten.

## Ostsachsen wird zur Kernlandschaft des ostfränkisch-deutschen Reiches

Sachsen war erst um die Wende vom 8. zum 9. Jahrhundert nach rund 30jährigem Ringen durch Kaiser Karl den Großen in das fränkische Reich integriert worden. Daß dies planmäßig erfolgt ist, bezeugen die seitens der fränkischen Herrscher betriebenen Vorbereitungen, besonders deutlich am Beispiel des fränkischen Burgbezirkssystems und fränkischer Pfalzanlagen im Gebiet südlich der Unstrut, das punktuell auch über diesen Fluß hinausgriff (möglicherweise gehörten die Burgen Allstedt und Querfurt zu diesem fränkischen Burgbezirkssystem), sowie der wahrscheinlich von den Franken im Grenzraum zu den slawischen Stämmen betriebenen Anlage von Grenzburgen wie Magdeburg, Merseburg, Alsleben, Nienburg, Calbe, Barby und Frose.
In der ersten Hälfte des 9. Jahrhunderts entwickelten sich Wirtschaft, Gesellschaft und Herrschaftsverhältnisse in Sachsen relativ rasch, vor allem auch in seinem südöstlichen Teil, im Gebiet zwischen Ostharz und Elbe/Saale. Es bildete und festigte sich nunmehr in wachsendem Maße großes, in Grundherrschaften organisiertes Grundeigentum.

Davon zeugen die zahlreichen Herrenhöfe der Klöster Hersfeld (Erwähnung der Burg Querfurt im Hersfelder Zehntverzeichnis Ende des 9. Jahrhunderts), Fulda, Corvey und Werden, die grundherrschaftlich organisierten Eigen-, Lehns- und Amtsgüter der sächsischen Grafen und die zahlreichen, in den Quellen des 10. Jahrhunderts als Königshöfe und Pfalzen erscheinenden Herrschaftszentren. Auf dieser Grundlage erstarkte auch die soziale und politische Stellung der herrschenden Oberschichte und erhöhte sich die Wirksamkeit der Herrschaftsinstitutionen. Neben den genannten Klöstern waren dies vor allem das in den 20er Jahren des 9. Jahrhunderts aus dem von Karl dem Großen 777-780 eingerichteten Missionssprengel Osterwieck hervorgegangene Bistum Halberstadt, das das gesamte südostsächsische Gebiet zwischen Ostharz und Elbe/Saale kirchlich-organisatorisch in seiner Hand vereinigte, und die ebenfalls von Karl dem Großen im Jahre 782 eingerichteten Grafschaften, denen die »Edelsten« (nobilisimi) der Sachsen als Grafen vorstanden. Mit dieser Festigung der Herrschaftsverhältnisse im südostsächsischen Raum waren einerseits die Überführung von Bauern in Abhängigkeit von diesen sowie anderen Herren und andererseits die Ausstattung von Unfreien mit einer bäuerlichen Wirtschaft gegen Leistung von Abgaben und Diensten an die Grundherren verbunden.
Als im Prozeß des Zerfalls des fränkischen Großreiches, der mit dem Vertrag zu Verdun 843 abgeschlossen war, die selbständige Rolle der Grafen, vor allem derer, die an den Grenzen zu den Slawen eingesetzt waren, immer klarer hervortrat, waren es insbesondere zwei, die in Sachsen tonangebend wurden: der ostsächsische Graf Liudolf – vermutlich Organisator der Grenzverteidigung gegen die Slawen und wegen dieser militärischen Machtstellung auch Führer des sächsischen Adels im Kampf gegen die zweite Erhebung der im Stellingabund vereinten sächsischen Bauern 842/43 –, bald nach 843 in einer Quelle als Herzog der östlichen Sachsen bezeichnet, und der westsächsische Graf Cobbo – Sohn des Grafen Egbert, der von Karl dem Großen mit gräflichen Rechten in umfangreichen Gebieten zwischen Rhein und Weser ausgestattet worden war –, dessen Herrschaftsgebiet, nämlich der westliche Teil Sachsens in zwei Urkunden des ostfränkischen Königs Ludwig des Deutschen Ende der 50er Jahre des 9. Jahrhunderts als »Herzogtum der Westfalen« bezeichnet wurde. Macht und Geltung Liudolfs konnten sich relativ frei entfalten, zumal sich nach 852 bis zum Ende des 9. Jahrhunderts kein einziger ostfränkischer König auch nur für kurze Zeit in Sachsen aufhielt. Aufgrund ihrer stärkeren Stellung konnten sich die Liudolfinger – durch Verheiratung König Ludwigs des Jüngeren mit einer Tochter Liudolfs sowie durch die Ehe von Liudolfs ältestem Sohn Brun mit einer Karolingerin mit dem ostfränkischen Königsgeschlecht auch noch verwandtschaftlich verbunden – gegen die

westsächsischen Ecbertiner/Cobbonen durchsetzen und ihre Herzogsstellung bis spätestens 880 auf ganz Sachsen ausdehnen.
Für die spezifische Bedeutung des Gebiets zwischen Harz und Elbe/Saale – bis auf die ostsaalischen Gebiete im wesentlichen identisch mit dem des heutigen Bundeslandes Sachsen-Anhalt – besonders wichtig wurde der Ausbau der herzoglichen Machtgrundlagen vor allem hier. Ökonomische Grundlage der sächsischen Herzogsgewalt gegen Ende des 9. Jahrhunderts waren reiche Grundbesitzungen vor allem im Harz und westlich und nördlich des Harzes sowie im Südthüringgau und im Eichsfeld gewesen. Dazu traten Grundeigentum und Herrschaftsrechte in anderen Teilen Sachsens, u. a. begründet durch Heiratsverbindungen mit dem Königshaus und anderen sächsischen Adelssippen oder auch durch Usurpationen wie im Falle der gewaltsamen Aneignung der Mainzer Kirchengüter in Südsachsen und Thüringen durch den späteren König Heinrich in den Jahren 912/13. Seit Mitte des ersten Jahrzehnts des 10. Jahrhunderts tritt in diesem Zusammenhang aber besonders stark das südostsächsische Gebiet zwischen Ostharz und Elbe/Saale hervor. Vor allem der Gewinn Merseburgs infolge der Ehe Heinrichs mit der Tochter des Markgrafen Erwin, die allerdings kirchlich nicht anerkannt und deshalb auch nicht vollzogen worden ist, und der Gewinn karolingischen Königsguts im Harz- und Unstrutgebiet aus dem Bestand der usurpierten Mainzer Güter führten dazu, daß Südostsachsen zum Kerngebiet herzoglicher Macht wurde. Die Liudolfinger verfügten hier fortan in besonders großem Maße über Grundeigentum und hielten sich demzufolge hier auch bevorzugt auf. So wurde mit der Erhebung des sächsischen Herzogs Heinrich zum ostfränkisch-deutschen König im Jahre 919 unser Gebiet, der Raum zwischen Ostharz und Elbe/Saale, auch zur Kernlandschaft des ostfränkisch-deutschen Reiches, zur wichtigsten Königslandschaft. Hier war die Zahl der Königshöfe und Pfalzen, die im 10. Jahrhundert von den sächsisch-liudolfingischen Königen genutzt bzw. von ihnen angelegt wurden, besonders groß. Ihre Bedeutung für die Königsherrschaft ergab sich vor allem aus der Möglichkeit längerfristiger Versorgung des Königshofs und z. T. auch aus ihrem Charakter als militärische Stützpunkte an den Reichsgrenzen.
Die wichtigsten, von den sächsischen Königen im 10. Jahrhundert genutzten Aufenthaltsorte in unserem Gebiet waren die Pfalzen Allstedt, Magdeburg, Merseburg, Memleben, Tilleda und Wallhausen, die Königshöfe Helfta (Eisleben), Calbe/Saale, Derenburg, Groß Rosenburg (bei Calbe/Schönebeck), Seehausen, Wiehe (Unstrut), vielleicht auch schon Rottleberode und Zeitz, sowie die königlichen Jagdhöfe in Hasselfelde, Ilsenburg, Siptenfelde und Selkenfelde (bei Stiege). Dabei traten als besondere Konzentrationspunkte Merseburg – auf Grund seiner materiellen Ausstattung und strategischen Stel-

lung für König Heinrich I. sowie seit dem 11. Jahrhundert für König Heinrich II. und seine Nachfolger besonders bedeutsam – und Magdeburg – vor allem als dauernder Aufenthaltsort Ottos I. und seiner Gemahlin zwischen 929 und 936 sowie danach bis gegen Ende des 10. Jahrhunderts als planmäßig ausgebauter sächsischer Königsitz – hervor.

Anfang des 10. Jahrhunderts waren die slawischen Stämme jenseits von Mittelelbe und Saale wieder unabhängig von ostfränkischer Tributherrschaft, und nur ein schmaler Gebietsstreifen östlich von Magdeburg und an der mittleren Saale befand sich unter sächsischer Kontrolle. Als junger Herzogssohn hatte Heinrich I. 905/06 versucht, die sorbischen Daleminzer wieder zu unterwerfen. Als diese deshalb die Ungarn – Reiternomaden, die 895 die Theißebene besetzt und von hier aus Pannonien unterworfen hatten – herbeiriefen, begannen deren Einfälle, Raub- und Plünderungszüge in der Hoffnung auf reiche Beute, auch in Sachsen. Den wahrscheinlich 924 geschlossenen Waffenstillstand – Heinrich erlangte ihn gegen Freilassung eines gefangenen ungarischen Großen und jährliche Tributzahlungen – nutzte der inzwischen zum ostfränkisch-deutschen König erhobene sächsische Herzog, um einen wirksamen Schutz gegen die ungarischen Raub- und Plünderungszüge aufzubauen. Er schuf eine leicht bewegliche Panzerreiterei, um den Ungarn im offenen Kampfe gewachsen zu sein, und er legte befestigte Plätze, meist weiträumige Fluchtburgen an bzw. baute sie aus. Die ältesten befestigten Anlagen von Quedlinburg und Nordhausen sind wahrscheinlich in diesem Zusammenhang entstanden. Die befestigten Plätze soll Heinrich I. mit sogenannten »agrarii milites« (agrarischen Kriegern) ständig belegt haben, von denen jeder Neunte auf der Burg Wachdienst geleistet haben soll, während die übrigen landwirtschaftliche Tätigkeiten verrichteten. Die Ertragsüberschüsse dienten zur Auffüllung der Proviantlager, die für den Notfall auf den Burgen angelegt wurden, um die schutzbedürftige Bevölkerung der Umgebung davon ernähren zu können. In Merseburg soll Heinrich I. sogar eine angeblich aus Dieben und Räubern gebildete militärische Einheit, die sog. »Merseburger Legion«, stationiert haben, die im Kampf gegen die benachbarten Slawen eingesetzt wurde. In Vorbereitung des entscheidenden Kampfes gegen die Ungarn unternahm Heinrich I. 928/29 mehrere Feldzüge gegen slawische Stämme. Als sich 929 die Redarier gegen die ostfränkisch-deutsche Tributherrschaft erhoben, setzte er auf dem Höhepunkt der Schlacht bei der Burg Lenzen auf dem östlichen Elbeufer Panzerreiter ein, die durch einen Flankenangriff diese Schlacht auch entschieden. Als der König 933 den Ungarn den Tribut verweigerte, versuchten sie wiederum, über Thüringen in Sachsen einzufallen. Eines der beiden ungarischen Heere belagerte eine Burg im ostthüringisch-südostsächsischen Gebiet (vielleicht Merseburg), als

Heinrich I. mit einem großen Heer bei dem heute wüsten und deshalb nicht mehr genau zu lokalisierenden Ort Riade eintraf. Mit Hilfe einer leichtbewaffneten Schar Thüringer gelang es, das ungarische Heer an die königliche Hauptstreitmacht heranzuziehen. Doch bereits beim Anblick der Panzerreiterei ergriffen die Ungarn die Flucht. Dieser Sieg gegen die Ungarn wurde von den Zeitgenossen als großes Ereignis angesehen; noch Anfang des 11. Jahrhunderts berichtete der Bischof Thietmar von Merseburg, König Heinrich I. habe danach den Speisesaal im Obergeschoß der Königspfalz Merseburg mit Fresken ausschmücken lassen, die dieses siegreiche Treffen würdigten.
Alle diese Ereignisse, die sich während der Herrschaftszeit Heinrichs I. vorzugsweise im Gebiet zwischen Ostharz und Elbe/Saale abspielten, machen deutlich, welch große Rolle dieses Gebiet als Kernlandschaft des ostfränkisch-deutschen Reiches auch in der politischen Geschichte jener Zeit gespielt hat. So ist es auch kein Zufall, daß Sterbe- wie auch Bestattungsort des ersten Königs aus dem sächsischen Hause, Heinrichs I., hier zu finden sind: Memleben (Unstrut) und Quedlinburg.

## Die weitere Ausgestaltung des Gebiets zwischen Ostharz und Elbe/Saale als Königslandschaft unter König Otto I.

Der älteste Sohn und Nachfolger Heinrichs I., Otto I., gestaltete das Gebiet zwischen Ostharz und Elbe/Saale als Königslandschaft noch weiter aus. Im Ergebnis seiner Politik wurde es nämlich nicht allein zur wichtigsten Ausgangsbasis für die Unterwerfung aller slawischen Stämme bis zur Oder und ihre Eingliederung in das frühmittelalterliche deutsche Reich, sondern durch den Ausbau Magdeburgs zur sächsischen Residenz König Ottos I. zur Basislandschaft des Königtums überhaupt.
Kurz nach dem Tode seines Vaters setzte Otto I. nämlich an der Unterelbe sowie an Mittelelbe und Saale je einen Markgrafen ein, die den Grenzschutz und die Überwachung der benachbarten slawischen Stämme wahrnehmen sollten. Der Herrschaftsbereich des an Mittelelbe und Saale 937 eingesetzten Markgrafen Gero, der in Magdeburg einen Hof besaß, reichte von Stendal und Havelberg im Norden bis Naumburg im Süden. Es gelang ihm ebenso wie dem an der Unterelbe eingesetzten Markgrafen Hermann Billung, die slawischen Stämme bis zur Oder zu unterwerfen und die Erhebungen einzelner Stämme immer wieder zu unterdrücken. Zur Sicherung der Herrschaft im Slawenland wurden seit der zweiten Hälfte des 10. Jahrhunderts Burgwarde mit deutscher Besatzung eingerichtet, die nicht nur zu den wichtigsten politisch-administrativen Eckpfeilern der deutschen Herrschaft in den eroberten slawischen Gebieten wurden, sondern an

denen auch die deutschen Priester Rückhalt fanden. Die Gründung von Bistümern in Brandenburg und Havelberg um 946-948 hatte außerdem die kirchliche Organisation der Gebiete zwischen Elbe/Saale und Oder eingeleitet, die später mit der Gründung des Erzbistums Magdeburg abgeschlossen werden sollte.
Ebenso wichtig und mit dem ersten Schwerpunkt der königlichen Politik eng verbunden ist die planmäßige Entwicklung des Harz-Mittelelbe/Saale-Gebiets zur Basislandschaft des sächsischen Königtums überhaupt. Zu diesem Zweck wurden die organisatorischen und inhaltlichen Fundamente von Christentum und Kirche im Diözesanbereich Halberstadt – bis 968 mit dem Gebiet zwischen Ostharz und Mittelelbe/Saale nahezu identisch – in dieser Zeit vor allem durch Errichtung vieler Kirchen (darunter der jetzt als Friedhofskapelle dienenden Kirche von Alvensleben/Bebertal) sowie die Gründung von mehr als 20 Klöstern gefestigt. Zu diesen Gründungen zählen so bedeutende Einrichtungen wie das von König Otto I. selbst im Jahre 936 errichtete Kanonissenstift Quedlinburg sowie das 959 von Markgraf Gero gegründete Kanonissenstift Gernrode, aber auch das von Markgraf Gero ursprünglich als Benediktinerkloster gegründete und von ihm bald in ein Kanonissenstift umgewandelte und Gernrode als Propstei unterstellte Frose, das von dem Walbecker Grafenhaus als Hauskloster gegründete Chorherrenstift in Walbeck, das von Bischof Bernhard von Halberstadt gegründete Benediktinerinnenkloster in Hadmersleben sowie die von Kaiser Otto II. zwischen 976 und 979 gegründete Benediktinerabtei Memleben. Am bedeutsamsten aber war zweifellos die Gründung des St. Moritzklosters in Magdeburg. Im Jahre 937 in Anwesenheit von zwei Erzbischöfen, acht Bischöfen und vielen weiteren Großen feierlich ins Leben gerufen, stattete Otto I. dieses Kloster kraft Stiftungsurkunde sehr reich mit Grundbesitz aus, dessen Gesamtbestand durch mehr als 50 königliche Schenkungen in den folgenden Jahrzehnten, darunter vor allem seit den 60er Jahren zunehmend Zehnten und andere Schenkungen in den ostelbischen, von Slawen bewohnten Gebieten, außerordentlich rasch anwuchs. Was die Absicht König Ottos I., Magdeburg als bevorzugte königliche Residenz auszubauen, schon 937 offenbart, ist die Tatsache, daß er bereits in der Stiftungsurkunde dem Kloster auch die königliche Pfalz zusprach. Dieser Plan Ottos I., Magdeburg in Konkurrenz zur alten Kaiserstadt Aachen als sächsische Residenz der liudolfingischen Herrscher auszubauen, wurde während der ersten Jahrzehnte der Königsherrschaft Ottos immer deutlicher, und zwar in dem Maße, wie sich während der ersten Hälfte des 10. Jahrhunderts das Machtzentrum des ostfränkisch-deutschen Reiches allmählich von der Francia auf die Saxonia verlagerte. Während seiner Herrschaftszeit von 936 bis 973 hat sich Otto I. nachweislich 21 Mal in Magdeburg

aufgehalten und dabei das St. Moritzkloster bzw. das spätere Erzbistum als Pfalz benutzt. So trat Magdeburg etwa seit Mitte des 10. Jahrhunderts gegenüber den anderen Königshöfen und Pfalzen im ostfränkischdeutschen Reich immer stärker hervor, so daß auch das unter König Heinrich I. bevorzugte Merseburg bald die Vorrangstellung Magdeburgs anerkennen mußte.
Dieser Bedeutungsanstieg Magdeburgs unter Otto I. drückt sich aber auch aus in der Realisierung des lange gehegten Planes des Kaisers, Magdeburg zum Erzbistum zu erheben. 968 wurde das St. Moritzkloster nach langwierigen Verhandlungen mit dem Mainzer Erzbischof und dem Halberstädter Bischof endlich zum Erzbistum umgewandelt. Die im gleichen Jahr 968 gegründeten Bistümer in Merseburg, Zeitz (1028 nach Naumburg verlegt) und Meißen wurden ebenso wie die bisher der Mainzer Kirchenprovinz zugehörigen Bistümer Havelberg und Brandenburg in die Magdeburger Kirchenprovinz aufgenommen. Mit der Zuordnung der slawischen Gaue Serimunt, Nudcizi, Neletici und Nisizi zur Magdeburger Erzdiözese sowie der slawischen Gaue Scitizi, Siusli, Chutizi und Queszizi zur Merseburger Diözese wurden u. a. auch die heute zum Land Sachsen-Anhalt gehörigen Gebiete zwischen Saale und Mulde in die Kirchenorganisation des deutschen Reiches einbezogen.

## Der Rückgang königlicher Macht und die wachsende Bedeutung der geistlichen und weltlichen Großen im Gebiet zwischen Harz und Elbe/Saale seit Ausgang des 10. Jahrhunderts

Je mehr sich Otto I. nach seiner Kaiserkrönung im Jahre 962 wie auch später seine Nachfolger Otto II. und Otto III. auf ihre Italien- und Kaiserpolitik konzentrierten, desto stärker betrieben die Erzbischöfe, Bischöfe und Markgrafen zwischen Ostharz und Elbe/Saale eine selbständige Politik. Nach dem Tode Markgraf Geros 965 wurde seine Markgrafschaft in sechs selbständige Markgrafschaften geteilt. Diese sechs Markgrafen und die vier geistlichen Großen, der Erzbischof von Magdeburg sowie die Bischöfe von Halberstadt, Merseburg und Zeitz/Naumburg, nahmen die Politik an der Ostgrenze des deutschen Reiches mehr und mehr in ihre eigenen Hände, zumal seit den 60er Jahren des 10. Jahrhunderts mit dem polnischen Herzog ein neuer Rivale auftauchte. Bereits 963 war es zum ersten militärischen Zusammenstoß zwischen Markgraf Gero und Herzog Mieszko I. von Polen gekommen, in dessen Folge sich der Pole verpflichtet haben soll, für das Gebiet zwischen Oder und Warthe Tribut zu zahlen. 972 erlitten Markgraf Hodo und Graf Siegfried von Walbeck gegen den gleichen Gegner bei Cedynin/Oder eine schwere Niederlage. Otto I. mußte wenige Wochen vor seinem Tode auf dem glänzen-

den Reichstag in Quedlinburg Ostern 973 diesen Konflikt zwischen den sächsischen Großen und Mieszko beilegen.
Die große Erhebung der lutizischen Stämme gegen die deutsche Herrschaft im Jahre 983 forderte die politischen Führungskräfte zwischen Harz und Elbe/Saale in besonderem Maße. Im Verlauf dieses Aufstandes erstürmten die Slawen nicht nur Brandenburg und Havelberg, sondern nach Überschreiten der Elbe auch das Kloster Kalbe an der Milde, bevor sie von einem sächsischen Heer zurückgedrängt werden konnten. Die Folgen dieses Aufstands waren dennoch beträchtlich: Nur östlich der Saale im Bereich der sorbischen Stämme blieb die deutsche Herrschaft mit Markenorganisation, Burgwardsystem und kirchlicher Organisation fortan stabil.
Unmittelbare Folge dieser Verschiebung der politischen Machtverhältnisse war der Rückgang der bis dahin überragenden Bedeutung Magdeburgs, das im ersten Viertel des 11. Jahrhunderts unter König Heinrich II. hinsichtlich der Zahl der Königsaufenthalte deutlich hinter Merseburg rangierte, vor allem nach der Wiederherstellung des 981 aufgelösten Merseburger Bistums. Eine weitere Folge war die Entwicklung zweier Markgrafschaften zu beherrschender Geltung, nämlich der sächsischen Ostmark, die bis zur Niederlausitz reichte, und der Mark Meißen, die bis zur Oberlausitz hin ihre Herrschaft ausdehnte. In diesen Herrschaften entwickelten sich zwischen Elbe und Oder im Verlauf des 11. Jahrhunderts auch bereits solche sozialen und wirtschaftlichen Verhältnisse, wie sie westlich der Elbe herrschten.
In den drei Kriegen Heinrichs II. mit Herzog Boleslaw Chrobry von Polen zwischen 1005 und 1018 spielten die sächsischen Fürsten eine sehr zwiespältige Rolle, sind sie doch dabei mehrfach selbständig als Vermittler und Friedensstifter hervorgetreten, ohne dabei ihre vorrangigen Eigeninteressen, die auf den Ausbau ihrer Herrschaftsstellung in den Marken und Bistümern gerichtet waren, zurückzustellen.
Mehr und mehr kam es nun auch zu Fehden zwischen ihnen, zumal weltliche Große den Bischöfen zunehmend die reichen Königsschenkungen streitig zu machen versuchten. Damit begannen die Feudalherrn zwischen Harz und Elbe/Saale/Mulde, landesherrschaftliche Politik zu betreiben, darauf gerichtet, ihren Herrschaftsbereich zu einer Territorialherrschaft im Sinne der einheitlichen Herrschaft über ein geschlossenes Gebiet und alle seine Bewohner zu entwickeln. Hauptmittel solcher landesherrschaftlichen Politik waren der Bau von Burgen, um im umliegenden Gebiet Herrschaftsansprüche und -rechte erwerben und sichern zu können, sowie die Heranziehung ursprünglich unfreier Dienstleute, Ministerialen, die auf solchen Burgen saßen und gemäß den Befehlen ihres Herrn dessen Herrschaft durchzusetzen versuchten.

Die im 11. bis 13. Jahrhundert erbauten Burgen haben fast ausnahmslos eine derartige Funktion im Interesse eines sich zum Landesherrn entwickelnden Großen gehabt. So befand sich die Westerburg bei Dedeleben um die Mitte des 11. Jahrhunderts wahrscheinlich im Besitz des Bischofs von Halberstadt, der eben um diese Zeit die Grafschaft im Harzgau erwarb und sich damit anschickte, eine Landesherrschaft aufzubauen; die Burg Saaleck, vielleicht zum Schutz einer Saalefurt erbaut, entstand aller Wahrscheinlichkeit nach entweder auf Betreiben der Ludowinger oder der Markgrafen von Meißen, die Rudelsburg als Gegenbastion war von den Naumburger Bischöfen errichtet worden und mit bischöflichen Ministerialen besetzt, bevor sie im 13. Jahrhundert der Markgraf von Meißen zu Lehen nahm. Mit dem Bau der Neuenburg um die Wende vom 11. zum 12. Jahrhundert schuf der Vater des ersten thüringischen Landgrafen aus dem Hause der Ludowinger die herrschaftliche Gegenposition zur Wartburg, so daß sie mit diesen beiden Burgen ganz Thüringen zu umgreifen vermochten. Die von Markgraf Ekkehard um 998 erbaute Eckartsburg fiel im 12. Jahrhundert an die Landgrafen von Thüringen. Auch die Burg Falkenstein war eine gräfliche Schöpfung, nämlich die der Grafen von Conradsburg, die sich bald nach dieser ihrer Burg als Grafen von Falkenstein bezeichneten.
Gewissermaßen parallel zu dieser »Machtpolitik« ging das Bestreben der werdenden Landesherren, die »Gottgefälligkeit« ihres Tuns darzustellen und so die Übereinstimmung ihrer Taten mit der göttlichen Weltordnung zu demonstrieren. Die Realisierung stellt sich uns vor allem dar in der Gründung von Klöstern und im Bau von Gotteshäusern, für die Heilige als Patrone ausgewählt wurden, die die Verbindung der Menschen zu Gott gewährleisten sollten. Diese religiöse Motivation von Angehörigen großer Adelsfamilien war freilich ebensowenig wie die der Könige unabhängig von Überlegungen wirtschaftlicher und gesellschaftlicher Art. Konnte doch der Klostergründer, der den für die Klosterstiftung notwendigen Grundbesitz zur Verfügung stellte, die Erträge der grundherrschaftlich geleiteten Klosterwirtschaft weiter nutzen. Von großer Bedeutung für ihn und seine Verwandtschaft war das im Kloster betriebene Totengedenken, in das auch Angehörige der mit ihm befreundeten Adelsgeschlechter einbezogen wurden. Das Gebet der Nonnen bzw. Mönche ließ für ihn die Aussicht auf das »ewige Seelenheil« nach dem Tode gesichert erscheinen. Vom Kloster betriebene Armenfürsorge, Kunstpflege und Bildungsvermittlung konnte sich der Gründer zur besonderen Ehre anrechnen lassen. Und schließlich erhöhte sich die gesellschaftliche Stellung eines Klostergründers auch noch dadurch, daß im Kloster die Ausbildung und Erziehung von Kindern anderer Adelsgeschlechter aus der Nachbarschaft oder aus seinem Freundeskreis erfolgte. Die Klostergründung hat deshalb insgesamt große Bedeu-

tung für die Stärkung der politischen Rolle des Klostergründers im Kreise der übrigen Adelsgeschlechter und für die Erhöhung seines gesellschaftlichen Ansehens gehabt.
Unter diesen Gesichtspunkten ist auch die Vielzahl von Klostergründungen des 10. bis 13. Jahrhunderts im Gebiet zwischen Harz und Elbe/Saale/Mulde zu sehen. Es waren außer Königen – wie im Falle Quedlinburgs, Magdeburgs und Memlebens – ohne Ausnahme Grafen, Markgrafen, der Erzbischof oder Bischöfe, die diese Klöster, soweit sie nicht von anderen bedeutenden Klöstern als Tochterklöster ins Leben gerufen wurden, gegründet haben. Das trifft u. a. zu auf solche Klöster wie Frose bzw. Gernrode, Hadmersleben, Hillersleben, Ballenstedt, Klostermansfeld, Thankmarsfelde bzw. Nienburg, Kloster Gröningen, Hamersleben, Huysburg, Ilsenburg, Drübeck, Michaelstein, Konradsburg, Petersberg, Hecklingen, Magdeburg (»Unser lieben Frauen«), GroßAmmensleben, Diesdorf, Schmölln bzw. Pforta, Arendsee, Jerichow und Leitzkau.
Die deutschen Könige aus dem salischen Hause, vor allem Heinrich III. und Heinrich IV., versuchten, dieser Verschiebung des Kräfteverhältnisses zwischen ihnen und den geistlichen und weltlichen Großen infolge der Territorialpolitik vorzubeugen, indem sie eigene Territorialherrschaften, sogenannte »Krondomänen« errichteten. Den weitreichendsten Versuch in dieser Richtung unternahm Heinrich IV. im Gebiet zwischen Werra und Elbe mit dem Zentrum im und um den Harz, wo die Masse des ehemaligen Königsguts der ottonischen Könige des 10. Jahrhunderts lag, das nach dem Aussterben ihres Königshauses im Jahre 1024 den salischen Königen zugefallen war. Gerade deshalb war dieses Gebiet für den Ausbau einer Krondomäne besonders gut geeignet. In der Zeit der Minderjährigkeit Heinrichs IV. zwischen 1056 und 1066 hatten sich jedoch hier vor allem die Bischöfe und einige weltliche Große aus dem Raum Ostharz-Elbe/Saale Königsgut angeeignet. Zielstrebig ging Heinrich IV. seit 1066 an die Sicherung der noch vorhandenen Bestände durch Anlage und Ausbau von Burgen, die er mit Dienstleuten, sogenannten Königs- oder Reichsministerialen vor allem schwäbischer Herkunft, besetzte. Damit war der Konflikt zwischen König und geistlichen sowie weltlichen Großen dieser Region unausweichlich. Dabei nutzte der Adel den Unmut der Bauern wegen der permanenten Übergriffe der königlichen Ministerialen, um sie auf seine Seite zu ziehen. So kam es im Jahre 1073 zu einer großen gemeinsamen Erhebung von Adel und Bauern des Harzumlandes, Thüringens und des Mittelelbe/Saale-Gebiets. Beteiligt waren daran u. a. auch der Erzbischof von Magdeburg, der Bischof von Halberstadt und der in Goseck beheimatete sächsische Pfalzgraf. Sie belagerten u. a. die Harzburg, die Hasenburg (nördlich Worbis) und die Heimburg (östlich Wernigerode), und der König mußte von der Harzburg fliehen.

Mit finanzieller und militärischer Hilfe der Bürger von Worms konnte Heinrich IV. jedoch nach Sachsen zurückkehren und mit den Aufständischen 1074 den Frieden zu Gerstungen schließen, der die Schleifung der sächsisch-thüringischen Burgen des Königs vorsah. Als der König im Herbst 1074 diese Verpflichtung noch immer nicht eingelöst hatte, stürmten die Bauern die Harzburg, wobei sie u. a. die in der Kapelle verwahrten Heiligengebeine schändeten. Damit formierten sich neue Fronten, denn von nun an unterstützten die süddeutschen Fürsten, die sich bisher zurückgehalten hatten, den König ebenso wie der größte Teil des sächsisch-thüringischen Adels. So konnte Heinrich IV. im Juni 1075 das von einigen Adligen angeführte sächsisch-thüringische Bauernheer bei Homburg (Unstrut) schlagen und im Oktober 1075 die endgültige Unterwerfung der Aufständischen erzwingen. Heinrich IV. nahm nun die Häupter des Aufstands in Haft, führte seine Krondomänenpolitik weiter fort und übernahm u. a. auch Burgen seiner adligen Widersacher, u. a. des Bischofs von Halberstadt.
Diese Zurückdrängung der adligen territorialherrschaftlichen Bestrebungen durch den König war jedoch nur von kurzer Dauer.
Seit Ende des Jahres 1048 war das Papsttum in den Händen einer Reformbewegung, die sich seit der Wende vom 10. zum 11. Jahrhundert von Frankreich (Cluny) und Lothringen (Gorze) aus verbreitete und darauf gerichtet war, das stark zurückgegangene Ansehen von Kirche und Klöstern wiederherzustellen. Dabei zielte die von Cluny ausgehende radikalere Richtung auf Herauslösung und Befreiung der Klöster aus der Abhängigkeit von weltlichen Gewalten und schließlich – vom »Reformpapsttum« übernommen – auf die Beseitigung der königlichen Verfügungsgewalt über geistliche Institutionen, eine der wichtigsten Grundlagen der königlichen Macht in Deutschland seit dem Aufbau des sogenannten »Reichskirchensystems« durch Otto I. um die Mitte des 10. Jahrhunderts. Diese gegensätzliche Auffassung von deutschem König- bzw. Kaisertum und Reformpapsttum kam um die Jahreswende 1075/76 mit dem sogenannten Investiturstreit, dem Streit um das Recht der Einsetzung der Bischöfe, zu offenem Ausbruch. Dabei traten neben den Anhängern des Reformpapsttums vor allem sächsische Große, insbesondere ostsächsische, zwischen Harz und Elbe/Saale beheimatete Feudalherren, als Anhänger der antiköniglichen Partei hervor. Hier besaßen die von der Opposition gewählten Gegenkönige Rudolf von Rheinfelden (1077-1080), der in der Schlacht bei Hohenmölsen gegen Heinrich IV. fiel und der im Merseburger Dom bestattet wurde, sowie Hermann von Salm (1080-1088) ihre wichtigsten Anhänger.
Mit dem Tode Hermanns von Salm beruhigte sich zwar die Lage in Sachsen ein wenig, doch äußerten sich auch in den folgenden Jahrzehnten, auch nach dem Sturz und dem Tod Heinrichs IV. unter

König Heinrich V., immer wieder die aus der Territorialpolitik resultierenden Spannungen zwischen König und Großen. 1104 brach ein Streit zwischen kaiserlicher und päpstlicher Partei um die personelle Besetzung des Magdeburger Erzbistums aus, 1112 erhob sich der 1106 von Heinrich V. nach dem Aussterben der Billunger zum sächsischen Herzog ernannte Lothar von Supplinburg gemeinsam mit Bischof Reinhard von Halberstadt und dem Pfalzgrafen aus dem Hause Sommerschenburg, denen sich auch Graf Siegfried von Ballenstedt anschloß, gegen den König. Graf Hoyer von Mansfeld führte im Auftrag Heinrichs V. den Kampf gegen sie und konnte sie 1113 durch einen Sieg in der Schlacht bei Warnstedt (südwestlich von Quedlinburg), in der Graf Siegfried fiel, vorübergehend unterwerfen. 1115 mußte Heinrich V. selbst mit einem Heer gegen die abermals aufständischen sächsischen Großen ziehen. In der entscheidenden Schlacht am Welfesholz (östlich Hettstedt) zog der König den kürzeren, und Graf Hoyer von Mansfeld fiel. Das war das Ende des Versuchs des salischen Königshauses, im östlichen Sachsen eine königliche Territorialherrschaft zu errichten, auch darin erkennbar, daß die Aufständischen 1118 die Reichsburg Kyffhausen erobern konnten.

**Territorialherrschaften zwischen Harz und Elbe/Saale/Mulde im 12. und in der ersten Hälfte des 13. Jahrhunderts**

Im Jahre 1121 gelang es König Heinrich V., durch einen Kompromiß mit der deutschen Fürstenopposition die Voraussetzungen für den Abschluß des Wormser Konkordats mit dem Papst zu schaffen, durch den der Investiturstreit sein Ende fand. Nachfolger Heinrichs V. wurde 1125 der sächsische Herzog Lothar von Supplinburg (1125-1137), und so war Ostsachsen wiederum Kernland des Königtums. Vom großen Umfang des Reichsguts in diesem Gebiet zeugt das sogenannte »Tafelgüterverzeichnis« von 1152/53. Es macht vor allem deutlich, wie wichtig solche Pfalzen wie Allstedt, Wallhausen, Tilleda und besonders Merseburg mit ihren Wirtschaftshöfen für das Königtum auch im 12. Jahrhundert noch waren, zumal es darüber hinaus auch noch auf die reichen Erträge solcher Königshöfe wie Eisleben, Wolferstedt, Farnstedt sowie Aschers- oder Oschersleben zurückgreifen konnte, wodurch dem königlichen Hof nach wie vor die Möglichkeit relativ langdauernder Aufenthalte im Gebiet zwischen Harz und Elbe/Saale offenstand. Insofern hatte auch das staufische Königtum zur Zeit Konrads III. und Friedrich Barbarossas in den ostsächsischen Gebieten noch eine feste materielle Grundlage.

Dennoch erreichte die landesherrschaftliche Territorialpolitik im ostsächsischen Raum im 12. Jahrhundert den entscheidenden Durchbruch. Die wichtigste Ursache dafür lag in der Wiederaufnahme der expansiven Ostpolitik mit dem sogenannten »Wendenkreuzzug« von 1147, der den 2. Kreuzzug (1146-1148) »ergänzen« sollte. Zwei Heere unter Führung des Askaniers Markgraf Albrecht (»der Bär«) und Bischof Anselms von Havelberg sowie unter Führung des Welfen Heinrich (»der Löwe«) setzten sich von Magdeburg bzw. vom Norden her gegen die slawischen Stämme jenseits der Mittel- und Niederelbe in Bewegung, und in ihrem Gefolge versuchten auch die christlichen Herrscher Dänemarks, Polens und Böhmens im Kampf gegen die Slawen dem Kreuzzugsgedanken zu dienen. Das Ergebnis dieses Wendenkreuzzugs war vor allem die Formierung großer Territorien im Obodritengebiet (Welfen) und im Havelgebiet (Askanier). Für unseren Raum ist vor allem das askanische Territorium bedeutungsvoll, hatten die Unternehmungen Albrechts des Bären doch nicht nur die Wiederbelebung des Bistums Havelberg zur Folge, sondern auch die sichere Herrschaft über die später als »Altmark« bezeichneten linkselbischen Gebiete. Seit 1157 nannte sich der Askanier Albrecht der Bär Markgraf von Brandenburg, und nach seinem Tode 1170 kam es zur Teilung in die brandenburgische und wittenbergische Linie, die 1180 nach der Entmachtung Heinrichs des Löwen durch Kaiser Friedrich Barbarossa mit dem Askanier Bernhard die Würde eines »Herzogs von Sachsen« errang. Untrennbar verbunden mit diesem Ausbau der askanischen Landesherrschaft war ein intensiverer, mit großen Siedlungsbewegungen verbundener Landesausbau, wobei die Neusiedler oft von weit her kamen, vor allem aus den flandrischen Gebieten. Mit dem inneren Ausbau der Landesherrschaften konform ging u. a. auch die christliche Durchdringung, die sich in dem Bau zahlreicher Kirchen manifestiert. Romanische Dorfkirchen, vor allem im ostelbischen, überwiegend zum askanischen Territorium gehörenden Gebiet wie Sandau, Schönhausen, Wust, Melkow, Jerichow, Redekin, Altenplathow/Genthin, Burg, Loburg, Leitzkau und Pretzien, aber auch in der westelbischen Altmark (u. a. Rohrberg, Engersen und Wiepke) sind dafür hervorragende Zeugnisse.

Neben den Askaniern waren während des 12. Jahrhunderts vor allem die Magdeburger Erzbischöfe besonders erfolgreich gewesen. Sie bauten eine Landesherrschaft auf, die die Grenzen der Erzdiözese weit überschritt und auch die Region um Jüterbog und andere Gebiete östlich der Elbe umfaßte. Erzbischof Wichmann von Magdeburg (1152-1192) gehörte neben Heinrich dem Löwen und Albrecht dem Bären in der zweiten Hälfte des 12. Jahrhunderts im ostmitteldeutschen Gebiet zu den führenden politischen Köpfen. Besonders hart waren die 1166 offen ausgebrochenen Kämpfe zwischen Wichmann und Albrecht dem Bären auf der einen und Heinrich dem

Löwen, der u. a. auch sächsischer Herzog war, auf der anderen Seite. Bevor Kaiser Friedrich Barbarossa, durch die Anklagen sächsischer Fürsten veranlaßt, 1181 im lehnrechtlichen Verfahren die Aberkennung der welfischen Reichslehen und die Unterwerfung des Löwen durchsetzen konnte, erforderten diese Kämpfe Opfer, deren Schwere die Niederbrennung Halberstadts und die Verwüstung des Magdeburger Umlands durch Heinrich den Löwen sowie die Zerstörung Neuhaldenslebens durch Erzbischof Wichmann verdeutlichen. Wie neben den Askaniern, die die östlichen Besitzungen Heinrichs des Löwen und die sächsische Herzogswürde erhielten, auch der Magdeburger Erzbischof siegreich aus diesen Auseinandersetzungen hervorging, zeigt die Entwicklung der Territorialherrschaft der Erzbischöfe bis zum ersten Viertel des 13. Jahrhunderts, besonders deren Abrundung im Süden durch den Erwerb Schkopaus im Jahre 1215.

Mit den Landesherrschaften der Askanier und der Magdeburger Erzbischöfe blieben seit der ersten Hälfte des 13. Jahrhunderts nur die der Wettiner sowie die der Bischöfe von Halberstadt konkurrenzfähig. Die Wettiner, ursprünglich Grafen im nördlichen Hassegau, hatten 1089 Landsberg, Brehna und Eilenburg erworben. 1123-1125 wurde der Wettiner Konrad der Große Markgraf von Meißen, 1136 erhielt er die Mark Lausitz, und 1247 erwarb sein Urenkel, Markgraf Heinrich der Erlauchte, schließlich die Landgrafschaft Thüringen. Die Bischöfe von Halberstadt schafften den entscheidenden Aufstieg dagegen erst im 14. Jahrhundert mit dem Erwerb des Löwenanteils am Besitz der Ascherslebener Linie der anhaltischen Askanier. Auch die kleineren, spätmittelalterlichen Landesherren des Gebiets zwischen Harz und Elbe/Saale/Mulde, darunter die verschiedenen askanischen Linien, die Grafen von Mansfeld, die Äbtissinnen des Reichsstifts Quedlinburg, die Bischöfe von Merseburg und Naumburg, die Grafen von Hohnstein, Stolberg, Wernigerode, Blankenburg und Regenstein erlangten erst seit dem 14. Jahrhundert, meist jedoch auch nur vorübergehend, Bedeutung.

Großen Einfluß auf die Festigung der großen Landesherrschaften übten die Städte aus, die im Gebiet zwischen Harz und Elbe/Saale/Mulde seit Beginn des 12. Jahrhunderts einen großen Aufschwung nahmen. Als Stadtherren hatten die werdenden Landesherren bis zur ersten Hälfte des 13. Jahrhunderts noch großen wirtschaftlichen Nutzen, und in Kirchenbauten wie z. B. in Sangerhausen (Ulrichkirche), Merseburg (Neumarktkirche), Magdeburg (St. Petri) und Salzwedel (Lorenzkirche) dokumentierten sie ihre Fürsorge für die Bürger ihrer Städte. Der Kampf der Bürger um Selbstverwaltung, die sogenannte kommunale Bewegung, begann in einigen Städten zwar schon im 12. Jahrhundert, und sie zeitigte damals auch schon einige Erfolge, doch erst seit der ersten Hälfte des 13. Jahrhunderts bildeten sich z.B. in Magdeburg und Halberstadt städtische Räte heraus. Der Hallesche Rat wurde gar erst 1258 zum ersten Male erwähnt. Im 14. und 15. Jahrhundert verschärften sich dann die Auseinandersetzungen zwischen Landesherren und Städten sowie innerhalb der Städte, insbesondere auch zwischen Patriziat und bürgerlicher Opposition, in die schließlich auch plebejische Kräfte eingriffen. Den Landesherren zwischen Harz und Elbe/Saale/Mulde gelang es schließlich fast überall, die städtische Autonomie zu unterhöhlen und die politische, wirtschaftliche und finanzielle Kraft der Städte endgültig im Interesse ihrer landesherrlichen Politik wirken zu lassen.

**Kirche und Klöster nach dem Investiturstreit im Gebiet zwischen Harz und Elbe/Saale/Mulde**

Die große Kirchenreformbewegung des 10./11. Jahrhunderts, die von verschiedenen Zentren – von Cluny, Gorze, Hirsau und Siegburg – ausging und darauf gerichtet war, dem Niedergang der Klöster und ihrer Verweltlichung Einhalt zu gebieten und das Mönchsleben nach der Benediktinerregel wiederherzustellen, fand auch im Raum zwischen Harz und Elbe/Saale/Mulde ein großes Echo. Zum Zentrum entwickelte sich dabei das Kloster Ilsenburg, das nach Gorzer Vorbild zwischen 1070 und 1085 reformiert wurde und seinerseits die Klöster Huysburg, Wimmelburg (bei Eisleben) und Hillersleben beeinflußte. Die Siegburger Richtung, die die Gebräuche der Cluniazenser bevorzugte, fand ihr Zentrum im Kloster Berge in Magdeburg. Die sogenannten »Eigenkirchenherren«, die adligen Klosterstifter, haben diese klösterlichen Reformbestrebungen in der Regel kräftig unterstützt. Die Reformbewegung erfaßte darüber hinaus teilweise sehr große Menschenmassen, die die Erneuerung der Kirche insgesamt erwarteten. Sie verglichen das Leben der Geistlichkeit mit den verkündeten Reformgrundsätzen und entdeckten dabei Widersprüche, die sie veranlaßten, die Forderung nach einer armen Kirche zu erheben. Auf diese Weise entstand eine breite »Armutsbewegung«. Ihre Anhänger wandten sich z. T. von der Kirche ab und verkündeten eigene Lehren (Ketzer oder Häretiker), z.T. aber suchten sie dieses Armutsideal mit Hilfe neuer Vereinigungen in der Kirche selbst zu verwirklichen. So entstanden u. a. die neuen Mönchsorden der Zisterzienser und Prämonstratenser, die für das Gebiet zwischen Harz und Elbe/Saale/Mulde große Bedeutung besaßen.

Der Zisterzienserorden verabscheute jegliche äußere Prachtentfaltung, wie sie für die cluniazensischen Klöster typisch war, und richteten Eigenwirtschaften, Grangien, ein, die von Konversen (Laienbrüdern) bewirtschaftet wurden. Besonders im Neusiedelgebiet östlich von Elbe und Saale war eine solche Grangienwirtschaft sehr lohnend. Von der Quedlinburger Äbtissin gefördert, bildete sich zwischen 1138 und 1151 ein Mönchskonvent in Michaelstein (Blankenburg/Harz) als Mitglied des Zisterzienserordens. 1140 erfolgte die Verlegung des 1137 gestifteten Zisterzienserklosters Schmölln nach Pforta (Schulpforte); dieses Kloster entwickelte sich bis zur Mitte des 13. Jahrhunderts zu einem der reichsten Klöster in unserem Gebiet. Die Prämonstratenser, deren Orden mit Prémontré als Zentrum von dem späteren Magdeburger Erzbischof Norbert von Xanten gegründet wurde, strebte nach größerer Wirksamkeit unter den Laien und vor allem den »Heiden«, den Nichtchristen. Während der erzbischöflichen Tätigkeit Norberts in Magdeburg (1126-1134) wurde diese Stadt zu einem zweiten Ordenszentrum mit dem Kloster »Unser Lieben Frauen«, das Norbert den Prämonstratensern übertrug. Von diesem Kloster als Zentrum ausgehend wurden u.a. im Gebiet zwischen Harz und Elbe/Saale/Mulde zahlreiche weitere Ordensstützpunkte geschaffen, u.a. Klosterode (Blankenheim), St. Wigbert (Quedlinburg), Kölbigk, St. Thomas (Halberstadt), Gottesgnaden (Calbe/Saale), Leitzkau, Jerichow und das Domstift in Havelberg.

Mit der raschen Entwicklung der Städte machte sich auch mönchisches Leben in ihren Mauern breit. So entstanden seit Beginn des 13. Jahrhunderts die vom Papsttum unterstützten Bettelorden der Franziskaner und der Dominikaner, die ihr Armutsideal durch Verzicht auf jegliches Eigentum und persönliche Habe sowie durch ein Leben, das ausschließlich durch Bettelei und Spenden erhalten werden sollte, zu verwirklichen suchten. Bereits 1223-1225 gab es Franziskaner in Halle, Magdeburg und Halberstadt und seit 1230 in Magdeburg auch Dominikaner.

Die erste Hälfte des 13. Jahrhunderts, als die kaiserlich-königliche Zentralgewalt in Deutschland mehr und mehr vor den aufsteigenden fürstlichen Gewalten zurückwich und unter Friedrich II. Süditalien und Sizilien zu ihrem Zentrum wurde, ist gleichzeitig die Zeit des Ausklingens romanischer Kunst und des Übergangs zur zweiten großen Stilperiode der mittelalterlichen Kunst in Europa, der Gotik, die sich in den 30er Jahren dieses Jahrhunderts in Deutschland endgültig durchsetzte. Mit dem 13. Jahrhundert wurde auch das Gebiet zwischen Harz und Elbe/Saale/Mulde schließlich zum Nebenschauplatz der deutschen und europäischen Geschichte: Die Zentren des Königtums befanden sich zu dieser Zeit infolge der Entwicklung in der nachottonischen Zeit längst in anderen Gebieten. Auch die landesherrschaftliche Entwicklung führte nicht zu einer übergreifenden Einheit dieses Raumes, sondern zu seiner Zersplitterung; große

Fürstenhäuser wie die der Askanier und der Wettiner, die in die Gebiete östlich von Elbe und Saale expandierten, nahmen lediglich ihren Ausgang von diesem Raum. So mußte unser heutiges Bundesland Sachsen-Anhalt in der Zeit zwischen dem Ausgang des Frühmittelalters und unserem 20. Jahrhundert der geschichtlichen Einheit entbehren, die erst nach dem Zweiten Weltkrieg für wenige Jahre und dann endgültig 1990 hergestellt worden ist.

*Heinrich L. Nickel*

# Kunstgeschichtliche Einleitung

Die Straße der Romanik berührt Kunstdenkmäler des frühen und hohen Mittelalters in nahezu allen Teilen des Landes Sachsen-Anhalt. Vielgestaltig ist das Landschaftsbild, in das die Kirchen, Klöster und Burgen eingebettet sind: Die Höhenzüge des Harzes, die sich für die Ansiedlung von Königshöfen, Pfalzen und Adelsstiften anboten, – das nördliche Vorland mit seinem fruchtbaren Ackerland, in dem in dichter Folge Klöster entstanden –, die Heidelandschaft der Altmark, das ausgedehnte Flachland östlich der Elbe und die reizvollen, oft burgenbekrönten Hügel und Felsen im Mansfelder Gebirgsland und an den Ufern von Saale und Unstrut.
Die landschaftliche Vielgestaltigkeit hatte zufolge, daß in den einzelnen Landesteilen sehr unterschiedliche Bauweisen Anwendung fanden. Um beschwerliche Transportwege zu vermeiden, bevorzugte man das »naheliegende« Gestein. Im Harzvorland herrschte der Sandstein vor. Südöstlich des Harzes, im Mansfelder Land, gab es roten Sandstein. Im Umkreis von Magdeburg verwendete man die tafelig brechende Grauwacke, ein hartes Quarzgestein. In der Altmark und östlich der Elbe wurden die Kirchen zunächst aus Feldsteinen und Findlingen errichtet, die manchmal mit Feuer und plötzlichem Abschrecken halbiert oder mehrfach gesprengt wurden, so daß der Eindruck von Quadermauerwerk erzielt werden konnte. Um die Mitte des 12. Jh. wurde der Feldstein durch den Backstein ersetzt, der sehr schnell zum dominierenden Baumaterial wurde. Die um 1160 an den Fundamenten noch mit Feldsteinen begonnene Klosterkirche von Jerichow wurde in Ziegelmauerweise weitergebaut und ist eine der frühesten erhaltenen Backsteinkirchen Norddeutschlands. An der mittleren Saale und an der Unstrut gab es Steinbrüche mit feinkörnigem, hellgrauem Kalkstein. Wie vorzüglich sich dieses Gestein für Steinmetzarbeiten eignete, kann man an den Mauern und Ziergliedern des Naumburger Domes oder der Neuenburg bei Freyburg an der Unstrut bewundern.

Die Romanik war der erste umfassende Kunststil des Mittelalters, der den Gesamtbereich des zur römisch-katholischen Kirche sich bekennenden Europa umschloß. Zeugnisse dieses Baustils finden sich von Irland bis nach Süditalien, von Spanien bis nach Polen. Die Ostslawen und die Balkanvölker hingegen wurden vom Byzantinischen Reich aus im 9. und 10. Jh. zum Christentum bekehrt. Sie übernahmen den in dieser Zeit in ostkirchlichen Bereich vorherrschenden Typus des

Gotteshauses, die Kreuzkuppelkirche, wogegen in den Ländern des lateinischen Westens die Basilika für die Jahrhunderte des Mittelalters die Leitform des Sakralbaues blieb.
Die Bezeichnung »romanischer Stil« wurde in der ersten Hälfte des 19.Jh. in Frankreich eingeführt und bald auch von der deutschen Kunstwissenschaft übernommen. Man wählte die Bezeichnung in Analogie zu »romanische Sprachen« und wollte dadurch die vorbildliche Bedeutung der antik-römischen Kunst für das frühe Mittelalter andeuten.
Kennzeichnend für den romanischen Baustil ist die Dominanz quadratischer oder kubischer Formen. So sind die Kirchen häufig im sog. »gebundenen System« gestaltet: Das Vierungsquadrat, der Durchdringungsraum von Langhaus und Querhaus, bildet die Grundeinheit, nach der der Grund- und der Aufriß der Kirche entwickelt werden. Das Chorquadrat und die Seitenschiffarme entsprechen in ihren Grundmaßen der Vierung. Das Langhaus setzt sich aus mehreren entsprechenden Quadraten zusammen, deren Ecken durch Hauptstützen gekennzeichnet werden. Bei gewölbten Kirchen hat jedes dieser Joche eine eigene Wölbung. Die Seitenschiffe sind halb so breit wie das Mittelschiff. Zwischen den Hauptstützen (meist Pfeilern) des Langhauses befinden sich Nebenstützen (häufig Säulen), die die Eckpunkte der gegenüber den Langhausjochen um die Hälfte kleineren Joche der Nebenschiffe bilden. Die reinste Ausprägung erfährt der romanische Säulenkopf im Würfelkapitell, dessen kubische Form lediglich zum Säulenschaft hin abgerundet wird. Bei den Langhausarkaden, den Portalen, Fenstern und Friesen dominiert der Rundbogen.
Der romanische Stil herrscht in 11. und 12. Jh., doch gibt es in der zeitlichen Begrenzung regional starke Unterschiede. Im Norden Frankreichs wird die Romanik bereits in der zweiten Hälfte des 12. Jh. von der Gotik abgelöst. In Deutschland erfährt die Romanik im 13. Jh. noch die reife Blüte eines Spätstils.

Die Grundlagen der mittelalterlichen Kunst Europas wurden unter dem Frankenkönig und römischem Kaiser Karl dem Großen (768 bis 814) gelegt. Politisch strebte er die Erneuerung des römischen Imperiums an, und auch in der Kunst knüpfte er bewußt an römische Traditionen an. Die Pfalzkapelle in Aachen läßt das Vorbild der aus dem 6. Jh. stammenden Kirche San Vitale in Ravenna erkennen. Aus Italien ließ Karl antike Säulen und Kapitelle nach Aachen schaffen. Die karolingische Kunst zeichnet sich jedoch nicht nur durch die Bewahrung römischer und frühchristlicher Traditionen aus, sondern auch durch Findung neuer, für das spätere Mittelalter vorbildlicher Bauformen. Im schweizerischen St. Gallen hat sich der um 820 gezeichnete Plan eines Klosters erhalten. Der hier skizzierte Grundriß

der Klosteranlage mit der Kirche, an die sich seitlich der Kreuzgang anlehnt und der von den Klausur- und Wirtschaftsbauten umrahmt wird, bleibt für Jahrhunderte vorbildlich.
Durch die Klöster wurde die christliche Missionierung weiter nach Osten getragen. Für den mitteldeutschen Raum von besonderer Bedeutung war das schon von Bonifatius 744 gegründete Benediktinerkloster in Fulda mit seiner berühmten Klosterschule. In der Schreibstube des Klosters wurden nicht nur die heiligen christlichen Schriften vervielfältigt, sondern auch Bücher antiker Autoren kopiert und germanische Heldensagen aufgeschrieben und somit der Nachwelt bewahrt.
Das Reich Karls des Großen umfaßte überwiegend Länder, die ehemals römische Provinzen gewesen sind. Hier waren die Traditionen monumentaler Steinbaukunst nicht ganz verlorengegangen. Im westlichen Frankenreich, im Rheinland und Süddeutschland, aber besonders in Oberitalien hatten sich noch zahlreiche antike Bauten erhalten. Im Norden und Osten gab es Gebiete wie das Herzogtum der erst nach langdauernden, blutigen Kämpfen besiegten und getauften Sachsen, in denen bis dahin eine monumentale Steinarchitektur unbekannt war. Als östlichstes Bistum im Sachsenland entstand zwischen 802 und 809 das aus Seligenstadt (heute: Osterwieck) hierher verlegte Domstift Halberstadt. Das Bistum Halberstadt wurde somit zum ersten kirchlichen Zentrum im heutigen Lande Sachsen-Anhalt. In der Bischofschronik von Halberstadt wird stolz berichtet, daß das Bistum von Karl den Großen gestiftet worden sei und daß dieser Hildegrim von Châlons-sur-Marne zum ersten Bischof erhoben hätte. Bei Grabungen, die nach den zweiten Weltkrieg im Dom durchgeführt wurden, konnte der karolingische Kirchenbau nachgewiesen werden. Es handelte sich um ein gedrungenes, dreischiffiges Gebäude mit breitem Querhaus und Ostapsis. Dieser erste Stephanus-Dom hatte eine Stollenkrypta und ein mitten im Langhaus stehendes Taufbecken. Die Bischofsgeschichte berichtet weiterhin, daß Hildegrim in seinem Bistum 35 Kirchen gebaut hätte. Erhalten hat sich freilich kein Bauwerk karolingischer Zeit im Bereich Sachsen-Anhalts. Vermutlich ist der Reiterstein von Hornhausen im Landesmuseum für Vorgeschichte in Halle das Fragment einer fränkischen oder frühkarolingischen Chorschranke und somit einer der seltenen Hinweise auf den frühesten Kirchenbau.

Als im Jahre 919 der sächsische Herzog zum deutschen König Heinrich I. erhoben wurde, verlagerte sich der politische Schwerpunkt nach dem Nordosten des Reiches. Das Stammesgebiet der Sachsen umfaßte etwa das heutige Niedersachsen und Westfalen mit einer östlichen Ausdehnung bis an die mittlere Elbe und die Saale. Die Hausmacht der sächsischen Könige und Kaiser (919-1024) gründete

sich auf das Umfeld des Harzes, mit einem dichter besiedelten Westharzgebiet und einem noch kaum erschlossenen Raum östlich und nördlich des Harzes, Gebiete also, in denen es vorher kaum eine monumentale Architektur gab. Der König besaß eine Reihe von Pfalzen, u.a. in Memleben, Quedlinburg, Allstedt und Tilleda am Kyffhäuser, wo bei Grabungen beträchtliche Teile der Anlage freigelegt werden konnten. In der Pfalz Memleben starb Heinrich 936. In der Pfalzkirche auf dem Burgberg in Quedlinburg wurde er bestattet. In gleichen Jahre, 936, gründete seine Witwe, die Königin Mathilde, auf dem Burgberg ein Damenstift und begann mit dem Bau des Vorgängers der heutigen Stiftskirche. Aus Grabungsbefunden weiß man, daß die Kirche ein dreischiffiges Chorhaus, ein nur wenig darüber hinausragendes Querhaus und ein einschiffiges Langhaus besaß. Das Königsgrab befand sich unter dem Altar. Mathilde ließ östlich davon eine niedrige Reliquien- und Andachtskammer einbauen. Diese sog. Confessio hat sich in der Krypta der Stiftskirche bis heute, wenn auch ohne Wölbung, erhalten.
Halbkreisförmig wird der Raum von einer Nischenwand ummantelt, die mit reichen Stuckaturen ausgestattet ist. In den Nischen befanden sich wohl ursprünglich Reliquiare. An der Westwand der Confessio öffnen sich Bögen zu den Grabkammern. 968 wurde Mathilde neben ihrem Gemahl bestattet.
Als zweites ottonisches Bauwerk hat sich die Krypta der Wipertikirche erhalten, die unterhalb des Burgberges auf dem ehemaligen Königshof gelegen ist. Für ihren Aufbau wurden Spolien, ältere Werksteine und Grabplatten, verwendet. Daraus allein ist die ungewöhnliche Gestalt der Krypta nicht zu erklären. Das Mittelschiff der dreischiffigen Anlage hat als Ostabschluß eine halbrund angeordnete Säulenstellung, vor der sich der Altar befindet. Die Seitenschiffe sind als Umgang um den Altarraum geführt. Die Säulen und Pfeilerstellungen werden nicht durch Bogen, sondern durch ein gerades Gebälk miteinander verbunden. Der Kryptenraum sollte wohl an frühchristliche römische Heiligengräber erinnern oder gar eine Nachbildung der Rotunde über dem Grab Christi in Jerusalem darstellen.
Einen ungewöhnlich starken Aufschwung erlebte die Baukunst, als Otto I. (936-973) Magdeburg zu seiner wichtigsten Residenz erwählte und 968 endlich die Erhebung zum Erzbistum durchsetzte. Grundmauern, die nach dem zweiten Weltkrieg nördlich des Domes ausgegraben wurden, ließen erkennen, daß der Palast Ähnlichkeiten mit der Pfalz Karls des Großen in Aachen aufwies. Die Kathedrale, eine Säulenbasilika, muß von außerordentlicher Pracht gewesen sein. Die ergrabenen Reste reichen für eine Rekonstruktion des Grundrisses nicht aus, doch sind einige Bauelemente der ottonischen Kathedrale in den Domneubau des 13. Jh. übernommen worden. An den Chorwänden, im Querhaus und in Remter wurden Säulen und Kapitelle

aus Marmor und anderen kostbaren Gesteinen spätrömischer und byzantinischer Zeit wiederverwendet. Otto I. hatte sie aus Italien für seinen Dombau in die Elbestadt schaffen lassen. Die Spolien sollten wohl als sichtbare Zeugnisse der römischen Antike die Kontinuität der kaiserlichen Macht unterstreichen.
Auch in anderen Orten Sachsen-Anhalts entstanden im 10. Jh. kirchliche Bauten von imperialer Größe, so das Benediktinerkloster an der Pfalz Memleben mit einer doppelchörigen, mit zwei Querschiffen ausgestatteten Basilika, die die für die Zeit ungewöhnliche Länge von etwa 80 m besaß. Während diese Kirche nur in den Grundmauern nachgewiesen werden kann, ist ein anderes Bauwerk des 10. Jh., die Stiftskirche von Gernrode, fast vollständig in seiner ursprünglichen Gestalt erhalten geblieben. Markgraf Gero richtete 961 das adelige Damenstift, das neben Quedlinburg, Gandersheim und Essen zu den vornehmsten des Reiches gehörte, auf dem Gelände seiner Burg ein. Da Gero in der Kirche bereits 965 beigesetzt wurde, dürfte um diese Zeit das Gotteshaus – zumindest in Teilen – bereits bestanden haben. Trotz einiger Veränderungen in der ersten Hälfte des 12. Jh. (Einbau der Querhausemporen und Veränderung der Westanlage), hat die Kirche im wesentlichen ihr Aussehen aus dem 10. Jh. bewahrt. Sie vertritt den in Deutschland seltenen Typus der Emporenbasilika. Dagegen treten Emporenbasiliken im ostkirchlichen Bereich häufiger auf, so ist z.B. die Demetriosbasilika in Thessaloniki, in der das Märtyrergrab des Namensheiligen verehrt wird, eine Emporenbasilika. Auch die Trapezkapitelle der Emporenarkaden in Gernrode erinnern an byzantinische Säulenbildungen. Kontakte zum Byzantinischen Reich ergaben sich nicht nur durch Pilgerreisen und Handelsbeziehungen, sondern auch durch dynastische Verbindungen. Die Gemahlin Ottos II., Theophanu, die nach dem frühen Tod ihres Gatten für ihren unmündigen Sohn Otto III. zeitweise die Regierungsgeschäfte führte, war eine byzantinische Prinzessin. Die diplomatischen Beziehungen zum oströmischen Reich waren gerade in ottonischer Zeit rege. Es ist also nicht ungewöhnlich, daß eine byzantinische Bauform als Vorbild genommen wurde.
An den Mauern der Stiftskirche in Gernrode kann man noch heute die tastenden Versuche der im Steinbau unerfahrenen Bauleute ablesen. Damit können eher die Unregelmäßigkeiten und mehrfachen Achsenknickungen des Grundrisses erklärt werden als mit Bodenunebenheiten des Baugrundes. Mangelnde Erfahrung lassen auch die Bogenwölbungen erkennen. Am Triumphbogen, dem Ostabschluß des Mittelschiffes, sind die Keilsteine nicht radial gesetzt, sondern übereinandergeschichtet und erst in der Scheitelpartie des Bogens steil gestellt. Die Säulen der Langhausarkaden besitzen satteldachförmige Kämpfer, um ein schräges Widerlager für die Keilsteine des Scheidbogens zu bilden. Daß solche steilen Auflagen nicht notwendig

sind, lernte man offensichtlich im Zuge der Bauarbeiten, denn bei den westlichen Säulenkämpfern des Langhauses wurden die Schrägen flacher ausgebildet.

An der erhaltenen Ausstattung kann man sich noch andeutungsweise das heilige Schauspiel der Gottesdienste vergegenwärtigen. Die 24 Emporenarkaden umrahmten in feierlicher Weise die Sitzplätze der Stiftsdamen. Das im südlichen Nebenschiff gegen Ende des 11. Jh. eingebaute Heilige Grab, eine freie Nachbildung des Grabes Christi in Jerusalem, konnte für Osterspiele genutzt werden. Für das Seelenheil des Stifters wurden in der Kirche über die Jahrhunderte hinweg Gedächtnismessen gelesen. Sichtbares Zeugnis dafür ist die Grabtumba mit der Figur des Markgrafen Gero, die 1519 inmitten der Vierung, wohl als Ersatz für eine ältere Grabplatte, errichtet worden ist.

Um das Jahr 1000 bestand westlich des Harzes in Hildesheim unter dem kunstsinnigen, aus sächsischem Adelsgeschlecht stammenden Bischof Bernward ein führendes Zentrum der Baukunst, der Bronzegießkunst und der Buchmalerei. In seinem Auftrag und unter seiner Mitwirkung entstanden so einzigartige Werke wie die Bronzetür im Dom (als erste mit figürlichen Reliefs geschmückte Erztür des Mittelalters), die Christussäule für die Begräbniskirche Bernwards, St. Michael, ein nach dem Vorbild römischer Triumphsäulen gestalteter Bronzeguß, oder der Ringelheimer Holzkruzifixus, die älteste erhaltene monumentale Skulptur des Mittelalters im Bereich des Herzogtums Sachsen. Wichtig für die Architekturgeschichte wurde die von ihm gestiftete Benediktiner-Klosterkirche St.Michael, in der wesentliche Elemente des hochromanischen Stils schon vorgebildet wurden, wie die »ausgeschiedene«, also durch Gurtbögen von Chorquadrat, Langhaus und Kreuzarmen abgegrenzte Vierung, das »gebundene System«, der »sächsische Stützenwechsel« und der Würfel als Grundform des Kapitells.

Im 11. Jh., unter den Königen und Kaisern aus salischem Hause (1024 bis 1125) verschob sich der politische Schwerpunkt des Reiches nach Südwesten. Als Ausdruck der Macht der Herrscher errichtete man die Kaiserdome Speyer, Mainz und Worms. Im Bereich des Erzbistums Magdeburg, dem Land zwischen Harz, Elbe und Saale, war die Periode des Rodens und Kultivierens des Bodens vorbei. Die Bevölkerungsdichte nahm zu. Sichtbares Zeugnis dafür sind die zahlreichen Burgen, Dörfer mit romanischen Kirchen und Klöster. Für die landwirtschaftliche Erschließung des Landes waren die Klöster von besonderer Bedeutung.

Der wichtigste Mönchsorden des frühen Mittelalters war der Benediktinerorden, der 529 durch den hl. Benedikt auf dem Monte Casino südlich von Rom als erste westliche Mönchsgemeinschaft gestiftet worden war. In den Ordensregeln sah er eine strenge Unter-

ordnung der Mönche unter den Abt, gemeinsames Wohnen, einheitliche Kleidung, gemeinsamen Besitz, beten, lesen der heiligen Schriften und geistige wie körperliche Arbeit vor. Um diesen Anforderungen gerecht zu werden, mußten die Klöster auch Wirtschaftsgebäude erhalten. In karolingischer Zeit war, worauf schon hingewiesen wurde, das Grundschema des mittelalterlichen Klosters bereits festgelegt. Im 11. Jh. ging vom burgundischen Benediktinerkloster Cluny eine Reformbewegung aus, die weitreichende Auswirkungen auf das Leben der Mönche, aber auch auf die Baugestalt der Klosterkirchen hatte. Das cluniazensische Leitbild wurde in Deutschland zuerst vom Schwarzwaldkloster Hirsau übernommen. Der zwischen 1082 und 1091 entstandene, den Apostelfürsten Peter und Paul geweihte Kirchenneubau wurde für zahlreiche zur Hirsauer Kongregation gehörende Klosterbauten vorbildlich. Von einer »Hirsauer Bauschule« spricht man in der neueren kunstgeschichtlichen Literatur nicht mehr, da unter den Kirchenbauten wesentliche regionale Unterschiede festzustellen sind und die Baueigentümlichkeiten sich keineswegs nur auf die zur Kongregation gehörenden Klöster beschränkten. Eine Reihe von Baumerkmalen hirsauischer Prägung wurden vom frühen 12. Jh. an beim Klosterkirchenbau Mitteldeutschlands eingeführt. Dazu zählt die sorgfältige Bearbeitung der Werksteine, der Verzicht auf eine Krypta, eine dreischiffige Ausführung des Chorhauses, dessen Erweiterung bis zur ersten Pfeilerstellung im Langhaus und Verzicht auf die Mittelschiffswölbung. Ein hervorragendes Beispiel dieser Baugesinnung hat sich in der Klosterkirche von Hamersleben erhalten, doch lassen sich hirsauische Bauformen auch an den Klosterkirchen von Hecklingen, der Huysburg, Hadmersleben, Leitzkau und dem Petersberg bei Halle erkennen. Während von den Klosterkirchen verhältnismäßig viele gut erhalten sind, haben die Klausurgebäude, wenn überhaupt, nur fragmentarisch überdauert. Eine recht gute Vorstellung von den Klosterbauten kann man noch in Ilsenburg, in Jerichow und im Liebfrauenkloster in Magdeburg gewinnen. Gut erhalten sind die Klausurbauten der Domstifte Havelberg, Magdeburg, Halberstadt und – in geringerem Maße – Merseburg und Naumburg.
Gegenüber der Schlichtheit und Strenge der Klosterkirchen weisen die Stiftskirchen oft eine reichere Gestaltung auf. Nach einer Brandkatastrophe 1070 wurde die Kirche des Damenstifts in Quedlinburg neu erbaut und 1129 eingeweiht. Die Servatiuskirche gehört zu den Basiliken des Harzraumes, die deutlich den hochromanischen Stil vertreten. Es handelt sich um eine dreischiffige Basilika mit Querhaus, drei Apsiden und als Westabschluß eine zweigeschossige Halle zwischen Treppentürmen. Das Kirchenschiff ist flach gedeckt. Die Langhausarkaden weisen den »sächsischen Stützenwechsel« auf, also die Folge von Pfeiler – Säule – Säule – Pfeiler. Die mächtigen Würfel-

kapitelle sind in archaisch strenger Weise mit Pflanzen- oder Tiermotiven geschmückt. Die streng stilisierten Adlerkapitelle wurden wohl als imperiale Herrschaftszeichen verstanden. Der Chorraum erhebt sich ungewöhnlich hoch über der weiträumigen Krypta. Ungewöhnlich ist auch die Rahmung der Obergadenfenster mit eingestellten Säulen. Die beiden Seitenapsiden und die Rundbogenfriese am Außenbau werden von flachreliefierten Ornamentstreifen begleitet. In diesem Schmuckreichtum hebt sich die Stiftskirche deutlich von den asketisch strengen Mönchskirchen ab. Die Motive der Ornamentstreifen weisen auf die oberitalienische Baukunst hin. Vergleichbare Tier- und Pflanzenornamente finden sich in Como (San Abbondio) und in Mailand (San Ambrogio). Vermutlich waren beim Bau der Stiftskirche in Quedlinburg italienische Bauhandwerker beteiligt. Die Quedlinburger Bauornamentik fand in Kloster Gröningen und in Sangerhausen, St. Ulrich, eine bescheidenere Nachfolge.
Gesichert ist die Mitwirkung italienischer oder in Italien geschulter Bauleute an der Stiftskirche in Königslutter. Diese Benediktinerabtei wurde 1135 durch Kaiser Lothar III. von Süpplingenburg gestiftet. Er bestimmte die Kirche zur Grablege für sich und seine Familie. Die ersten Mönche kamen aus dem zur Hirsauer Kongregation gehörenden Kloster Berge in Magdeburg. Bei der Rückkehr von seinem zweiten Italienzug starb Lothar 1137 bei der Alpenüberquerung und wurde am 31. Dezember des gleichen Jahres in der noch nicht fertiggestellten Stiftskirche in Königslutter bestattet.
Der Grundriß der Kirche entspricht dem Schema der Reformklöster: dreischiffige, kreuzförmige Basilika mit dreischiffigem Chor und Westriegel. Dagegen sind die Chorteile der Kirche und die Säulen des zweischiffigen Nordflügels des Kreuzganges, die noch zu Lebzeiten des Kaisers gebaut oder zumindest konzipiert worden sind, mit verschwenderischer Pracht gestaltet. Chorquadrat und Querhaus wurden eingewölbt, auch die Wölbung des Langhauses war geplant. Damit stellt Königslutter den ersten großen Gewölbebau im Nordosten Deutschlands dar. Der Kaiser aus sächsischem Hause schuf ein Gegengewicht zu den salischen Kaiserdomen am Rhein!
Die Bauplastik und -ornamentik weist eine so starke Übereinstimmung mit dem Bauschmuck in Verona, Piacenza und Modena auf, daß schon die Vermutung ausgesprochen worden ist, der führende lombardische Meister dieser Zeit, Nikolaus von Modena, wäre selbst in Königslutter tätig gewesen. Oberitalien war in der ersten Hälfte des 12. Jh. das wirtschaftlich führende und ein künstlerisch hochentwickeltes Land Europas. Es bestanden enge Beziehungen zu Südfrankreich und, über die Seestädte Venedig und Genua, auch zu Byzanz und dem östlichen Mittelmeerraum. Auf seinen Italienzügen hatte Lothar die reichen Städte Oberitaliens kennengelernt. Die Übertragung von bauplastischen Formen bis hin zu dem für Oberitalien

signifikanten Löwenportal repräsentierte im Norden den Glanz des Imperiums, zu dem auch das Land jenseits der Alpen gehörte.
Die Königslutterer Bauornamentik wurde zu einer Leitform, die in der zweiten Hälfte des 12. Jh. im Umkreis des Harzes und besonders im Gebiet Sachsen-Anhalts starke Verbreitung gewann. Säulen mit phantasievoll kannelierten oder ornamentierten Schäften und mit Palmettenfächer- oder Zungenblattkapitellen nach dem Vorbild des Kreuzganges in Königslutter finden sich u.a. in Ilsenburg, Michaelstein, Konradsburg, Hecklingen, der Neumarktkirche in Merseburg und der Doppelkapelle zu Landsberg. Die Apsisgestaltung von Königslutter wurde von der Klosterkirche im sächsischen Wechselburg übernommen.

Die Baukunst der Hohenstaufenzeit, also der Zeitraum von der Mitte des 12. Jh. bis zum Ausklingen der Romanik in den ersten Jahrzehnten des 13. Jh., ist durch Formenvielfalt und Reichtum in der bauplastischen Ausstattung gekennzeichnet, Stufenportale, z.T. mit figürlich gestalteten Tympana, betonen den Eingangsbereich der Kirchen. Eine für die Spätromanik eigentümliche Art der Herrschaftskapellen sind die Doppelkapellen. Ihre Gestalt kann sehr verschieden sein, doch haben alle das gemeinsame Merkmal, daß sie zwei übereinandergesetzte Kapellenräume besitzen, die durch eine Öffnung in der Zwischendecke miteinander in Verbindung stehen. Burgherren und Dienstleute konnten gemeinsam am Gottesdienst teilnehmen, ohne sich im gleichen Raum aufzuhalten. Zwei besonders schöne Doppelkapellen befinden sich in Sachsen-Anhalt: die weithin sichtbare Kapelle auf dem Burgberg über Landsberg bei Halle und die Kapelle der Neuenburg bei Freyburg an der Unstrut. Gegenüber den lastenden Untergeschossen wurden die Obergeschosse durchlichtet und festlich gestaltet. Die Neuenburger Kapelle übernahm die Formen der malerischen rheinischen Spätromanik: schwarze Säulenschäfte, filigranfeine Kelchblockkapitelle, gezackte Gurtbögen, hängende Schlußsteine und lilienförmige Fenster in der Ostwand.
An romanischen Formen wurde auch noch festgehalten, als in den ersten Jahrzehnten des 13. Jh. in den nördlichen Bischofsstädten allenthalben mit Domneubauten begonnen wurde. Die nach 1209 errichteten Ostteile des Magdeburger Domes erheben sich zwar schon über einem französisch-gotischen Grundriß, weisen aber noch überwiegend spätromanische Merkmale auf. Auch das in den 40er Jahren des 13. Jh. entstandene Langhaus des Naumburger Domes ist noch romanisch. An den Westtürmen des Halberstädter Domes mischen sich spätromanische und frühgotische Elemente. Der Übergang zur frühen Gotik verläuft zögernd.
Im 12. und frühen 13. Jh. entstanden in reicher Fülle Dorfkirchen. In einem großen Teil der Dörfer Sachsen-Anhalts stammen die Kirchen,

oder zumindest ihre Grundmauern, noch aus dem Zeitalter der Romanik. Ihre Baugestalt reicht von bescheidenen Saalkirchen mit Apsis, etwa wie bei der Kirche in Halle-Böllberg, bis zu gestaffelten, aus Apsis, Chorquadrat, Kirchenschiff und Westriegel bzw. Westturm zusammengefügten Gebäuden wie etwa in Redekin oder Pretzien. Besonders stattlich wurden die Backsteindorfkirchen östlich der Elbe, also in dem neu missionierten Land, ausgeführt.
Ein dichtes Netz von Burgen und Schlössern überzieht Sachsen-Anhalt. Von den vorgeschichtlichen Volksburgen, von Pfalzen und Königshöfen und von den Gründungsbauten der Burgen sind meist nur durch Grabungen geringe Reste erforscht worden. Die heute sichtbaren Türme, Mauern, Kapellen entstammen zumeist der Spätromanik mit Erweiterungen und Neubauten neuerer Zeit. Von imponierender Größe sind die Burg von Querfurt und die Neuenburg bei Freyburg. Malerische Ruinen wie Wettin, Giebichenstein, Rudelsburg und Saaleck säumen die Saale.

### Die Ausstattung der Kirchen

Von der ehemals reichen Ausstattung der Kirchen haben sich nur geringe Reste erhalten. Bei Kloster- oder Stiftskirchen war der Laienraum des Langhauses vom Chorraum, der den Klerikern vorbehalten war, durch Lettner oder durch Chorschranken getrennt, die oft mit Reliefs geschmückt waren. Neben den Fragmenten der Chorschranken in der Klosterkirche zu Hamersleben sind die Chorschranken in der Liebfrauenkirche zu Halberstadt hervorzuheben, deren arkadenumrahmte Reliefs der Apostel, Maria und Christus zu den hervorragendsten Skulpturen des beginnenden 13. Jh. gehören.
Die Taufsteine hatten ihren Standort im Westteil der Kirchen. Sie waren oft von monumentaler Größe, da in jenen Jahrhunderten noch die Ganzkörpertaufe gebräuchlich war. Von ihrer oft imposanten Gestaltung kann man sich bei dem auf Stufen erhöhten Taufstein im Halberstädter Dom eine Vorstellung machen. Der Taufstein in der Vorhalle des Merseburger Domes ist außen mit Prophetenfiguren geschmückt, auf deren Schultern Apostel sitzen: eine wörtliche Verbildlichung der Erkenntnis, daß sich der Neue Bund auf den Alten gründet. Grabmäler der Bischöfe, Äbte, Äbtissinnen, Stifter und von Mitgliedern des Landesadels befanden sich in jeder größeren Kirche. An dem Grabmal des Gegenkönigs Rudolf von Schwaben im Merseburger Dom, den Äbtissinnengrabmälern in der Quedlinburger Stiftskirche und den Grabmälern der Erzbischöfe Friedrich von Wettin und Wichmann im Magdeburger Dom kann man die Entwicklung der Skulptur von 1080 bis zum Ende des 12. Jh. verfolgen. Die zartgliedrige Figur Rudolfs hebt sich nur im flachen Relief von der

Grundplatte ab. Lediglich der Kopf wird plastisch hervorgehoben. Die eingetieften Augen hatten wohl ehemals farbige Einlagen. Der Glanz des Bronzegusses verstärkt den Eindruck der Schwerelosigkeit, der für den ottonischen Stil in der Plastik bezeichnend ist. Der Grabstein der Äbtissin Adelheid I. in der Krypta der Quedlinburger Stiftskirche, entstanden im frühen 12. Jh., wirkt dagegen kubisch geschlossen. Die Figur in der tief ausgehöhlten Nische scheint aus zylindrischen Formen zusammengesetzt. Dieser Grabstein, die Reliefs an der Emporenbrüstung in Kloster Gröningen und das Bronzegrabmal Friedrichs von Wettin im Magdeburger Dom repräsentieren in hervorragenden Bildwerken den hochromanischen Stil. Die differenziertere, individuellere Darstellung des Menschen in der Spätromanik zeigt das Bronzegrabmal von Erzbischof Wichmann († 1192), gleichfalls im Magdeburger Dom.
Zur Ausstattung einer romanischen Kirche gehörte in den meisten Fällen ein Triumphkreuz, ein monumentaler, aus Holz gehauener Kruzifixus, der an Ketten hängend oder auf einem Balken stehend im Triumphbogen angebracht war, in jenem Bogen also, der das Kirchenschiff vom Chorraum trennte. In Sachsen-Anhalt haben sich einige spätromanische Triumphkreuze erhalten, u.a. in der Dorfkirche Schönhausen, der Liebfrauenkirche in Halberstadt und der Klosterkirche in Arendsee. Am bedeutendsten und figurenreichsten ist jedoch die um 1220 entstandene Triumphkreuzgruppe im Halberstädter Dom, die aus dem ottonischen Vorgängerbau übernommen worden ist. Unter dem Kreuz mit dem sterbenden Christus stehen trauernd Maria und der Lieblingsjünger Johannes. Die Gruppe wird seitlich flankiert von sechsflügeligen Engeln, den Seraphim. Im Figurenstil durchdringen sich niedersächsische Tradition, maasländische und byzantinische Einflüsse.
Zum Erscheinungsbild der Innenräume trug wesentlich die Ausmalung bei, die leider nur in wenigen Bauwerken erhalten geblieben ist. Die für Wandmalereien im Mittelalter verwendete Secco-Technik, das Malen mit Kalkfarben auf den bereits trockenen Putz, war gegenüber äußeren Einflüssen und der Alterung nicht sehr beständig. Eine Beschädigung der Mauern oder des Mörtelputzes bedeutete unweigerlich die Vernichtung der Wandmalerei. Die Schiffe der Klosterkirchen waren im 12. Jh. häufig mit dekorativer Architekturmalerei ausgestattet. Reste davon haben sich in den Arkadenleibungen der Klosterkirchen von Leitzkau und Jerichow erhalten. Die aufgemalten Quader sollen den Eindruck kostbaren Baumaterials erwecken. Zu Ende des 12. Jh. und in den ersten Jahrzehnten des 13. Jh. wurden die Kirchen häufiger mit figürlichen Malereien ausgestattet. Die Bildprogramme unterscheiden sich so stark voneinander, daß sie wohl eigens für das jeweilige Bauwerk von Theologen entworfen worden sind. So nimmt der Bilderzyklus an den Gewölben der Krypta in der Stiftskirche zu

Quedlinburg Bezug auf ein alttestamentliches Frauenschicksal, ist also für ein Damenstift besonders geeignet. Die von den Richtern zu Unrecht beschuldigte tugendhafte Susanne wird durch das kluge Verhör des Daniel entlastet. Ein umfangreiches Bildprogramm mit der Majestas Christi, Szenen der Jakobsgeschichte, der Wurzel Jesse und dem Gleichnis der Klugen und Törichten Jungfrauen hat sich in der Dorfkirche von Pretzien erhalten. An den Chorgewölben der Liebfrauenkirche zu Halberstadt erkennt man noch stuckierte Nimben, die die Überreste einer einstmals reichen Ausmalung bilden. Zur Kirchenausstattung gehörten auch Bildteppiche, von denen vorzügliche Beispiele in den Domschätzen von Halberstadt und Quedlinburg aufbewahrt werden, und figürlich gestaltete Estrichfußböden, wie sie fragmentarisch in Ilsenburg und in Nienburg erhalten geblieben sind.
Magdeburg war in romanischer Zeit ein Zentrum der Bronzegießkunst. Auf die Grabmäler im Dom wurde schon hingewiesen. Von den hier gefertigten Bronzetüren hat sich eine – außerhalb Deutschlands – erhalten: Die von Erzbischof Wichmann zwischen 1152 und 1154 für den Bischof Alexander von Płock an der Weichsel in Auftrag gegebene Tür, die auf ungeklärte Weise schon während des Mittelalters nach Novgorod gelangte, gehört heute zu den Kostbarkeiten der Sophienkathedrale dieser russischen Stadt. Die Bronzetür der Kathedrale der polnischen Bischofsstadt Gnesen mit der Geschichte des hl. Adalbert entstand möglicherweise auch in Magdeburg.
Den kostbarsten Schmuck der Kirchen bildeten jedoch Altargeräte, Meßgewänder, Bücher und Reliquiare. Bei Festgottesdiensten waren Reliquiare und Monstranzen auf den Altären ausgestellt und die Priester trugen die kostbaren Gewänder. Während in der erzbischöflichen Metropole Magdeburg nach den Verlusten infolge der Reformation und der Plünderungen im Dreißigjährigen Krieg keine Goldschmiedearbeiten oder Elfenbeinschnitzerein am Ort erhalten geblieben sind, vermitteln die Domschätze von Halberstadt und Quedlinburg noch einen guten Eindruck vom Reichtum und Kunstsinn des Hochmittelalters.

# Die Stationen der »Straße der Romanik«

# Von Allstedt bis Zeitz

## Allstedt

*Schloß*

Auf einem steil zur Stadt abfallenden u. vom Rohnebach umflossenen Bergsporn erhebt sich die vielgestaltige Baugruppe des Schlosses Allstedt, dessen heute sichtbare Bausubstanz fast ausschließlich aus der Zeit des 14. bis 19. Jh. stammt.

In karolingischer Zeit als »Altstediburg« überliefert, vom 10. bis 13. Jh. häufiger Aufenthaltsort deutscher Könige u. Kaiser. Bevorzugte Pfalz zu hohen kirchlichen Festen. Nach mehreren Besitzerwechseln seit 1369 im Besitz der Edelherren v. Querfurt; bei deren Aussterben 1496 Übergang an die ernestinische Linie des wettinischen Hauses. Bis 1945 thüringisch, dann an die preußische Provinz Sachsen bzw. Sachsen-Anhalt.

Umfangreiche Bauforschungen in Vorbereitung auf jüngste Instandsetzung zwischen 1986 u. 1989.

Ein in den 60er Jahren ergrabener tiefer Halsgraben könnte der östl. Abschnittsgraben der frühmittelalterlichen Burg gewesen sein. Ansonsten keine Baureste des 10. bis 13. Jh. Evtl. der Turmstumpf im NO der Kernburg noch spätromanisch (Mauerwerkstechnik, Steinbearbeitung mit Randschlag)? Reste von drei Geschossen erh., die beiden unt. gewölbt mit mehreren Schlitzfenstern u. Türen. Angrenzende Ringmauern zeitnah errichtet, doch im einzelnen kaum dat. NW-Rundturm an Kernburg massiv, mit Mauer baueinheitlich, spätes 13. bzw. 14. Jh. In der Kernburg aus dem 2. V. des 15. Jh. die gewaltigen Ringmauern im SO, S u. W. mit Schießscharten (darin sog. Kugelschutzbohlen). In den 60er bis 80er Jahren des 15. Jh. Einbau einer gr. Küche im SW mit gewaltigem Schlot (bis zum Dachfirst erh.), gewölbten Nebenräumen mit Schlußsteinen (darauf Wappen der Edelherren v. Querfurt u. Grafschaft Mansfeld). Spätgotischer Wohnbau über Ställen u. Torhaus im O-Flügel, nur archivalisch überliefert. Kapelle im SO. Zwischen 1507 u. 1511 Ausbau des W-Flügels zum neuen Wohnbau für Kurfürst Friedrich d. Weisen u. Herzog Johann v. Sachsen. Süddeutscher Baumeister Hans Stern. Weitere Ausbauten unter den Grafen v. Mansfeld u. Stolberg im 2. V. des 16. Jh.

Barockumbauten vor allem 1691 bis 1699 u. 1722/23 (W-Flügel, N-Flügel, zuletzt O-Flügel mit Kapelle). Im 19. Jh. modernisiert als Jagdschloß. Vorburg mit Torturm, evtl. 2. H. 14. Jh.; anschließende Ringmauern zeitnah. Erweiterungen im 16. u.

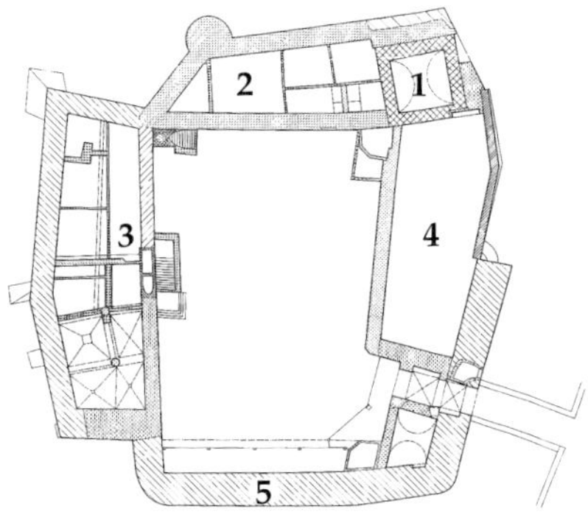


1 Nordostturm (evtl. spätromanisch-frühgotisch)
2 Nordflügel mit älterer Ringmauer und rundem Eckturm
3 Westflügel mit Ringmauer (1. H. 15. Jh.), Küche von etwa 1460-1480, umgebaut 1507-1511 und barock
4 Ostflügel mit Schildmauer (1. H. 15. Jh.), Torhaus und Kapelle
5 Südliche Schildmauer (1. H. 15. Jh.), überbaut im 16. und 19. Jh.

*Burg Allstedt, Ansicht von SW*

17. Jh. Unter Herzog Ernst August v. Sachsen-Weimar-Eisenach Beginn umfangreicher Neubauten, bei dessen Tod 1748 gestoppt. Realisiert nur die sog. Triangelställe.
Weitere Wirtschaftsbauten vom 16. bis 19. Jh. (Brauhaus, Försterhaus, Gestütsbauten).

*R.S.*

Lit.:
*Nebe, A.:* Geschichte des Schlosses und der Stadt Allstedt. In: Zeitschrift des Harz-Vereins für Geschichte und Altertumskunde 20 (1887). S. 18-95; *Lehfeldt, Paul:* Amtsgerichtsbezirk Allstedt. In: Bau- und Kunstdenkmäler Thüringens. Großherzogtum Sachsen-Weimar-Eisenach. Heft 13. Jena 1891. S. 256-275; *Däumler, Ludwig:* Beiträge zur Chronik der ehemaligen Pfalz Allstedt in der güldenen Aue. Weimar 1896; *Sehrwald, Ernst:* Schloß Allstedt. In: Monatsblätter für wanderfrohe Nachbarn 2 (1926). S. 299-328; *Facius, Friedrich:* Allstedter Schloßbaupläne des Herzogs Ernst August von Sachsen-Weimar-Eisenach. In: Thüringer Fähnlein 1935. S. 432-440; *Wäscher* 1962. S. 147-148; *Reichmann, Matthias:* Schloß Allstedt. Ein Beitrag zur Baugeschichte. Allstedt 1980; *Gockel, Michael:* Allstedt. In: Die deutschen Königspfalzen. Repertorium der Pfalzen, Königshöfe und übrigen Aufenthaltsorte der Könige im deutschen Reich des Mittelalters. Band 2: Thüringen. Lieferung 1. Göttingen 1984. S. 1-38; *Voß, Gotthard:* Allstedt, Frankenhausen, Heldrungen. Denkmalpflege an Gedenkstätten des Bauernkrieges. In: Denkmale in Sachsen-Anhalt. 2. Auflage. Weimar 1986. S. 64-68; *Rüger, Reinhard; Schmitt, Reinhard:* Schloß Allstedt. Baugeschichte und Denkmalpflege. Allstedt 1989 (erschienen 1990); *Rüger, Reinhard; Schmitt, Reinhard:* Schloß Allstedt. Denkmalpflege und Baugeschichte. In: Gebaute Vergangenheit heute. Berichte aus der Denkmalpflege. Berlin 1993. S. 89-120; *Schmitt, Reinhard; Böge, Rainer:* Schloß Allstedt. München; Berlin 1993 (Große Baudenkmäler H. 451)

## Arendsee

### *Klosterkirche St. Marien, Johannis und Nikolai*

Zwischen den früher meist unpassierbaren Niederungen von Lüchower Grenzgraben u. Elb-Urstromtal bildete der Arendseer Geestrücken die einzige natürliche Verbindung vom Wendland in die Altmark. Das war im 12.Jh. ein neuralgischer Punkt an der Grenze des askanischen Machtbereiches zu dem der Welfen. Markgraf Otto I. v. Brandenburg, Albrechts d. Bären ältester Sohn, war ein auf Frieden sinnender Herrscher, u. er ließ an jener gefährdeten Stelle nicht eine Burg errichten, sondern gründete zu Weihnachten 1183 am hohen Südufer des Arendsee ein Benediktiner-Nonnenkloster. So entstand in dieser vorwiegend wendisch besiedelten Gegend, die bislang nur locker einer deutschen Herrschaft unterworfen u. erst oberflächlich christianisiert war, unter markgräflicher Ägide ein religiöses u. kulturelles Zentrum, zugleich als Schulstätte gedacht u. als Mittelpunkt für den planmäßigen Landesausbau. 1507 wurde das Kloster in ein evangelisches Damenstift umgewandelt – in Fontanes »Grete Minde« ist davon die Rede – u. 1812 aufgehoben.

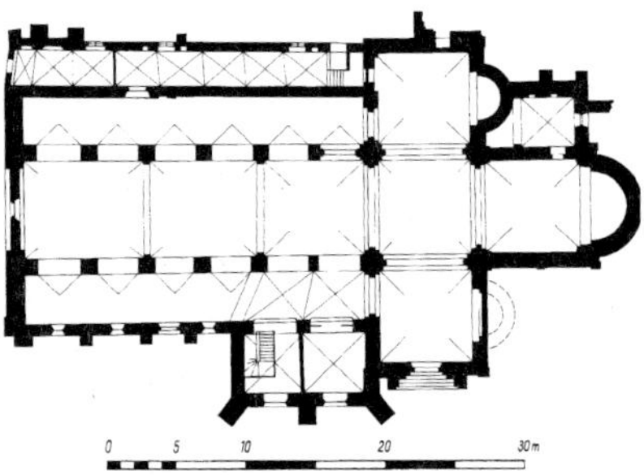


Von den im 19. Jh. abgetragenen Klausurgebäuden sind außer dem heute als Museum genutzten Krankenhaus nur noch Ruinen vorhanden. Das Herzstück der Anlage aber, die Kirche, ist vollständig erh. geblieben als einer der ältesten u. bedeutendsten Backstein-Großbauten westl. der Elbe. Die Arendseer Klosterkirche ist eine gewölbte Pfeilerbasilika über kreuzförm. Grundriß mit ursprl. drei östl. Apsiden. Ein monumentaler W-Bau war sicherlich vorgesehen, ist aber nicht ausgeführt worden. Drei gr. Bauabschnitte lassen sich unterscheiden: ca. 1185 bis vor 1208 O-Teile bis Fensterhöhe des Querhauses u. östl. Mittelschiffsjoch, seit ca. 1215 Langhaus, bis ca. 1235/1240 nachträgliche Einwölbung des Schiffes u. Fertigstellung der Kirche. Die Propstkapelle zwischen Querhaus u. S-Seitenschiff wurde um 1280 angebaut u. ca. 200 Jahre später aufgestockt.

Der Bauherr bestimmte offenbar die Wahl der hochrangigen Vorbildbauten – Lübecker Dom u. Altenburger Stiftskirche – sowie die Anwendung bedeutungsgeladener Bauformen, die auf seine sakral fundierte herrscherliche Stellung als unmittelbarer Vertreter des Kaisers in der Mark hinweisen sollten. In dem ersten Arendseer Baumeister fand er einen bedeutenden Architekten, der diese Intentionen überzeugend realisierte. Die Werkleute kamen aus dem Jerichowgebiet. Nach Ottos frühem Tod (1184) sorgte sein jüngerer Sohn Heinrich v. Gardelegen dafür, daß in Arendsee im Geiste des Stifters gebaut wurde.

Die exponierte Stellung der Kirche auf dem Hochufer, kaum 100 m von dem fast 10 m tiefer gelegenen See entfernt, brachte erhebliche statische Probleme mit sich. Allein die Tatsache, daß dieser frühe Ziegel-Großbau mit seinen schweren Gewölben heute noch steht, zeugt von der Kunst des Architekten und dem Können der Werkleute.

Das Äußere der Arendseer Kirche ähnelt, bes. in den O-Teilen, sehr dem der Diesdorfer, aber beim näheren Hinsehen zeigt Arendsee doch ein wesentlich anderes Bild, auch in den Proportionen u. z.T. in der Technik (Dellenfugen statt der sonst üblichen Dachfugen). Der Feldsteinsokkel (sichtbar an der N-Seite) ist sorgfältig ausgeführt. Vor allem aber zeichnete den ersten Arendseer Meister ein sehr sensibles Formgefühl aus. Mit besonderer Sorgfalt in Technik u. Gestaltung ist die Apsis behandelt, da in ihr der Hochaltar steht, der geistliche Mittelpunkt der Kirche. Die dortigen, halb-sechseck. Wandlisenen, eine in der deutschen Romanik sehr seltene Form, schließen harmonisch an den Kreuzbogenfries an, dessen Konsolen oft mit abstrakten o. gegenständlichen Mustern (Kreuz, Stern, Rolle) geschmückt sind. Im südl. Abschnitt tragen fast alle Konsolen solche Zier, im mittl. jede zweite, im nördl. nur zwei. Diese im Mittelalter verbreitete Bevorzugung der S-Seite mag mit vorchristlich-mythischen Vorstellungen vom Süden als der Seite des Lichtes und Lebens zusammenhängen. Auch das runenartige Zeichen, mit dem der Arendseer Meister sein Werk unter Gottes Schutz stellte, brachte er im S-Feld der Apsis in Augenhöhe an (ähnliche Zeichen, oft auch kreuzförmig, an gleicher Stelle in Jerichow-Süd-Apsis, Schönhausen, Redekin, Verden-St. Andreas, auf Rügen in Bergen und Schaprode). Der O-Giebel mit seinen ein Jerichower Motiv aufnehmenden rd. Putzblenden ist seit einem Dachstuhlbrand (E. 14. Jh.) verstümmelt. Der Haupteingang der Kirche ist das Querhaus-Südportal. In seinem Gewände dominiert jederseits neben einem Rundstab eine stämmige Säule mit Würfelkapitell, deren hoher Fußblock den durchlaufenden Portalsockel unterbricht. Scheinbar zufällige Regelabweichungen wie die spannungsvoll ungleichmäßige Gewändestufung, der leicht überzogene Rundbogen und die deutliche Drehung des Portals nach O sind mit sicherem Gespür eingesetzte Gestaltungsmittel. Vorbildern im Jerichowgebiet, in Dänemark und Schleswig entnahm der Meister Anregungen,

*Arendsee, Klosterkirche, Inneres nach O*

die er zu einem eigenständigen, im deutschen romanischen Ziegelbau einzigartigen Werk verarbeitete. An der Querschiffs-Südfront erscheint als neue Schmuckform der Rautenfries, der sich an der Langhaus-Hochwand fortsetzt, dort aus wulstigen Steinen gebildet. Das südl. Schiffsportal hat sein Vorbild in Schönhausen, das unvollendete nördl. fällt durch die gedrängte Fülle »weicher« Spätformen auf. Die W-Fassade mit der Dreifenstergruppe entstammt in ihrer heutigen Erscheinung weithin dem 19. Jh. Doch war hier immer nur eine kl. Pforte. Alt sind der gr. Bogen, die seitl. Fenster u. die beiden zweigeteilten Blendarkaden im Giebel, die früher zus. mit einer dritten Bogennische li. u. einer entspr. Dachtür re. eine horizontale Reihe bildeten. Im letzten

Bauabschnitt taucht auch im Backstein-Mauerwerk die vom Feldsteinbau her bekannte Fugenritzung auf (am besten sichtbar an einem in der W-Wand des gotischen S-Anbaus vermauerten spätromanischen Strebepfeiler). Diese scheinbare Nebensächlichkeit zeigt an: Jetzt war der Ziegelbau voll in die allgemeine altmärkische Architektur integriert. Man brauchte für ihn nicht mehr landfremde »Spezialisten«, da die altmärkischen Werkleute, ursprl. Steinmetzen, nun zu »Maurern« geworden waren. Entspr. erscheinen jetzt immer öfter Backstein-Einzelheiten in Feldsteinkirchen (schöne Beispiele in der Umgebung von Arendsee: Portale in Binde, Gagel, Heiligenfelde u. Losse).

Der architektonisch am reichsten ausgestaltete Teilraum der Arendseer Klosterkirche ist die Vierung. Nach Altenburger Vorbild sind allen vier Eckpfeilern an jeweils beiden freien Seiten Halbsäulen vorgelegt, die hier in Arendsee Dreieck- u. Würfelkapitelle tragen. Die vielgliedrigen hohen Rundbasen heben sich vor dem glatten Hintergrund der Pfeilervorlagen wirkungsvoll ab, ein Motiv, das seit seiner Verwendung in Speyer eine ausgesprochene Hoheitsform ist, im norddeutschen Ziegelbau aber nur hier vorkommt. Damit gegenüber der so betonten Vierung der Chor als der liturgische Hauptort der Kirche hervorgehoben wird, sitzt der Kämpfer des Triumphbogens etwas höher als die der anderen drei Bögen, ein sonst sehr selten angewandter Kunstgriff. Das Chorgewölbe war von Anfang an vorgesehen, viell. sind die Eckdienste erst nachträglich zugefügt. Die Anregung zu der kuppligen Gewölbeform kam, direkt o. über Lübeck, aus Westfalen. Im nördl. Querschiffsarm war die Nonnenempore, die, da viell. aus Holz errichtet, hier möglicherweise nur als Provisorium gedacht war u. eigentlich in dem dann nicht mehr ausgeführten W-Bau untergebracht werden sollte. Die Tür zum Schlafsaal (Dormitorium) ist außen an der Querhauswand noch sichtbar. Unbekannt bleibt, warum der Bogen vom Querhaus zum nördl. Seitenschiff höher u. schmaler ist als der zum südl., u. auch, welche Bedeutung der gr. Blendbogen in der N-Transept-Westwand hatte. Dem aufwendig gestalteten O-Bau steht das Schiff als ein schlichter Kastenraum mit glatten Wänden gegenüber, nach dem 1. Plan mit niedrigen Arkaden auf abwechselnd quadr. u. querrck. Pfeilern, in vereinfachter Nachfolge des Lübecker Systems u. viell. auch schon auf Wölbung berechnet. Die Dreier-Arkade auf der S-Seite des O-Jochs stammt von 1850. Ursprl. waren hier zwei Hochfenster wie auf der N-Seite. So war das der Gemeinde vorbehaltene Mittelschiff ein Verweilraum ohne ausgeprägten Richtungszug. Im 2. Bauabschnitt wurde der Stützenwechsel durch eine gleichförm. Reihe quadr. Pfeiler ersetzt, wohl nach dem Vorbild der Jerichower W-Erweiterung. Das Langhaus sollte nun sicherlich flach gedeckt werden. Durch diese Planänderung kam eine Richtungstendenz in den Raum. Damals o. wenig später baute man in der östl. Arkade der N-Seite einen Unterzug ein, der auf halb-achteck. Vorlagen ruht. Deren östl. ist mit in Ton geformten Palmetten geschmückt. Wahrschl. ist hier wie in Diesdorf nachträglich eine Heilig-Grab-Kapelle eingerichtet worden. Im letzten Bauabschnitt wölbte dann ein aus Westfalen o. Holstein kommender Architekt die ganze Kirche ein, sichtlich an die Konzeption des ersten Arendseer Meisters anknüpfend. Durch die im ersten Planwechsel veränderte Stüt-

zenfolge bedingt, mußten die beiden westl. Gewölbejoche längsrck. u. die östl. Gurtbogenvorlage abgefangen werden. Die »Backofengewölbe« des Mittelschiffs sind noch fast 2 m höher als die des Chores. Die unterzuglosen Gurte u. die Schildbögen verbinden die drei Joche trotz der Dissonanz in den Arkadenhöhen zu einem einheitlichen, in sich ruhenden Raum. Die Seitenschiffe sind mit Tonnengewölben gedeckt, in die von den Arkaden her Stichkappen einschneiden. Kanzel u. Westempore stammen von 1850. An hervorragenden Ausstattungsstücken sind ein gr. frühgotisches Kruzifix von hoher Qualität u. der Schnitzaltar vom E. 14. Jh. zu nennen.
Einflüsse der Arendseer Architektur auf andere Kirchen sind in der Altmark außer in Seehausen, Stendal u. Tangermünde auffallenderweise kaum zu spüren, deutlicher dagegen in Ostelbien (Redekin, Klein Wulkow u. Treuenbrietzen) u. vor allem auf Rügen (Bergen, Schaprode), auf den dänischen Inseln Lolland u. Falster u. in Holstein (Altenkrempe), evtl. auch im mittel- u. süddeutschen Werksteinbau (Aken, Gelnhausen-St. Peter, Moosburg).

*H.M.*

Lit.:
*Adler* 1862, S. 47 ff. und Tafeln 26 ff.; *(Hrg.) Haetge, Ernst:* Die Kunstdenkmale der Provinz Sachsen. Bd. 4. Krs. Osterburg. Burg b. Magdeburg 1938, S. 26-50; *Heinecke, Otto:* Chronik der Stadt Arendsee. Arendsee 1926; *Heinze:* Das Benediktinerkloster Arendsee. In: Die Denkmalpflege. 2. Berlin 1900, S. 51 ff.; *Müller, Hellmut:* Beiträge zur Baugeschichte der Klosterkirche Arendsee i.d. Altmark. Diss. theol. (Mschr.) Halle 1972; *Neumann, Helga:* Die Klosterkirche zu Arendsee. Berlin 1988 (Das Christliche Denkmal. H. 134); *Stiehl* 1898, S. 69 f.

## Bad Kösen

### *Romanisches Haus*

Romanisches Wohn- und Wirtschaftsgebäude eines Wirtschaftshofes des nahe gelegenen Zisterzienserklosters Pforta (Schulpforte). Erstmals 1138 urkdl. erwähnt als »grangia« in »Cusne«, vom Naumburger Bischof Udo I. dem Kloster geschenkt. Zahlreiche Nachrichten aus dem Mittelalter, nichts zu den Gebäuden. Seit 1543 zur Landesschule Pforta gehörige Schäferei; im 20. Jh. Scheune, zwischen 1951 u. 1953 das Erdgeschoß zum Museum ausgebaut, 1957 auch das Obergeschoß.
Das unmittelbar am östl. Hochufer der Saale gelegene Gebäude aus hammerrecht bearbeiteten Kalksteinquadern mißt ca. 31 x 11 m u. bestand ursprl. wohl aus zwei Räu-

*Bad Kösen, Romanisches Haus*

men: im N dem kleineren (Mauerstärke 1,2 m), im S dem größeren (Mauerstärke 0,9 m). Überlegungen zur einstigen Funktion der Räume müssen erfolglos bleiben, da eine detaillierte urkdl. Überlieferung fehlt u. der Baubestand keine genauere Aussage gestattet.

Der nur unter dem nördl. Raum vorhandene flach gedeckte Keller mit einem Ausgang nach N wurde 1951 untersucht. Mit der eindeutigen Erklärung als Wirtschaftskeller entfällt die in der älteren Literatur mehrfach geäußerte Behauptung, daß sich hier die Krypta einer ehem. Kirche befunden habe.

Das Erdgeschoß ist baueinheitlich errichtet worden; es gibt keine Baufugen zwischen den beiden Räumen. Auffällig ist jedoch die Tatsache, daß je vier Fenster im O u. W des N-Raumes höher als die je sieben Fenster in O u. W des größeren S-Raumes angeordnet sind. Dies u. die unterschiedlichen Mauerstärken deuten auf zwei Räume, die funktional getrennt waren. Der nördl. Raum besaß seinen Eingang im NO (Portal mit Tympanon u. Kreuzrelief; Balkenlöcher für Verriegelung), der südl. im SW. Über letzterem wurde um 1951 ein romanischer Zierstein mit einem Kreuzmotiv entdeckt, der heute im Museum zu sehen ist. Die Rundbogenfenster der beiden Längsseiten u. der südl. Giebelwand sitzen zumeist original im Mauerwerk, wie der Mörtel mit Fugenritzungen beweist. Mehrere Fenster der O-Wand sind nach 1951 anstelle eines jüngeren Scheunentores ergänzt worden. Die Trennwand zwischen den beiden Erdgeschoßräumen läßt sich nur noch anhand der unterschiedlichen Mauerstärken erschließen; alle Fachwerkwände stammen von 1951-1953, ebenso der Eingang. Anhand der Baufugen ist zu vermuten, daß zunächst nur der nördl. Raum mit einem weiteren Geschoß überbaut war, in der W-Wand drei, in der O-Wand ein Fenster. Da diese sehr niedrig über dem Fußboden des Obergeschosses liegen, dürften sie zu einem Drempelgeschoß gehören. Noch in romanischer Zeit wurde auch der S-Teil aufgestockt, doch ohne Fenster, mit rundbogiger Tür im S-Giebel, wohl Zugang zu einem Speicher. Nach der Instandsetzung stellt sich der romanische Bau als schlichte, eindrucksvolle Schöpfung dar. Ist auch die ursprl. Funktion unklar, so darf der Bau ohne Zweifel zu den äußerst seltenen romanischen Wirtschaftsbauten gerechnet werden; Parallelen aus dem frühen 13. Jh. in Altzella/Sachsen u. vor allem in Frankreich.

Museum mit Zeugen der Geschichte des Klosters Pforta (romanische u. frühgotische Kapitelle, Grabsteine von Äbten, spätromanischer Schrank), Darstellung der Entwicklung Kösens vom Flößerdorf zum Solbad; im benachbarten Wirtschaftsbau (»Kunstmuseum«) Exponate zur Produktion von »Käthe-Kruse«-Puppen.

*R.S.*

Lit.:
*Wäscher, Hermann:* Die ältesten Profanbauten Sachsen-Anhalts. In: Natur und Heimat 1952. S. 10-12; *Gericke, Jochen:* Das romanische Haus in Bad Kösen. Bad Kösen 3. Aufl. 1983; *Schmitt, Reinhard:* Bad Kösen. Rudelsburg, Saaleck, Romanisches Haus. München; Berlin 1993, S. 21-27 (Große Baudenkmäler H. 457)

### *Rudelsburg*

Zusammen mit der Burg Saaleck gehört die landschaftlich reizvoll auf einem steilen Felsen über der Saale gelegene Rudelsburg zu den bekanntesten mitteldeutschen Burganlagen, von Franz Kugler in dem Lied »An der Saale hellem Strande stehen Burgen stolz und kühn« besungen. Urkd. Erwähnung eines Hugo v. Ruteleibisberg 1171, Ministeriale der Naumburger Bischöfe. Seit 1238 als bischöfliches Lehen an die Markgrafen v. Meißen. Auf der gr. Vorburg (»oppidum«) siedelten mehrere Kastellane, Burgmannen. 1348 durch die Stadt Naumburg zerstört, zumindest erobert. Zahlreiche Besitzerwechsel bis 1945. Reparaturarbeiten sind für 1612 (Dachstühle) überliefert; nach Zerstörungen im 30jährigen Krieg zunehmend als Steinbruch benutzt (z.B. 1770 für das benachbarte Rittergut Kreipitzsch). Im 19. Jh. als Ausflugsziel beliebt, seit 1827 erste Schänke, 1853 zur Trinkhalle ausgebaut; 1868-1870 umfassend erw. und instandgesetzt (»Rittersaal« im W-Flügel, Kellereingang), 1897/98 Gaststätte im S-Flügel neu errichtet. Nach Mauereinstürzen mehrere Reparaturarbeiten 1939-1942. 1991/92 umfassende, sorgfältige Restaurierung u. Modernisierung des Gaststättenbereiches.

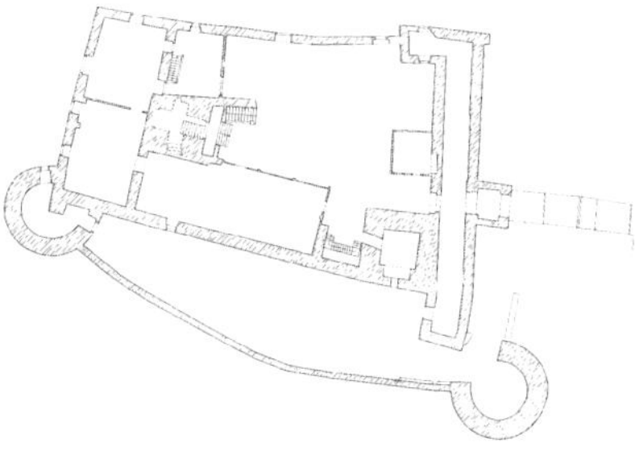

Vorburg mit Resten der Ringmauer in S u. O, im O mit Teilen des Tores; dahinter Bergfried mit nach O vorspringendem Sporn, Quaderverkleidung fehlt (Durchmesser 11,5 m). In der Vorburg im 19. Jh. mehrfach Funde getätigt, jüngst keine steinernen Fundamente beobachtet. Bergfried dieser Vorburg ähnlich weit von der Kernburg entfernt wie auf der Eckartsburg o. der Neuenburg (Wohn- u. Wachtturm der Burgmannen?).

Querrck., leicht verschobene Kernburg, durch tiefen Halsgraben von Vorburg getrennt; ca. 40 x 24 m gr. Bergfried im SO in Verbindung mit der östl. Schildmauer, Palas im W, im S, N und NO weitere Gebäude. Bergfried nur 7,6 x 8,2 m gr., ca. 20 m hoch; ursprl. Eingang auf W-Seite in ca. 9 m Höhe. Im Eingangsgeschoß mit rundbogiger Tür in der S-Wand ein ehem. Abort; in den übrigen Geschossen nur kl. Lichtschlitze. Steinerner Turmhelm wohl gotisch, die Zinnen häufig erneuert. Im unt. Turmschacht im O u. S spitzbogige Wandnischen; Ausflußrinne in der N-Wand baueinheitlich, Funktion unklar (angeblich Speiseröhre für Gefangene).

Querrck. Palas (21 x 8,8 m) zeitgleich mit südl. Ringmauer, die wiederum mit Fuge an den Bergfried angesetzt worden ist. Keller- u. Erdgeschoß gehören zum Ursprungsbau, letzteres mit originalen Fenstern; nach den eingestellten Säulchen gegen 1200 entstanden.

Einheitlich mit Bergfried östl. Schildmauer errichtet, darin rundbogiges Tor. Nördl. Ringmauer mit eigenartigem Mauerwinkel im NO zeitnah, darin Fenster. Noch in romanischer Zeit Aufstockung im O, N u. am Palas mit Fenstern im Palas, in N-Wand, dort auch Abortrest. Wände des S-Flügels mit Fuge an Ringmauer angebaut, aber romanisch, Fenster im Obergeschoß gegen 1200 u. später.

Bauuntersuchungen 1991/92 belegten mehrere Fundamentzüge im Hof, die zu N- u. S-Flügel gehörten, so daß nur kl. Binnenhof übrigblieb; evtl. W-Mauer eines Torhauses. Kernburg im O ein 2,6 m breiter

Zwinger vorgelagert, dessen Torhaus sekundär, Dat. ungewiß. Im mittl. 15. Jh. Bau von Zwingermauern im O u. S sowie Rondellen im SW, SO u. Schalenturm im NO, verwandt Anlagen in Querfurt, Seeburg, Wendelstein, Giebichenstein (alle mittl. 15. Jh.). Zeitnah wohl O-Giebel des N-Flügels u. Backsteinaufsatz mit Blendnischen auf Vortor des inneren Zwingers. Nachmittelalterliche Veränderungen inzwischen beseitigt. Lage der Burgkapelle unbekannt; 1612 erwähnte Kapelle wohl im N des Palaserdgeschosses.
Als nahezu reine Rechteckburg wie Eckartsberga spätromanisch ohne Vorgänger.

*R.S.*


Lit.:
*Lepsius, Carl Peter:* Die Ruinen der Schlösser Rudelsburg und Saaleck. Naumburg 1824; *Salvisberg, Paul:* Die Rudelsburg. Eine Reise-Studie. München 1888; *Graumüller, Max:* Die steinerne Urkunde der Rudelsburg-Burgenkunde. Bad Kösen 1927; *Wäscher, Hermann:* Die Baugeschichte der Burgen Rudelsburg und Saaleck an der Saale. Halle 1957 (Schriftenreihe der Staatlichen Galerie Moritzburg in Halle, H. 13); Aus der Geschichte der Burgen Saaleck und Rudelsburg. Bad Kösen 12. Aufl. 1989; *Schmitt, Reinhard:* Bad Kösen. Rudelsburg, Saaleck, Romanisches Haus. München; Berlin 1993. S. 2-15 (Große Baudenkmäler H. 457)


***Burg Saaleck***

In geringer Sichtweite von der Rudelsburg westl. auf demselben, aber flacheren Höhenzug gelegen, 50 x 13 m gr. Mehrere Mauerzüge außerhalb der Kernburg gehörten wohl zu Zwingern bzw. einer Vorburg, deren Dat. unbekannt. Ersterwähnung im Jahre 1140, Besitz der Edelfreien v. Saaleck, die in der Umgebung des Naumburger Bischofs, des Landgrafen v. Thüringen u. des Markgrafen v. Meißen erscheinen; evtl. landgräflich, da seit 1121 auch die Eckartsburg im Besitz des Grafen Ludwig d. Springer. Nach 1213 im Besitz der Schenken v. Vargula, auch Schenken v. Saaleck. Von diesen 1344 an Bischof v. Naumburg verkauft, später Naumburger Amt, 1658 mit Amt Schönburg u. Klosteramt Sankt Georgen vereinigt. 1819 hier Gründung des »Thüringisch-Sächsischen Vereins für Erforschung des vaterländischen Alterthums«. Ausbauten vor allem im O-Turm seit 1819, erneut 1925-1933 durch damaligen Besitzer Stein, der 1922 den Mördern des deutschen Außenministers Walter Rathenau Zuflucht gewährte.

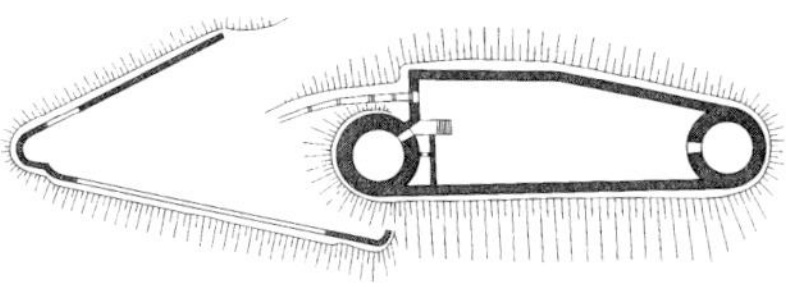

Von der Burg heute nur noch die beiden Rundtürme sowie stark restaurierte Ringmauern im N u. S erh. Brunnen 1930 freigelegt. W-Turm bis auf die ob. 1,5 bis 2 m noch romanisch. Ebenerdiger Eingang neuzeitlich, der romanische lag höher, jetzt stark zerstört. Im einstigen Eingangsgeschoß außerdem Tür zu schmalem Gang innerhalb der Mauerstärke, die zu Außenabort führte. Innen daneben Reste eines Wandkamines, dessen Schlot in der Mauer nach ob. zieht. In jedem Geschoß schmale Schlitzfenster. Der Turm mißt im Durchmesser 9,4 m, im Lichten 5,4 m, ist ca. 23 m hoch. Sowohl die sorgfältige Steinbearbeitung als auch die Ausstattung mit Kamin u.

*Bad Kösen, Rudelsburg und Burg Saaleck*

Abort weisen ihn eher ins späte 12. Jh. (vgl. den »Dicken Wilhelm« auf der Neuenburg o. den Bergfried der Schönburg, letzterer aber um 1230). O-Turm im Kern ebenfalls romanisch, doch Mauerwerk ab Oberkante der Ringmauern zumindest in der Außenhaut erneuert. Annähernd gleiche Abmessungen wie W-Turm, ebenfalls mit hoch gelegenem Eingang, Kamin u. Abort, diese derzeit durch Ausbauten des 19. Jh. unzugänglich. Zu einer gotischen Umbauphase gehören mehrere Fenster u. der Eingang. Ein Sockelgesims mit Schräge u. Platte am W-Turm, dessen Fortsetzung auf einer angrenzenden Mauer sowie Dachanschläge an beiden Türmen deuten auf weitere Gebäude. Einen einheitlichen, gr. Palasbau zwischen den Türmen hat es aber nicht gegeben.
Bauarchäologische Untersuchungen haben noch nicht stattgefunden; die Aufräumungs- u. Instandsetzungsarbeiten der 20er u. 30er Jahre wurden dazu nicht genutzt. Der Grundriß von Burg Saaleck mit zwei Rundtürmen, eingefaßt von Ringmauern, die wiederum kleinere Gebäude umschlossen, sehr selten: Burg Münzenberg in der Wetterau ist großzügiger (3. V. 12. Jh.), Burg Hohandlau im Elsaß sehr gut vergleichbar, jedoch 2. H. des 13. Jh.

*R.S.*

Lit.:
*Lepsius, Carl Peter:* Die Ruinen der Schlösser Rudelsburg und Saaleck. Naumburg 1824; *Graumüller, Max:* Burg Saaleck. Ihre alte und neue Baugeschichte. Naumburg o.J. (um 1930); *Wäscher, Hermann:* Die Baugeschichte der Burgen Rudelsburg und Saaleck an der Saale. Halle 1957

(Schriftenreihe der Staatlichen Galerie Moritzburg in Halle, H.13); Aus der Geschichte der Burgen Saaleck und Rudelsburg. Bad Kösen 12. Aufl. 1989; *Schmitt, Reinhard:* Bad Kösen. Rudelsburg, Saaleck, Romanisches Haus. München; Berlin 1993. S. 15-21 (Große Baudenkmäler H.457)

**Ballenstedt**

***Schloß (ehem. Benediktinerkloster)***
Am Waldrand oberhalb der jüngeren Stadt gelegen u. von 1765 bis 1863 Residenz der Fürsten v. Anhalt-Bernburg; der barocke Charakter der dreiflügl. Anlage heute bestimmend. Hervorgegangen aus einem Benediktinerkloster (1123-1525 existierend), das von etwa 1043 bis 1123 ein Kollegiatstift als Vorgänger hatte. Daß die Stelle des späteren Klosters zuvor eine Burg u. diese Stammsitz der Askanier gewesen ist, läßt sich archäologisch bislang nicht belegen, ist aber naheliegend. Auch von den Gebäuden des Stiftes keine Reste.
Von der romanischen Kirche haben sich in den barocken Umbauten erh.: der W-Bau (Giebelaufsätze von 1609), im Erdgeschoß die sog. Nikolaikapelle unter der ins Mittelschiff vorgezogenen Empore; der Kapellenraum 1938 zur Weihestätte für Albrecht d. Bären eingerichtet u. dabei die Bausubstanz erheblich beeinträchtigt; im O. die Hauptapsis mit Teilen der ursprl. fünfschiff. Krypta (gut vergleichbar mit der Krypta des benachbarten Klosters Konradsburg). Die Kapitellornamentik verweist trotz unterschiedlicher Steinmetzhände auf das letzte Dr. des 12. Jh. Der Anschluß des südl. Seitenschiffes an den W-Bau konnte

*Ballenstedt, Schloß, Ansicht von W*

1991 dokumentiert werden. Bei Grabungen um 1889 in der Nikolaikapelle u. östl. davor wurden mehrere Bestattungen freigelegt, die mit einzelnen Vertretern des askanischen Hauses identifiziert wurden.
Von der romanischen Klausur ist etwas mehr als die nördl. Hälfte des W-Flügels überkommen: ein zweischiff., zweijoch. Raum mit Kreuzgratgewölben auf Mittelpfeiler (mit Kantensäulchen), späteres 12. Jh. Von hier u. vom südl. angrenzenden Raum mehrere Tür- u. Fensteröffnungen zum östl. gelegenen Kreuzgang (dessen hofseitige Wand aber erst aus dem 18. Jh. stammt). An der Kreuzgangwand zahlreiche spätmittelalterliche Inskriptionen, z.T. Abtsnamen. Vom Obergeschoß des Flügels nur die nach W weisenden rundbogigen Fenster bekannt.
Im barocken S-Flügel bisher keine mittelalterlichen Reste nachgewiesen. Der aus Inventarbeschreibungen des frühen 17. Jh. erschließbare O-Flügel bis auf den anstehenden Felsen beseitigt (bei Schachtarbeiten 1991/92 beobachtet); lediglich zwei Kellerräume im SO könnten noch mittelalterlich sein.
Gründliche Renovierung des Schlosses 1991-1993 für eine öffentliche Nutzung.

*R.S.*

Lit.:
*Brinkmann, Adolf:* Die Ballenstedter Klosterkirche, das Vorbild für die Conradsburger. In: Denkmalpflege und Heimatschutz 29 (1927), S. 165-169; *Lambacher, Lothar:* Untersuchungen zur Kapitellplastik und Baugeschichte der ehemaligen Benediktiner-Klosterkirche St. Pancratius und Abundus in Ballenstedt am Harz. In: Forschungen und Berichte 29/30, Berlin 1990, S. 167-196; *Schmitt, Reinhard:* Artikel »Ballenstedt«. In: Wege in die Romanik. Das Reisehandbuch. Band 1. Hannover 1993, S. 152; *Korf, Winfried:* Ballenstedt. München; Berlin 1994 (Große Baudenkmäler H. 468)

## Bebertal

### *Friedhofskapelle*

Bebertal ist ein aus ursprl. vier Gemeinden bestehender Ort im Tal der Bever im Kreis Haldensleben – Alvensleben Markt, Alvensleben Dorf, Dönstedt u. Alvensleben Veltheimsburg. Die Zusammenlegung erfolgte 1950. Als ältester Siedlungsbereich wird das Gelände um die schon im 10. Jh. gen. St. Stephanuskapelle auf dem heutigen Friedhof angenommen. Der Markt Alvensleben ist eine Gründung aus dem 13. Jh. Im Schutze der Burg entstand eine planmäßig angelegte Kaufmanns- und Handwerkersiedlung. Gen. wird der Markt als »oppidum« 1259. Eine Befestigung mit zwei Toren erhielt der Ortsteil 1499. Der Burgkomplex Alvensleben Veltheimsburg umfaßte ursprl. drei Burgen, die Anlage urkdl. seit dem A. 13. Jh. bekannt. Seit 1180 befand sich die Hauptburg im Besitz der Halberstädter Bischöfe. Bereits 961 wird der Ortsteil Dönstedt erwähnt. Er wurde im Dreißigjährigen Krieg zerstört u. lag bis ins 18. Jh. größtenteils wüst.
Als ältestes Bauwerk in Bebertal gilt die Friedhofskapelle, die zu den vom Halberstädter Missionsbischof Hildegrim v. Châlons gegr. 35 Missionskirchen, die er sämtlich dem St. Stephanus gew. haben soll, gehören könnte. Im Kern sind wahrschl. noch Bauteile enthalten, die ins 10. Jh. zurückreichen könnten, wie zwei frühromanische, später erneuerte Rundbogenfenster in der S-Wand, die lagerhaft geschichteten Feldsteine der Wände des Saalbaues u. das Gesims mit Platte u. Wulst. Ihre heutige Ge-

*Bebertal, Friedhofskapelle*

stalt erhielt die seit dem 17. Jh. als Friedhofkapelle dienende kleine Kirche in der 1. H. des 19. Jh.
Die Pfarrkirche St. Jakob im Ortsteil Alvensleben Markt besitzt noch einen aus der Zeit um 1200 mit Feldsteinen errichteten Breitturm. Das Schiff dagegen wurde E. des 17. Jh. erneuert u. verputzt (wohl im Dreißigjährigen Krieg zerstört). Im W-Teil des Schiffes sind noch zwei vermauerte Rundbogenfenster zu erkennen. Zwei Rundbogenportale sitzen in der S-Wand. Restauriert wurde die Kirche 1927 u. 1965. Die derzeitige Innenausstattung erfolgte am E. 17. Jh.: Empore 1691-1695, Altaraufsatz um 1684, Kanzel um 1690.
Aus romanischer Zeit stammt auch der W-Turm an der Dorfkirche in Dönstedt. Die Kirche selbst aber ist mit dreiseitigem O-Abschluß 1597 neu errichtet worden.
Von der ehem. Burganlage in Alvensleben Veltheimsburg (heute Schule) sind der runde Wohnturm mit einem Durchmesser von 9,80 m u. einer Einsteigetür in ca. 11 m Höhe (ähnlich Westerburg), mit Eingangstür im Erdgeschoß u. Zinnenkranz aus dem 19. Jh. sowie ein Ruinenrest im nördl. Bereich der Kernburg mit Rundbogenöffnungen u. einem dreifach mit Kleeblattbögen gekuppelten Fenster erh. Es handelt sich hier wohl um den einstigen Palas aus der Zeit um 1230.
Das neue Schloß ist im Neorenaissance-Stil 1882 errichtet worden. Im Innenhof befindet sich noch der alte Burgbrunnen. Der südl. der Kernburg liegende Wirtschaftshof gilt als ehem. Vorburg.

*H.S.*

## Bernburg-Waldau

### *Dorfkirche St. Stephan*

Der Ort erstmals 806 als »Waladala« gen.; die Lage der Burg u. des Königshofes mit einer Martinskirche unbekannt. Letztere für 964, 1377 u. 1390 erwähnt, aber nicht mit der Stephanskirche identisch. Die heutige Kirche gilt als bedeutender Vertreter des im mitteldeutschen Raum allerdings sehr häufigen, »klassischen« Dorfkirchentypus, bestehend aus W-Querturm, Saal, Altarraum (»Chor«) u. Apsis, charakteristisch in der Höhenstaffelung u. Verbreiterung nach W.
Sorgfältig gesetztes, lagerhaftes Bruchsteinmauerwerk mit einem teilweise verdeckten Sockel. Apsis mit drei, Altarraum mit zwei, Saal mit sechs Rundbogenfenstern, im späten 19. Jh. zum größeren Teil nach Befund erneuert. Altarraum ohne Priesterpforte. Einziger Zugang im SW: Portal mit gestufter Laibung, nicht ornamentiertem Bogenfeld, eingestellten Säulen mit Würfelkapitellen (Ringband-Palmetten) u. achteck. Säulenschäften; umlaufende Steinschicht um die Bogensteine (sehr häufig in der romanischen Backsteinarchitektur, z.B. Kloster Jerichow). Turm mit zwei Fensterebenen, einer älteren mit zwei Rundbogenfenstern im O u. W, einem weiteren im N u. einem Doppelfenster mit eingestellter Säule, der ob. mit je

zwei Doppelfenstern im O u. W, je einem im N u. S.
Die Apsis gewölbt, Saal u. Altarraum flach gedeckt. In der Apsis ein umlaufendes Kämpfergesims, am Bogen zwischen Saal u. Altarraum Kämpfer, je mit Platte, Wulst u. Kehle; Basisprofile archaisch (ähnlich Burgkirche Querfurt). Turmuntergeschoß zum Saal mit einfacher Rechtecktür, als Laibungssteine frühromanische Grabsteine mit eingeritzten Schaftkreuzen verbaut, sekundär wie die eingebaute Spitzbogentonne im Turmuntergeschoß. Tür vom darüberliegenden Turmraum zum Saal (mit W-Empore?) vermauert.
Restaurierungen 1893-1897 u. 1910 (Beseitigung der gr., wohl barocken Fenster im Saal, Reparatur des Portales), 1912/14 Einrichtung als Architekturmuseum. Seit den 1960er Jahren wieder als Gottesdienstraum eingerichtet. Jüngste Instandsetzung 1985-1990, dabei die unt. Turmfenster im W u. N geöffnet.

*Bernburg-Waldau,*
*St. Stephan von NO*

Die Baugeschichte noch nicht gänzlich geklärt u. in der älteren Literatur widersprüchlich dargestellt. Grabungen um 1885 an der NO-Ecke des Turmes sollen Baueinheitlichkeit von Turm u. Saal bewiesen haben, doch ist dies anzuzweifeln. Anhand der am Bau ablesbaren Baufugen, Eckverbände u. verwendeten Materialien ist folgende Abfolge wahrschl.: Bau I (Hinweise auf einen Vorgängerbau sind unbekannt u. nur durch Ausgrabungen zu bekommen): W-Turm bis Höhe der unt. Fensterebene, dazu ein Saal mit gleichen Fluchten im N u. S, erheblich niedriger als der heutige Saal; Ausdehnung u. O-Schluß unbekannt. Dat.: schlichtes Würfelkapitell in Turmsüdwand evtl. 1. H. 12. Jh. – Bau II: Aufstockung des Turmes, Neubau von Saal, Altarraum u. Apsis; zum Turm kein Verband. Dat. nach Portalornamentik u. Kämpferprofilen des Innenraumes um 1170-1180.

*R.S.*

Lit.:
*F. Knoke:* Die Kirche zu Waldau. In: Christliches Kunstblatt 1882, S. 23 bis 27, 44-48; *H. Breymann:* Die Kirche zu Waldau. In: Christliches Kunstblatt 1886, S. 121-124; *L. Grote:* Romanische Dorfkirchen in Anhalt. In: Bernburger Kalender 1 (1926), S. 40-42; *S. E. Schenker:* Steinerne Geheimnisse der alten Waldauer Kirche. In: Bernburger Kalender 16 (1941), S. 106-116

**Burg**

In ihren Anfängen reicht die nordöstl. von Magdeburg an der Ihle gelegene Stadt wohl bis ins 8./9. Jh.

zurück. Aus mehreren Siedlungskernen zusammengewachsen, profitierte die Ansiedlung aufgrund ihrer verkehrsgünstigen Lage am Schnittpunkt wichtiger Straßen (etwa von Magdeburg über Jerichow nach Stralsund u. Rostock bzw. von Plaue Richtung Spandau). Die namengebende Burg geht auf die Zeit des Sachsenherzogs Heinrich I. zurück (um 875-936). 949 wird die Ortschaft als Zentrum eines Burgwards erstmalig urkdl. erwähnt. Um die im östl. Teil auf ansteigendem Terrain gelegene, offenbar schon früh verschwundene Burg entwickelte sich im frühen 12. Jh. die Oberstadt recht zufällig. Planmäßig angelegt dagegen wurde unter Erzbischof Wichmann v. Magdeburg die Unterstadt über annähernd rck. Grundriß. Bereits im 12. Jh. ist der Tuchhandel nachweisbar, der dem Gemeinwesen zu wirtschaftlicher Blüte verhalf. Ausdruck dafür sind die beiden großen Kirchen, deren Doppelturmfassaden weithin die Landschaft beherrschen.

*Unterkirche St. Nikolai*
Obwohl kirchengeschichtlich das jüngere der beiden Gotteshäuser, bewahrt St. Nikolai die ältere Bausubstanz. Historisch lassen sich die Anfänge der Nikolaikirche in den Zeitraum zwischen 1162 u. 1186 zurückverfolgen. Während eine Urkunde von 1162, die über die Aufteilung des Bistums Brandenburg in zwei Archidiakonatsbezirke berichtet, zwar die Liebfrauenkirche nennt, fehlt St. Nikolai noch. 1186 ist die Rede davon, daß St. Nikolai eine Filiale der Liebfrauenkirche sei. Mit der planmäßigen Anlage der Unterstadt scheinen auch Planung u. Bau einer zweiten Kirche einhergegangen zu sein.
Diese entstand als monumentale Anlage aus einem Guß. Angaben zu Baudaten fehlen, so daß nur die erstmalige Erwähnung 1186 einen gewissen Anhaltspunkt bietet. Die Einheitlichkeit, fehlende Baufugen o. Unregelmäßigkeiten verraten, daß nach festgelegtem Schema ohne große Unterbrechungen o. Planänderungen gebaut wurde. So stellt sich die Unterkirche dar als kreuzförm. Bau mit W-Riegel, dreischiff. Langhaus, durchgehendem Querhaus mit Nebenapsiden, Chorquadrat u. Hauptapsis. Der W-Bau mit gewaltiger Mauerstärke innen dreiteil. angelegt (Eingangshalle, flankiert von Nebenkammern). Daran schließt sich das Langhaus (Länge 22,32 m) an, dessen Seitenschiffwände im Verhältnis zur Flucht des W-Riegels eingerückt erscheinen. Jeweils fünf längsrck. Pfeiler, im W zungenmauerartige Wandsegmente, scheiden das Mittelschiff (Breite 7,46 m) von den Seitenschiffen (Breite jeweils 2,88 m). Über drei Meter länger als das Langhaus wurde das durchgehende Querschiff dimensioniert, das sich nach O in relativ weiträumigen Apsiden öffnet. Diese ausgefallene Grundrißdisposition ist eine der Besonderheiten, die St. Nikolai weit über andere Kirchen der Region hinaushebt. Das durchgehende Querschiff, dazu die ungewöhnlichen Proportionen des Langhauses wirken für das 12. Jh. archaisch. Sie sind Elemente des römisch-frühchristlichen Kirchenbaus, die in karolingischer Zeit in Deutschland Verbreitung fanden (etwa Fulda o. Hersfeld). Möglicherweise lassen sich Bezüge zu jenem 806 erwähnten, von Karl d. Gr. errichteten Kastell »gegenüber« von Magdeburg herstellen, das auch schon mit Burg selbst in Verbindung gebracht wurde.
Im Aufriß präsentiert sich St. Nikolai als relativ niedrige Pfeilerbasilika, überragt von einem zweitürmigen W-Riegel von burgartig-abweisendem Charakter. Fünffach sich ver-

jüngend u. dadurch eine Art Geschoßeinteilung vorgebend, steigt der W-Bau völlig schmucklos auf. Einzig die mit Palmetten o. Teichrosenblättern verzierten Kapitelle der Biforenfenster in den Turmobergeschossen sowie die über dem Glokkenhaus eingebaute Türmerwohnung mit dem malerischen Uhrerker (barock) setzen Akzente. Schmucklos stellt sich auch der übrige Baukörper dar, den lediglich die Rundbogenfenster (vor allem in den Seitenschiffen u. im Chor-Querhausbereich verändert o. erneuert) beleben. Ausschlaggebend für das Fehlen von Schmuckgliedern ist das verwendete Material, nämlich zu Quadern gehauene Granitblöcke, die unvergleichlich formvollendet versetzt wurden. Ihr warmer Farbton bestimmt heute ganz wesentlich die äußere Erscheinung, auch wenn der Bau im Mittelalter zumindest überschlämmt gewesen sein dürfte.

Das Innere, weiß getüncht, wirkt wie der Außenbau durch seine Mauermassen u. Proportionen. Schmucklose Rundbogenportale (z.T. zugesetzt) gestatteten von N, S und W Zutritt. Wie ausgestanzt erscheinen die in ihren Abmessungen divergierenden Rundbogenarkaden im Schiff, deren Pfeiler treffender als stehengebliebene Wandsegmente zu definieren sind. Überhaupt ist die Durchdringung der verschiedenen Raumeinheiten so gering, daß geradezu von additiv zueinandergefügten Einzelräumen gesprochen werden kann. Nur das Mittelschiff korrespondiert durch einen gr. Rundbogen mit dem sonst aber völlig eigenständigen Querhaus. Ohne axialen Bezug zu den Arkaden wurde die Lage der Obergadenfenster gewählt. Sockelprofile, Kämpfer, Abfasungen o. sonstige gliedernde Elemente fehlen überall. Welche Rolle hier einst das Medium Farbe bzw. Wandmalerei spielte, läßt sich nur erahnen. Sparsame Veränderungen, die dem Bau nichts von seiner Monumentalität nahmen, erfolgten im Zuge des Sakristeianbaus (spätes 14. Jh.), der neuen Fenstereinbrüche im Querschiff u. der Wölbung des Chorquadrats (1542).

Entscheidend geprägt wurde der Innenraum erst durch die kunstvollen hölzernen Tonnendecken in Mittelschiff u. Querhaus, die über einem von Konsolen getragenen Kranzgesims aufliegen. Die Besonderheit dieser um 1600 entstandenen Konstruktion liegt in der Imitation gotischer Netzgewölbe. Während im Mittelschiff die »Netzrippen« der Tonne als hölzerne Stege unterlegt sind, wurden diese im Querhaus nur aufgemalt. Rosetten markieren jeweils die Schnittstellen. Eine farbige, für 1606 bezeugte Ausmalung erhöhte den Reiz dieses nachgotischen Gewölbeersatzes.

Von mittelalterlichem Inventar sind die Fragmente eines figürlich gestalteten romanischen Taufbeckens sowie einige Grabsteine zu nennen, darunter einer in Ritzzeichnung für einen 1321 verstorbenen Priester (außen am N-Seitenschiff).

Die übrige Ausstattung ist barock. Hauptstück bildet die hervorragende, 1610 von Michael Spieß geschaffene Kanzel, die, ikonographisch bemerkenswert, das Figurenprogramm eines Epitaphes mit Stifterfiguren u. Familienangehörigen vor Augen führt. Noch zu Lebzeiten ließen sich Christoph v. Eckstett u. seine Ehefrau Ursula ein gr. Hängeepitaph durch den Überlinger Bildhauer Hans Hierzig schaffen (A. 17. Jh., die letzte Ziffer nicht ausgeführt). Der gegenwärtige Hochaltar mit Schnitzfiguren u. Gemälden entstand 1699. Umfängliche Restaurierungen der Kirche erfolgten 1852 u., in Etappen, zwischen 1975 u. 1990.

*Burg,*
*St. Nikolai von O*

***Oberkirche Unser Lieben Frauen***
Wird die Oberkirche »St. Maria in monte« zwar erst in der 2. H. des 12. Jh. aktenkundig, so verrät doch die Nennung eines Archipresbyters Walo bereits für 1136 das Vorhandensein kirchlicher Strukturen im Gebiet der Burgsiedlung. Walo hatte offenbar in der heutigen Oberstadt seinen Amtssitz, der als Ausgangspunkt für die Heidenmission diente.
Von dem zu vermutenden Bau des 12. Jh., der möglicherweise einen noch älteren Vorgängerbau hatte, sind nur spärliche Reste in Form einer flachen Halbrundapsis am O-Ende des N-Seitenschiffs überkommen. Diese Apsis dürfte zu dem Querhaus einer basilikalen, kreuzförm. Anlage gehört haben, die möglicherweise das Vorbild für St. Nikolai abgab. Der Stadtbrand 1268 zerstörte diese Kirche offenbar fast vollständig. Ob Teile des W-Riegels in den sofort beg. Neubau einbezogen wurden o. dieser völlig neu entstand – diesmal in Analogie zu St. Nikolai – ist schwer zu entscheiden. Das aus Granitblöcken bestehende Feldsteinmauerwerk, dazu die deutlich frühgotischen Züge des W-Portals, sprechen eher für einen kompletten Neubau. So ergeben sich reizvolle Vergleichsmöglichkeiten zur älteren, aber im wesentlichen stereotyp übernommenen Doppelturmfassade von St. Nikolai. Im Inneren des W-Baus wurde die Dreiteilung beibehalten, jedoch der Eingangshalle eine größere Höhe zugestanden. Der Bogen zum Mittelschiff allerdings entstammt, wie die seitlich abbrechende Wandmalerei u. eine Horizontalfuge darüber verrät, erst aus späterer Zeit. In die 2. H. des 13. Jh. gehören dagegen noch die viertelkreisförm. abgekragten Konsolen an der O-Wand, die die westl. Arkaden des Mittelschiffs aufnehmen.
Der übrige Bau ist gotisch u. weist eine komplizierte Baugeschichte auf. Gemäß der Ablaßtafel unter dem Achsfenster des Chorpolygons wurde 1356 mit dem Umbau des Chors beg., der 1359 mit der Weihe des Hauptaltars seine Fertigstellung erlebt haben dürfte.
Der Umbau des Langhauses war erst 1455 nach verschiedenen Planänderungen voll. Entstanden war eine dreischiff., fünfjoch. Anlage mit Kreuzrippengewölben über Rechteckpfeilern. 1567 erhielt der Langhausostgiebel seine heutige charakteristische Gestalt, bestimmt durch die Gitterstruktur der Backsteinvorlagen sowie die konkav eingeschwungenen Schrägen. 1585 bekam der S-Turm seinen hohen Achteckhelm, ein Jahr später der N-Turm seine Türmerwohnung u. die ge-

schweifte Haube mit Laterne. Bauschäden zwangen 1592 dazu, das Kreuzrippengewölbe des Chores zu entfernen (beim Bau war auf Strebepfeiler verzichtet worden). Eine prächtige hölzerne Kassettendecke, altbemalt mit Rankenwerk u. figürlichen Darstellungen, trat an seine Stelle.

Der weiträumige, lichtdurchflutete Raum der Oberkirche umfängt eine kostbare Ausstattung. 1607 schuf der Magdeburger Bildhauer Michael Spieß das reich mit figürlichen Alabasterreliefs geschmückte Hochaltarretabel, das ikonographisch Bezug auf die Abendmahlsthematik nimmt. Um 1611 entstand wohl in der gleichen Werkstatt das Taufbekken (ebenfalls mit Alabasterreliefs). Unklar ist die Zuschreibung der 1608 dat. Kanzel an Spieß. Auch ihr Korb, Stiegengeländer u. Schalldeckel sind überreich mit figürlichem Schmuck ausgestattet (Evangelisten, Reformatoren, Weltgericht u. typologische Szenen, etwa die Opferung Isaaks u. die Kreuzigung). Bei allen drei Werken wetteifert die Kostbarkeit des Materials u. seiner Verarbeitung (teilweise bemalt u. vergoldet) mit der künstlerischen Qualität. An älterem Inventar sind noch mehrere hervorragende, der Zeit des »Weichen Stils« entstammende Reliefplatten mit Apostel- u. Heiligenfiguren (viell. vom Lettner), ein spätgotisches hölzernes Stifterrelief u. die im spätgotischen Glockenstuhl des N-Turmes hängende große Glocke mit Majuskelinschrift u. interessanten ornamentalen Ritzzeichnungen (Mitte 14. Jh.) erwähnenswert.

Die letzte umfassende Innenrenovierung der Kirche fand 1959-1962 statt. Dabei wurden die beengenden Emporeneinbauten von 1876/77 entfernt.

*M.K.*

Lit.:
Archiv des Landesamtes für Denkmalpflege Sachsen-Anhalt in Halle (Ortsunterlagen zu Burg); *Wernicke* 1898. S. 50-59 (Oberkirche), S. 59-64 (St. Nikolai); *Brinkmann, A.:* Die St. Nikolaikirche in Burg. In: Die Denkmalpflege. 15. Jg. 1913. S. 84-87; Chronik von Burg. Aus Urkunden, handschriftlichen Notizen und anderen Quellen bearbeitet von Gustav Fritz. Burg 1851. S. 69-77; *Dehio* 2. Aufl. 1990. S. 53-58; *Fehse, Wilhelm:* Die Kunstdenkmäler Burgs. In: Deutschlands Städtebau. Burg bei Magdeburg. Hrg. v. Magistrat der Stadt Burg. Bearb. v. Willy Boese. Berlin-Halensee 1929. S. 23-30 (Nikolai- u. Oberkirche); *Findeisen, Peter:* In: Denkmale in Sachsen-Anhalt. 1983. S. 524; *Kohte, J.:* Die Nikolaikirche in Burg. In: Die Denkmalpflege. 15. Jg. 1913. S. 95; Kunstdenkmäler des Bezirkes Magdeburg. 1983. S. 11, 14 mit Abb. 17 und 28 (St. Nikolai), S. 35 u. 66 mit Abb. 111 u. 263 (Oberkirche); *Meyer, Angelika:* Oberkirche Unser Lieben Frauen und Unterkirche St. Nikolai in Burg bei Magdeburg. (Große Baudenkmäler H. 443); München; Berlin 1993; Handbuch der historischen Stätten Deutschlands. Bd. 11. 2. Aufl. 1987. S. 53-61

## Diesdorf

### *Stiftskirche St. Marien und St. Crucis*

Ganz im W der Altmark liegt auf einem Ausläufer der Lüneburger Heide Diesdorf. Dort gründete Graf Hermann v. Lüchow 1161 in seiner Burg an einer Fernstraßenkreuzung das Stift Marienwerder, unweit der Grenze dreier alter Bistümer (Verden, Halberstadt, Hildesheim). Augustiner-Chorherren sollten hier die vorwiegend slawischen Bauern im christlichen Glauben unterweisen u. zugleich den Grafen als eine »intellektuelle Elite« für vielfältige Aufgaben zu Diensten stehen, Diesdorf zum geistlichen u. kulturellen Mittelpunkt des Herrschaftsbereiches machend. Später wurde der Konvent in ein Frauenkloster des gleichen Ordens u. 1551 in ein evangelisches Damenstift umgewandelt u. 1810 aufgehoben. Die Klostergebäude sind zumeist abgerissen. Unbekannt ist, wie die 1161 St. Maria u. dem hl. Kreuz gew. erste Kirche aussah. Der Neubau aber ist unversehrt erh. Er wurde im letzten V. 12. Jh. beg. u. bis auf den erst 1872 nachgetragenen Turm gegen 1230 voll.

Die Diesdorfer Stiftskirche ist eine im gebundenen System gewölbte Pfeilerbasilika über kreuzförm. Grundriß mit W-Riegel u. drei östl. Apsiden. Über einem niedrigen Feldsteinsockel ist sie ein reiner Ziegelbau. Der Grund wurde von einheimischen Werkleuten gelegt, die damals allenthalben in der Altmark Feldsteinkirchen errichteten u. dabei die Fugenritzung anwandten, der Backsteinbau dagegen von »Spezialisten« ausgeführt, die wahrschl. aus dem Jerichowgebiet stammten u. von dort die Technik der mit einem schmalen Fugeisen geglätteten sog. »Dachfugen« mitbrachten. Der erste Diesdorfer Baumeister war ein geistig beweglicher Mann, wohlvertraut mit der Architektur Niedersachsens u. Mittel- u. Norddeutschlands. Die etwa gleichzeitig entstandenen Bauten in Diesdorf u. Arendsee haben sich wahrschl. gegenseitig beeinflußt. Entscheidend aber für die Planung waren die vom Bauherrn bestimmten Vorbilder: die von seinem Lehnsherrn, Heinrich d. Löwen initiierten Dombauten zu Braunschweig (Naturstein) u. Ratzeburg (Backstein) u. die kaiserliche Stiftskirche zu Altenburg/Thür. (Backstein). So fand in der Diesdorfer Stiftskirche das Selbständigkeitsstreben der Lüchower Grafen architektonischen Ausdruck; ein halbes Jh. lang konnte dieses kl. Grafengeschlecht sein ehrgeiziges Bauprogramm ohne wesentliche Abstriche durchhalten u. solch aufwendigen Sakralbau fast völlig fertigstellen.

Die Diesdorfer Kirche läßt drei romanische Bauabschnitte erkennen: O-Teile, Langhaus, W-Riegel. An den Giebeln sieht man, daß die Dächer einst flacher waren. Die Hauptapsis ist, wie der Oberteil der Ratzeburger Domapsis, durch zwei Rundlisenen gegliedert, die kein Kapitell haben u. über denen der Fries ohne Unterbrechung durchläuft. Hier ist es ein Kreuzbogenfries auf z.T. verzierten Konsolen u. ein Zahnschnittband. An Chor u. Querhaus ist der Kreuzbogenfries so unterschiedlich gr. wie sonst nirgends im norddeutschen Ziegelbau. An der Querhaus-Südfront steht stattdessen ein gr. Zackenfries u. an der Chor-Nordseite ein enger Gitterfries (wie in Eutin u. variiert am Lübecker Dom). Am südl. Chorfries ist eine der sonst schmucklosen Konsolen als ein menschlicher Kopf gestaltet u. wohl apotropäisch gemeint (Abwehr böser Gewalten in der bes. gefährdeten Dachregion). Die wegen der Wölbung zusammengerückten Chor-Südfenster sind später verlängert worden. Die Querhaus-Südfront enthält ein stark vorspringendes Giebelportal mit jederseits zwei Rundstäben im Gewände. Das Sockelprofil wechselt innerhalb der Portaltiefe seine Form, u. zwar re. u. li. im Gegensinn. Die drei Köpfe an den Rundstabkapitellen u. am Bogenscheitel symbolisieren viell. die Dreieinigkeit Gottes. Die schmalen senkrechten Streifen in den Querhausgiebeln können von einer Rundstabgliederung nach dem Vorbild des Ratzeburger Domes stammen.

Zur Vielfalt des Formenschatzes an den O-Teilen passen die verschiedenfarbige Bemalung der Fensterbogenlaibung u. hell u. dunkel gefärbte Gesimssteine an der Chor-Südwand (vgl. Lübeck-Dom). Das Langhaus dagegen mit seinen noch enger zusammengerückten Hochfenstern u. dem Sockelumlaufportal zeigt die Handschrift eines anderen Meisters, der die Außenansicht zugunsten des reichgestalteten Kircheninneren schlicht hielt. Nur am Fenster über dem Portal ist wieder ein, viell. auch apotropäisch gemeinter Kopf angebracht (landläufig als »Mönchskopf« bezeichnet). Die nördl. Seitenschiffswand ist 1872 ganz erneuert worden. Nach Fertigstellung des Langhauses war die Kirche eine Zeitlang im W provisorisch geschlossen. Als man dann die Turm-Ostwand auf dem schon früher gelegten Fundament hochzog, (siehe Baunähte neben den Seitenschiffsecken!), »verschluckte« diese die Ecklisene des Hochschiffs u. den Friesanfang. Der W-Bau sollte ein ungeteilter Querturm werden (wie an den romanischen Basiliken in Jeeben, in Osterburg u. Werben), gedieh aber im Mittelalter nur bis zum ersten Obergeschoß. Die Fenstergewände haben eingelegten Rundstab, die Mauerecken sind nach Ratzeburger Vorbild abgerundet. In der W-Fassade ist zwischen zwei breiten Wandlisenen der Haupteingang, eine nur wenig variierte Kopie des Ratzeburger Vorhallenportals, mit braunglasierten Steinen in jeder zweiten Schicht der Gewändesäulchen. Um den Sockelumlauf noch prächtiger gestalten zu können, ist das Profil des Mauersockels im mittl. Wandabschnitt um zwei weitere Glieder bereichert worden. Die Situation ist durch eine spätere Spitzbogenblende gestört, deren Putzfläche viell. bemalt werden sollte. Die Turm-Südwand ist durch regelmäßigen Wechsel von hellen Läufern u. dunklen Bindern gemustert, was gegenüber dem lebendigen Erscheinungsbild der O-Teile etwas eintönig wirkt. Im ersten Obergeschoß der W-Wand ist eine jetzt vermauerte Außentür. Viell. führte hier eine Brücke zu einem damals noch stehenden Burggebäude (vgl. Braunschweig, Dom-Querhaus). Ob. zeigt der Turm bereits frühgotische Formen, im W mit gr. Dreifenstergruppe, an den Schmalseiten u. im O mit hohen Lanzettfenstern. Das reich gegliederte Innere der in allen Teilen gewölbten Kirche macht einen prächtigen Eindruck.

Die Kreuzgewölbe der O-Teile mit leicht steigendem Stich stehen in niedersächsischer Tradition. Der Eigenwert der Vierung, die nur unter dem südl. u. dem W-Bogen Halbsäulenvorlagen mit Dreieckkapitellen hat (über der 1872 eingebauten Kanzel bis auf einen Stumpf entfernt), ist nicht besonders betont, u. sie öffnet sich in dem gr. Triumphbogen mit flacher Vorlage u. abgefangenem Unterzug zum Altarraum als dem Ziel- u. Höhepunkt der Kirche. Bes. in den Morgen- u. Vormittagsstunden, in denen heute wie im Mittelalter die meisten der Gottesdienste stattfinden, strahlt die Lichtfülle der drei Apsis- u. vier Chorfenster in das Langhaus hinein. Auch in der räumlichen Gestaltung ist das Schiff vom O-Bau her konzipiert, indem das opulente Rundvorlagensystem von dessen W- u. S-Bogen nach dem Vorbild der Altenburger Stiftskirche auf das Langhaus übertragen ist, mit kräftigen Halbsäulen für Gurtbogen- u. Arkadenunterzüge. Auf der S-Seite des O-Joches ist die östl. Arkade merklich breiter als die zweite, auf der N-Seite ist es umgekehrt. Warum das so ist, gehört zu den ungelösten Rätseln der interessanten Kirche. Außerdem dient dort auf der N-Seite als

Zwischenstütze ausnahmsweise ein massiger Achteckpfeiler mit Schachbrettkämpfer. Das Mittelschiffsgewölbe ist eine Stichkappentonne Braunschweig-Ratzeburger Art, die aber ob ihres rundbogigen Querschnitts wohl ebenfalls in Altenburg ihre nächste Parallele hatte. Die Seitenschiffe haben entspr., auffallend hohe Gewölbe. Die Orgelempore im westl. Langhausjoch mit ihren Werksteinsäulen u. reichen Kapitellen stammt aus dem 19. Jh. Im nördl. Transeptarm war die Nonnenempore. Durch die jetzt vermauerte Tür in deren N-Wand kamen die Stiftsdamen vom Schlafsaal im anschließenden Klausur-Ostflügel zu den nächtlichen Gebetszeiten auf ihre Empore. Daneben ist eine interessante, viell. vom Braunschweiger Dom angeregte Reihe von ehemals fünf rundbogigen Nischen. Unter der Nonnenempore ist die sog. »Krypta«, ein in dieser Art im ganzen norddeutschen romanischen Ziegelbau einmaliger niedriger Hallenraum, dessen Kreuzgratgewölbe auf nur etwa 6 x 6,40 m Grundfläche von sechs verschiedenartigen Backsteinstützen getragen wird: einem einfachen u. einem mit Eckrundstäben ausgestatteten quadr. u. einem achteck. Pfeiler (mit vier kleinen Köpfen) u. drei Säulen mit Würfel- u. Trapezkapitellen. Da die beiden östl. Säulen in der Öffnung der (1955 auf altem Fundament wiedererrichteten) Nebenapsis stehen u. es auch bei dem vorher dort gelegenen spätromanischen Sakristeianbau entspr. war, muß hier schon früher etwas verändert worden sein; es will aber nicht gelingen, einen »Urzustand« zu rekonstruieren, u. so bleibt auch die Frage offen, ob die Nonnenempore mit der »Krypta« ursprl. o. erst später zugefügt ist. Im Obergeschoß scheint der westl. anschließende spätgotische Mariensaal einen zur Nonnenempore offenen romanischen Vorgänger gehabt zu haben (vermauerter gr. Rundbogen mit alten Kämpfern). Am O-Ende des N-Seitenschiffs wurde nachträglich eine Heilig-Grab-Kapelle mit Vorraum eingebaut, in der sich jetzt eine gotische Schnitzfigur des toten Christus in sargartigem Holzschrein befindet. Beide Räume sind mit niedrigen romanischen Kreuzgratgewölben gedeckt, die eigentliche Grabkammer baldachinartig über massigen Eckstützen. Nördl. davon liegt im Zuge des ehem. Kreuzganges ein schmaler, ebenfalls zweigeteilter Raum, von dem aus man durch zwei niedrige Fenster in die Grabanlage sehen kann (vgl. Gernrode). Noch in romanischer Zeit ist hier mehrmals etwas verändert worden. Das Untergeschoß des Turmes ist ungeteilt u. war als einfache Vorhalle flach gedeckt. Erst in spätgotischer Zeit erhielt es sein Kreuzrippengewölbe mit schönen Schlußsteinen. Das Obergeschoß enthält einen ebenfalls die ganze Turmbreite einnehmenden kreuzgratgewölbten Saal von edlen Proportionen, der eine festlich profane Atmosphäre vermittelt.

Die vielen, oft dicht aufeinander folgenden Veränderungen an u. in der Diesdorfer Kirche schon in der Frühzeit des Stiftes zeugen auch von einem regen geistigen u. geistlichen Leben, das sich hier abspielte. Die Architektur der Klosterkirche wirkte sich außer in Salzwedel (St. Lorenz) vor allem im küstennahen N aus, auf der Insel Rügen (Schaprode), im Lauenburgischen u. in Holstein (Mölln, Altenkrempe, Eutin, Lütjenburg).

*Diesdorf, Stiftskirche, Inneres nach O*

An Ausstattungsstücken ist außer der Kreuzigungsgruppe (15. Jh.) im Triumphbogen der Grabstein Heinrichs, des letzten Grafen v. Lüchow († 1272) zu nennen.

*H.M.*

Lit.:
*Adler* 1862. S. 49-52, mit Tafel 29; *Hintze, Friedrich:* Kloster u. Kirche Diesdorf. Diesdorf 1911; *Seyfried, Peter:* Die Klosterkirche zu Diesdorf. München; Berlin 1993 (Große Baudenkmäler H. 463); *Stiehl* 1898 S. 70; *Untermann, Matthias:* Kirchenbauten der Prämonstratenser. (29. Veröffentlichung der Abt. Architektur d. Universität zu Köln) 1984; *Müller, Hellmut:* Insula Sanctae Mariae – Zur Frühgeschichte des Augustiner-Chorfrauenstiftes Diesdorf. In: Aus der Altmark – 66. Jahresbericht des Altm. Vereins f. vaterländische Geschichte Lübeck 1986, S. 127-150; *Ders.:* Beiträge zur Baugeschichte der Klosterkirche Arendsee i.d. Altmark. Diss. theol. (Mschr.) Halle 1972

## Drübeck

### *Klosterkirche St. Veit*

Der Ort wird 877 als »Drubiki« genannt. Seit der Klostergründung war er befestigt gewesen. Thietmar v. Merseburg berichtet, daß sich die ehem. Quedlinburger Stiftsfrau Emerit als Klausnerin Sisu um 956 in den Schutz dieser Feste begeben hatte. Das Kloster liegt zwischen dem Unter- u. dem Oberdorf. Als ältester Teil gilt das Unterdorf. Jedes Dorf besaß einen Wohnturm, der noch bis zum Dreißigjährigen Krieg besetzt war. Beide sind nicht mehr erh. Das Benediktinerinnenkloster soll um 877 von der Gräfin Adalbrin u. ihren Brüdern Theti u. Wiker gegr. worden sein. Die erste urkdl. Erwähnung fällt in das Jahr 960. 980 nahm Otto II. das Kloster unter Königsschutz. Es genoß damit ähnliche Privilegien wie die Reichsstifte in Gandersheim u. Quedlinburg. 1058 gelangte es als Schenkung Heinrichs IV. an den Halberstädter Bischof. Der reformtüchtige Bischof Reinhard führte zwischen 1108 u. 1110 auch hier eine straffere Ordnung ein. Seine eigentliche Blütezeit erlangte das Kloster im 13. Jh. Schwere Schäden erlitt es während der Bauernkriegszeit. Um 1545 hat die Reformation auch in diesem Stift Einzug gehalten.
Die Klosterkirche St. Veit ist nur noch teilweise erh. Dominierend in der Landschaft ist die Doppelturmfassade. Aus einem querrck. Block mit Apsis ragen zwei oktogone Türme auf. Die Glockenstube ist mit einem quergestellten Satteldach gedeckt. Die W-Fassade wird in die Zeit um 1170 dat. Problematischer erscheint die zeitliche Einordnung der übrigen Bauteile. Die einstige Basilika ist stark verstümmelt. So fehlen das nördl. Seitenschiff und der nördl. Querhausarm. Die ursprl. Kirche hatte zwei Nebenchöre, die mit dem Hauptchor verbunden waren (ähnlich Ilsenburg). An den Querhausarmen saß je eine Apsis – die südl. ist noch erh. Auch der Hauptchor war apsidial geschlossen. Zwischen den Querhausapsiden u. den östl. Vierungspfeilern befand sich ein Zugang zu den Seitenchören. Unter den Durchgängen führte eine Treppe in die Nebenräume der Krypta. Bei Wiederherstellungsarbeiten kurz nach 1600 erfolgte die Kürzung der Krypta u. des Chores. Im Langhaus stoßen wir auf den rheinischen o. einfachen Stützenwechsel. Die Pfeiler tragen, wie bei Huysburg, Entlastungsbögen. Die beschriebenen Teile entstanden wahrschl. um 1100. Die Langhauspfeiler besitzen sauber gegliederte Basen u. Kämpferprofile. Die korinthisierenden Kapitelle erin-

*Drübeck, Klosterkirche, Inneres nach O*

nern an Formen des frühen 11. Jh. Ranken- u. Volutenmuster überziehen die weitausladenden Kämpfer. Sie wurden um 1200, ähnlich auch die Basen, mit Stuckkapitellen ummantelt. Die hervorragende Qualität dieser Stuckkapitelle ist an aufbewahrten Resten noch zu bewundern. Gleichzeitig mit der W-Fassade ist die Kirche eingewölbt worden. Dafür wurden über den Pfeilern des Langhauses auffällig profilierte Wandvorlagen hinzugefügt u. in der Krypta, da wo es erforderlich war, Pfeiler gesetzt. Das Fußbodenniveau im Langhaus wurde erheblich erhöht, ebenso das der Vierung dem des Hohen Chores angeglichen. In diesem Zusammenhang sind die neuen Stuckbasen u. damit auch Stuckkapitelle um 1200 zu sehen. Der W-Bau wurde um 1860 durch C. W. Hase in seiner Ursprungsform restauriert. Grabungen u. Restaurierungen erfolgten zwischen 1953 u. 1956. Dabei wurde die flache Decke im langhaus u. in den O-Teilen eingezogen, die N-Wand des Langhauses geschlossen u. die S-Wand des südl. Seitenschiffes erneuert. Bei der Wiederherstellung des urspr. Fußbodenniveaus konnten die Basen der Säulen u. Pfeiler freigelegt werden.

Der Abriß des nördl. Seitenschiffes, des nördl. Querhauses mit seiner Apsis fällt ebenfalls in die Zeit kurz nach 1600. Die N-Wand des Langhauses u. der Vierung wurde geschlossen. Zwischen 1720 u. 1739 ließen die Stolberger Grafen auf der Grundlage eines 1687 mit dem Großen Kurfürsten v. Brandenburg ausgehandelten Vertrages einen Teil der Klausurgebäude wiederherstellen. Nach 1849 scheint die S-Wand des südl. Seitenschiffes abgerissen worden zu sein, die Mittelschiffswand wurde bis zur Höhe der Kapitelle geschlossen u. darüber eine Empore eingezogen. 1953 konnte der urspr. Zustand wiederhergestellt werden.

*H.S.*

Lit.:
*Feldkeller, H.:* Neue Forschungen zur Baugeschichte der Drübecker Stiftskirche – Kurt Gerstenberg zum 60. Geburtstag. In: Zeitschrift für Kunstwissenschaften, Berlin, 1950, Bd. IV, H. 3/4; *Seebach, C. H.:* Kloster Drübeck, Neumünster 1968

## Eckartsberga

### *Eckartsburg*

Auf einem schmalen Bergrücken, dem Schloßberg, oberhalb der Stadt gelegen. Laut späterer chronikalischer Überlieferung erste Burg von Markgraf Eckart v. Meißen 998 erb. Nach Aussterben der Ekkehardinger

1046 bis um 1121 in kaiserlichem Besitz; 1121 von Kaiser Heinrich V. an Ludwig d. Springer, Grafen in Thüringen, vergeben. Von 1130 bis 1247 landgräflich-ludowingisch, danach landgräflich-wettinisch. Bis 1247 bedeutendste Ausbauphase; mehrere Aufenthalte der Landgrafen, u. a. von Hermann I., der auf der Neuenburg »residierte«. In den Erbfolgeauseinandersetzungen 1247 belagert u. teilweise zerstört. Unter Landgraf Albrecht wieder aufgebaut, ebenso im mittl. 15. Jh. unter Herzog Wilhelm, dessen Gemahlin hier von 1457 bis 1462 lebte (gefangen gehalten wurde). Im mittl. 16 Jh. verschiedene Abbrüche (Kapelle, Küche); um 1664 Ausbau von Räumen für den Amtsschösser. Im 18. u. frühen 19. Jh. nur noch Kornmagazine, gelegentlich Wohnung für Beamte des Rentamtes. Ausführliche Inventarbeschreibungen des 18. Jh. erhalten. 1815 preußisch; Instandsetzung des einsturzgefährdeten NW-Turmes, des südöstl. Giebels am S-Trakt. Ständige Reparaturen an beiden Türmen. 1861 Gastwirtschaft im S-Flügel eingerichtet. Um 1900 mehrere Versuche, die Gaststätte aufwendig zu modernisieren, doch abgelehnt. 1901 in diesem Zusammenhang Ausgrabungen durch den Provinzialkonservator. In Vorbereitung auf einen modernen Ausbau der Gaststätte sowie Einrichtung eines Museums im W-Flügel 1991-1993 Bauforschungen des Landesamtes für Denkmalpflege.

Keine Hinweise auf eine Burg des späten 10. Jh. innerhalb der heutigen, rck. Burg (65 x 30 m); entweder westl. davon (1901 Mauerreste ergraben) oder weit außerhalb auf der Altenburg bei Mallendorf.

Aus dem späten 12. u. frühen 13. Jh. stammen die Ringmauern der Kernburg, zumindest in ihren unt. Partien, der Wohnturm im NW, der südl. anschließende Palas (moderne Zuschreibung!), das Torhaus in der östl. Mauer sowie das Torhaus der Vorburg. Typisch für die romanische Bauphase ist der verwendete harte Gipsmörtel mit Fugenritzungen.

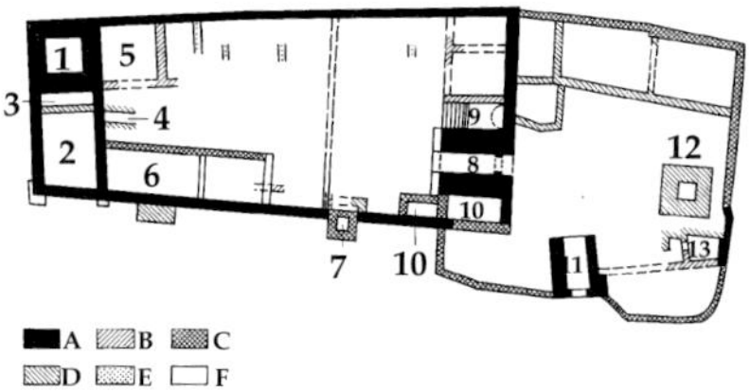


- A romanisches Mauerwerk, vorhanden
- B romanisches Mauerwerk, ergraben 1901 bzw. 1992
- C gotisches Mauerwerk (3. Viertel des 13. Jh. bzw. Mitte 15. Jh.)
- D gotisches Mauerwerk, ergraben
- E mittelalterliches Mauerwerk, unbestimmt
- F neuzeitliches Mauerwerk
- 1 romanischer Wohnturm
- 2 romanischer Palas
- 3 in frühgotischer Zeit abgetrennter Gang im Palas
- 4 Kellerhals, wohl gotisch
- 5 romanischer Raum mit Tür im Süden
- 6 spätgotischer Wohnbau
- 7 Jungfernturm
- 8 romanisches Torhaus der Kernburg
- 9 romanischer Kellerhals mit Tür nach Norden
- 10 gotische Keller
- 11 romanisches Torhaus der Vorburg
- 12 frühgotischer Bergfried der Vorburg
- 13 gotischer Keller

*Eckartsberga, Eckartsburg von S*

Torhaus ursprl. weiter nach W reichend, 1992 ergraben. Starke Mauern deuten auf Obergeschoß; die Durchfahrt ist gewölbt. Südl. davon führte eine kl. Tür in einen Nebenraum. Mit den Ringmauern baueinheitlich ist der Wohnturm erb. worden. 10,3 x 10,3 m gr., Mauerstärke von ca. 2,7 m. Noch 15 m hoch original. Ursprl. Eingang im S an Stelle des heutigen (Gewände in gotischer Zeit verändert). Westl. vom Eingang ein ehem. Abort. Treppe innerhalb der Mauerstärke nach ob. ins erste Geschoß mit Resten eines Wandkamines u. Fenster im W (eingestellte Säulchen spätes 12. Jh., z.T. 19. Jh.). Von einem dritten Geschoß nur wenig Mauerwerk erhalten. Nach Vgl. mit den Wohntürmen in Querfurt u. Freyburg darüber noch Zinnengeschoß zu vermuten. Südl. der Palas (ca. 15 x 10,8 m), zumindest zwei Geschosse hoch. Ins tief gelegene Erdgeschoß führte von O eine rundbogige Tür, in W-Wand größere Fensternische, in S-Wand zwei Schlitzfenster. Keine Hinweise auf Raumunterteilung. Im Obergeschoß im SW Reste eines Wandkamines. Östl. des Wohnturmes 1901 u. 1992 Mauern eines kl. Gebäudes ergraben, darin Tür nach S. Hinweis auf weitere Mauern im N unsicher. Nördl. des Torhauses Keller unter einem Gebäude 1901 u. 1992 freigelegt, dazu Treppe u. rundbogige Tür.

Die Bedeutung der Burg im späten 12. Jh. läßt auf weitere Wohngebäude schließen, viell. im S. Torhaus der Vorburg im O überwölbt mit originaler Wandnische im W, diese aber später verändert (im 18. Jh. Gefängnis). Maueranschlüsse nach O in Resten erkennbar. Hinter einem tiefen Halsgraben eine gr. Vorburg; etwa 250 m

östlich 1913 ein rd. Bergfried ergraben und durch Wasserbehälter beseitigt, vgl. die Neuenburg und Rudelsburg: evtl. Ansitze von Burgmannen in dieser Vorburg.
Zerstörung von 1247 bei den Ausgrabungen bestätigt. Damals das Hofareal im S vergrößert durch Geländeaufschüttungen. Evtl. jetzt Aufstokkung des Wohnturmes zum Bergfried um ca. 13 m. In den Mauern kl. Schlitzfenster; in Höhe des Mauerrücksprunges eine spitzbogige Tür. Im Palas Einbau einer Trennwand im Abstand von ca. 1,8 m zum Turm. Gleichzeitig Ausfallpforte in der W-Wand. Ehem. Erdgeschoß eingewölbt (1901 sichtbar, heute keine Hinweise); Fensterrest im Obergeschoß (W-Wand). Reduzierung der Mauerstärke der W-Wand des Torhauses, neuer spitzbogiger Kellereingang südl. davon. Erneuerung der südl. Ringmauer u. Bau des sog. Jungfernturmes (ursprl. zum Hof offen). Fundamente eines zweiten Mauerturmes an S-Wand der Gaststätte, viell. zu spätgotischem Kamin gehörig (?). Bergfried der Vorburg gotisch (7 x 7 m, ca. 22 m hoch, W-Eingang original, der nördl. M. 15. Jh.). Gleichzeitig die Ringmauern in der heutigen Ausdehnung (Substanz stark restauriert).
Aus der M. des 15. Jh. stammen alle Ausbauten im S-Flügel mit Türen u. Fenstern (Kreuzstockfenster); dieser S-Bau mißt 6 x 20 m u. könnte einen mittelalterlichen Vorgänger besessen haben, doch keine Befunde. Im einzelnen die zwei gotischen Ausbauphasen schwer zu trennen.

*R.S.*

Lit.:

*Doering, Oskar:* Die Eckartsburg. In: Burgwart 3 (1901/02). S. 53-56, 61 bis 65, 84 bis 86; *Naumann, Louis:* Das Schloß Eckartsberge (Eckartsburg). Eckartsberga 1902; *Naumann, Louis:* Die Ruinen des Schlosses Eckartsberge und seine einstige Bedeutung als Festung. Eckartsberga 1902; *Wäscher* 1962. S. 153-157; *Schmitt, Reinhard:* Die Eckartsburg. München; Berlin 1993 (Große Baudenkmäler H. 445)

## Engersen

### *Dorfkirche*

Zum ersten Mal erwähnt wird der Ort Engersen in der Resignationsurkunde des Grafen Siegfried v. Altenhausen-Osterburg aus dem Jahre 1238, in welcher er die an das Helmstedter Kloster St. Ludgeri als Lehen übertragenen Güter benennt. Weitere Nennungen des Ortes erfolgen in den Alvenslebenschen Lehensbriefen von 1473, 1488 und 1506 sowie in einigen jüngeren Urkunden der Familie v. Alvensleben-Calbe. A. des 19. Jh. wurde das Rittergut an die ansässigen Einwohner verkauft.
Das genaue Baudatum der romanischen Dorfkirche ist nicht bekannt. Nach der Architektur des spätromanischen Baukörpers zu schließen, ist die Kirche in der 1. H. des 13. Jh. entstanden. Ehem. als flachgedeckter Feldsteinbau mit eingezogenem quadr. Chor und einem regionstypisch als liegender Querriegel ausgeprägten W-Turm konzipiert, präsentiert sich der Baukörper kaum mehr in seiner romanischen Ausprägung. Das grobe Mauerwerk ist teilweise steinsichtig verputzt, der Mörtel mit Steinen u. Dachziegelschutt durchsetzt. Das urspr1., nun zugemauerte Rundbogenportal an der S-Seite ist zwar noch erkennbar, jedoch haben die halbkreisförm. Erweiterung des Chores im 16. Jh. u. die Restaurierungen der Jahre 1738 bis 1745 sowie eine zweite Instandsetzung 1877 der Kirche ihre entscheidende Prägung verliehen.

*Engersen, Dorfkirche von W*

Bemerkenswerte Ausstattungsstücke sind der M. des 18. Jh. entstandene, mit Ohrmuschelwerk verzierte Kanzelaltar sowie die aus gleicher Zeit stammende, schlichte hölzerne Hufeisenempore u. die verglaste Patronatsloge an der südl. Chorwand. Ein 1733 dat. Grabstein ist an der nördl. Wand aufgestellt.
Im Ortsteil Klein Engersen steht ebenfalls eine im Ursprung romanische Dorfkirche. Es handelt sich hierbei um einen spätromanischen Feldsteinbau mit eingezogenem, quadr. Chor u. einer Flachdecke. Über dem W-Teil des Kirchenschiffes ragt ein auf quadr. Grundriß stehender Backsteinturm mit einem Zeltdach empor, der im 19. Jh. hinzugefügt wurde.
Das Innere wird von dem klassizistischen, säulengetragenen Kanzelaltar mit Dreiecksgiebel beherrscht. Er ist zweifarbig gefaßt. Aus gleicher Zeit, also aus der 1. H. des 19. Jh., stammen das hölzerne Kirchengestühl sowie die U-förm., marmorimitierend gefaßte Empore. Der mittl. Teil der Empore ist aufgrund des Orgeleinbaus balkonartig etwas nach unt. versetzt.
Zur Ausstattung gehören noch eine 1514 datierte, steinerne Taufe in Form eines achteck. Pokals u. eine mit einem bekrönten, doppelschwingenden Adler in einem Siegeskranz bestickte Fahne, die sog. Bauernfahne aus dem Jahre 1675.

*D.H.*

## Ermsleben-Konradsburg

### *Klosterkirche*

Von einer frühmittelalterlichen Burganlage der 2. H. des 10. Jh. kaum Reste; evtl. die östl. der auf einem Bergsporn gelegenen Burg vorgelagerten Wälle u. Gräben dazugehörig. Älteste Erwähnung eines Egino 944, dann wieder 1021. Bekannt ist der Mord an Graf Adalbert v. Ballenstedt durch einen Egino zwischen 1076 u. 1083. Burchard v. Konradsburg 1107/1109 gen. Nach Zerstörung des Alten Falkensteines im Selketal 1115 Umsiedlung der Konradsburger auf den (neuen) Falkenstein (erstmals 1120 v. Falkenstein). 1120 ein Propst Rudolph in Konradsburg gen., evtl. zu einem Chorherrenstift gehörig, doch 1133 bereits ein Abt erwähnt, d.h. Benediktinerkloster. Dessen Äbte im 12. u. 13. Jh. häufig in Urkunden angeführt. Seit dem 14. Jh. Niedergang des Kloster. 1468-1470 scheiterten mehrere Versuche, das Kloster für die Bursfelder Kongregation zu reformieren. Ab Februar 1476 dem Kartäuserorden zugesprochen u. von Mönchen der Erfurter Kartause besetzt. Vermutl. gelegentliche Umbauten, 1518 eine Zelle E durch

Burchard v. der Asseburg gestiftet, d.h. Zellen A bis D bereits vorhanden. Im gleichen Jahr eine »ewige Spende« verschrieben, als sog. Konradsburger Spende bis ins frühe 20. Jh. ausgegeben. Im Bauernkrieg 1525 ausgeplündert, danach bis 1526 wieder bewohnt. Wegen ausbleibender wirtschaftlicher Grundlagen verlassen. 1530 durch Kardinal Albrecht an das Neue Stift in Halle vermacht, im gleichen Jahr an Kanzler Christoph Türk veräußert. 1536-1541 die W-Teile der Klosterkirche (Turm) sowie das Langhaus mit Teilen des Querhauses abgebrochen, weil nicht mehr benötigt. Das ehem. Sanktuarium mit der darunter gelegenen Krypta zur »Gutskirche« eingerichtet. Baunachrichten von 1566/67. Nach Tod Türks 1547 an Herren v. Hoym bis 1713, anschließend bis 1945 preußische Domäne (Bestandteil der Domäne Ermsleben). Nach baulichem Niedergang seit 1983 Bemühungen einer Bürgerinitiative um Rettung u. neue Nutzung. Instandsetzung der Kapelle, der Gebäude im S (Wohnungen) u. im O (Museum, Veranstaltungsraum). Seit 1988 in Fortsetzung älterer Ausgrabungen (60er Jahre) erneut bauarchäologische Forschungen (Klausur).
Bei den Ausgrabungen Reste einer nördl. Burgmauer gefunden. Erste kl. Saalkirche mit östl. Apsis ergraben. Keine Hinweise auf Bautätigkeit des Chorherrenstiftes. Vom Benediktinerkloster nach 1133 erster Kirchenbau als dreischiff. Basilika ergraben. Kirche um 1200 vollständig neu geb.? Erh. das Sanktuarium (»Chor«) mit Krypta, N-Wand des Querhauses mit Sakristeitür. Der Rest ergraben. W-Abschluß noch unbekannt. Sanktuarium dreischiff. mit drei Apsiden im O. Sorgfältiges Quadermauerwerk (heller Kalkstein, viell. nie verputzt, roter Sandstein, wohl getüncht o. geputzt), über hohem Sockel mit den fünf Kryptenfenstern eingetiefte Wandfelder mit rahmenden Lisenen. Im Inneren Doppelarkaden zwischen Hauptraum u. Seitenkapellen (kreuzgratgewölbt). Gewölbe des Hauptraumes nicht erh. (nur Ansätze). Pfeiler mit reich profilierten Kämpfer- u. Basenbildungen. Krypta ursprl. über zwei Türen von W erreichbar, heute nur S-Eingang. Ausdehnung über Grundriß des gesamten Sanktuariums als fünfschiff. Halle mit unterschiedlichen Jochbreiten.

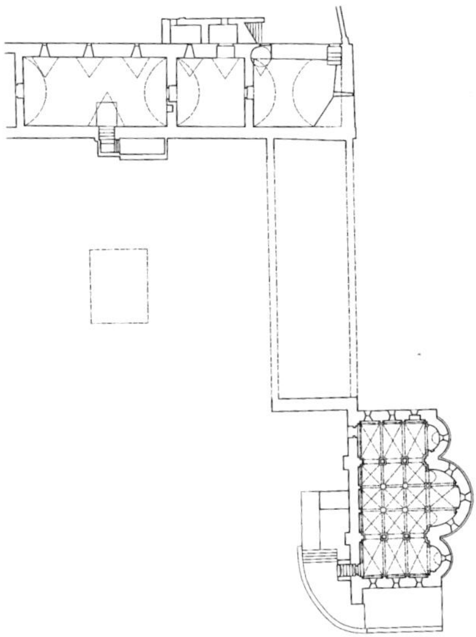

Kreuzgewölbe auf Pfeilern u. Säulen mit Gurtbögen. Hervorragende Ornamentik an Kapitellen, Kämpfern u. Basen, Kantensäulchen, Blattstengel- u. Rankenkapitelle, eingestellte figürliche Ornamentik. Beeinflußt von der Naumburger Domkrypta, niederrheinischen u. französischen Vorbildern. Von der Ausstattung

*Konradsburg, Krypta der Klosterkirche*

evtl. erh. spätromanisches Kruzifix in Dorfkirche Quenstedt, Kr. Hettstedt (um 1230-1235), Reste eines spätgotischen Chorgestühles um 1500 (aus der Kartäuserzeit; Stadtkirche Ermsleben). Relief in N-Wand des Sanktuariums stammt von anderer Stelle, erst 1931 hier eingemauert.

Von der Klausur geringe Reste: vom O-Flügel Fundamente ergraben (Hinweise auf Raumteilungen, z.T. zu Kapitelsaal), jüngere Heizungsreste. N-Flügel mit gewölbtem Kellergeschoß (Schlitzfenster u. rundbogige Tür nach N), ehem. Zugang auch vom Kreuzgang u. O-Flügel über Treppen. Vereinzelt Mauerwerk auch in Höhe des Erdgeschosses sichtbar.

Größere Umbauten im mittl. 16. Jh. zum Gutshaus mit Wendeltreppe vom Keller ins Erdgeschoß, neue Raumteilungen, Fenster u. Türen. 1693 erneut verändert, ebenso O-Flügel als Verwalterhaus. Vom romanischen W-Flügel keine Befunde erh. o. ergraben. Beim Öffnen des Kreuzhofes wohl im mittl. 16. Jh. alle älteren Befunde tief ausgebrochen, um Höhenunterschied zwischen Kreuzhof und Areal nördl. Klausur auszugleichen. (Das romanische Kellergeschoß des N-Flügels war außen Erdgeschoß.)

Erschlossene Größe des Kreuzhofes ca. 20,7 x 17,7 m, der Klausur mit Kirche ca. 56 x 54 m. Kreuzgangflügel im N, O u. S ergraben (je 2,7 m breit), hier z.T. Bestattungen. Brunnen vermutl. aus der Klosterzeit, doch nicht dat. Ringmauern z.T. mittelalterlich, im SO gar romanisch; häufiger verändert, spitzbogiges Tor im SO.

Durch Kartäuser erfolgten offensichtlich Modernisierungen an der Kirchenausstattung (Chorgestühl) u. in den Wohn- u. Arbeitsbereichen der Mönche (Zellen). Dazu bislang keine Baubefunde.

Erneute Um- u. Ausbauten an den Wirtschaftsgebäuden im mittl. 19. Jh. (Ställe u. Scheunen im S, W u. NW), z.T. in aufwendigen Buckelquaderformen. Brunnenhaus nach 1807 u. M. 19. Jh. erneuert; Tretrad bedeutendes technisches Denkmal. Ehem. Klausur-Ostflügel nach 1807 völlig neu als Stallgebäude. Seit dem frühen 19. Jh. Bemühungen um Säuberung der landwirtschaftlich genutzten Kirche, vor allem der Krypta. 1843/44 restauriert, seitdem als Denkmal gewürdigt, aus dem Domänenbetrieb ausgespart u. öffentlich zugänglich gemacht.

Jüngst behutsame Andeutungen der Grundrißgestalt der Kreuzgänge und der Kirche im Pflaster.

*R.S.*

Lit.:

*Elis, Carl:* Die Conradsburg bei Ermsleben. Halberstadt 1855; *Größler, Hermann; Adolf Brinkmann:* Mansfelder Gebirgskreis, Halle 1893 (Beschreibende Darstellung der älteren Bau- und Kunstdenkmäler der Provinz Sachsen, H. 18); *Wäscher* 1962. S. 109; *Möbius, Helga:* Studien zur mittelalterlichen Bauornamentik in Sachsen, Thüringen und der Mark Brandenburg. Diss. phil. Halle 1970; *Leopold, Gerhard:* In: Denkmale in Sachsen-Anhalt. 1986. S. 178; *Korf, Ilse; Winfried Korf:* Burg Falkenstein. Geschichte, Baugeschichte, Museum. Burg Falkenstein 1985. S. 28-31; *Schmitt, Reinhard; Klaus Wycisk:* Konradsburg. Burg, Kloster, Domäne, Aschersleben 1990; *Schmitt, Reinhard:* Die Konradsburg. München; Berlin 1993 (Große Baudenkmäler H. 442)

## Falkenstein

*Burg*

Zwischen 1125 u. 1150 ließ sich Burchard v. Konradsburg im Innern des Harzes am Rande des Selketales eine Burg errichten, nachdem er die Konradsburg für die Errichtung eines Benediktinerklosters aufgegeben hatte. 1155 wurden die Konradsburger als »comites de Valkenstein« geführt. 1251 wird Hoyer v. Falkenstein als Förderer Eike v. Repgows gen., der auf der Burg Falkenstein den »Sachsenspiegel« schrieb. 1284 ging die Burg in den Besitz der Halberstädter Bischöfe über, die sie wiederholt verpfändeten. 1437 ist sie als Pfand in den Händen der Asseburger. Bereits 1449 besaßen sie die Burg als Erblehen. Sie blieb bis 1945 in ihrem Besitz. Von 1550 bis 1604 machte die Burg einen Wandel zu einem Wohnschloß durch.

Eine 17 Meter hohe u. vier Meter starke Mauer schützte die Burg schildartig mit nur zwei Schießscharten an der Hauptangriffsseite ab. Von einem Wehrgang konnte sie verteidigt werden. Um in das Innere der Hauptburg zu gelangen, mußten ursprl. sechs Tore durchschritten werden. Heute ist nur ein Tor mit einem Fachwerkwehrgang zu passieren, will man in das Burginnere gelangen. Im Burghof dominiert der 31 Meter hohe rd. Bergfried mit einem Durchmesser von 5,5 Metern. Er steht dicht an der Schildmauer, ähnlich schildartig geformt. Im 2. V. 16. Jh. wurde die Burgmauer erhöht. Daraufhin entschloß man sich 1592, auch den Turm um zehn Meter aufzustocken.

Dieser Abschnitt ist mit Ziegeln errichtet worden. Um ein Bersten des Turmes zu verhindern, erhielt er 1826 Eisenbänder. In neun Meter Höhe befand sich der einzige Zugang. Er war nur über eine Leiter

*Burg Falkenstein von O*

vom Hof aus zu erreichen. Nachdem im 13. Jh. der Palas verlängert wurde, erfolgte der Zugang vom Dachgeschoß über eine abwerfbare Holztreppe. Unter dem Eingangsgeschoß befand sich das Verlies. Der zweigesch. Palas wich später einem Fachwerkbau. Ein zweiter Wohnbau liegt hinter dem 1601 errichteten Treppenturm in der SW-Ecke des Hofes. Dieser Wohnbau war ein freistehender dreigesch. Wohnturm. An der S-Seite befand sich freistehend die Küche. Eine starke Wehrmauer riegelte im W die Hauptburg von der Vorburg ab. Die Vorburg galt von Anfang an als Wirtschaftshof. Sie liegt tiefer als die Hauptburg.

Graf Hoyer v. Falkenstein ließ zwischen 1220 u. 1250 die romanische Anlage weiter befestigen u. füllte die freien Flächen in der Hauptburg mit weiteren Gebäuden aus (Erweiterung Palas, Burgkapelle zwischen Palas u. südl. Tor). Die Burgkapelle ist ein kl. quadr. Raum mit Kreuzrippengewölbe u. einer Dreifenstergruppe. Direkt unter dem Gewölbe sitzt die Loge, ein Nachklang der romanischen Emporen im W-Teil zahlreicher Kirchen am Harz.

1689 befanden sich als Folge des Dreißigjährigen Krieges fast alle Gebäude in einem baufälligen Zustand. Achaz Ferdinand v. der Asseburg ließ nach 1761 mehrere dieser Gebäude, vor allem in der Vorburg, abreißen. Beeinflußt durch die Romantik begann Ludwig August v. der Asseburg A. 19. Jh. die Burg zu einer Sommerresidenz u. einem Jagdschloß umzubauen.

Seit 1946 ist die Burg ein vielbesuchtes Museum.

*H.S.*

Lit.:

*Wäscher, H.:* Die Baugeschichte der Burg Falkenstein im Selketal, Halle 1955; *Schreyer, E.:* Die Burg Falkenstein, Leipzig; Jena 1960; *Korf, W.:* Burg Falkenstein im Harz, Selbstverlag 1976; *Korf, W.:* Burg Falkenstein (Baudenkmale 49), Leipzig 1981

## Freyburg

### *Neuenburg*

Ausgedehnte Burganlage auf dem Schloßberg oberhalb der jüngeren Stadt Freyburg. Gründung der Ludowinger, späteren Landgrafen v. Thüringen um 1090 nach Inbesitznahme eines Gebietes, das zuvor den Pfalzgrafen v. Sachsen gehörte (Burg in Zscheiplitz westl. Freyburgs). Große Bedeutung im späten 12. u. frühen 13. Jh. (Fertigstellung der »Eneide« von Heinrich v. Veldeke, Wirken der hl. Elisabeth). Nach 1247 wettinisch, sächsischer Amtssitz u. Residenz bis 1815, danach preußischer Verwaltungssitz mit Domäne bis 1945. Anschließend Museum u. Wohnungen. 1970 geschlossen, erst 1990 schrittweise der Öffentlichkeit zugänglich gemacht, 1992 Doppelkapelle wiederhergestellt. Umfängliche Bauforschungen des Landesamtes für Denkmalpflege u. (seit 1990) des Schloßmuseums.

Die Baugeschichte der romanischen Burg vielfach noch unklar. Die bekannte Bausubstanz (Bergfried, Doppelkapelle, Wohnturm) durch jüngste Freilegungen u. Grabungen erheblich erw.; 1993 erstmals Versuch, dies in Grundriß u. Text festzuhalten (Glatzel/Schmitt 1993, Grundriß siehe S. 70). Danach erste romanische Bauphase im Bereich der heutigen Kernburg mit Ringmauern (1), nach SO abknickend (2). Im NO Mauerreste mit turmartigem Bau (3), im O Mauerverlauf (4), im SO ebenfalls turmartig (5). Verbindung zu (2) unklar. Zeitnah ein im O vorgelagerter Wall aus aufgeschüttetem Felsgestein (6), dazu wohl ein Graben (7).

Mit dem Wall Bergfried I errichtet (8), kurze Stichmauer zum Wall u. baueinheitlich eine Verstärkung des Turmradius etwas später. Im SO der Kernburg geringe Anhaltspunkte für ein Außentor bei (9). Hauptzugang in Kernburg bei (10). Ältester Befund von Wohnbauten: Abortanlage (11) in Ringmauer (1). Vom Gebäude evtl. Mauerrest nördl. davon erh. Zwei weitere Gebäude bei (12) u. (13), bei (14) viell. Wand eines Torhauses (mit 10). Dat. nicht möglich, vermutl. 1. H. 12. Jh.

Zweite romanische Bauphase: Östl. der Kernburg eine große Vorburg errichtet. Dazu gehören die Mauern: (15) (evtl. Torrest 16?), viell. bei (17), Tor (18, 19, 20, 21). Vorgelagert ein Wall (22), auf dem die Mauern zumeist stehen, dazu Graben (23). Trennung in zwei zeitlich geschiedene Vorburgen wenig wahrschl. Ausla-

*Neuenburg, Ansicht der Kernburg*

dung nach NO mit Bergfried III (24) wohl aus topographischen Gründen (natürliche Anhöhe). Untersuchungen der Mauerreste innerhalb neuzeitlicher Scheunen u. Ställe kaum begonnen (bei 25 u. Turmrest 26). Aus verteidigungstechnischen Gründen Abmauerung nördl. (15) denkbar, aber ohne Befund, ein Graben davor aber auszuschließen. Vorburg zumindest seit dem 13. Jh. als Ansitz von Burgmannen mit benutzt, ähnlich in Eckartsberga u. Rudelsburg. Bergfried III ein hervorragender Vertreter des spätromanischen bewohnbaren Turmes mit gewölbtem, hoch gelegenem Eingangsgeschoß, Mauertreppen, Aborten, Kamin, nicht dat., aber wohl gegen 1200. Maße: Durchmesser 14 m, Mauerstärke 2,85 m, Mindesthöhe 23,5 m. Typus vgl. mit rheinischen Beispielen aus dem letzten Dr. des 12. Jh., weniger mit französischen vom »Donjon«-Typus.

Bergfried II (27) dicht westl. der Vorburgringmauer noch nicht näher untersucht, da nach Blitzschlag 1662 abgetragen u. Material beim Brunnenbau verwendet; etwas über 2 m hoch erhalten, ca. 15,2 m Durchmesser, Mauerstärke 4,4 m. Bemerkenswert u. bislang ohne Parallele im N sichtbare u. im S wohl zu ergänzende »Ecksporen« in Geländehöhe, alles in sorgfältiger Quadertechnik. Im Bereich von Tor (9) wohl erst jetzt in Stein gebaut, davor Zugbrücke anzunehmen. Abbruch von Bergfried I (8) zeitnah mit Bau von Bergfried II zu sehen. Spätestens für den Erstbau einer Burgkirche (28) war Beseitigung des ersten Bergfrieds erforderlich. Turmartige Bauten (3, 5) vermutl. bis ins späte 17. Jh. in Resten erh. geblieben.

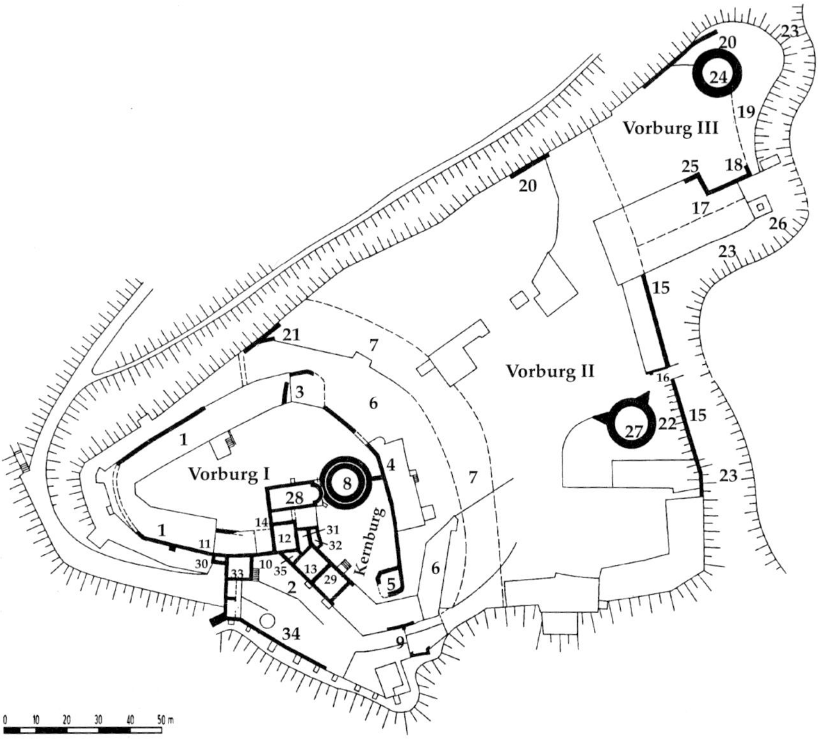


Erste Burgkirche als Nachfolger einer aus der Zeit um 1100 stammenden Kilianskirche am Fuße des Schloßberges ein rechteckiger Saalbau mit östl. Apsis, z.T. in heutiger Doppelkapelle sichtbar (Mauerwerk, Fenster, Türrest). Ausbauten an den Wohngebäuden. Bau (2, 13) wurde zum Palas erw. (29), gleichzeitig die Außenmauer verstärkt und ein zusätzliches Geschoß aufgesetzt, wohl das Festsaalgeschoß, das ähnlich denen in Weißensee und auf der Wartburg zu ergänzen ist. Westl. des Torhauses (10,14) ein neues Toilettengebäude (30), aber noch auf Bau mit älterer N-Wand bezogen. Für alle Aus- u. Neubauten in der Phase II keine dat. Anhaltspunkte, doch den Landgrafen Ludwig II. u. Ludwig III. bis zu Hermann I. zuzuschreiben (letztes Dr. 12. Jh.). – Bedeutendste Umbauten im 1. Dr. des 13. Jh. Phase III: Bau der Doppelkapelle (28) unter Einbeziehung des Vorgängerbaues. Langgestrecktes Untergeschoß mit rck. Altarraum, eingestellte Dreierarkade trägt W-Wand der kleineren Kapelle im Obergeschoß; westl. davon angrenzende Räume der Wohnbauten. Sowohl der Außenbau (Lilienfenster, Rautenfenster mit eingestelltem Vierpaß) als auch die Bauornamentik niederrheinisch beeinflußt: Säulen aus Schiefergestein bzw. schwarzbemaltem Kalkstein mit Kapitellen u. Basen im Untergeschoß, insbesondere im Obergeschoß (Privatoratorium der landgräflichen Familie) mit mittl. Bündelpfeiler, Gurtbögen u. Kreuzgratgewölben. An Gurtbögen »Zacken« mit Röllchen, wie Kämpferornamentik am Mittelpfeiler von der Kölner Andreaskirche (W-Vorhalle) direkt beeinflußt. An Kapitellen der auf einen niedrigen Wandsockel gestellten Säulen mehrfach Tierfiguren. Bauzeitlich auch der Altar im Obergeschoß, die südl. benachbarte, spitz überdeckte Wandnische, z.T. der Wandputz im Obergeschoß (hier mit spätgotischen Inschriften, Gebetsanrufen an Elisabeth, Katharina, Maria, Anna Selbdritt), das jüngst freigelegte romanische Westportal ins Obergeschoß u.a. Ein älteres Wölbungssystem im Obergeschoß bauarchäologisch nachgewiesen, aber wohl nur z.T. ausgeführt. Die Fußbodenöffnung zwischen Unter- u. Obergeschoß jetzt von 1955 u. 1992, etwa in den Abmessungen vor 1853 u. viell. mittelalterlich; da eine Holzkonstruktion, leider ohne gesicherten Befund.

Zus. mit der Freyburger Stadtkirche, dem Naumburger Dom u. weiteren Bauresten in Schönburg, Zscheiplitz sowie Posa bei Zeitz bemerkenswert hinsichtlich des niederrheinischen Einflusses im Umkreis des Naumburger Bischofs u. der Landgrafen (auch: Wartburg, Runneburg).

In zeitlicher Nähe zum Doppelkapellenbau Aufstockung des Gebäudes (12) mit wohl erst jetzt zwei weiteren Geschossen u. einer direkten Verbindung zum Obergeschoß der Doppelkapelle (28). Errichtung eines Vorbaues (31) auf der östl. Hofseite mit Zugang zum Raum (12) u. den südl. gelegenen Palas sowie eines Altanes (32), unter dem man in die ursprl. flach gedeckten Untergeschoßräume u. darüber in den Vorbau (31) gelangte. Altan wohl von N zu erreichen. Bei (35) Reste von Heizanlagen. –Ausbau der Burg nach S mit Wohnturm, Toilettenanbau (33) u. Ringmauer (34), die dann nach (9) zog.

Wohnturm vor die ältere Ringmauer (1) u. an den älteren Toilettenbau (30) gesetzt. 9,5 x 9,5 m messend u. mindest 18 m hoch; hervorragender Ausblick ins Unstruttal. Ursprl. vier Geschosse, Holzbalkendecken. Rundbogige Tür ins Erdgeschoß, 2. u. 3. Obergeschoß (im 16. Jh. letztere vermauert, darin Figur des sog. Haingottes, einer Steinplastik aus dem Mittelalter). Außengalerien durch Balkenlöcher belegt. Zugang zu den Obergeschossen wohl über Torhaus (10, 14). Tür in N-Wand des dritten Obergeschosses (»Jägermeisterzimmer«) führte in den angrenzenden Wohnbau nördl. davon. In den Untergeschossen kleinere Fenster, im dritten Obergeschoß reich ausgebildete Drillingsfenster mit eingestellten Säulchen, in Resten freigelegt. Im zweiten Obergeschoß hinter einer Vermauerung von 1462/63 ältere, wohl romanische Fensterläden erhalten. Im ersten u. zweiten Obergeschoß Wandkamine, stark zerstört freigelegt. Aus diesen beiden Geschossen führten je eine bauzeitliche Tür nach S zu einem Gang entlang einer steinernen Wand, an deren S-Strebepfeiler zwei Aborterker angebaut sind. Der hölzerne Gang etwa auf halbem Weg auf Steinpfeiler aufsitzend, in diesem je eine Tür. Abortanbau 1226 dat. Mit Wohnturm modernste Raumschöpfung auf der Burg geschaffen, wohl vornehmer als Palas. Vorläufigen Hinweisen auf einen gr. Raum über (35, 12, 28) muß noch weiter nachgegangen werden.

Nach den drei romanischen Bauphasen folgten im mittl. 15. Jh. größere Um- und Neubauten: im ehem. Palas mit einer Erweiterung nach SO, dem Abbruch des Palasobergeschosses u. Neuaufbau, überall gotische Kreuzstockfenster.

Tiefer Tonnenkeller; Erdgeschoß mit mehreren gewölbten Räumen. Im hoch gelegenen, hofseitigen Erdgeschoß die Hofstube mit einer steinernen Mittelstütze auf der Grundfläche des romanischen Palas.
Baueinheitlich im SO das sog. O-Torhaus, im SW das sog. W-Torhaus an Stelle der romanischen Toilettenanlage, die nunmehr überbaut wurde u. benutzbar blieb. Diese Maßnahmen z.T. dendrochronologisch um 1460 dat., z.T. einer Baurechnung entnommen. Wenig später neue Zwingeranlagen mit Mauern u. Schalentürmen u. vor O-Torhaus ein niedrigeres Vortorhaus.
An SO-Ecke der Vorburg jüngst Reste eines spätgotischen Rondellbaues beobachtet, offensichtlich der modernste Festungsbau auf der Neuenburg (anders als Querfurt, Allstedt u.a.). Entlang der romanischen Ringmauern (1) bereits in gotischer Zeit einzelne Gebäude errichtet, v. a. im NW; vermutl. eine Vorburg.
Reich gestaltete Dachlandschaft mit mehreren Dachtürmchen, über dem Tor (10, 14) ein großer erkerartiger Vorbau, dendrochronologisch um 1460 dat.
Im mittleren 16. Jh. Um- und Ausbauten unter Herzog Moritz u. Herzog August v. Sachsen: in den westl. Bereichen (1), dabei Vereinheitlichung der Dachlandschaft; Anlage bzw. Vollendung der tiefen Keller mit Kellerhals. Modernisierungen im Wohnturm (Portal dat. 1543), im Bau südl. der Kapelle (überall Renaissancefenster mit Wulst- und Karniesprofilen); Neubau der gr. Schloßküche im O der Kernburg unter Verwendung gotischer Mauern (Schlot 1800 u. 1912 beseitigt), Abbruch u. Wiederaufbau der W-Teile der Kapelle, Neuausstattung, auch im Wohnbau (Fürstenhaus): neue

*Neuenburg, Doppelkapelle von NO*

Wendeltreppe im SW, am ob. Austritt gr. Renaissanceportal von 1552 (nach 1700 in den Fürstensaal versetzt). Turmhaube des Bergfriedes III (Dicker Wilhelm). Wiederaufbaumaßnahmen nach dem 30jährigen Krieg; 1662 nach Blitzschlag Bergfried II bis auf etwa 2 m Höhe abgetragen u. Material zum Brunnenbau verwandt. Reparaturen in Kapelle (1667, 1675); Neubau von Ställen im NW der Kernburg (1667, gewölbt). Am Torhaus (10, 14) neues Portal 1667 (Löwentor); überall neue barokke Ohrenfenster (Fürstenhaus, Küche, Galerieflügel im NW u. SW). Um 1700 bis 1719 Ausbauten im Fürstenhaus (Festsaal, Kamine, Türen; im Erdgeschoß Korridore auf Hofseite, neues Portal von 1704), in der

*Neuenburg, Obergeschoß nach O*

Kapelle (Betstübchen im W-Teil des Obergeschosses, neuer Zugang von S, Ausstattung mit Gestühl, Orgel, Kanzeln).
1715-1721 vor dem O-Torhaus ein Gebäude über dem Vortorhaus errichtet; östl. vom Fürstenhaus ein Remisenbau mit Altan darüber, zur Vorburg eine überwölbte Durchfahrt. 1755/56 der Altan ebenfalls überbaut von zwei Fachwerkgeschossen; letzter gr. Neubau auf der Burg.
1822 u. 1832 Abbrüche des Neuen Flügels u. der sog. Bettmeisterwohnung nördl. der Küche. Danach denkmalpflegerische Bemühungen der preußischen Regierung, zunächst 1853-1855 an der Doppelkapelle. Unterhaltung durch Nutzung als Wohnungen für Oberförster u. andere Beamte gesichert.
Vorburg mit Bausubstanz des 17. bis 20. Jh., geringe Reste der romanischen Ringmauern benutzt.

*R.S.*

Lit.:
*Gabler, Gottlob Traugott:* Freyburg, Stadt und Schloß, nebst ihren Umgebungen. Querfurt 1836; *Nebe, A.:* Geschichte der Stadt Freiburg und des Schlosses Neuenburg. In: Zeitschrift des Harz-Vereins für Geschichte und Altertumskunde 19 (1886). S. 93-172; *Bergner, Heinrich:* Kreis Querfurt, Halle 1909. S. 94-108 (Beschreibende Darstellung der älteren Bau- und Kunstdenkmäler der Provinz Sachsen. H. 27); *Wäscher, Hermann:* Die Baugeschichte der Neuenburg bei Freyburg an der Unstrut. Halle 1955 (Schriftenreihe der Staatlichen Galerie Moritzburg in Halle 4); *Patze, Hans:* Die Entstehung der Landesherrschaft in Thüringen. I. Teil. Köln; Graz 1962 (Mitteldeutsche Forschungen, Band 22); *Schwind, Fred:* Die Landgrafschaft Thüringen und der landgräfliche Hof zur Zeit der heiligen Elisabeth. In: Sankt Elisabeth. Fürstin, Dienerin, Heilige. Sigmaringen 1981, S. 29-44; *Leopold, Gerhard:* In: Denkmale in Sachsen-Anhalt 1986. S. 184-185; *Glatzel, Kristine; Reinhard Schmitt:* Schloß Neuenburg. München; Zürich 1992 (Kleine Kunstführer Nr. 1966); *Werner, Matthias:* Die heilige Elisabeth in Thüringen. In: Novum castrum. Schriftenreihe des Vereins zur Rettung und Erhaltung der Neuenburg e. V. H. 1. Freyburg 1992; *Lemmer, Manfred:* Die Neuenburg in Geschichte, Literatur und Kunst des hohen Mittelalters. In: Novum castrum. Schriftenreihe des Vereins zur Rettung und Erhaltung der Neuenburg e. V. H. 2. Freyburg 1993; *Schmitt, Reinhard:* Die Doppelkapelle der Neuenburg bei Freyburg/Unstrut. Bericht über neue baugeschichtliche Untersuchungen (im Druck); *Glatzel, Kristine; Reinhard Schmitt:* Schloß Neuenburg in der Zeit der Romanik. München; Berlin 1993 (Große Baudenkmäler H. 448); *Kniesche, Annette:* Ein romanischer Ofenfund von der Neuenburg. In: Burgen und Schlösser in Sachsen-Anhalt. Mitteilungen der Landesgruppe Sachsen-Anhalt der Deutschen Burgenvereinigung e. V. H. 2. Halle 1993. S. 6-14; *Schmitt, Reinhard:* Die Kilianskirche bei Freyburg – erste Burgkirche der Neuenburg. In: Burgen und Schlösser in Sachsen-Anhalt. Mitteilungen der Landesgruppe Sachsen-Anhalt der Deutschen Burgenvereinigung e. V. H. 2. Halle 1993. S. 15-22; Das alte Freyburg. In: Novum castrum. Schriftenreihe des Vereins zur Rettung und Erhaltung der Neuenburg e. V. H. 3. Freyburg 1994

## Frose

*Stiftskirche*
936 erhielt das Servatius-Stift in Quedlinburg u.a. auch in Frose Grundbesitz geschenkt u. dazu 15 Slawenfamilien. Markgraf Gero gründete bereits um 950 in diesem Ort ein Mönchskloster, das er aber im Zusammenhang mit der Einrichtung eines Damenstifts in Gernrode 961 in ein Frauenstift umwandeln u. Maria, Petrus und Cyriacus weihen u. Gernrode unterstellen ließ. In einer Urkunde von 1049 bestätigt der Papst die Zugehörigkeit des Stifts zu Gernrode. Zur rechten Blüte konnte das Stift niemals gelangen. Immer wieder ist in den Urkunden von Ablässen die Rede. 1521 wurde das Stift reformiert.
Die heutige Stiftskirche ist um 1170 anstelle eines größeren Vorgängerbaues als flachgedeckte kreuzförm. Basilika mit Hauptapsis u. Nebenapsiden an den Querhausarmen errichtet. Nach W wird die Kirche durch eine typische sächsische Doppelturmfassade abgeschlossen. Obwohl kein Eingang vorhanden ist, ist der Mittelbau der Fassade als Halle mit einer Doppelarkade zum Mittelschiff ausgebildet. Der Hallenraum ist mit zwei Kreuzgratgewölben gedeckt. Über der Halle liegt eine tonnengewölbte Empore mit reich gegliederten Öffnungen zum Schiff, wie Blendbögen u. eingestellte Säulchen. Die W-Fassade u. der Chor wurden im 13. Jh. teilweise verändert. Das Langhaus wird vom niedersächsischen Stützenwechsel beherrscht (Pfeiler-Säule-Säule-Pfeiler). Die gedrungenen acht Säulen ruhen auf hohen attischen Basen (ähnlich Klostermansfeld). Zwei Kapitelle sind mit starren Palmetten belegt, die anderen als Würfel mit Schilden u. fein gezeichneten Palmetten gearbeitet.

*Frose, Stiftskirche, Inneres nach O*

Die Kämpfer sind mit Kehlprofilen u. Schachbrettmustern geschmückt, der Kämpfer der östl. Säule in der Nordwand u. der des folgenden Pfeilervorsatzes dagegen mit einem Palmettenfries. Arkaden- u. Obergadenzone werden durch einen aus Rundstab u. Platte gebildeten Fries voneinander getrennt.
Bei Wiederherstellungsarbeiten im 18. Jh. wurden die Querhausarme gekappt sowie die Langhauswand durchgezogen, die Apsiden am Querhaus abgerissen. Bei der Restaurierung 2. H. 19. Jh. wurden S-Wand u. N-Portal erneuert u. beide Nebenapsiden rekonstruiert.

*H.S.*

Lit.:
*Oswald, F.:* Beobachtungen zu den Gründungsbauten Markgraf Geros

in Gernrode und Frose. In: Kunstchronik 18/1965

## Genthin-Altenplathow

***Figurengrabstein des Hermann v. Plotho***

Das heute Genthin eingemeindete Altenplathow wurde im Schutz einer Burg gegründet, der Burgward »Ploth« 946 erstmals urkdl. erwähnt. In einer Urkunde Ottos I., in der der Gau Zemzici dem Bistum Havelberg zugeordnet wurde, ist das Dorf »Plothi« gen. Nach dem Wendenaufstand 983 war die Burg wieder in wendischem Besitz. Die Markgrafen von Stade eroberten das Gebiet wieder, 1144 schenkte Hartwig v. Stade, Erzbischof v. Bremen, die Burg u. Ländereien dem Magdeburger Erzbischof Friedrich. Burgherr war damals Hermann, später v. Plotho, ein Christ aus wendischem Geschlecht, seine Nachfahren wohnten in Altenplathow (Aldinplote) bis 1434, die Burg wurde nach Zerstörungen A. 15. Jh. wiederhergestellt u. vom Erzbischof an wechselnde Besitzer verpfändet.

*Genthin-Altenplathow, Figurengrabstein H. v. Plotho*

Im Jahre 1905 entdeckte man beim Abriß der romanischen Kirche einige Meter neben dem Kirchenneubau von 1904 unter dem Kirchenfußboden zwei Grabplatten, eine barokke u. eine wesentlich ältere. Die ältere Platte aus hellem Sandstein wurde in mehreren Bruchstücken gefunden u. wieder zusammengesetzt, so daß die Figur ziemlich vollständig erh. ist, die rahmende Inschrift jedoch gr. Lücken aufweist.

Die Platte erwies sich als die des Hermann v. Plotho, der 1170 starb u. in Altenplathow beigesetzt wurde.

Die Grabplatte wird heute wieder liegend gezeigt, in der Sakristei der Kirche von 1904, nachdem durch einen Umbau die bis 1992 genutzte Nische nun als Altarnische einer Winterkirche dient. Die Platte mißt etwa 2 m in der Höhe, 60 cm in der Breite und 25 cm in der Dicke. Die frontal wiedergegebene Gestalt des Verstorbenen ist noch von hochromanisch-archaischer Strenge, in blockhaftem, nur durch Ritzungen gegliederten Hochrelief. Bezeichnend für die Entstehungszeit der den Grund überragende Randstreifen.

Ob Hermann in der alten Kirche tatsächlich beigesetzt worden ist, ist nicht mehr nachweisbar. Vermutl. hat der ältere Teil der romanische Kirche als kl. Kapelle schon vor Lebzeiten Hermanns gestanden u. wurde in der 2. H. des 12. Jh. durch ein größeres Kirchenschiff u. einen Turm ergänzt, wahrschl. zwischen 1144 u. 1170. Dies könnte die Existenz der Platte in der früheren Kirche begrün-

den, bes., wenn Hermann der Erbauer war.
Dieser Kirche wurde 1727 ein Fachwerkturm aufgesetzt, dessen ob. Teil allerdings 1850 bereits wieder abgerissen war.
Die neue Kirche von 1904 ist ein neugotischer Hallenbau, mit einer Holztonne gedeckt. Die Innenausstattung ist vollständig erh., allerdings ist eine Restaurierung nötig, die beg. hat und zum Jubiläum abgeschlossen sein soll.

*G. u. A.S.*

Lit.:
*Wernicke, Friedrich:* Chronik, des Dorfes Altenplathow. 1909; *Schattanik, Gisela:* 1000 Jahre Altenplathow. Aus der Chronik von 1909. Genthin 1992

## Gernrode

***Stiftskirche St. Cyriakus***
Die dörfliche Siedlung wurde erstmals 1136 urkdl. genannt. Sie lag östl. neben der nicht mehr vorhandenen Burg u. dem Damenstift. Stadtrecht wurde dem Ort wahrschl. erst 1539 verliehen. Die Stadt besaß keine Mauer, sondern nur drei befestigte Tore. Der Ort weist einen unregelmäßigen Grundriß auf, in dessen Mittelpunkt ein dreieck. Markt mit einem Rathaus aus dem A. 20. Jh. liegt.
Markgraf Gero brachte angeblich von seiner Romfahrt einen Arm des Heiligen Cyriakus mit, der in der O-Krypta der Stiftskirche als Reliquie aufbewahrt wurde. 960/61 erhielt Gero vom Kaiser Otto I. die Zustimmung zur Errichtung eines Stifts. Als Äbtissin setzte Gero seine Schwiegertochter Hathui ein, eine Nichte der Königin Mathilde aus dem Hause der Billunger. Sie stiftete den Kirchenschatz u. starb 1014. Spätestens in diesem Jahr dürfte der Bau abgeschlossen gewesen sein. Da Gero 965 im O-Teil der Kirche beigesetzt wurde, war zu diesem Zeitpunkt der Chorbereich sicherlich fertiggestellt.

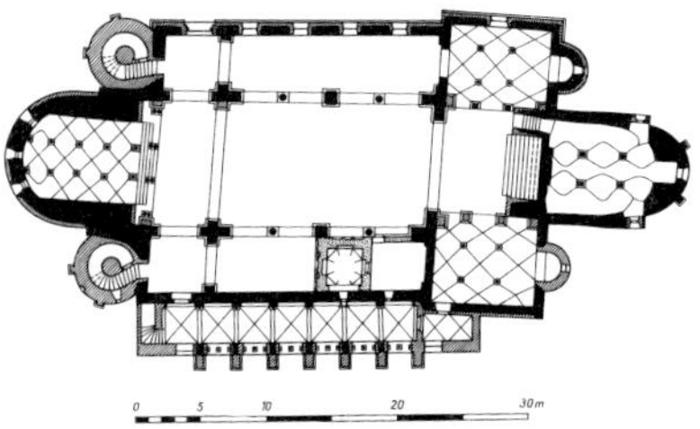


Die Kirche ist eine flachgedeckte, dreischiff. Basilika mit kurzem Querhaus u. fast quadr. Chor mit Apsis u. Nebenapsiden an den Querhausarmen. Urspr. bestand die W-Front aus einem quadr. Mittelbau mit Erdgeschoßhalle, Empore u. zwei Treppentürmen, die die Empore um ein Geschoß überragten. Um 1130 wurden die Türme erhöht, die Empore aufgegeben und die Erdgeschoßhalle in einen W-Chor mit Krypta umgewandelt. Über die Empore wurden zwei Gurtbögen gezogen, um die Last der hinzugekommenen Glokkenstube abzufangen. 1861 mußte der Zwischenbau fast neu aufgeführt werden, die Türme sind 1907 u. 1910 in ihrer urspr. Form von 1130 erneuert worden. Als ältester Teil der Kirche gilt die Vierstützenkrypta unter dem O-Chor, neben der Krypta in Rohr die älteste Hallenkrypta nördl. der Alpen. Auf Pfeilern ruhen drei Tonnen, die von drei Quertonnen geschnitten werden. So entstand ein Stichkappengewölbe. Urspr. war sie durch zwei Eingänge zu betreten. 1968 wurden die nicht fachgerechten Reparaturen korrigiert. Die Wände des Chores, der schmaler als das Mittelschiff ist, ruhen auf den Umfassungsmauern der Krypta. Die Au-

*Gernrode,*
*Ostkrypta der Stiftskirche*

ßenwand der Hauptapsis wird durch zwei Pfeilervorlagen auf Sockeln aufgelockert. Das ob. Fünftel ist durch ein Gesims abgetrennt u. die Pfeilervorlagen laufen als Halbsäulen weiter. Sie enden in Pilzkapitellen. 1918/19 wurde die Apsis in alter Form neu hochgezogen. Die breite Treppe von der Vierung zum Chor ist ursprl. An der Vierung sind der westl. und östl. Triumphbogen romanisch, die beiden anderen kamen im 19. Jh. hinzu. Der nördl. Querhausarm mußte größtenteils 1860 erneuert werden, ebenso die südl. Querhausapsis. Einmalig in Sachsen ist im zweischiff. Langhaus mit rheinischem Stützenwechsel die Emporenzone über den Seitenarkaden. Sie wurden unter der Äbtissin Hedwig (1118-1152) geschlossen, von Puttrich um 1840 neu entdeckt u. durch F. v. Quast wieder freigelegt. Dabei mußten einige Sockel u. Kämpfer ergänzt werden. Auf den trapezförm. Kapitellen lasten breite Kämpfer, deren Schmalseiten als Wulst geformt sind. Einmalig am Harz sind auch die dreieck. Arkadenansätze über den Säulen. Der Rhythmus der jeweils zehn Säulen wird durch einen Mittelpfeiler unterbrochen. Nach der Schließung der Empore ließ Äbtissin Hedwig um 1140 in den Querhausarmen Ersatzemporen für die Nonnen einbauen. Die kelchblockartigen Kapitelle des Langhauses tragen korinthisierendes Blattwerk, ein Kapitell ist mit Masken zwischen grobem Blattwerk geziert. Erstmals wird 1149 eine W-Krypta erwähnt, die dem hl. Metronius gew. ist. Sie beginnt in der Mitte der ehem. ottonischen Erdgeschoßhalle, läuft beträchtlich über die ehem. westl. Begrenzungsmauer hinaus u. ist als Hallenkrypta mit Apsis konzipiert. Auf den fünf Säulenpaaren sitzen zum Teil noch ottonische Kapitelle. Von der Klausur ist vor allem der zweigesch. nördl. Kreuzgangarm erh., freilich sind die gekuppelten Bögen mit eingestellten Säulen vor allem im Erdgeschoß im 19. Jh. gründlich erneuert worden.

In die beiden östl. Joche des südl. Seitenschiffes wurde wohl um 1060 eine Nachbildung des Heiligen Grabes eingefügt. Es handelt sich dabei um das älteste erh. Beispiel dieser Art. Das Grab besteht aus Vorkammer u. Grabkammer. Die Vorkammer wurde um 1130 nach O verlängert (im Zusammenhang mit dem Einbau der Querschiffempore). In der Grabkammer befinden sich hohe Rundbogennischen mit Ecksäulchen, im Fußboden sind Steinintarsien erh. Der Reliefschmuck bezieht sich auf die Auferstehung Christi. Reich gestaltet ist besonders die W-Wand. In der Mitte ist ein querrck. Feld, mit einem Halbkreisstab eingefaßt, ausgespart, das wiederum dreigeteilt ist. Die beiden äußeren Nischen sind halbkreisförm. mit davorstehender korinthisierender Säule angelegt. In der mittl. Nische steht eine in Stuck gearbeitete, frontal wiedergegebene weibliche Figur, die als

*Gernrode, Stiftskirche, Inneres nach O*

Maria Magdalena vor dem Grabe gedeutet wird. Sie wird durch zwei schmale Pfeiler von den Seitennischen getrennt. Eingefaßt ist das Mittelfeld durch einen doppelten Fries mit Ranken, Tieren u. Symbolen. Direkt über Maria Magdalena steht das apokalyptische Lamm, an den ob. Ecken weisen Moses u. Johannes der Täufer auf das Lamm hin. Die N-Wand der Grabkammer ist in neun rck. Felder unterschiedlicher Größe aufgeteilt. Sie sind ähnlich gerahmt wie das Mittelfeld an der W-Wand. An Figuren sind erh.: im li. mittl. Feld Christus, mit dem ganzen Körper der re. Figur - Maria Magdalena - zugewandt. Das mittl. Feld ist leer, darüber im Brustformat der Salvator. In der W-Wand innerhalb einer Arkade, flankiert von Säulen mit Würfelkapitellen, steht eine Vollfigur, die als Märtyrerbischof, Metronius o. Christus bezeichnet wird, wobei es unüblich war, Christus als Bischof darzustellen. Alle Figuren sind in Stuck gearbeitet u. von einer hervorragenden Qualität, sowohl was die Wiedergabe des seelischen Ausdrucks betrifft als auch die Wiedergabe von Körper u. Gewand, Bewegung u. Ruhe, die Bezüge zueinander.

Der achteck. Taufstein vor der W-Apsis gehört der M. 12. Jh. an u. ist im 19. Jh. aus Alsleben herübergeholt worden. In den Rundbogennischen ist bäuerlich naiv das Leben Christi dargestellt.

*H.S.*

Lit.:
*Schulze, H. K.; R. Specht u. G. Vorbrodt:* Das Stift Gernrode, Köln; Graz 1965; *Möbius, H.:* Die Stiftskirche zu Gernrode (Christliches Denkmal), Berlin 1966; *Voigtländer, K.:* Die Stiftskirche zu Gernrode, 2. Aufl., Berlin 1982; *Günther, Christian:* Die Stiftskirche St. Cyriakus in Gernrode/Harz. München; Berlin, 2. Aufl. 1992 (Große Baudenkmäler H. 404)

## Groß Ammensleben

### *Klosterkirche St. Peter und Paul*

965 taucht dieser Ort erstmals urkdl. auf. Er war das Familiengut der Grafen v. Hillersleben. Sie gründeten hier 1124 ein Kloster, das vom Papst Honorius II. als Chorherrenstift der Augustiner bestätigt wurde. 1129 erfolgte die Umwandlung in ein Benediktinerkloster, das unter die Aufsicht des Klosters Berge bei Magdeburg gestellt wurde; das hieß auch gleichzeitig Annahme der Hirsauer Regel. Die Bindung zu diesem Kloster bestand bis zur Auflösung des Klosters 1807.

Die Weihe der Kirche ist für das Jahr 1140 überliefert. Sie wurde vom Erzbischof Konrad v. Magdeburg und vom Bischof Anselm v. Havelberg vorgenommen. Als Patron erhielt sie St. Petrus, 1184 kam Paulus hinzu. 1230 wird von einem Brand berichtet, aber bereits ein Jahr darauf war die Kirche wiederhergestellt. Der heutige Chor wurde 1290 u. die Marienkapelle 1334 errichtet. Auf die Vierung wurde 1490 der Drillingsturm gesetzt. Zwischen 1518 u. 1543 (nach Dehio-Handbuch 2. H. 16. Jh.) fanden am Kloster Umbauten statt. Dabei wurden der Kreuzgang u. die Kirche gewölbt. Die Turmspitze über dem nördl. Teil der W-Fassade kam erst 1611 hinzu. Restaurierungen erfolgten in der 2. H. 18. Jh., um 1965 u. 1992.

Die im Kern romanische Kirche ist eine querschifflose, ursprl. flachgedeckte Pfeilerbasilika. Der ehem. O-Bau ist unklar. An seiner N-Seite ist ein tonnengewölbter Nebenchor mit Apsis erh. Er ist ähnlich Liebfrauen in Halberstadt zum Hauptchor geschlossen. Auch die S-Wand des

*Groß Ammensleben, Klosterkirche von S*

Chores ist noch romanisch. Da die Hirsauer Regel angenommen wurde, ist zu vermuten, daß die O-Teile aus einem Hauptchor mit zwei Nebenchören u. Apsiden bestanden. Über dem östl. W-Ende der Nebenchöre waren vermutl. Türme vorgesehen. Ausgeführt wurde der S-Turm, dessen Obergeschoß aus spätgotischer Zeit stammt. Durch die in der Spätgotik vorgenommene Einwölbung wirkt das Mittelschiff breit u. gedrückt. Einfache niedrige Basen u. als umgekehrte Basen ausgeführte Kämpfer mit Schachbrettmustern u. dezent aufgelegte Palmetten unterstreichen die Schlichtheit des Raumes. Im westl. Teil der S-Wand befindet sich ein abgetrepptes Rundbogenportal mit eingestellten Säulchen, eines kanneliert, das andere geschuppt. Die kl. Kapitelle und Kämpfer sind mit Palmetten u. Ranken besetzt. Der Einfluß von Königslutter ist unverkennbar. Das Tympanon ist zweigeteilt mit Agnus Dei u. Wirbelrose. Das Portal wird um 1170 entstanden sein.

Ein in der W-Wand des Mittelschiffes geplantes Portal deutet auf eine beabsichtigte Vorhalle hin. Noch im 12. Jh. kamen die beiden Seitenräume hinzu. Das südl. ist jetzt zum Schiff hin geöffnet. Die beiden unt. Geschosse wurden um 1140 errichtet. Sie sind fensterlos. Der querrck. Mittelraum des Erdgeschosses ist tonnengewölbt, der darüberliegende flachgedeckt u. mit den beiden Seitenräumen verbunden.

Drei Strebepfeiler mit gr., aber flachen Bögen an der S-Seite bestimmen mit den Türmen den malerischen Eindruck dieser auf einer Anhöhe im Ort liegenden Kirche.

*H.S.*

## Hadmersleben

***Benediktinernonnen-Kloster St. Peter und Paul***

Der Ort Hadmersleben liegt an einem ehem. Bodeübergang, über den eine Heerstraße führte. Der heutige Ort bestand ursprl. aus vier Siedlungskernen: 1. einer warnischen Siedlung, die bis in die Völkerwanderungszeit (4. Jh.) zurückreicht, 2. der Burg der Herren v. Hadmersleben, 3. dem westl. von ihr 961 gegr. Benediktinerkloster u. 4. der im 12./13. Jh. hinzugekommenen Stadt. E. des 14. Jh. erhielt der gesamte Ort Stadtrecht, 1438 wurde er ummauert.

Das Kloster geht auf eine Gründung des Halberstädter Bischofs Bernhard zurück. 1810 wurde es säkularisiert, die Kirche verblieb aber bis auf den heutigen Tag bei der katholischen Gemeinde. Sie ist ein langgestreckter Saalbau mit W-Querturmanlage und zwei Kapellen an der N- und S-Seite des Chores. Im westl. Teil befindet sich unt. der gr. Empore eine Unterkirche, die in die 2. H. 11. Jh. zurückreicht u. Reste vom Gründungsbau von 961 enthält. Sie ist dreischiff. mit fünf Jochen angelegt u. kreuzgratgewölbt. Die Reste vom Gründungsbau befinden sich in den nördl. Ekken des südl. Seitenschiffes. Sie haben keine Bindung zum eigentlichen Baukörper. Der gleichen Zeit zugeordnet werden können Teile der südl. Außenwand. Darauf deuten kl. Rundbogenfenster hin, die von dem Kreuzgewölbe überschnitten werden. Beim Neu- bzw. Umbau in der 2. H. 11. Jh. können die Reste des Ursprungsbaues mitbenutzt worden sein. Dieser Umbau sah bereits eine Nonnenempore über der Unterkir-

*Hadmersleben, Klosterkirche, Halle unter der Nonnenempore*

che vor. Stilistisch paßt in diesen Zeitraum das südl. Seitenschiff mit den gedrungenen Säulen, den Basen ohne Ecksporen u. den wuchtigen Kapitellen – teils mit Schilden versehene Würfel, teils Kelchkapitelle mit rohen Voluten. Verwandte Ornamentik bedeckt die in der S-Wand eingesetzten Konsolen, auf denen die Kreuzgratgewölbe ruhen. Möglicherweise gehört zu dieser Bauperiode auch ein Teil der S-Wand zwischen der Empore u. Sakristei. Darauf deuten zwei erh. kl. Rundbogenfenster hin. Einen weiteren Umbau erfuhr die Kirche um 1160-1180. In diese Periode fallen der W-Querbau, der nördl. Teil der Unterkirche u. der Kapitelsaal. In der Unterkirche wurde das südl. Schiff in seiner alten Form belassen, während das mittl. und nördl. erw. neu aufgeführt wurden. Auffallend sind die unterschiedlichen Stützen an der N-Seite. Sie bestehen aus einem quadr. Pfeiler mit Ecksäulchen, einem achteck. Pfeiler mit An- u. Ablauf, zwei Säulen mit Würfelkapitellen. An allen Basen sind Ecksporen zu finden. An der N-Wand stehen Wandpfeiler mit Ecksäulchen.
Die Seitenwände der Nonnenempore wurden in der M. 13. Jh. erneuert. Ein Hinweis dafür sind die schmalen Spitzbogenfenster. In der 1. H. 14. Jh. wurde der Chor erw., gerade geschlossen u. mit einem zweiteil. Spitzbogenfenster versehen. In die gleiche Zeit fällt die Errichtung der S-Kapelle, die nördl. kam um 1500 hinzu, ebenso wohl auch die Anlegung der Treppe von der Unterkirche ins Emporengeschoß des Turmes an der S-Seite. Laut Inschrift wurde das Glockengeschoß 1583 aufgeführt. Um 1700 erhielt die Kirche eine barocke Ausstattung. Der Fußboden wurde höher gelegt u. vom östl. Teil des Schiffes eine Treppe in die Unterkirche angelegt, die von einem Rundbogen überspannt wird.

*H.S.*

Lit.:
*Schrader, Franz:* Stadt, Kloster und Seelsorge. Die Benediktinerinnenabtei St. Peter und Paul in Hadmersleben. Leipzig, 1988; *Neumann, Helga:* Hadmersleben. Benediktiner-Nonnenkloster Peter und Paul. München; Berlin 1993 (Große Baudenkmäler H. 439)

**Halberstadt**

Um 804 tritt Halberstadt in die Geschichte ein, als Karl d. Gr. den um 780 von ihm in Seligenstadt (Osterwieck) eingerichteten Missionsstützpunkt wegen der strategisch günstigeren Lage nach Halberstadt verlegte. Aus ihm entwickelte sich der Bischofssitz, den Ludwig d. Fromme 827 bestätigte. Das damals größte ostsächsische Bistum Halberstadt erstreckte sich von der Unstrut bis zum Aland, von der Elbe bis zur Aller u. umfaßte einen wesentlichen Teil des späteren ottonischen Krongutes. Danach vielfach verkleinert, ging es schließlich 1650 als umgewandeltes Fürstentum in Kurbrandenburg auf.
Der Ort Halberstadt entwickelte sich nicht nur zu einer bedeutenden Bischofsmetropole, sondern auch zu einer Stadt, in der Handwerk u. Gewerbe blühten u. reger Handel getrieben wurde. Davon zeugten bis zur Zerstörung der Stadt am 8. April 1945 die vielen architektonisch reich gestalteten Fachwerkhäuser. 989 erhielt der Bischof Hildiward von Otto III. das Markt-, Münz- u. Zollrecht verliehen. Auf dieses königliche Recht geht auch die Aufstellung eines Rolandes zurück. Der heutige, an der W-Seite der Marktkirche St.

Martini stehend, trägt die kaum noch leserliche Jahreszahl »1433«. Um 994 kann es zur eigentlichen Marktgründung gekommen sein. 1179 äscherten Truppen Heinrichs d. Löwen die Stadt ein. Hundert Jahre später finden wir sie im Besitz des Goslarer Stadtrechts. Zwischen 1190 u. 1240 erhielt der Ort Mauern, Gräben u. Tore. Um 1323 war auch die ehem. Voigtei, der größte Teil der heutigen Altstadt, in den Mauerring einbezogen. Seit 1223 führt der Rat ein eigenes Siegel. Als Mitglied der Hanse ging Halberstadt zahlreiche Städtebündnisse ein. Bald nach Luthers Thesenanschlag in Wittenberg wurde seine Lehre in der Marktkirche verkündet, aber erst 1591 wurde die evangelische Reformation durch den Administrator des Bistums, Heinrich Julius, Herzog v. Braunschweig-Wolfenbüttel, mit der Verkündung im Dom endgültig in Halberstadt eingeführt. Nach den Wirren des Dreißigjährigen Krieges huldigten 1650 die Bürger u. der Rat dem Großen Kurfürsten, Friedrich Wilhelm v. Brandenburg.

Die aufklärerischen Ideen des 18. Jh. fanden vor allem durch F. W. L. Gleim in Halberstadt Eingang. Bereits 1763 begann der Domdechant Ernst Ludwig Freiherr v. Spiegel südl. der Stadt einen Landschaftspark mit zahlreichen Architekturen zu errichten. 1843 wurde Halberstadt an das Eisenbahnnetz angeschlossen. Erst ab 1900 begann sich die Stadt außerhalb der Stadtmauer nach S auszudehnen. Es entstand die sogen. Oberstadt, die am 8.4.1945 nur in der Randzone zur Altstadt zerstört wurde. Die eigentliche Altstadt um den Markt wurde fast völlig zerbombt. Danach entstanden zwar zahlreiche Neubauten auf der »grünen Wiese«, die zum größtenteil noch erh. gebliebene Unterstadt jedoch verfiel zusehends. Gegenwärtig wird versucht, die noch vorhandenen Fachwerkbauten zu sanieren bzw. zu rekonstruieren. Das historische Ensemble Domplatz ist erh. geblieben. Hier dominieren der Dom, die Liebfrauenkirche, die Dompropstei und die noch zahlreichen Kurien.

***Dom St. Stephanus und Sixtus***

Der gotische Dom (1236-1491) hatte bereits zwei Vorgänger – einen karolingischen Bau, der 859 gew. wurde, u. einen gewaltigen ottonischen Dom, dessen Weihe im Jahre 992 erfolgte. Dieses Bauwerk hatte Ausmaße, die denen des heutigen Domes sehr nahe kamen. Es wurde in den 50er Jahren ergraben. Von den Vorgängerbauten sind oberirdisch keine Reste mehr vorh. Aber die wohl wertvollste Plastik im Dom ist aus dem ottonischen Vorgängerbau übernommen u. über dem Lettner angebracht worden. Es ist die Triumphkreuzgruppe, die um 1220, am Ende der Romanik, als erstes monumentales Werk dieses Motivs mit erweitertem Programm entstanden ist. Kreuzigungsgruppen sind seit dem 9. Jh. bekannt. Hier kamen erstmals Maria u. Johannes hinzu, rückseitig auf dem Triumphbalken, also dem Hohen Chor zugewandt, sind urspr. 12 Propheten, zum Langhaus hin die 12 Apostel dargestellt. Beim Einfügen der Gruppe zwischen die beiden östl. Vierungspfeiler mußte der Balken gekürzt werden, so daß heute nur jeweils 10 Büsten zu sehen sind. Das Kreuz Christi wurde in ein großes, in Dreipässen endendes, eingefügt, das von zwei Engeln getragen wird. Als neues Motiv treten die beiden vierflügeligen und auf Rädern stehenden Engel hinzu. Maria u. Johannes sieht man die Trauer in den Gesichtern u. in der Körperhaltung an. Gesten u. Mimik bleiben aber noch romanisch verhalten.

*Halberstadt, Domschatz, Apostelteppich*

Aus dem Vorgängerbau ist auch der aus Rübeländer Kalkmarmor in Kelchform gefertigte Taufstein von 1195 übernommen worden; er ruht auf vier Löwen. Aus dieser Zeit stammt auch der sog. »Alte Kapitelsaal« an der O-Seite des Kreuzgangs. Berühmtheit erlangte der Halberstadt Dom nicht nur wegen seiner klaren gotischen Formen u. Proportionen, sondern auch wegen seines umfangreichen Domschatzes. Das älteste ausgestellte Exponat ist ein in Elfenbein gearbeitetes Konsulardiptychon aus dem Jahre 417. Es wurde als Buchdeckel benutzt. Ihm schließen sich hervorragende kunsthandwerkliche Arbeiten an, die sämtlich im liturgischen Gebrauch gewesen sind. Sie geben einen guten Überblick auch über das künstlerische Schaffen in niedersächsischen Klöstern bis hin zur Einführung der Reformation im Dom im Jahre 1591. Aus der Fülle seien hervorgehoben: ein fatimitisches Glas um 1000, kostbare Buchmalereien, die byzantinische Weihbrotschale von um 1120, die der Halberstädter Bischof Konrad v. Krosigk 1205 von einem Kreuzzug aus Byzanz mitgebracht hatte, die größten u. ältesten Wirkteppiche der Welt (der Abrahamsteppich um 1150, der Apostelteppich um 1170), ein Kruzifix um 1200, die Halberstädter Sitzmadonna von um 1230, die urspr. in der Liebfrauenkirche stand, ebenso der Stollenschrank von um 1234, eines der frühesten Beispiele für die Tafelmalerei nördl. der Alpen. Wichtiger Bestandteil der Sammlung sind die zahlreichen Gewänder (Pluviale, Dalmatiken, Kaseln), die von Halberstädter Bischöfen bei der Messe getragen wurden. Das älteste Gewand reicht

in das Jahr 1000 zurück. Beachtenswert sind auch die zahlreichen kostbaren Reliquienbehälter.
Der Dom war 1945 von 12 Bomben getroffen worden, erste Sicherungsarbeiten im August 1945 beg., die größten Schäden waren bis 1960 beseitigt.

*Liebfrauenkirche*
König Otto III. setzte seinen Erzieher Arnulf 996 an die Spitze des Halberstädter Bistums. Neun Jahre später legte er an der W-Seite der Domburg den Grundstein für eine der Mutter Maria gew. Kirche, deren Weihe er 1020 vollzog. Einer seiner Nachfolger, Bischof Rudolf, ließ 1146 die Kirche bis auf den Unterbau der W-Fassade abreißen u. durch eine größere ersetzen. Arnulfs Bau war nach den Ausgrabungen von O. Doering eine Pfeilerbasilika mit gerade geschlossenem quadr. Chor u. einer Vierstützenkrypta. Aus dem erh. gebliebenen Unterbau kann auf einen W-Querriegel geschlossen werden. Sicherlich handelte es sich nicht um ein Westwerk, das stand am Dom. W-Querriegel existieren auch in Quedlinburg u. Wendhausen bei Thale. Sie sind die Vorläufer der sächsischen Doppelturmfassade. Beim Neubau 1146 wurde der Unterbau nahtlos weitergeführt u. mit zwei zweigesch. quadr. Türmen besetzt, die mit einer rheinischen Haube bedeckt sind. Die gekuppelten Schallöffnungen tragen Würfelkapitelle, auf denen ausladende Kämpfer ruhen. Der Zwischenbau ist mit einem quergestellten Satteldach gedeckt.
Die heutige Kirche war für regulierte Augustiner-Chorherren bestimmt. Der Grundriß folgt dem Hirsauer Bauschema: Hauptchor mit zwei Nebenchören, der südl. doppelgesch. Alle Chöre enden in einer Apsis. Die Nebenchöre waren von Anfang an gegenüber dem Hauptchor geschlossen. Westl. des Querhauses wurden zwei weitere Türme aufgeführt, die aus einem Quadrat in ein Oktogon übergehen. Sie markieren außen den Chorus minor. Der Chorus major bezog die Vierung mit ein.

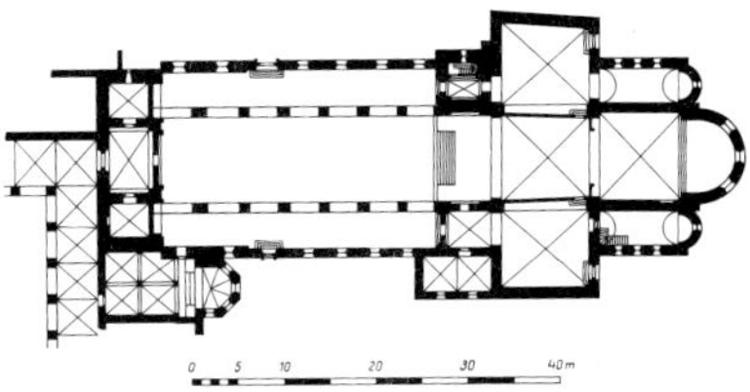


Im Vierungsbereich wird er durch hervorragend gearbeitete Chorschranken von den Querhausarmen abgeschnürt. Das Langhaus ist als Pfeilerbasilika errichtet worden. An der Südseite der W-Fassade befindet sich die Taufkapelle, der um die M. 14. Jh. ein polygonaler kl. Chor angefügt wurde. Die Haube mit Laterne ist 1552 aufgesetzt worden. Der romanische Teil entstand um 1170, viell. anfänglich den südl. Klausurgebäuden zugehörig. Der quadr. Raum besteht aus vier quadr. Jochen. Die Kreuzgratgewölbe lasten auf massigen Rundbogengurten, die auf einem mittl. Kreuzpfeiler auflaufen. Die hervorragende Kapitellornamentik weist auf Königslutter. Um 1420 kam an der W-Seite des südl. Querhauses die Barbarakapelle hinzu. Die gleichaltrigen Gewölbemalereien stellen Maria mit Kind u. Christus, von Evangelisten u. Kirchenvätern umgeben, dar.
Die 2,15 m hohen Chorschranken mit den fast lebensgroßen Stuckfiguren gehören zu den bedeutend-

*Halberstadt, Dom, Triumphkreuzgruppe*

*Halberstadt, Liebfrauenkirche, Ansicht von O*

sten plastischen Werken der deutschen Spätromanik. Ein stilistischer Vergleich mit der um 1220 entstandenen Triumphkreuzgruppe im Dom rechtfertigt eine Dat. um 1210. Alle Figuren sitzen in einer Rundbogennische voneinander getrennt. In der mittl. thront auf der S-Seite Maria, der die Kirche gew. ist, in gestraffter Haltung erhobenen Hauptes als junge kräftige Frau mit langen blonden Zöpfen. Anders die Apostel. Sie bilden eine angeregt diskutierende Gruppe ohne jede Beziehung auf Maria. Die Haltung der Hände, die Überschneidungen der Gliedmaßen, die redenden Gesichter sowie die Behandlung von Körper u. Gewand deuten auf die neue naturzugewandte Einstellung der spätromanischen Gefühlswelt hin. Die S-Seite ist insges. gesehen die »freundlichere«. Die Apostel sind gegenüber denen auf der N-Seite jugendlicher u. ohne Bärte dargestellt. An der N-Seite sitzt eine Schar weiser barttragender Männer, mitten unter ihnen Christus. In der Faltengebung u. Physiognomie übertreffen sie die künstlerische Ausführung der südl. Beide Schranken werden ob. u. unt. von Rankenfriesen eingefaßt. Im Gegensatz zum reinen Pflanzenmotiv an der N-Seite ist der ob. Fries der S-Schranke mit kreisförm. Rankenwerk angelegt, in dem sich figürliche Szenen befinden, die teils auf antike u. altorientalische Vorbilder zurückgehen. Sie enthalten beispielsweise zwei ineinander verschlungene u. einen dreiköpfigen Drachen, Kentauren, Löwen, Affen, einen mit einem vogelartigen Ungeheuer kämpfenden Jüngling, ein Lamm, einen Stier. Viell. befanden sich unter den Gegenständen, die der Halberstädter Bischof Konrad v. Krosigk aus Byzanz 1205 mitgebracht hatte, Stoffe mit ähnlichen Motiven.

Auch diese Kirche erhielt am 8.4.1945 erhebliche Schäden, vor allem die Chorpartie wurde empfindlich getroffen. Da die Schranken vorher eingemauert wurden, konnten sie den Angriff relativ unbeschadet überstehen. 1956 war die Kirche wiederhergestellt. Mittlerweile traten erhebliche Schäden durch Feuchtigkeit auf. Fehlende Finanzmittel behindern den raschen Fortgang der erneut notwendigen Erhaltungsarbeiten.

Aus der Zeit um 1230 stammt das im Vierungsbogen an Ketten hängende, künstlerisch hervorragende Triumphkreuz, das verwandtschaftliche Züge zu dem von Wechselburg in Sachsen aufweist.

Neben dem Dom u. der Liebfrauenkirche müssen die Moritzkirche (um 1234) u. die Burchardikirche (um 1210) gen. werden. Aus der Grün-

*Halberstadt, Liebfrauenkirche, südl. Chorschranke*

dungszeit erh. geblieben sind an der Moritzkirche die W-Fassade, als sächsische Doppelturmanlage angelegt, u. das Langhaus mit den romanischen Arkaden. Starke Veränderungen am Außenbau erfuhr die Kirche namentlich im 19. Jh. 1987 wurde sie innen u. außen restauriert. Die Burchardikirche gehört zu den wenigen spätromanischen Basiliken, die einen quadr. gewölbten Chorumgang, ähnlich Riddagshausen bei Braunschweig, besitzen. Er öffnet sich an allen drei Chorseiten mit je drei Rundbogenarkaden. Die Kirche wird zur Zeit neu eingedeckt, um sie vor einem weiteren Verfall zu bewahren.

*H.S.*


Lit.:
*Flemming, Johanna; Edgar Lehmann; Ernst Schubert:* Dom und Domschatz zu Halberstadt. 2., überarbeitete Aufl., Berlin 1976; *Leopold, Gerhard; Ernst Schubert:* Der Dom zu Halberstadt bis zum gotischen Neubau. Hrsg. v. Institut für Denkmalpflege. Berlin 1984; *Schüttlöffel, Friedrich; Gerald Leuschner:* Der Dom zu Halberstadt. München; Berlin, 3. Aufl. 1992 (Große Baudenkmäler H. 405); *Nickel, Heinrich L.:* Die Liebfrauenkirche zu Halberstadt. Berlin 1967 (Das Christliche Denkmal H. 69); *Leopold, Gerhard:* Die Liebfrauenkirche in Halberstadt. München; Berlin 1992 (Große Baudenkmäler H. 432); *Bolze, Walter:* Der Dombaumeister erzählt. Bd. 1: Der Wiederaufbau des Halberstädter Domes. Halberstadt 1991. Bd. 2: Der Wiederaufbau der Halberstädter Kirchen Unser Lieben Frauen und St. Martini. Halberstadt 1993

**Halle/Saale**

***Burg Giebichenstein***

Burganlage des 10. Jh. an der Saale nordwestl. Halles. Erstmals erwähnt 961 als »Giuicansten«; 986 im Besitz des Erzbistums Magdeburg. Mehrfache Aufenthalte der Erzbischöfe im 12. Jh.; seit 1382 Hauptresidenz. Unter Günther II. Neubau der Unterburg mit Mauern, Türmen u. Gräben; unter Friedrich III. u. Johannes Innenausbau. Nach Errichtung der Moritzburg in Halle ab 1503 Übersiedlung der erzbischöflichen Haushaltung. 1636 fielen Teile der Burg einem Brand zum Opfer. Brandenburgisch-preußische Domäne bis 1906, dann privatisiert, die Oberburg städtisch.

Vermutl. älteste Burgstelle die sog. »Alte Burg« auf dem Areal des heutigen Amtsgartens nördl. der Burg. Die im 17. Jh. bei Merian erkennbaren Gräben u. Wälle kaum mehr wahrnehmbar. Keramikfunde 12./13. Jh. Hier viell. erste Burgkapelle (1012 gen.); Gelände der Unterburg evtl. vorburgartig genutzt, doch keine Befunde. Im Laufe des mittl. 12. Jh. Bebauung des Oberburgfelsens. Älteste stratigraphische u. Baubefunde M. 12. Jh. u. später: Kapelle, bestehend aus Saal mit W-Empore (Aufgang in der N-Wand), eingezogenem Altarraum u. Apsis; quadr. Wohnturm im NW mit gewölbtem Erdgeschoß, Kamin, Mittelpfeiler (ein Hohlraum evtl. für Beleuchtung), Treppe ins Obergeschoß in der Mauerstärke; Palasbauten auf N-Seite des Felsens, mehrfach unterteilt, Pfeilerfundamente, Kamine, Gewändereste, im einzelnen unklare Bauabfolge, in gotischer Zeit umgebaut (vor allem N-Wand); über zwei Kel-

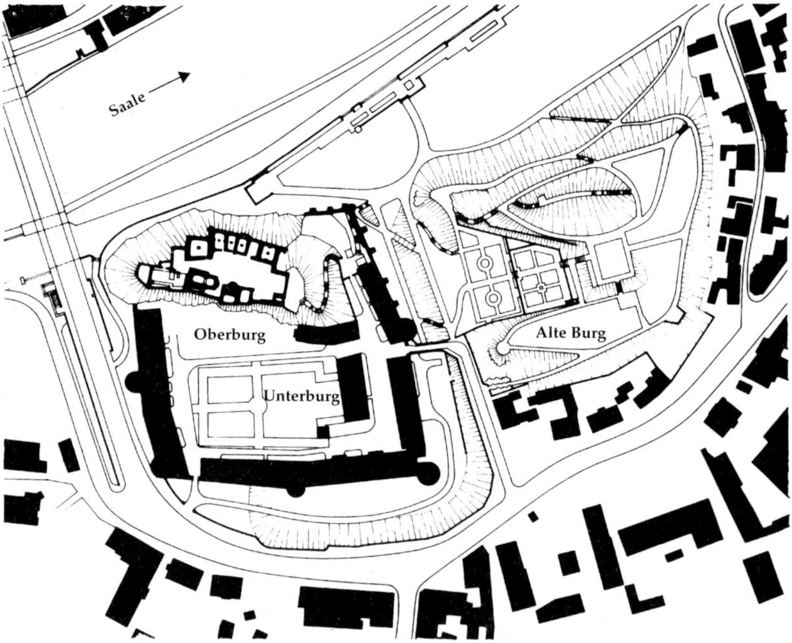

lerräumen im SW spätere Aufbauten, hier nicht – wie behauptet – eine für 1012 überlieferte Kemenate gelegen, da Oberburg zu dieser Zeit noch nicht besiedelt u. Bausubstanz ohne Zweifel jünger. Zeichnung von ca. 1600 zeigt Fachwerkgebäude. Torturm im O im unt. Bereich nach Mauerwerksstruktur u. verwendetem Mörtel romanisch, darüber als gotischer Turm mit hoch gelegenem Eingang auf N-Seite errichtet; im späten 17. Jh. sehr baufällig, danach gelegentlich repariert. Südl. der Kapelle ein ehem. gewölbter Wehrgang, wohl gotisch; Ringmauern im einzelnen kaum dat. Bei Freilegungen u. Ausgrabungen 1961-1967 durch Kunsthistorisches Institut der Martin-Luther-Universität Halle-Wittenberg außerdem gefunden: altes Burgpflaster, Gipsestrichböden im Palas, Teile einer Fußbodenheizung, spätromanische u. gotische Architekturteile (Kapitelle, Basen, Rundbogenfriese u.a.).

Das Erscheinungsbild der Unterburg spätgotisch u. jünger: etwa quadr. Anlage mit hohen Wehrmauern im W, S u. O, baueinheitlich rd. u. halbrd. Türme (Rondelle). Mauerstärken bis zu 2 m. Maul- u. Schlitzscharten, frühe Formen der Schlüsselscharten für Hakenbüchsen (1464 in einem Inventar beschrieben). Türme vgl. mit zeitnahen Anlagen in Querfurt, Seeburg, Wendelstein, Rudelsburg, Schraplau, z.T. mit Konsolfriesen versehen. Eine sehr frühe, geschlossene Kastellform. Mehrere Inventarbeschreibungen von 1464 bis 1553 berichten von den vorhandenen Gebäuden; doch schwer zu unterscheiden zwischen Unter- u. Oberburg. Die Oberburg blieb wohl weiterhin Residenz, in Unterburg vor allem Aufgaben der gestiegenen Amtsverwaltung. Seit 1500 Brauhaus nachweisbar, unklar, ob im W-Flügel. Kapelle für Unterburg nicht sicher nachzuweisen: Behauptungen in der älteren Literatur spekulativ. Spätgotische Baureste im W-Flügel, zeitnah mit Ringmauer errichtet; im S Kellerraum mit Sterngewölbe auf rd. Mittelstütze (keine Krypta des 10. Jh.!). S-Giebel mit Blendbogenformen wohl frühes 16. Jh. Weiteres Gebäude im NW; Reste von originalen Fenstern, Kielbogenportal u. Wappen Kardinal Albrechts aus 1. Dr. 16. Jh., im 17. Jh. mit Bau im SW verbunden. An südl. Ringmauer zu allen Zeiten Wirtschaftsgebäude, Scheunen (Inschrift 1526, dazu O-Giebel mit Rundbogenblenden; nach Brand 1572 bis 1604 erneuert). Im O-Flügel nur ältere Keller bzw. Kasematten bekannt, Schießscharten zum Graben. Im N dicht unterhalb des Oberburgfelsens kl. Gebäude mit Keller u. Brunnen. Burgtor im O, davon keine Reste. Am Torrondell angebrachte Mauritiusfigur evtl. ursprl. am Torhaus angebracht (um 1400 gefertigt). Etwas westl. frei im Burghof das Kornhaus von 1473 (dat.): kl. Fenster, spitzbogige Türen, sechsgesch., S-Giebel mit Blendarkaden, N-Giebel mit mehreren Aufzugsöffnungen; innen komplizierte Balkenkonstruktionen mit profilierten Holzstützen.

Ausbauten nach dem 30jährigen Krieg: neues Amtswohnhaus 1713/14 an O-Seite; altes Amtshaus von 1606 im N erst 1767-1769 als Hofmeisterwohnhaus neu erb.; in O-Wand zwei Inschriften Erzbischof Sigismunds (1552-1566). Brunnen westl. Hofmeisterei im 30jährigen Krieg verschüttet, Gebäude 1771/72 bis 1807 als Gefängnis genutzt. Mehrere Wirtschaftsbauten im N, im Hof westl. Kornhaus, Brauerei im W-Flügel, Brennerei im N-Flügel, Pferdeställe nördl. Tor, Taubenhaus von 1723.

Denkmalpflegerische Maßnahmen auf Oberburg 1838-1844; zahlreiche Abbrüche in Unterburg 1906/07.

*Halle, Oberburg Giebichenstein*

Unterburg seit 1921 zur Kunstgewerbeschule ausgebaut, dabei behutsamer Umgang mit Bausubstanz. Hier heute »Hochschule für Kunst und Design«. Oberburg als Freilichtmuseum benutzt, doch stark reparaturbedürftig.

*R.S.*

Lit.:
*Schultze-Galléra, Siegmar v.:* Die Unterburg Giebichenstein mit Berücksichtigung der Oberburg und der Alten Burg. Halle 1913 (in erweiterter Form 1914 und 1933); *Neuß, Erich:* Zur Baugeschichte der Oberburg Giebichenstein. In: Giebichensteiner Heimatbuch 1938. Halle 1937. S. 10-17; *Wäscher* 1962, S. 158-160; *John, Jürgen:* Die Baugeschichte der Unterburg Giebichenstein. Staatsexamensarbeit am Kunsthistorischen Institut der Martin-Luther-Universität Halle-Wittenberg 1965; *Mrusek, Hans-Joachim:* Die Funktion und baugeschichtliche Entwicklung der Burg Giebichenstein in Halle (Saale) und ihre Stellung im früh- und hochfeudalen Burgenbau. Ing.-Diss. Weimar 1970; *Schneider, Johannes:* Ein Beitrag zur Entwicklung der Burg Giebichenstein bei Halle (Saale). In: Ethnographisch-Archäologische Zeitschrift 16 (1975). S. 533-578; *Schmitt Reinhard:* Halle/Saale. Burg Giebichenstein. Leipzig 1988 (Baudenkmale 67); *Brachmann, Hansjürgen:* Zum Burgenbau salischer Zeit zwischen Harz und Elbe. In: Burgen der Salierzeit. Hg. Horst Wolfgang Böhme. Teil 1. Sigmaringen 1991. S. 100-102, 133-135 (Römisch-Germanisches Zentralmuseum Mainz. Monographien Band 25); *Schmitt, Reinhard:* Burg Giebichenstein. München; Berlin 1993 (Große Baudenkmäler H. 446)

## Halle/Saale-Böllberg

*Dorfkirche*
Die im SW des heutigen Stadtgebietes gelegene ehem. Dorfkirche entbehrt längst der dörflichen Umgebung. Lediglich der sie umgebende Friedhof schützt sie vor dem nahen großstädtischen Lärm. Der romanische Bruchsteinbau gehört zu einer Gruppe mittelalterlicher Kleinkirchen ohne Turm. Im Bereich des Archidiakonates Halle gab es mehrere: in Spören, Osmünde, Niemegk, Benndorf, Grebehna. Allein in Böllberg schließt die halbr. Apsis unmittelbar an den kl. Rechtecksaal an; bei allen anderen Kirchen ist noch ein annähernd quadr. Altarraum dazwischengeschoben. Vergleichsbeispiele liegen im Kreis Arnstadt (Hausen), Weimar (Neckeroda), Luckau (Walddrehna). Die Herkunft dieser sog. Apsissäle ist ungewiß: Entweder sind sie eine Reduktionsform des »vollständigen« Dorfkirchentypus der Romanik, bestehend aus Apsis, eingezogenem Altarraum, Schiff u. W-Turm, o. sie stellen eine seit frühchristlicher Zeit geläufige Bauform dar, die bis ins hohe Mittelalter tradiert wurde; seit dem 8. Jh. sind solche Bauten im mitteleuropäischen Raum zahllos durch Grabungen nachgewiesen, im 10. Jh. z.B. als Burgkirchen in Querfurt u. Konradsburg.
Die Böllberger Kirche ist nahezu unverändert überkommen und befindet sich seit der letzten Restaurierung 1974/75 in gutem Zustand; drei kl. Rundbogenfenster im N; die Fenster der Apsis (das mittl. vermauert) u. die der S-Wand im 19. Jh. vergrößert, das W-Fenster wohl im 19. Jh. ganz neu angelegt. Der originale, einzige S-Zugang mit geradem Sturz u. verwittertem Tympanonfeld des späten 12. Jh. (zwei Rosetten in Viertelkreisfeldern).

*Halle-Böllberg, Dorfkirche, Inneres nach O*

Der Innenraum mit Emporen im W und N, Altar u. Kanzel frühes 17. Jh.; Kruzifixus 2. V. 16. Jh. Schlichte romanische Tauffünte. Die hölzerne Decke mit variationsreicher Schablonenmalerei in querrck. Feldern; Dat. unsicher: romanisch bis hochgotisch; vor allem im W-Teil erneuert.

*R.S.*

Lit.:
*Weigelt, Aribert:* Romanische Saalraumkirchen im ehemaligen Archidiakonat Halle. Seminararbeit am Institut für Kunstgeschichte der TU Dresden 1963, S. 5-6; *Neubauer, Edith:* Die romanischen skulptierten Bogenfelder in Sachsen und Thüringen. Berlin 1972, S. 56-57 (Corpus der romanischen Kunst im sächsisch-thüringischen Gebiet, B/I)

## Hamersleben

***Stiftskirche St. Pankratius***

Der Halberstädter Bischof Reinhard war bemüht gewesen, die Klöster in seinem Bistum zu reformieren u. die vielfach eingetretenen Lockerungen wieder zu straffen. Aber auch Neugründungen bzw. Umsetzungen sind von ihm vorgenommen worden. So gründete er um 1107 in Osterwieck ein Augustiner-Chorherrenstift, das er aber bereits 1111 nach Hamersleben verlegte, wie aus der Stiftungsurkunde von 1112 zu ersehen ist. Bis zur Plünderung 1525 war das Kloster in gutem Zustand. Die Mönche flohen nach Oschersleben. 1548 wurde es von Magdeburgern überfallen, weil es Braunschweiger Reitern Herberge geboten hatte. Ebenfalls stark gelitten hat es im Dreißigjährigen Krieg. 1633 schenkten die Schweden das Kloster samt Besitzungen dem Geheimen Hof- u. Kriegsrat Jacob v. Heinberg, der es bis 1649 besaß. In diesem Jahr wurde das Kloster neu eingerichtet u. bestand bis 1804. Der Landbesitz wurde verpachtet, der Rest von Kolonisten bewirtschaftet, die Friedrich II. v. Preußen ansiedeln ließ.

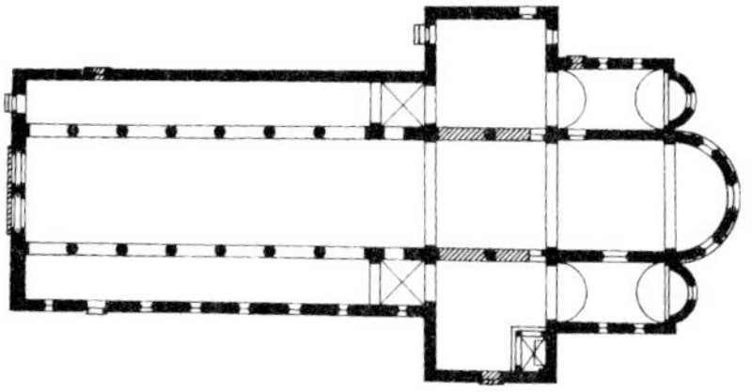

*Hamersleben, Stiftskirche, Inneres nach O*

Die dem hl. Pankratius gew. Klosterkirche gehört zu den bedeutendsten romanischen Sakralbauten Mitteldeutschlands. Der Grundriß folgt dem Hirsauer Bauschema, abgewandelt auf die Bedürfnisse der Augustiner-Chorherren (die Nebenchöre sind zum Hauptchor hin geschlossen). Beide Seitenchöre sind tonnengewölbt u. zum Querhaus, das niedriger als das Langhaus ist, geöffnet. Interessant ist die Behandlung der Vierung. Sie wird von den Querhausarmen durch je eine Doppelarkade abgeschnitten, deren Mittelsäule auf einem kurzen Pfeiler ruht. Bis zur Pfeilerhöhe ist im frühen 13. Jh. eine Wand mit Chorschranken eingezogen worden. Drei Apostelfiguren sind an der N-Seite erh. Sie sitzen in rck. ornamentgerahmten Feldern. Blattranken schließen die Schranken ob. u. unt. friesartig ab. Die Durchgänge von den Querhausarmen befinden sich, ähnlich wie bei der Liebfrauenkirche in Halberstadt, an den östl. Vierungspfeilern. Bemerkenswert sind vor allem die beiden Kapitelle der Mittelsäulen. Vier Medail-

*Hamersleben, Langhauskapitelle*

lons mit den Brustbildern von Heiligen werden von vier an den Ecken stehenden Engeln mit ausgestreckten Armen gehalten. Diese figürliche Darstellung gilt als eines der frühesten Beispiele dieser Art in der Kapitellplastik Deutschlands. Der Chorus minor wird, ebenfalls wie in Halberstadt, außen durch zwei aus einem Quadrat aufsteigende oktogonale Türme hervorgehoben. Je sechs Säulen trennen das Mittelschiff von den Seitenschiffen. Abgesehen von der nicht mehr vorhandenen Basilika in Ballenstedt haben wir in Hamersleben die einzige reine Säulenbasilika am Harz vor uns. Sowohl in dieser Hinsicht als auch in der Behandlung u. Anwendung der Bauornamentik nimmt die Hamerslebener Kirche im Harzraum eine Sonderstellung ein. Beeindruckend ist die saubere Bearbeitung des Sandsteins, sowohl am Außen- wie auch am Innenbau. Die Säulen sind im Gegensatz zu Drübeck u. Ilsenburg monolithisch, ihre Basen mit Ecksporen. Besonders hervorzuheben ist die Kapitellornamentik. Sie weist auf südfranzösischen Einfluß hin. Die dem Mittelschiff zugewandten Seiten der Würfelkapitelle sind reicher geschmückt als die übrigen Flächen. Während die Ornamentik der beiden östl. Kapitelle an der S-Seite den gesamten Würfel überzieht, ist sie bei den anderen in die Halbkreisschilde eingebunden. Einige Kapitelle sind nur mit Schilden belegt. Die plastisch aus dem Würfel gehobenen Kampfszenen zwischen Mensch u. Tier, die Fabelwesen u. Masken sind eingewoben in üppige Ranken u. Blätter. Die Hamerslebener Bauornamentik stellt gemeinsam mit der an der Stiftskirche in Quedlinburg einen Höhepunkt im mitteldeutschen Raum dar u. wird in der 2. H. 12. Jh. nur noch von der Stiftskirche in Königslutter übertroffen. Zwischen Obergaden u. Arkadenzone verläuft ein Schachbrettband. Senkrechte Bänder stoßen auf die Kämpfer u. rahmen die Arkaden rck., ähnlich Paulinzella (Thüringen), ein. Zwischen den beiden Pfeilern unter den O-Türmen verläuft das Band tiefer, um in der Vierung wieder erhöht weiterzulaufen.

Im Westen war ursprl. nach dem Muster von Paulinzella eine Vorhalle geplant, wohl mit daran anschließenden Türmen. Während die beiden Durchgänge zu Vorhalle ausgeführt wurden (später geschlossen), konnte der geplante W-Komplex nicht realisiert werden. Im Gegensatz zum Innenraum ist der Außenraum schlicht gehalten. Lediglich unter dem Dachgesims umschließt ein Palmettenfries über einem Rundbogenfries den Baukörper. Ein Flechtbandfries

liegt unter dem Gesims des südl. Seitenschiffes. Reicher gestaltet ist dagegen die Hauptapsis. Der glatte Unterbau wird vom Oberbau durch ein im Schachbrettmuster ausgeführtes Gurtgesims getrennt. Sechs darüber stehende Säulen mit Würfelkapitellen tragen Blendarkaden, die die drei Fenster einrahmen. Höhe u. Breite dieser Blendarkaden sind feinfühlig auf die Öffnungen abgestimmt. Auch dieser plastische Dekor ist im Harzraum für den Beginn des 12. Jh. einmalig. In der S-Wand des Schiffes u. des Querhauses befinden sich je ein Rundbogenportal mit umlaufendem Sockel. Im Tympanon des S-Portals hocken sich zwei Drachen, eingerahmt mit Rankenwerk, gegenüber, im Portal des Querhauses zwei stehende Löwen.
In die SW-Ecke des südl. Querhauses ist A. 13. Jh. ein Altarziborium eingebaut worden, das zu den ältesten Beispielen seiner Art in Deutschland gehört. Im Obergaden befanden sich im Barock zugefügte überlebensgroße Apostelfiguren. Sie wurden bei Restaurierungsarbeiten in den 70er Jahren gemeinsam mit zwei barokken Nebenaltären u. der Kanzel aus der Kirche genommen.

*H.S.*

Lit.:
*Guth, A.:* Die Stiftskirche zu Hamersleben, Oschersleben 1932; *Möbius, F. u. H.:* Ecclesia ornata, Berlin 1974

## Havelberg

### *Dom St. Marien*

Havelberg liegt an der Südspitze eines eiszeitlich geformten, schmalen Höhenrückens oberhalb der Havel, 16 km vor deren ursprl. Mündung in die Elbe. Nach der Schlacht bei Lenzen 929 gewann diese Stelle als Brükkenkopf für die Expansion in den slawisch besiedelten, ostelbischen Raum an Bedeutung. Auf der Anhöhe, auf der sich heute noch der Domkomplex erhebt, entstand eine frühdeutsche Burganlage, konzipiert als Herrschaftsschwerpunkt für das Gebiet der unt. Havel.
Mit der Gründung des Missionssprengels Havelberg 948 (946?), der nordöstl. slawische Territorien zwischen Elbe, Elde, Stremme u. Peene umfaßte, bildete dieser feste Platz die Keimzelle eines Bistumhauptortes. König Otto I. übereignete dem ersten Bischof Dudo neben umfangreichen anderen Besitzungen die Hälfte der Burg u. des Burgbezirkes Havelberg. Der gr. Slawenaufstand von 983, der von hier aus seinen Anfang nahm, führte zur Zerstörung des Bischofssitzes durch ein liutizisches Heer. Fast die gesamte Diözese gelangte für mehr als anderthalb Jh. erneut unter slawische Herrschaft. Bischöfe v. Havelberg wurden zwar weiterhin bestimmt, jedoch war ihnen ihr eigentliches Wirkungsfeld für diesen Zeitraum entzogen.
Seine Bedeutung verlor Havelberg (slawisch Pritzlawa?) aber nicht vollends. Es fungierte als Siedlungsschwerpunkt des Stammes der Brisaner, wo sich auch deren Heiligtum befand. Die endgültige Rückeroberung Havelbergs erfolgte spätestens 1147 im Zusammenhang mit dem »Wendenkreuzzug«, 1150 bestätigte König Konrad III. (1138-1152) das Bistum.
Bischof Anselm (1129-1155) veranlaßte kurz vorher den Neu- bzw. Wiederaufbau der Kathedralkirche u. siedelte ein Prämonstratenser-Chorherren-Konvent an. Mehr als 350 Jahre lang wurde das Domkapitel vom Prämonstratenser-Orden geprägt. Noch in vorreformatorischer Zeit kam es zu einer Umwandlung in ein Stift von Weltgeistlichen.
Zwischen 1561 u. 1581 wurde das

Stift auf evangelischer Grundlage reorganisiert, was seinen Erhalt bis 1819 sicherte.
Den Domkomplex umgibt die historische Bischofsstadt von quadr. Grundriß mit Stiftsgebäuden aus sechs Jh. Noch heute sind Teile der Befestigung (z.B. die sog. Prälatenmauer) erhalten. Die ehem. vier Tore lassen sich klar ausmachen.
Ebenfalls in Bischofs- bzw. Kapitelsbesitz befanden sich die Berggemeinden am Abhang der Grundmoräne. Sie sind von Fachwerkbauten des 17./18. Jh. geprägt.
Die Inselstadt, im Zollprivileg Albrechts d. Bären für Stendal um 1150, erstmalig erwähnt, hat trotz zahlreicher Zerstörungen u. Brände ihr mittelalterliches Radialsystem weitestgehend bewahrt. Älteste Bestandteile des Stadtkerns sind die Pfarrkirche St. Laurentius u. die Heiliggeist-Kapelle.

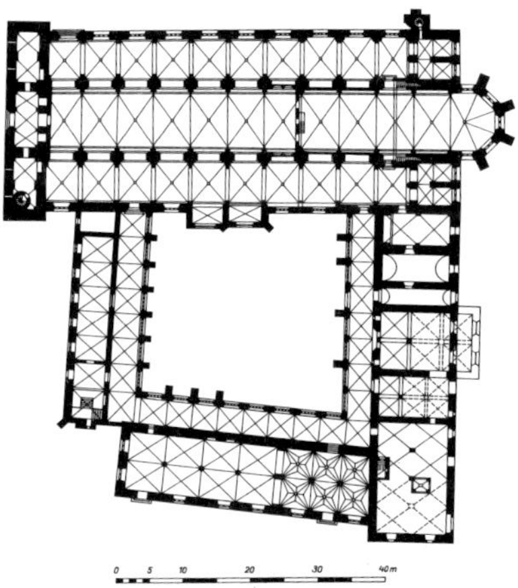


Die romanische Gliederung des Domes ist trotz gotischer Veränderungen noch sehr gut erkennbar. Klar zeichnen sich der O-Bau, die querschifflose Basilika u. der schmalrck. W-Querriegel ab. Als Baumaterial des überwiegend sorgfältig gefügten, schmucklosen Bruchsteinmauerwerkes fand Grauwacke Verwendung.
Dieses Sedimentgestein aus kl. Gesteinstrümmern enthält neben Sandstein auch Quarz u. andere Mineralien. Es entstammt Steinbrüchen nahe der Elbe nordöstl. von Magdeburg u. wurde auf dem Wasserwege nach Havelberg transportiert.
Arbeiten am Fundament im W sowie gezielte Ausgrabungen im O führten zu dem übereinstimmenden Resultat, daß die aufstrebenden Grauwackemauern unmittelbar auf dem untersten Fundament aufliegen. Dieses Fundament besteht fast ausschließlich aus dem gleichen Material.
Kleinformatiger Backstein schloß möglicherweise den O-Bau, nachweislich aber den W-Querriegel nach ob. ab.
Den O-Bau bildet ein ursprl. querrck. Chorjoch, beiderseitig von quadr. turmartigen Anbauten flankiert. Eine zugehörige halbrd. Apsis wurde 1939 ergraben. Dabei fällt die geringe Größe des romanischen Chores einschließlich der Apsis im Verhältnis zum Langhaus auf. Eine Krypta fehlt. Chor u. Mittelschiff trennte ein Triumphbogen, dessen Fundamente ebenfalls 1939 aufgedeckt werden konnten. Die nördl. u. südl. Anbauten des Hauptchores enthalten im Erdgeschoß Nebenchöre. Sie bilden den Abschluß der Seitenschiffe u. ließen sich von dort aus nicht einsehen. Beide Nebenchöre teilen noch vorhandene Zungenmauern, deren romanische Gurtgesimse Schachbrettfriese zieren.
Haupt- u. Nebenchöre waren durch je ein schmales Rundbogenportal miteinander verbunden. Die Bögen der in verschiedenen Phasen des gotischen Umbaus vermauerten Pforten lassen sich hinter Grabplatten ausmachen.

Die hier beschriebene bauliche Konzeption geht auf sehr frühe liturgische Regeln zurück. Möglicherweise dienten die Nebenchöre als Sakristeien, die den Funktionen der Prothesis (Vorbereitungsraum für die eucharistischen Gaben) u. des Diakonikons (Aufbewahrungsraum für Gewänder, Bücher etc.) der Ostkirche gleichkamen.
Über den Nebenchören sind Emporen angelegt. Auf sie gelangt man über Treppen, die tunnelartig durch die Chorarkadenpfeiler hindurchführen.
Die Stufen lagen allerdings in der romanischen Bauperiode 55 cm tiefer. Der Blick von der Empore auf den Hauptchor war durch eine den Schiffsarkaden ähnliche Öffnung möglich. Dieser Bereich besaß die Funktion eines Herrenchores.
Zugang zu den ob. Geschossen des O-Baus ermöglichten Treppentürmchen auf der N- u. auf der S-Seite. Der Unterbau des S-Türmchen wurde vermutl. noch im 12. Jh. abgebrochen, um den O-Flügel der Stiftsgebäude bis an den Dom heranzuführen. Die dreischiff. langgestreckte Pfeilerbasilika gliedert sich in zehn Arkaden. Das Mittelschiff hat eine Breite von 9,5 m, die Seitenschiffe sind jeweils 6,5 m breit. Die Arkadenpfeiler zeigen Kreuzform. Ihren ob. Abschluß bildeten in der Entstehungszeit Kämpfer in Form einer umgekehrten attischen Basis, die bei einer Restaurierung 1840-1842 abgeschlagen u. verändert in Gips ersetzt wurden. Ein ursprl. Kämpfer hat sich an der südl. Emporentreppe im Pfeiler zur Chorarkade erh.
Die Arkadenpfeiler überspannen Bögen mit Unterzugsgurten. Über einem Mauerrücksprung stiegen die romanischen Lichtgaden auf. Das Aussehen der Fenster ist durch Befunde auf den Dachböden der Seitenschiffe belegt. In ca. 14 m Höhe war eine flache Holzbalkendecke in das Mittelschiff eingezogen. Den äußeren Abschluß bildete ein Satteldach.
Die Innenhöhe der Seitenschiffe betrug ca. 8 m. Sie waren gleichfalls mit Holzbalkendecken abgeschlossen, darüber Pultdächer, die nach Analyse der vorhandenen Lager der Balkenköpfe eine auffallend geringe Neigung aufwiesen. Die romanischen Fenster der Seitenschiffe sind z.T. noch gut sichtbar. An der N-Seite zeichnen sich ihre Konturen außen deutlich ab, da sie während des gotischen Umbaus nur vermauert wurden. Im Gegensatz zu den gotischen Fenstern stimmen die romanischen nicht mit den Achsen der Arkaden überein. Auf der S-Seite sind vier romanische Fenster nachweisbar, zwei im O (eins heute noch offen, eins vermauert, innen überputzt sowie von außen durch den O-Flügel der Klausur verdeckt) u. zwei im W (beide vermauert, innen überputzt sowie außen vom W-Flügel der Klausur verdeckt.).
Die Seitenschiffe waren durch jeweils zwei sich gegenüberliegende Portale zugänglich. Jedoch könnten die sehr tief liegenden Umrisse des vermauerten NO-Portals eher auf einen Zugang zu einer Gruft unter dem nördl. Seitenschiff hinweisen.
Das NW-Portal fungierte als Haupteingang des Domes für die Laienbevölkerung.
Teile des vermauerten romanischen Zugangs finden sich außen li. neben dem gotischen, da dieser leicht versetzt durchgebrochen wurde. Der größte Stein des romanischen Rahmens trägt eine Inschrift (eine Jahreszahl?), die sich nicht mehr identifizieren läßt.

*Havelberg, Dom, Ansicht von NW*

Das gegenüberliegende, archaisch wirkende, schlichte SW-Portal blieb, wenn auch von innen vermauert u. überputzt, erh. Es läßt sich in allen Einzelheiten an der Außenfront des Domes ausmachen, ist allerdings durch den nordwestl. Abschnitt der Klosteranlage verdeckt. Das SW-Portal wurde wohl vom Klerus vor der M. des 13. Jh. bei Umgangsprozessionen benutzt. Vom südöstl. romanischen Portal, dem Hauptzugang für die Priesterschaft, blieb ein kleiner Rest des Bogens an einer schwer zugänglichen Nahtstelle zwischen Dom u. O-Flügel der Klausur erh. Seine Schmuckformen ermöglichen einen Vergleich mit einem Portal der Jerichower Stiftskirche u. somit eine Dat. auf die Zeit nach 1150.

Der schmale querrck. W-Riegel mißt bei 30,20 m Länge nur 6,10 m Breite. Seit der Aufstockung 1907/08 ist bekannt, daß seine Grundmauern nicht im Verband mit denen des Langhauses stehen. Trotzdem muß mit einer gleichzeitigen Ausführung beider Gebäudeteile gerechnet werden. Dafür sprechen die originalen Öffnungen hin zu allen drei Schiffen u. die westlichsten Arkadenpfeiler, die in die O-Wand des W-Baus unmittelbar mit einbezogen sind. Der W-Querriegel entstand anfangs in vier Geschossen, die alle dreifach gegliedert waren.

Das Erdgeschoß trägt starke Kreuzgratgewölbe. Die zentrale Halle stand über drei Portale mit dem Mittelschiff in Verbindung. Das bedeutendste wird bis heute genutzt, die zwei vermauerten (li. u. re. davon) zeichnen sich in der O-Wand klar ab. Von den Seitenhallen gelangte man über jeweils ein kleines, später zugesetztes Portal in die Seitenschiffe. Von W her gewährte nur eine kleine Pforte Zutritt. Das jetzige Hauptportal entstand erst 1907/08. Die beschriebenen Räumlichkeiten dienten als Büßer- u. Täuflings (Katechomenen)-Kapellen, die in der Tradition der frühchristlichen/ostkirchlichen Vorhalle (Narthex) standen.

Vom Mittelteil des ersten Geschosses gestatteten drei Arkadenfenster den Blick durch das Langhaus auf den Hauptaltar. Bogensegmente u. Trapezkapitelle, die 1907/08 entdeckt wurden, sind seitdem Bestandteil der Sammlung des Prignitz-Museums.

Es handelt sich bei diesem Abschnitt des W-Baus um eine Königsloge (Herrscherempore). Von hier aus konnte der höchste Repräsentant der weltlichen Macht das kultische Geschehen im Hohen Chor verfolgen. Von W spenden drei kleine Fenster Licht, während in den anderen Geschossen nur schmale Mauerschlitze für einen begrenzten Lichteinfall sorgen. Sie sind nicht, wie früher vermutet, als Schießscharten anzusprechen, da sich das Sichtfeld nach außen verengt.

Im S-Teil ermöglichte ein Portal nahe der Außenmauer einen Zugang zum südl. Seitenschiff.

In der südl. Schmalseite befindet sich in ca. 6 m Höhe eine Tür, die ins Freie führt. Die Balkenlöcher darunter hielten die Hölzer eines Austritts. Ob hier eine Treppe einen Weg in die Obergeschosse des W-Riegels ermöglichte o. das Portal zum Aufzug des Baumaterials benötigt wurde, läßt sich nicht mehr entscheiden. Das zweite Geschoß ist außen durch einen Mauerrücksprung markiert. An der nördl. Schmalseite führt in 12 m Höhe eine Tür ins Freie, welche der südl. gleicht. Wiederum deutet sich darunter ein Austritt bzw. eine Galerie an. Doch auch hier wäre die Möglichkeit des Baustofftransports in Betracht zu ziehen. In der östl. Wand befand sich eine Öffnung zum Mittelschiff, die wohl für die Sängerempore bestimmt war.

Zwischen dem zweiten u. dritten Geschoß fällt eine Reihe besonders gr. Balkenlöcher auf. Mit ihnen verband sich lange Zeit überwiegend die Vorstellung eines Wehrumganges. Er kann zwar keinen direkten Zugang besessen haben, wäre aber über Treppen u. Durchgänge im östl. Bereich vom zweiten Geschoß aus zu betreten gewesen. Als mindestens gleich wahrsch. muß jedoch die These gelten, nach der die Balkenlöcher lediglich wichtige Rüstlöcher darstellen. Das dritte Geschoß, das noch spärlichere Lichtöffnungen zeigt als die Untergeschosse, endete in einer Plattform, die mit Backsteinzinnen bewehrt war. Die Westseite besaß nachweislich 15 Zinnen u. 14 Scharten, die Schmalseiten vier Zinnen u. drei Scharten. Noch gegen E. des 12. Jh. wurde im Mittelteil ein Klanggeschoß hochgemauert, das sich in drei kleinen Rundbogenfenstern sowie drei großen Schallöchern im O wie im W öffnete. Nicht lange danach wurden die Schallöcher zu Klangarkaden umgestaltet, ein Kreuzbogenfries mit Deutschem Band als Schmuckelement vorgeblendet. Es entzieht sich unserer Kenntnis, ob o. warum auf die Ausführung der im Baukörper angelegten Türme verzichtet wurde. Schließlich entstanden die seitl. Dachkonstruktionen, die in der Form den heute noch vorhandenen glichen.
Die Erhöhung um ein fünfarkadiges Klanggeschoß ist das Ergebnis des neoromanischen Umbaus.
Obwohl die liturgischen Funktionen des W-Querriegels überwogen, bot er sich gleichfalls als eine wehrhafte Zufluchtsstätte an.
Die Bautätigkeit am romanischen Dom erstreckte sich im wesentlichen über einen Zeitraum von 20 Jahren. Er läßt sich quellenmäßig exakt ermitteln. Bei seinem einzigen zweifelsfrei belegten Aufenthalt in Havelberg 1149/50 ging von Bischof Anselm die Anregung zum Kirchenbau aus. Sein Nachfolger Walo weihte die Bischofskirche am 16. August 1170 in Anwesenheit einer großen Anzahl geistlicher u. weltlicher Würdenträger.
Zahlreiche archaische Züge u. Besonderheiten am romanischen Kern weisen auf einen ottonischen Vorgängerbau hin. Fragen nach seinem Aussehen bzw. dem Grad seiner Fertigstellung sind nur durch eine weitere intensive Forschungstätigkeit unter Einbeziehung der Ergebnisse künftiger Grabungen zu beantworten.
1279 verwüstete ein schwerer Brand der von nicht näher genannten Feinden des Bischofs Heinrich II. gelegt wurde, den Dom. Der Wiederaufbau erfolgte unter Einbeziehung des romanischen Kerns bei weitestgehender Verwendung von Backstein im Stil der norddeutschen Gotik. Sandstein fand lediglich an Basen u. Kapitellen der Dienste Verwendung. Dienste u. Blendarkaden nehmen im Mittelschiff die Last eines Kreuzrippengewölbes auf. Es schließt das Mittelschiff in 22 m Höhe ab. Damit wurde der Basilikacharakter der Bischofskirche erheblich verstärkt, denn die Seitenschiffe erhielten ihre Wölbung in fast ursprl. Höhe. Unter Verwendung von Bruchsteinmaterial der abgerissenen Rundapsis wurde ein polygonaler Chorabschluß gestaltet.
Die Vermauerung der romanischen Öffnungen ging einher mit dem Durchbruch gotischer Fenster (in den Achsen der Arkaden) u. Portale. Der O-Bau wurde mit einem Querdach, Ziergiebeln u. einem neuen nördl. Treppenturm versehen, um den Eindruck eines östl. Querhauses hervorzurufen.
An das südl. Seitenschiff setzte man die Marienkapelle an. 1330 weihte

Bischof Dietrich I. den Hochaltar des Domes zu Ehren der Maria, des Laurentius u. des Constantius, womit der gotische Umbau weitestgehend seinen Abschluß fand.
Der Innenraum des Domes beherbergt in reicher Anzahl Kirchenkunst aus der Hochzeit des Bistums.
Nach 1279 sind zwei sechssitzige Chorgestühle mit Dorsalen zu dat. Sie gehören zu den ältesten erh. Holzschnitzarbeiten dieser Art in Norddeutschland. Die Wangen des nördl. Gestühls schmücken Rosetten (Gottessymbole) u. Säulchen, die Buchablagen schlußsteinartige Pultwangenmedaillons. Die Wangen des südl. Gestühls sind mit Voluten u. Säulchen verziert. Den ob. Abschluß bilden geneigte Tierköpfe (Satanssymbole). Rd. Pultwangenmedaillons tragen Abbildungen von Fabeltieren.
Drei Sandsteinleuchter entstanden etwa zeitgleich. Sie sind als Reste einer ursprl. Chorschranke anzusprechen. Die schon rein gotischen Architekturformen des Mittelleuchters u. die Skulpturen an den Außenleuchtern (li. Koch und Kellerer, re. zwei Ministranten) lassen Verbindungen zu einer südwestfranzösischen Werkstatt vermuten. Die lebensgroße Triumphkreuzgruppe stammt aus der Zeit vor 1300 u. steht in gelungener Tradition der gr. sächsischen Vorbilder. Obwohl es sich um ein »modernes« Dreinagelkruzifix handelt, klingt die romanische Formensprache deutlich nach.
Im Chorbereich befindet sich weiterhin hochgotisches Chorgestühl (2. V. 14. Jh.) u. ein Zweisitz (um 1430), wohl für Bischof u. Propst bestimmt. Das hervorragend gestaltete Chorschranken-Lettner-Ensemble aus Sandstein entstand weitestgehend zwischen 1396 u. 1411. Die Außenseite, gekrönt von reichem Maßwerk, weist neben 14 Skulpturen 20 Reliefs der Passion Christi auf. Die beiden Lettner-Durchgänge zeigen auf der Vorder- und auf der Rückseite jeweils eine Christus- u. eine Marienszene. Formale Anregungsquellen lassen sich in Mittel- u. Norddeutschland sowie in Prag feststellen.
Die Altaraufsätze aus Sandstein o. Alabaster der sieben noch vorhandenen Nebenaltäre dat. zwischen 1400 u. dem 3. V. des 15. Jh.
Die Fenster des nördl. Seitenschiffes beinhalten neben ornamentalen Glasmalereien (1. V. 14. Jh.), 15 Bilder aus dem Neuen Testament (1. V. 15. Jh.). Diese Armenbibel stellt sowohl von der Anzahl der Darstellungen als auch von der künstlerischen Wertigkeit das Bedeutsamste an mittelalterlicher Glasmalerei östl. der Elbe in Deutschland dar.
Im südl. Seitenschiff ist, als einziges mittelalterliches, ein Fenster mit Szenen aus dem Leben Mariens (um 1470) erh.

***Die Stiftsgebäude***
Die Klausurgebäude liegen südl. der Kathedrale.
Als erster Bauabschnitt entstand der O-Flügel, der Konventbau. Die Eckdaten seiner Fertigstellung lassen sich aus der Ansiedlung des Domkapitels u. der Weihe der romanischen Bischofskirche ableiten. Der O-Flügel schließt sich ohne bes. Giebelmauer an den Choranbau des Domes an. Er reicht bis nahe an den Abhang der Grundmoräne. Schon dieser Teil der Anlage wurde vollständig aus Hartbrandziegeln errichtet. Eine sichere Beherrschung des Materials beweisen Details der W-Fassade wie Ecklisenen, Fenster- u. Portalöffnungen, daneben unter der Dachtraufe doppeltes Deutsches Band u. Konsolfries (zu sehen im ob. Geschoß des Kreuzganges). Die O-Ansicht wurde im Laufe der Zeit fast vollständig entstellt, nur noch in Ansät-

zen lassen sich die romanischen Gestaltungsprinzipien nachweisen.
Im Erdgeschoß befand sich, an den Chor u. die Seitenkapellen anschließend, die Sakristei mit dem Umkleideraum (Vestiarum). Südl. hiervon lag der Kapitelsaal. Den Zugang von W gewährte ein gr. zweipfortiges, mehrfach abgestuftes Portal (teilweise vermauert), beiderseitig von je einem rundbogigen Fenster flankiert (eins davon vermauert, das andere zu einem Portal erw.).
An den Kapitalsaal reiht sich das Auditorium. Die Kapitelmitglieder betraten den »Hörsaal« durch ein westl., geräumiges Rundbogenportal, umgeben von einem rck. Mauervorsprung.
Den südl. Abschluß des Untergeschosses bildet ein großer Raum (möglicherweise anfangs zwei?), geprägt von einer zentralen Heizungsanlage. Seine Funktion bleibt bisher ungeklärt. Vermutungen gehen von einer Küche einschließlich Refektorium bzw. einem Aufenthaltsraum aus, in Zisterzienser-Klöstern als Fraterie bezeichnet. Ein sehr schmales, rundbogiges Portal im rck. Rahmen gewährt noch heute Zutritt. Dieser Bereich ist ebenso wie der östl. Teil des S-Flügels seit der romanischen Bauphase unterkellert.
Am N-Ende des Konventbaus befand sich über der Sakristei die Bibliothek mit dem Archiv.
Das Dormitorium beanspruchte nicht nur die Hälfte der Länge des Obergeschosses, sondern auch dessen gesamte Breite. An der W- wie an der O-Seite spendeten kl. Rundbogenfenster Licht, die in ca. 2 m Höhe in die Mauern eingelassen waren. Im 15. Jh. teilte man den Schlafsaal der Priester in Zellen ein, wobei die Lichtgaden zugesetzt u. Zelleneingänge geschaffen wurden. Eine Restaurierung stellte 1937 den Ausgangszustand an der W-Seite wieder her. Im südl. Obergeschoß des Konventbaus weist der Baubefund auf wenigstens einen weiteren Raum hin, welcher der romanischen Bauperiode zugeordnet werden muß. Vielleicht handelt es sich hier um ein Kalefaktorium (Wärmstube), das vom direkt darunter liegenden Kamin mit Wärme versorgt wurde.
Der O-Flügel litt nach dem Verlust der Klosterfunktion bes. unter zahlreichen Einbauten u. Verstümmelungen. Ein umfangreiches Sanierungsvorhaben soll die zur Zeit unzugänglichen Abschnitte wiederherstellen.
Um 1200 wurde, entspr. den örtlichen Gegebenheiten der S-Flügel, der Refekturbau, leicht spitzwinkl. an den Konventbau gesetzt. Ebenfalls aus Backstein gemauert, läßt sich sein romanischer Ursprung u.a. aus zwei nördl. rundbogigen Portalen ableiten, die sich in rck. Mauervorsprüngen befinden. Sie bildeten die Zugänge zum Priester- bzw. Laienrefektorium (später Winter- bzw. Sommerrefektorium) im Untergeschoß. Schon bald ihrer Funktion entkleidet, finden wir das eine Portal heute vermauert, das zweite nach 1880 wieder geöffnet u. mit einer Tür versehen. Etwa M. des 13. Jh. erhielten beide Speisesäle die heute noch benutzten frühgotischen Spitzbogenportale in identischen, abgestuften Mauervorsprüngen. Ursprl. flach gedeckt, wurde das größere Sommerrefektorium wohl noch im 14. Jh. eingewölbt, das kleinere Winterrefektorium in der 2. H. des 15. Jh. mit einem reichen Sterngewölbe versehen. Nach 1880 wurde die Trennwand zwischen Sommer- u. Winterrefektorium entfernt. Es entstand der sog. »Paradiessaal«, seit 1961 als evangelische Winterkirche eingerichtet. Das ob. Geschoß des Refekturbaus wurde anfangs als Laien-Dormitorium genutzt. Es nahm die gesamte Länge wie Breite dieses Ge-

bäudeteils ein. Erst während des 15. Jh. wurde dieser Schlafsaal, ähnlich wie der im O-Flügel, mit Zellen ausgestattet, von denen sechs noch vorhandene Türöffnungen zeugen. Der Raum ist mit einer Lehmstaken-Dekke versehen, die auf Unterzügen u. in der Mitte auf mächtigen Holzpfeilern ruht. An der südl. Außenfassade findet sich in Traufenhöhe ein einfaches Deutsches Band, darunter ein Konsolfries. Sieben hohe rundbogige Fenster lassen sich noch erkennen, außerdem spendeten zwei gleichartige Öffnungen von W her Licht. Zwischen 1880 u. 1893 erfolgte eine neogotische Umgestaltung, wovon bes. das gesamte süd-/südwestl. Untergeschoß betroffen war.
Im 2. V. des 13. Jh. entstand ein steinerner östl. Kreuzgang. In ihm mischen sich romanische u. frühgotische Ornamentformen in reicher Anzahl. Er wurde im 15. Jh. aufgestockt.
Der südl. Kreuzgang wurde um die M. des 13. Jh. errichtet, diesmal gleich in zwei Geschossen. Seine Fassade überzeugt im Vergleich zum östl. Arm schon durch eine reichere gotische Gliederung.
Mit der Errichtung des W-Flügels, des Cellarbaus, schloß sich nach 1250 die Klosteranlage. Der westl. Kreuzgangflügel wurde in einem Zuge mit dem schlichten Vorratsgebäude angelegt.
Die Klausur des Havelberger Domkapitels stellt ungeachtet aller Umbauten u. Veränderungen eine der wenigen vollständig erh. Anlagen dieser Art in Norddeutschland dar. Ihr O- u. ihr S-Flügel gehören zu den ältesten Backsteinbauten östl. der Elbe.

*T.B.*

Quellen:
Ungedruckte Quellen aus dem Bestand des Brandenburgischen Landeshauptarchivs Potsdam. Pr. Br. Rep. 7. Dom Havelberg.
Codex diplomaticus Brandenburgensis. Sammlung der Urkunden, Chroniken und sonstigen Quellenschriften für die Geschichte der Mark Brandenburg und ihrer Regenten. Hg. von A. F. Riedel. Band 1-41. Berlin 1838-1869

Lit.:
Die Kunstdenkmäler der Provinz Brandenburg. Band 1, Teil 1. Die Kunstdenkmäler des Kreises Westprignitz. Schriftleitung Th. Goecke. Berlin 1909; Dom zu Havelberg. Hg. von A. Schirge. 3. überarbeitete Aufl. Berlin 1970; Germania Sacra. Erste Abteilung. Die Bistümer der Kirchenprovinz Magdeburg. 2. Band. Das Bistum Havelberg. Bearbeitet von G. Wentz. Berlin; Leipzig 1933; *Buchholz, Torsten:* Die Domstiftsgebäude zu Havelberg und das Prignitz-Museum. Kleiner Kunstführer Nr. 2047. München 1993; *Hassenstein:* Erläuterungen zur Untersuchung der Fundamente beim Ostbau des Domes in Havelberg. Maschinenschrift. Perleberg 1939; *Ders.:* Instandsetzungsarbeiten am Ostflügel des Domstifts zu Havelberg. In: Deutsche Kunst- und Denkmalpflege. Jahrgang 1937. Berlin; Wien 1937; *Plathner, Carl:* Der Ausbau der Westseite vom Dom in Havelberg. In: Die Denkmalpflege. XIV. Jahrgang. Nr. 8 und Nr. 9. Berlin 1912; *Werner, Anna Maria:* Der Dom zu Havelberg. München; Berlin, 2. veränderte Aufl. 1991 (Große Baudenkmäler H. 402)

## Hecklingen

### *Klosterkirche St. Georg und Pankratius*

Um 1070 wurde in der späteren Wüstung Kakelingen ein Kloster gegr., das sich 1147 unter askanischer Vog-

*Hecklingen, Klosterkirche, Ansicht von SO*

tei befand. Um 1160 wurde es auf einen askanischen Hof in Hecklingen verlegt. Seit dem 13. Jh. befand sich in diesem Kloster ein Konvent von Augustinerinnen. 1319 gingen die Vogteirechte an den Fürsten v. Anhalt. Das zum protestantischen Glauben übergetretene anhaltinische Fürstenhaus löste 1559 das Kloster auf, das 1571 die Familie v. Trotha erwarb. Damit wurde es in ein Rittergut umgewandelt. Der Ort selbst erhielt 1918 Stadtrecht.

Die Klosterkirche St. Georg und Pankratius blieb fast unversehrt erh. Sie ist um 1170 als flachgedeckte Basilika im Gebundenen System erb. worden. Querhaus u. Langhaus sind gleich lang u. bestehen aus je drei quadr. Jochen. Das Grundmaß ist das Vierungsquadrat. Die Kirche besitzt keine Nebenchöre, wohl aber eine Chorapsis und je eine kl. an den Querhausarmen. Eine Krypta fehlt. Die Joche im Langhaus werden durch Pfeiler voneinander getrennt. Zwischen den Pfeiler sitzen zwei Arkadenbögen, die auf einer Mittelsäule ruhen. Wir haben hier den sog. rheinischen Stützenwechsel vor uns, ähnlich Huysburg u. Drübeck. Auf die Würfelkapitelle sind kl. Schilde aufgelegt, die Pfeiler sind mit Ecksäulen aufgelockert. Sie krönen kl. Kapitelle mit vegetabilem u. figürlichem Ornament. An der S-Seite des Schiffes erhielten die Kapitelle muschelförm. Ornamente, die keine Nachahmung fanden. Am Kämpfer des südöstl. Vierungspfeilers befinden sich vier waagerecht modellierte menschliche Gestalten. Die Szene wird als Taufakt mit Bischof gedeutet. Der Raumeindruck des Langhauses wurde um 1230-1240 durch den Einbau einer gr. Nonnenempore stark verändert. Er erstreckt sich über das gesamte südl. Seitenschiff, das westl. Mittelschiffs- u. westl. Joch des nördl. Seitenschiffes. Alle Räume unter der Empore sind kreuzgratgewölbt. Sie öffnen sich durch spitzbogige Arkaden, die auf den Hauptstützen vorgelegten pfeilerartigen Stützen mit Säulen ruhen. Unter die W-Empore wurden als Stütze der Gewölbe eine gebündelte Säule u. zwei Pfeiler eingefügt. Alle Emporenstützen sind reich mit Pflanzen- u. Tierornamentik überzogen. Anlehnungen an Königslutter sind unverkennbar. Wohl gleichzeitig kamen die 14 Engel in den Arkadenzwickeln hinzu. Es handelt sich um gefaßte Stuckarbeiten, deren Wiedergabe der Gewänder Ähnlichkeiten mit thüringisch-sächsischen Buchmalereien aufweist. Der W-Bau wurde als sächsische Doppelturmfassade ohne Eingang errichtet. Das mittl. Erdgeschoß öffnet sich mittels zweier Bögen zum Unterbau der Empore. Das Hauptportal der Kirche liegt in der nördl. Seitenschiffswand. In der zweifachen Abtreppung stehen Säulchen mit Palmettenfächerkapitellen. Die Kämpfer sind mit Akanthusblättern u. einem Perlenband geschmückt. Auch diese Ornamentik weist auf Königslutter. Die

*Hecklingen,*
*Raum unter der Westempore*

Außenhaut der Hauptapsis ist durch Rundbogenfriese zweigesch. gegliedert. Dazwischen stehende Lisenen teilen den Apsisbogen in drei Flächen auf. Umfangreichere Restaurierungsarbeiten wurden 1883 vorgenommen. Dabei wurden die südl. Querhausapside, der N-Turm u. der Helm des S-Turmes neu aufgeführt.

*H.S.*

Lit.:
*Schubert, W.:* Die Ornamente und Bildwerke der Hecklinger Klosterkirche aus dem Mittelalter, Bernburg 1935; *Möbius, F. u. H.:* Ecclesia ornata. 1974; *Adamiak, J.:* Die Klosterkirche zu Hecklingen (Christliches Denkmal H. 105), Berlin 1977

**Hillersleben**

***Klosterkirche St. Stephanus, Petrus und Laurentius***

Die eigentliche Gründung des Klosters Hillersleben erfolgte in der 2. H. 10. Jh. Eine Erneuerung nahm Erzbischof Gero v. Magdeburg 1022 vor u. vereinnahmte es als erzbischöfliches Eigenkloster. Bei den Auseinandersetzungen mit Heinrich d. Löwen wurde das Kloster 1179 zerstört. Bauliche Erneuerungen sind aus dem Jahre 1259 überliefert. Von Demolierungen u. Plünderungen wird 1550 berichtet. 1632 befindet es sich im Besitz des Magdeburger Domkapitels. Schließlich wurde es 1687 in eine preußische Domäne umgewandelt.
Die ehem. Klosterkirche, gew. den Hl. Stephanus, Petrus u. Laurentius, ist heute die Dorfkirche des Ortes Hillersleben. Die erh. romanischen Teile stammen vermutl. vom Neubau um 1180. Aus der Zeit um 1260 wird berichtet, daß der Abt Heinrich den W-Bau der unvollendeten Kirche errichten ließ. Einer Zeichnung in

*Hillersleben, Klosterkirche, Inneres nach O*

der Technischen Hochschule Charlottenburg zufolge war der Mittelbau ähnlich Havelberg, Minden u. dem Hildesheimer Dom erhöht. Nicht geklärt ist, ob es sich um eine reine Pfeilerbasilika handelte o. ob im Langhaus Stützenwechsel vorhanden war. Vom Bau um 1180 u. um 1260 sind erh.: beide westl. Vierungspfeiler, ein gr. Teil des südl. Querhauses u. der östl. Teil der südl. Seitenschiffswand mit zwei vermauerten Rundbogenfenstern sowie die südwestl. Turmecke u. Mauerteile am Ansatz der nördl. Mittelschiffswand an den Turm. Ein vermauertes Portal in der W-Wand des südl. Querhauses diente als Zugang vom Kreuzgang aus (jetzt innerhalb der später angefügten Sakristei). Eine umfassende Erneuerung erfuhr die Kirche 1562-1580. Nach dem Dreißigjährigen Krieg u. im 18 Jh. verfiel das Kloster immer mehr, bis schließlich 1788 die O-Teile abgerissen wurden. 1811 stürzte die W-Fassade zu zwei Dritteln ein. Ihr heutiges Aussehen erhielt die Kirche zwischen 1859 u. 1880 (Doppelturmfassade, Umfassungsmauern). An den erh. gebliebenen romanischen Vierungspfeilern mit Ecksäulen ist der Kämpfer des nördl. Pfeilers mit einem Palmetten-Lotos-Fries überzogen. Schachbrettmuster finden wir an den ehem. Arkaden zwischen den Seitenschiffen u. dem Querhaus.

Südl. der Kirche sind Reste des Kreuzganges aus dem E. 13. Jh. zu sehen. Beim Neubau der Klostergebäude um 1260 ist ein Teil des Geländes einer Wasserburg mitgenutzt worden. Das einstige spätgotische Dormitorium an der O-Seite von 1436 hat einen 1483 errichteten O-Vorbau mit Backsteingiebeln. In drei Nischen stehen Cherubime, wohl Reste spätromanischer Chorschranken. Gegenwärtig wird die Kirche restauriert. Eine neue Eindeckung ist bereits erfolgt.

*H.S.*

## Hundisburg

### *Ruine Nordhusen*

Als »Hunoldesburg« wird der Ort 1140 im Zusammenhang mit einem Propst Witoldus, der ein Stift mit fünf Kanonikern leitete, erwähnt. Bis 1179 gehörte die Propstei zum Bistum Halberstadt. In diesem Jahr gelangte sie an das Erzbistum Magdeburg.

Auf dem höchsten Punkt des Ortes stand eine Uferrandburg, deren Gesamtumfang noch erkennbar ist. Ihr Durchmesser beträgt ungefähr 150 m. Zwinger u. Ringmauern sind an der Dorfseite erh. Ansonsten stammen die Gebäude aus späterer Zeit.

*Hundisburg, Ruine Nordhusen*

Spätgotisch ist der an der N-Seite des von Hermann Korb im Auftrage von J. Fr. v. Alvensleben gebauten Schlosses (1694-1702) stehende Bergfried, der auch Wohnzwecken gedient hatte. Südl. an den barocken Torturm schließt sich das »Neue Werk« an, ein zweigesch., schlichtes Renaissanceschloß. Die Wirtschaftsgebäude kamen im 17. und 18. Jh. hinzu.
In der Nähe von Hundisburg liegt die Wüstung Nordhusen. Sie ist vor allem lokalisierbar durch die Turmruine der einstigen Dorfkirche. Der Turm wurde als wuchtiger Breitturm um 1200 gebaut. Das Material ist lagerhaft gemauerter Bruchstein. Zum Schiff hin öffnete sich das von außen nicht zugängliche Erdgeschoß mittels zweier Bögen. Vollständig erh. ist die O-Wand mit fünf Schallöffnungen, einmalig bei Breittürmen in diesem Raum. In den Schmalseiten der ehem. Glockenstube befinden sich zwei Öffnungen.

*H.S.*

Die Burg wurde 1196 vom Markgrafen Otto v. Brandenburg dem Erzbischof Ludolf v. Magdeburg überlassen. Auf der Burg saßen ein erzbischöflicher Vogt u. Burgmannen, die auch im Ort befestigte Höfe besaßen, von denen ein Turmhof noch vorh. ist. 1452 belehnt Erzbischof Friedrich v. Magdeburg die Gebrüder v. Alvensleben zu Kalbe mit dem Schloß u. allem Zubehör. Ab 1881 befand es sich im Besitz von J. G. Nathusius. Nach 1945 wurde ein Teil der Anlage als Betriebsschule des Volksgutes genutzt. Gegenwärtig laufen Restaurierungsarbeiten. Bemerkenswert ist die Parkanlage, ehem. mit Orangerie, Irrgarten, Naturtheater. Der Park wurde nach 1760 im englischen Stil verändert. Nach 1945 legte die Gemeinde innerhalb der Anlage vor der Schloßfassade einen Sportplatz an.

## Huysburg/Dingelstedt

### *Klosterkirche*

Der spendenfreudige König Otto III. setzte seinen Kaplan Arnulf nicht nur als Bischof von Halberstadt ein, sondern stattete ihn darüber hinaus auch mit mehreren Burgen aus. So schenkte er ihm u.a. die Ilsenburg u. Huysburg, nachdem er schon 992 Arnulfs Vorgänger Hildiward die Stötterlingenburg (Lüttgenrode) übereignet hatte. In beiden Burgen ließ Arnulf Benediktinerklöster anlegen. Sowohl die heute noch stehende Anlage in Ilsenburg als auch die Huysburg sind aber erst Gründungen des tatkräftigen, in den Investiturstreit verwickelten Halberstädter Bischofs Burchard II. Die Einrichtung des Klosters auf der Huysburg wird 1084 bestätigt. In diese Zeit fällt auch der Baubeginn der heutigen flachgedeckten Basilika (gleichzeitig neben Quedlinburg, Ilsenburg, Halberstadt – Paulskirche –, Drübeck).

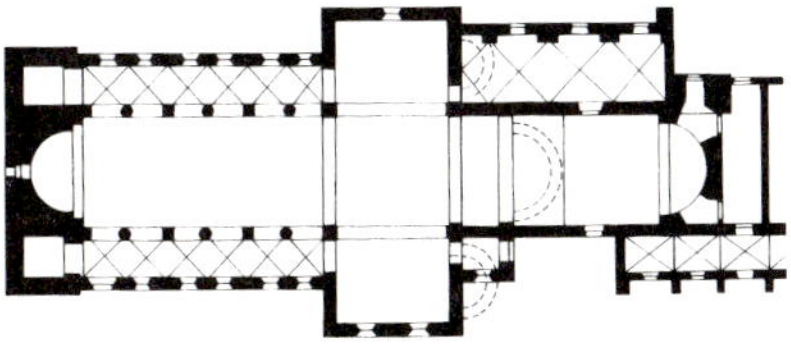

Der unter Burchard II. beg. Kirchenbau wurde unter Bischof Reinhard, der auch die Klosterkirchen in Hamersleben u. Gröningen errichten ließ, 1121 beendet. Im Gegensatz zu den genannten Kirchen – außer Quedlinburg – besitzt die Basilika keine Nebenchöre. Der Hauptchor

*Huysburg, Klosterkirche, Arkaden der Langhaus-Nordwand*

schloß mit einer Apsis, kl. Apsiden saßen an den Querhausarmen. Sie sind nicht mehr erh. Dem Grundriß wurde nicht das Gebundene System zugrundegelegt. Das dreijoch. Langhaus zeigt rheinischen Stützenwechsel nach dem Vorbild von Echternach (s. auch Drübeck). Pfeiler markieren die Joche, auf ihnen ruhen Entlastungsbögen, unter ihnen stützt sich eine Doppelarkade auf eine Mittelsäule. An die Frühromanik erinnert der kurze W-Chor, der aber um 1170 auch an der Drübecker Kirche noch vorkommt. Die wohl anfangs turmlose Kirche erh. lt. Inschrift erst 1487 eine Doppelfassade. Dabei wurde der W-Chor mit ummauert, so daß er außen nicht sichtbar ist. Langhaus, Querhaus u. Chor sind annähernd gleich lang. Der Hauptchor scheint noch während der Bauzeit erw. worden zu sein. Das Kloster war dem »Ordo Ilsenburgensis« beigetreten u. hatte gr. Zulauf erfahren, so daß damit die Chorerweiterung zu erklären wäre.
Der Raum an der N-Seite des Chores wird als romanische Sakristei gedeutet. Bei der Verlegung einer Fußbodenheizung 1984 wurde ein Frauengrab freigelegt, das in die Zeit um 1170 dat. werden konnte. Demnach muß dieser Raum eine Kapelle gewesen sein. Er wird heute als Marienkapelle genutzt. Bei den Ausschachtungsarbeiten wurde auch das Fundament der nördl. Querhausapside freigelegt. Gleichzeitig kam im östl. Teil der Chornordwand ein Rundbogen mit farbig gehaltenen Flächen zum Vorschein. Der Bogen ruht auf kurzen Pfeilern mit an den Ecken eingestellten Säulchen. Hinter dem Pfeiler steht eine Säule. Pfeiler u. Säulen könnten Spolien sein. Viell. stammen sie aus einem Klausurgebäude o. dem Kreuzgang. Innerhalb der romanischen Kulturlandschaft am Harz nimmt die Klo-

sterkirche eine herausragende Stellung ein. In den achtziger Jahren wurde die Kirche restauriert.
Unter den teilweise noch erh. Klausurgebäuden ragt die sog. »Bibliothek« heraus. Es handelt sich um ein zweigesch. u. zweischiff. Gebäude, im Erdgeschoß mit einer Pfeilerreihe, im Obergeschoß mit Säulen. Die Würfelkapitelle tragen flach ornamentierte Schilde. Daneben kommen aber auch ein ionisierendes u. korinthisierendes Kapitell vor. Der ob. Raum wurde durch eine Zwischenwand, in der die Säulen mit den Kapitellen u. Basen erkennbar sind, in seiner Wirkung stark gemindert. Die Zwischenwände wurden 1993 entfernt.

*H.S.*

**Ilsenburg**

***Kloster St. Peter und Paul***
Die Geschichte des Ortes ist eng mit dem Kloster u. den Stolberger Grafen verbunden. Am Nordhang des Harzes gelegen, hat sich Ilsenburg zu einem beliebten Fremdenverkehrsort entwickelt. Berühmt ist auch der Ilsenburger Eisenguß, dessen Blütezeit um 1800 lag. In vielen Museen befinden sich kunstvolle Ofenplatten aus dieser Stadt.
Arnulf, seit 996 Bischof v. Halberstadt, erhielt 998 vom jungen König Otto III. die Ilsenburg zur Einrichtung eines Benediktinerklosters geschenkt. Die eigentliche Überlassung aber vollzog erst 1003 Heinrich II. Die Besatzung der Burg baute sich auf dem gegenüberliegenden Ilsestein eine neue Burg. Bereits 1009 war das Kloster in »Stand und Wesen«. Aber die Burgbesatzung befehdete die Mönche derart, daß das Kloster wieder zugrunde ging. Um 1085 besetzte der Halberstädter Bischof Burchard II. das Kloster mit Mönchen der cluniazensischen Kongregation u. bestellte zum Abt seinen Neffen Herrand, der der Jung-Gorzer Richtung angehörte, die eine Spielart der cluniazensischen Regel war: Die Klöster blieben selbständig, waren aber durch eine einheitliche Ordenstracht u. Gebetsgemeinschaft miteinander verbunden – im Gegensatz zu Cluny, das als Mutterkloster zahlreiche Tochterklöster gründete, die sich in einem engen Abhängigkeitsverhältnis zu Cluny befanden. Unter Herrand entstand von 1078 bis 1087 die heute noch in wesentlichen Teilen erh. Basilika.

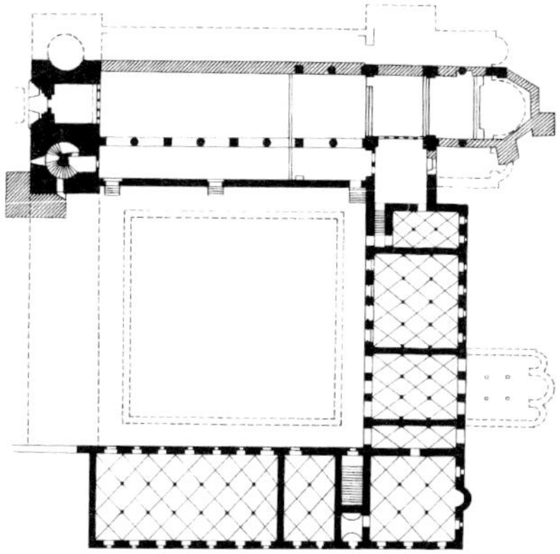

Das frühe Datum fällt vor die Errichtung der St. Peter und Paulskirche in Hirsau, die Abt Wilhelm 1082 entsprechend seiner auf Cluny basierenden Regel entwarf u. bauen ließ. Dieser Grundriß fand mit der Regel rasche Verbreitung u. ging als »Hirsauer Schema« in die Baugeschichte ein. Zwischen Abt Wilhelm u. Herrand gab es frühe Kontakte. Im Gegensatz zu Hirsau rückten die Querhausapsiden an das O-Ende der Nebenchöre. Der in Hirsau glatt geschlossene Chor erhielt bei den sächsischen Kirchen dieses Typs eine Hauptapsis.

*Ilsenburg, Klosterkirche, Inneres nach SO*

Die Ilsenburger Klosterkirche war eine dreischiff. Basilika mit rheinischem Stützenwechsel (Pfeiler-Säule-Pfeiler), quadr. Querhausarmen analog der Vierung, einem gegenüber dem Langhaus erhöhten rck. Hauptchor, dazu kamen die beiden Nebenchöre. Alle Chöre sind mit Apsiden geschlossen. Der Hauptchor war mit je zwei Arkaden mit den Seitenchören verbunden (ähnlich St. Peter und Paul – 1083 – in Halberstadt, 1969/70 abgerissen).
Eine Krypta fehlt. Der Reliquienkult wurde von den Hirsauern nicht gepflegt. Die Arkaden sind vermauert, ebenso die Zugänge zum südl. Querhaus vom Nebenchor u. Seitenschiff geschlossen. Während des Bauernkrieges wurde das Kloster arg in Mitleidenschaft gezogen. Wohl als Folge wurden danach die Nebenchöre, die Hauptapsis, das nördl. Querhaus u. Seitenschiff abgerissen, ähnlich wie bei Drübeck. Der Chor wurde polygonal geschlossen. In der erh. südl. Arkadenreihe stehen schlichte Pfeiler mit Platte u. Schmiege an Basen u.Kämpfern. Die gemauerten Säulen tragen gequetscht wirkende Würfelkapitelle mit einfachen flachen Schilden, ähnlich wirken die Basen ohne Ecksporen. Gegen E. 12. Jh. erhielt die Kirche eine Wölbung. Dabei wurden der Obergaden verändert u. paarig angeordnete Fenster neu eingesetzt – ebenfalls ähnlich wie in Drübeck. Im Langhaus sind Reste eines Estrichs aus dem E. 12. Jh. erh. mit Ritzzeichnungen, die durch rote u. schwarze Farbe hervorgehoben sind. Mit dem Abbruch der ob. gen. Teile wurde auch die bisherige Wölbung im Mittelschiff durch ein niedriges Kreuzgratgewölbe ersetzt. Vierung u. Chor erhielten eine Holztonne. Die Form der W-Fassade ist bis heute noch nicht restlos geklärt. Vermutl. war sie ähnlich aufgebaut wie die Drübecker. Sie besaß eine W-Empore, die jetzt durch das Pultdach zerschnitten wird. Vor die W-Wand trat ein rck. Raum. Wahrschl. besaß der W-Bau schon im 11. Jh. ein W-Portal. A. 13. Jh. wurde der W-Bau verändert. Dabei wurde wohl der jetzt vermauerte gr. Bogen zum Mittelschiff eingebrochen. Hinter dem Bogen befindet sich ein gr., sechsfach abgetrepptes Säulenportal. Im Tympanon steht der Salvator zwischen dem Evangelisten Johannes u. Johannes d. Täufer. Die an der S-Seite der Kirche liegenden Klausurgebäude wurden um 1150-1170 errichtet. Der Kreuzgang u. W-Flügel sind zerstört. Der W-Teil der Klausur wurde 1862 teilweise zu einem neogotischen Schloß umgebaut. Im erh. gebliebenen Refektorium stehen gedrehte Säulen nach dem Muster von Königslutter. Sie tragen Palmetten-

kapitelle u. ruhen auf Basen, die mit Ecksporen gefaßt sind.

*H.S.*

Lit.:
*Feldtkeller, H.:* Die Wiederherstellung der Schloßkirche in Ilsenburg. Sonderdruck Jahrbuch der Denkmalpflege 1937/38; *Walz, J.:* Das Kloster Ilsenburg (hrsg. vom Hüttenmuseum), Ilsenburg 1966

## Jerichow

Die am re. Elbufer gelegene, ehem. slawische Siedlung mit Burgwall wurde nach Übereignung des ostelbischen Allodialbesitzes der Grafen v. Stade an das Erzbistum Magdeburg (1144) vom Prämonstratenserorden für eine Neugründung erworben. Der ursprl. Standort des Klosters in Nähe der Burg wurde 1148 wieder aufgegeben.
1259 als »oppidum« bezeichnet, besaß Jerichow das Münz- u. Elbzollrecht, fiel jedoch 1336 einer verheerenden Elbflut zum Opfer u. entstand mit Erneuerung des Stadtrechts durch Markgraf Ludwig als regelmäßige Anlage in nordwestl. Richtung mit dem sog. Topfmarkt. Die Burg, im 12./13. Jh. Sitz markgräflicher Ministerialen, war seit 1367 Erzbischöfliches Amt, wurde im 30jährigen Krieg zerstört u. M. 18. Jh. vollständig abgerissen. Die Stadt war stets unbefestigt u. entwickelte sich im 16./17. Jh. nur unbedeutend als Ackerbürger- u. Handwerkerstadt, M. 18. Jh. erfolgte die planmäßige Anlage der Neustadt durch Kolonisten.

### *Stadtkirche*

Die Stadtkirche, ein schlichter spätromanischer Backsteinbau (1. V. 13. Jh.) mit flachgedecktem Schiff u. eingezogenem Rechteckchor, der nach O ohne Apsis platt abschließt, über dem W-Teil des Schiffes ein Fachwerkturm mit Spitzhelm. Das leicht vorspringende Fundament aus Grauwacke u. Feldstein weicht gegenüber dem übrigen Bau in Backstein geringfügig ab. An der N- u. S-Seite des Schiffes befanden sich ursprl. Rundbogenportale, an der S-Seite jetzt vermauert u. im N durch einen 1890 angelegten neuen Zugang ganz beseitigt.

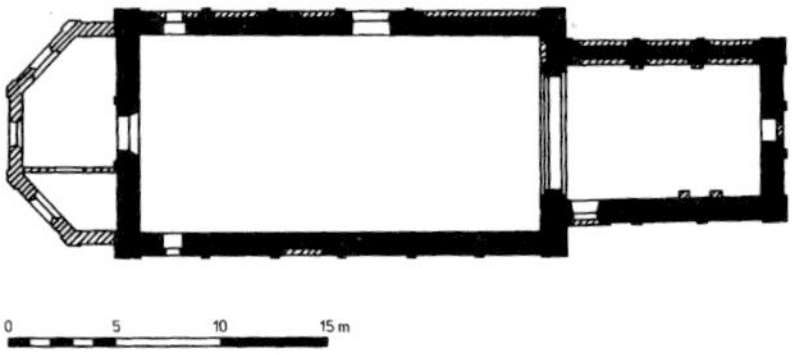


Über den romanischen Rundbogenfenstern ein qualitätvoller, aus Formsteinen hergestellter Rundbogenfries. Der W-Giebel mit Portal u. pyramidal angeordneter Fenstergruppe wurde 1833 durch einen polygonalen Sakristeianbau verdeckt. Eine Störung an der N-Seite des Schiffes deutet auf drei hohe, bisher nicht interpretierbare Maueraufbrüche, die später wieder geschlossen wurden, ebenso am Chor in Form hoher Rundbogenöffnungen, die hier wohl zu einem Anbau führten.
Der flachgedeckte Chor mit je zwei Fenstern nach N, S u. O u. der ehem. Priesterpforte in der SW-Ecke schließt nach O platt, ab. Im 18. Jh. wurde in die O-Wand ein Rundbogenportal eingebrochen, als Zugang zum Orgelchor, der hufeisenförmig in den Chor verlegt worden war. E. 19. Jh. wurde dieser Zustand bereinigt. Der Innenraum mit Triumphbogen erhielt um 1700 eine schlichte barocke Ausstattung (Emporen, Gestühl, Kanzel). An der Chor-Südwand ein aufwendiges Renaissance - Epitaph aus Alabaster u. Marmor für

*Jerichow,*
*Stadtkirche von W*

Amtmann M. v. Arnstedt († 1606) u. seine Frau K. v. Hünicke († 1600), inschr. 1609 vom Magdeburger Steinmetz S. Ertle geschaffen. An der Chor-Nordseite zwei Figurengrabsteine für das gleiche Ehepaar, die wohl ursprl. im Fußboden vor dem Epitaph lagen, sowie weitere Grabplatten des 16.-18. Jh., jetzt z.T. unter dem Gestühl des Schiffes.

*R.N.*

Lit.:
*Adler* Bd. I, 1862, S. 43, Bd. II, 1898, S. 121; *Wernicke* 1898, S. 306-315; *Eichholz, P.:* Die beiden Kirchen zu Jerichow in der Altmark und die Einführung des Backsteinbaus in der Mark. In: Zeitschrift f. Bauwesen, 1923, S. 231-243; *Eiteljörge, A.:* Jerichow die alte Klosterstadt. Jerichow (1925), S. 41-51; *Naumann* 1989, S. 38 f.

***Prämonstratenser-Kloster***

Mit Übereignung des Allodialbesitzes der Grafen v. Stade zwischen Elbe u. Havel an das Erzbistum Magdeburg erwarb der Prämonstratenser-Orden das am re. Elbufer gelegene Fischerdorf Jerichow für eine Tochtergründung. Die Niederlassung erfolgte nach Bestätigung der Stiftsgründung durch König Konrad III. 1145 in Nähe der ehem. slawischen Burg u. wurde 1148 an die heutige Stelle verlegt. Wegen fehlender Natursteinvorkommen entstand der erste sakrale Großbau östl. der Elbe in Backstein. Die Bauvorgänge waren bis M. 13. Jh. abgeschlossen, wobei bereits gotische Stilelemente einflossen (W-Türme, Kreuzgang). Das Kloster erlangte im Laufe des Mittelalters kaum wirtschaftliche Bedeutung, so daß die romanische Bausubstanz weitgehend erh. blieb, auch nach der Säkularisierung (1552), als die Kirche evangelisch, die Klausur wirtschaftlich genutzt wurden. Der Versuch einer Wiederbesetzung durch den Orden im Zuge der Gegenreformation (1627) scheiterte an den Wirren des 30jährigen Krieges, bes. als 1631 schwedische Truppen Stadt u. Kloster zerstörten. Kurfürst Friedrich Wilhelm v. Brandenburg ließ die Kirche 1685 für die Gründung einer Reformierten Gemeinde instandsetzen, während die romanischen Klausurräume bis zum 20. Jh. bes. als Brauerei, Brandweinbrennerei sowie Wohn- u. Verwaltungsbereiche der Domänenpächter genutzt wurden. Die A. 19. Jh. baulich gefährdete Kirche wurde 1853-1856 unter Leitung von Ferdinand v. Quast stilgerecht restauriert; 1955-1960 war eine weitere Grundinstandsetzung u. Innenraumrestaurierung erforderlich, die den ursprl. Zustand wiederherstellte. Ab 1965 folgte etappenweise die Freiräumung u. Restaurierung der Klausurräume (O- u. S-Flügel) u. des Kreuzganges. Im ehem. Dormitorium wurde 1983 eine Ausstellung zur Geschichte des Klosters eingerichtet.

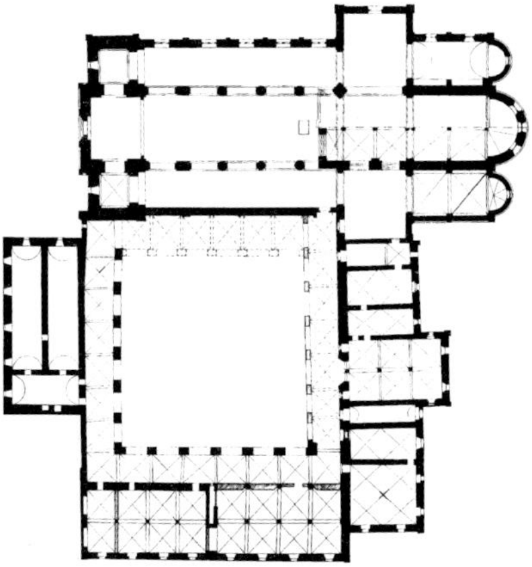

Die Klosterkirche entstand zwischen 1148/49 u. 1172 als dreischiff., kreuzförm. flachgedeckte Basilika, die nach O mit der Hauptapsis sowie zwei Apsiden an den Querschiffarmen abschloß. Fundamente u. Sokkel bestehen aus Grauwacke, der übrige Bau aus unverputztem Backstein. Ohne längere Unterbrechung folgte ab etwa 1180 der nachträgliche Einbau der zweischiff. Hallenkrypta mit hohem Chor im O-Teil u. die Errichtung der Nebenchöre, gleichzeitig die Erweiterung des Langhauses nach W mit Errichtung der Turmuntergeschosse (um 1200). Der klar gegliederte, stilreine Innenraum wird bestimmt durch die auf mächtigen Rundpfeilerpaaren ruhenden Mittelschiffarkaden, die östl. in die Vierung überleiten. Die bis über den westl. Vierungsbogen ins Schiff ragende, zweischiff. Krypta öffnet sich mit breiten Rundbögen zu Mittelschiff u. Querschiffarmen. Von bes. künstlerischer Qualität sind die Sandsteinkapitelle mit eigenwilliger, wohl auf südwesteuropäischen Einfluß zurückgehender Gestaltungsweise, die östl. Säule bes. betont durch Granitschaft u. vollplastische Darstellung von Dämonen. Im Fußboden befinden sich drei Grabplatten, davon zwei Ritzgrabsteine (1303 u. 1342) u. ein Flachreliefstein (1569), in der westl. Abschlußmauer die nachträglich eingefügte Reliefplastik einer Marienkrönung (M. 14. Jh.), ursprl. wohl Altarretabel. Der durch den Krypteneinbau ungewöhnlich hohe Chor wurde M. 19. Jh. mit neuen Brüstungsmauern versehen, wodurch der ursprl. W-Abschluß mit Lettnersituation nicht bekannt ist. In den Vierungsbögen wurden 1955-1960 romanische Marmorimitationen an den geputzten Bogenlaibungen freigelegt. Die Hauptapsis mit schlichtem Blockaltar aus Sandstein (um 1200) enthält in der Halbkuppel die Reste einer gotischen Marienkrönung (M. 15. Jh.). Von den tonnengewölbten Nebenchören wurde der südl. E. 15. Jh. zweigesch. mit Kreuzrippengewölbe im unt. Teil umgebaut. Im W-Teil wird die nachträgliche Erweiterung des Langhauses an den Pfeilern mit Bruchsteinsockel u. Störungen im vertikal aufgehenden Mauerwerk deutlich. Zwischen den Turmuntergeschossen wurde M. 19. Jh. die Orgelempore mit toskanischer Säule eingefügt. Über dem W-Portal, das jetzt zum Wirtschaftshof führt, sind in drei Rundbogennischen die Schutzpatrone der Kirche dargestellt (Maria, Nikolaus, der dritte unbekannt), Reliefplatten aus farbig glasiertem Ton. Die rd. 60 Meter hohen W-Türme, dazwischen das etwas nach W vorspringende Glockenhaus, wurden vermutl. M. 13. Jh., in

*Jerichow, Stiftskirche, Inneres nach O*

*Jerichow,*
*Krypta der Stiftskirche*

den Obergeschossen bereits mit gotischen Blendfenstern, fertiggestellt, die Turmhelme erst E. 15. Jh.
Von mittelalterlichen Ausstattungsstücken blieb nur ein Osterleuchter (M. 12. Jh.) erh., 1928 restauriert, am Sockel in acht Rundbogennischen sechs Halbfiguren, u.a. Christus, ein Prophet, die Apostel Petrus u. Paulus sowie Sinnbilder des Alten u. Neuen Testaments. Im W-Teil des Mittelschiffs ein spätromanisches 18-eck. Taufbecken mit Blattfries, an der Innenwand des N-Turmes ein Epitaph für zwei Ritter mit gotischer Inschrift (1370).
Südl. an die Kirche schließen sich die ehem. Stiftsgebäude mit Kreuzgang u. Innenhof an, im O-Flügel mit Sakristei, Armarium, Bibliothek, Kapitelsaal, Ern, Auditorium u. Brüdersaal, überall die ursprl. romanische Bausubstanz mit Kreuzgratgewölben. Der betonte zweischiff. Kapitelsaal mit Doppelportal u. freistehenden Säulen ragt rechtwinkl. um ein Joch über die östl. Außenflucht. Über den Räumen des O-Flügels befand sich das Dormitorium , seit E. 17. Jh. als Getreidespeicher genutzt, ab 1983 Ausstellungshalle des Museums. Im S-Flügel liegt das E. 12. Jh. erb. Winterrefektorium, ein zweischiff. gewölbter Raum mit drei Säulen, an den Kapitellen Pflanzen- u. Tiersymbolik. Das westl. Joch wurde im späten Mittelalter abgeteilt u. unterkellert. Trotz wirtschaftlicher Nutzung blieb die ursprl. Bausubstanz weitgehend erh.
Mit dem östl. anschließenden Sommerrefektorium wurde um 1220 eine Baulücke zum O-Flügel geschlossen. Der zweischiff. gewölbte Raum war ursprl. ohne Trennwand mit dem gleichzeitig errichteten Kreuzgang verbunden, doch folgte bereits E. 13. Jh. die jetzige Vermauerung. An den freistehenden Säulen befinden sich kunstvolle Kelchblockkapitelle mit rankendem Wein, Lilien u. Akanthus. Der W-Flügel, im Mittelalter vermutl. Konversenhaus, wurde M. 15. Jh. u. A. 16. Jh. gotisch umgebaut u. diente seit Auflösung des Klosters als Amtshaus mit Wohn- u. Verwaltungsräumen der Pächter.
A. 13. Jh. wurde den Gebäuden der eingesch. gewölbte Kreuzgang mit Pultdächern vorgebaut, E. 15. Jh. mit spätgotischem Obergeschoß überbaut. In den Arkaden befand sich frühgotisches Maßwerk aus Sandstein u. Backstein. Der N-Flügel wurde bereits M. 16. Jh., der O-Flügel im 17. Jh. abgetragen (1968 rekonstruiert). Im Zuge der Erschließung des Klausurbereiches wurden die Innenhoffassaden von wirtschaftlichen Anbauten bereinigt u. der Hof bis zum ursprl. Höhenniveau abgesenkt.

*R.N.*

Lit.:
*Adler* Bd. I. 1862, S. 36-43, Bd. II. 1898, S. 119-125; *Adler, Friedrich:* Die Klosterkirche in Jerichow. In: Zentralblatt der Bauverwaltung, 1884, S. 443-444, 466-468, 478-480, 488-490, 503-505; *Eiteljörge, Albert:* Jerichow die alte Klosterstadt, Jerichow (1925); *Kohlmann, Hans-Martin:* Die Klosterkirche Sankt Marien – Nicolai zu Jerichow. 2., veränderte Aufl., München; Berlin 1991 (Große Baudenkmäler H. 420); *Ramm, Peter:* Die Klosterkirche Jerichow. Geschichtliche und kunstgeschichtliche Aspekte. In: Architektur des Mittelalters, Weimar 1983, S. 141-159; *Schäfer, Karl:* Die Zeitstellung der Klosterkirche von Jerichow. In: Zentralblatt der Bauverwaltung, 1884, S. 516-518, 530-533; *Schmitt, Reinhard:* Baugeschichtliche Untersuchungen in der Klausur des Klosters Jerichow. In: Magdeburger Blätter, 1989, S. 75-82, 1990, S. 30-38; *Untermann, Matthias:* Kirchenbauten der Prämonstratenser. Köln 1984, S. 227-295; *Wernicke* 1898, S. 315-331; *Zeisner, Josef Maria:* Die Klosterkirche in Jerichow. Ein Beitrag zur Frage des Backsteinbaus in Deutschland. Berlin 1940

## Kloster Gröningen

### *Klosterkirche St. Cyriakus*

Gröningen besteht aus zwei Orten: Stadt Gröningen u. Kloster Gröningen. Die Stadt lag im Schwabengau, das Kloster im Harzgau. Beide Gaue waren durch die Holtemme getrennt. Im heutigen Kloster Gröningen befand sich ein Königshof, den König Heinrich 934 einem Grafen Siegfried schenkte, der 936 durch das Kloster Corvey in diesem Hof ein Benediktinerkloster einrichten ließ, in das auch Corveyer Mönche einzogen.
Von der ersten Kirche wurden 1934 Fundamentreste ergraben, die auf einen ähnlichen Grundriß, wie ihn die Mutterkirche Corvey aufweist, schließen lassen. Demnach war die ottonische Kirche ein Saalbau mit »zellenartigen Flügelbauten«.

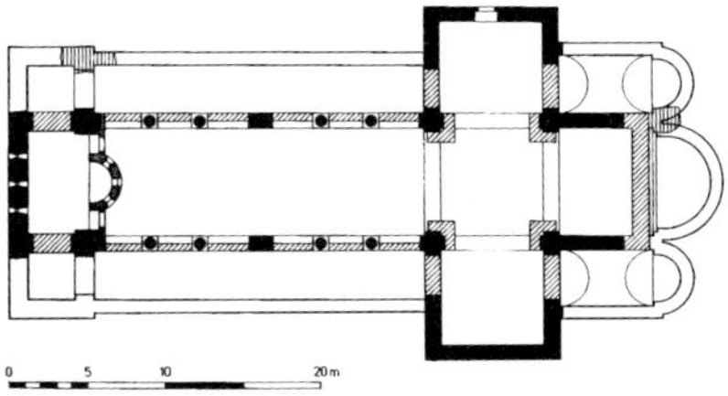


Die heutige Kirche ist eine flachgedeckte Basilika aus dem A. 12. Jh. Sie ist gleichaltrig mit der Quedlinburger Stiftskirche, die 1129 gew. wurde. Wie in Ilsenburg u. Drübeck ist die Kirche St. Cyriakus arg verstümmelt. Verschwunden sind die Seitenschiffe ebenso wie die Nebenchöre u. die Apsiden. Der Hauptchor wurde analog Drübeck gerade geschlossen, die Durchgänge vom Querhaus zu den Seitenschiffen u. Nebenchören sowie die Arkaden im Langhaus vermauert. Die im niedersächsischen Stützenwechsel angelegten Pfeiler u. Säulen sind in der Vermauerung erh.
Eine Seltenheit nördl. des Harzes ist der Vierungsturm. Einen weiteren finden wir in Königslutter. Seine beiden ob. Geschosse sind achteck., eine beliebte Form am Harz. In jedem Geschoß sitzen acht, zum Teil vermauerte Fenster. Der anfänglich niedrigere Turm ist mit einem Pyramidendach gedeckt. Die unt. gekuppelten Schallöffnungen sind schmaler. Die eingestellte Säule trägt aus einem Stein geschlagene Bögen. Die ob. Öffnungen, die fast doppelt so breit wie die unt. sind, werden mit einem gemauerten Bogen geschlossen. Dieses Geschoß ist später aufgesetzt worden.

*Kloster Gröningen, Klosterkirche, Ostpartie von SO*

Im Innern der Kirche dominiert die W-Empore, die einige Jz. nach der Voll. der Kirche eingefügt wurde. Sie sitzt im westl. Bereich auf einem Tonnengewölbe des Erdgeschosses u. nimmt die gesamte Breite des Mittelschiffes ein. Ihre Brüstung ist mit 12 Aposteln u. Christus besetzt. Christus sitzt als zentrale Figur auf einem Regenbogen, die Arme ausgebreitet u. mit Bändern behängt. Er wird flankiert von je sechs Aposteln, die sämtlich ein Buch in der Hand halten. Bei einigen wurden die Köpfe abgeschlagen. Durch die Behandlung von Körper u. Gewand, die strenge Körperhaltung u. die starren, einander zugewandten Gesichter wirkt die Brüstung altertümlicher gegenüber den Schranken der Halberstädter Liebfrauenkirche. Sie wird um 1170 dat., die Halberstädter um 1200-1210. Die heutigen Figuren sind Abgüsse von den Originalen, die vom preußischen Konservator F. v. Quast ins Bodemuseum in Berlin gebracht wurden. Zwei Apostelfiguren fehlen, da an deren Stelle Türen eingebrochen wurden. Die Empore ist charakteristisch für die Spätzeit des sog. »strengen Stils«. Die im Langhaus erh. gebliebene Ornamentik weist zur Stiftskirche in Quedlinburg. Das dort als Einzelblatt vorkommende Sternenblatt überzieht hier das gesamte Würfelkapitell. Tiergestalten, Blätter, durch Stengel zusammengebundene Palmetten u. Flechtbänder überziehen als kerbschnittartige Flachreliefs Kapitelle u. Kämpfer.

Hingewiesen sei auch auf die Reste von Wandmalereien am Tonnengewölbe der westl. Kapelle mit Darstellungen aus dem Leben Christi u. dem Alten Testament. Das Relief an dem nordwestl. Vierungspfeiler mit einem zwischen Säulchen stehen-

*Kloster Gröningen, Christus von der Emporenbrüstung (Staatliche Museen zu Berlin – Preußischer Kulturbesitz)*

dem Engel gehört in die Zeit um 1220. Ein um 1240 gearbeiteter Lebensbaum befindet sich neben einer spätgotischen Tür.
Die Klostergebäude sind bis auf einen zweischiff. kreuzgratgewölbten Raum verschwunden.

*H.S.*

Lit.:
*Nickel, H.:* Untersuchungen zur spätromanischen Bauornamentik Mitteldeutschlands. In: Wissensch. Ztschr. d. Martin-Luther-Universität Halle/Wittenberg, Gesellschafts- und sprachwissenschaftliche Reihe, Heft I 1953/54; *Möbius, F. u. H.:* Ecclesia ornata, Berlin 1974; *Nahrwold, Regine:* Kloster Gröningen. München; Berlin 1993 (Große Baudenkmäler H. 444)

## Klostermansfeld

### *Klosterkirche Mariae Himmelfahrt*

Die älteste urkdl. Erwähnung des Ortes Mansfeld, sicherlich ist hiermit Kloster Mansfeld gemeint, geht in das Jahr 973 zurück, als nämlich der Abt Werinher aus Fulda seinen in dem Dorfe »mannesfelt« befindlichen Besitz an den Magdeburger Erzbischof Adalbert abtrat. Im Jahre 1060 erscheint ein Graf Hoier v. Mansfeld als Grundherr. 1042 schenkte Kaiser Heinrich III. dem Abt von Kloster Mansfeld Besitz im Dorf Faulensee. Es war mit Benediktinermönchen besetzt. Albrecht d. Bär, Markgraf v. Brandenburg, ließ es um 1160 reformieren, nachdem er von einem Kreuzzug aus Jerusalem zurückgekehrt war, auf dem ihn der Halberstädter Bischof Ulrich begleitete. Dabei soll er einen Mönch namens Gottschalk aus dem Kloster im Thale Josaphat mitgebracht haben, der die Reformierung unterstützte. Die heutige Klosterkirche geht auf eine Gründung um 1170 durch Albrecht d. Bären u. den Grafen Hoier v. Mansfeld zurück. Im Bauernkrieg 1525 wurde auch dieses Kloster zerstört. Ein Jahr später wurden die Klosterbesitzungen eingezogen. Es entstand ein gräfliches Amt, das 1565 an die Ministerialenfamilie v. Kagen verpfändet wurde. Schließlich gelangte es 1780 unter preußische Oberhoheit.
Die Kirche ist Mariae Himmelfahrt geweiht. Sie war ursprl. eine flachgedeckte Basilika mit einem W-Querbau, kurzem, zweijoch. Langhaus, durchgehendem Querhaus mit Apsiden u. quadr. Chor mit einer Hauptapsis. Als ältester Teil gilt der erh. romanische Rest des Chores. In seinen Seitenwänden sitzt je ein Rundbogenfenster mit steilen Sohlbänken. Die Apsis wurde ebenso wie die Nebenapsiden um die M. 15. Jh. abgerissen u. der Chor nach O leicht erw. u. gerade geschlossen. In beiden Seitenwänden befinden sich gotische Maßwerkfenster. Ein breites Fenster, mit mißlungener Maßwerkausführung, sitzt in der O-Wand. Unter der Traufe des Chores zieht sich ein einfacher Rundbogenfries hin, der bei der Chorerweiterung weitergezogen wurde. Bei der Planung des Querhauses war ursprl. sicherlich eine ausgeschiedene Vierung vorgesehen, wie die bei Grabungen gefundenen Sockelansätze für den südl. u. nördl. Vierungsbogen an der O-Wand vermuten lassen. Während der Errichtung des Querhauses muß der Plan geändert worden sein, denn diese Ansätze lassen sich an der W-Wand nicht finden. So gelangte nur der westl. u. östl. Vierungs- bzw. Triumphbogen zur Ausführung. Im 16. Jh. wurden die Querhausarme abgeschrägt u. mit einem Pultdach, bündig mit dem Langhausdach, abgedeckt.
Gleichzeitig o. unmittelbar im Anschluß an den Bau erfolgte der Auf-

*Klostermansfeld, Klosterkirche, Inneres nach O*

bau der W-Fassade, die ihre ursprl. Gestalt verloren hat. Die starken Fundamente lassen auf eine Doppelturmfassade schließen, die im Erdgeschoß als dreisschiff. Halle zum Schiff geöffnet war. Über ihr befand sich im Mittelbau eine Empore, die sich ebenso wie das Mittelschiff der Vorhalle mit einem gr. Rundbogen zum Langhaus öffnet. Romanisch ist an der W-Fassade nur noch der Mittelbau bis zur Höhe des Gesimses. Die beiden Turmaufbauten fielen sicherlich auch der 1525 erfolgten Zerstörung zum Opfer, ähnlich den Seitenschiffen des Langhauses. Die Reste der Seitenschiffmauern wurden abgerissen u. das Mittelschiff ähnlich Drübeck u. Ilsenburg geschlossen. Der quadr. Turm mit der geschwungenen Haube ist in der 1. H. 18. Jh. gesetzt worden.

Im kurzen zweijoch. Langhaus bestimmt rheinischer Stützenwechsel (Pfeiler-Säule-Pfeiler) den Rhythmus des Raumes. Die Säulen sind relativ kurz, nach oben sich verjüngend monolithisch gearbeitet. Auf ihnen lasten überdimensionale Würfelkapitelle mit tief herabgezogenen Polstern. Die Wangen sind mit Schilden belegt. Die gequetscht wirkenden attischen Basen werden von Ecksporen voll umschlossen. Sie laufen über den breiten Wulst unter die Schmiege – eine für diese Gegend unübliche Form. Das westl. Kapitell an der N-Seite ist mit stark stilisierten scharfkantigen Eckmasken u. jeweils einem dazwischen sitzenden abwärts weisenden Palmettenblatt geschmückt. Darunter schlängelt sich eine mit Reben besetzte Weinranke.

Ihre heutige Gestalt erhielt die Kirche 1960. Bei einer umfangreichen Restaurierung wurde der Fußboden auf sein ursprl. Niveau gebracht. Die Arkaden wurden geöffnet u. die Seitenschiffmauern auf den alten Fundamenten neu aufgebaut. Dabei erhielten auch die Obergadenfenster ihre alte Form zurück. Die erhöhte Chorpartie zeigt den Zustand des 15. Jh.

Das Dach erhielt 1992 eine Biberschwanzeindeckung u. der Turm 1991 eine Schieferbekleidung. Auch die Uhr ist in diesem Jahr angebracht worden. Alle späteren Einbauten wurden 1960 aus der Kirche entfernt. Lediglich der Rest eines spätgotischen Flügelaltars aus dem E. 15. Jh. mit der Marienkrönung im Mittelschrein (Christus u. Maria mit gleichgr. Kronen), ein Kruzifix aus der M. 15. Jh. an der Wand des östl. Querhauses u. Grabsteine, ein Epitaph u. eine Sandsteintaufe von 1582 schmücken den Kirchenraum.

*H.S.*

Lit.:
*Heinritz, Ulrich:* Klostermansfeld. München; Berlin 1993 (Große Baudenkmäler H. 441)

## Landsberg

### *Doppelkapelle St. Crucis*

Im 6. u. 7. Jh. besiedelten slawische Stämme das Land östl. der Saale, Landsberg war der Hauptburgort des Gaues Siusile. Reste des Erdwalls der slawischen Burganlage sind südl. u. östl. des Kapellenberges noch erkennbar.

Im 11. Jh. erlangten die Grafen v. Wettin im Raum zwischen Saale, Elster und Elbe ausgedehnte Besitzungen. Konrad (d. Gr.) v. Wettin wurde 1123 mit der Mark Meißen, dem Osterland u. 1136 mit der Mark Lausitz belehnt. 1156 zog er sich in das Kloster Petersberg bei Halle zurück u. teilte seine Rechte, Besitzungen u. Lehen unter seine Söhnen auf. Dietrich erhielt die Lausitz u. das Osterland. Er war der Erbauer der Burg u. der Doppelkapelle zu Landsberg u. führte nach seinem Burgort den Titel »Markgraf von Landsberg«.

Dietrich war enger Vertrauter Kaiser Friedrichs I. Bei den Auseinandersetzungen mit dem Sachsenherzog Heinrich d. Löwen stand Dietrich stets auf der Seite des Kaisers. An Hoftagen nahm er häufig teil. 1176/77 begleitete er den Kaiser zu den Friedensverhandlungen mit Papst Alexander III. nach Venedig. Von dieser Fahrt soll er nicht nur einen Splitter vom wahren Kreuz Christi als wertvolle Reliquie mitgebracht haben sondern auch den marmornen Säulenschaft, der in die S-Arkade des Obergeschosses der Kapelle eingebaut worden ist.

Dietrich begann mit dem Bau der Burg im 7. Jz. des 12. Jh. Es entstand eine der größten Burgen des Saale-Elbe-Raumes. Die Fertigstellung erlebte Dietrich nicht, da er bereits 1185 starb u. im Stammkloster der Wettiner auf dem Petersberg beigesetzt wurde. Nachfolger wurde sein Bruder Dedo, Graf v. Rochlitz u. Groitzsch. Dessen Sohn Konrad folgt 1190 als Markgraf v. Landsberg. Als Konrad 1210 ohne männlichen Erben starb, fiel Landsberg an die Mark Meißen. Danach war die Burg nicht mehr Sitz eines Territorialfürsten. Die Bauzeit der Burg u. der Kapelle läßt sich demnach auf die Jahre zwischen 1160 u. 1210 eingrenzen.

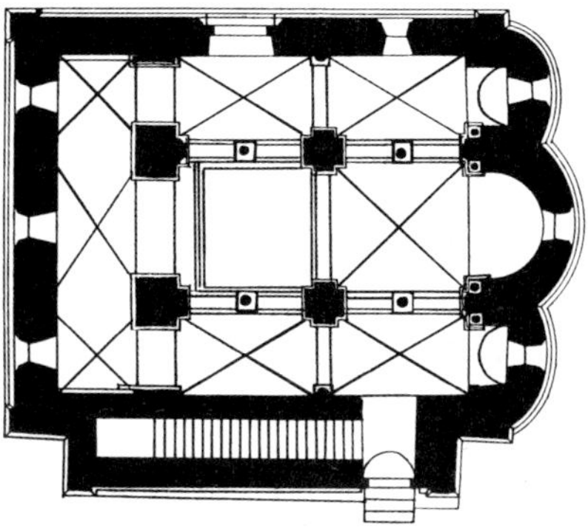

Die genaue Gestalt u. der Umfang der Anlage ist nicht mehr rekonstruierbar, da ein beträchtlicher Teil des Burggeländes durch einen Steinbruch zerstört wurde. Zudem wurde die Burg spätestens seit dem 16. Jh. als Bausteinlieferant ausgebeutet. Aus den spärlich erh. Bauresten ist zu erschließen, daß sich nördl. der Kapelle der Palas befand, von dem aus ein Gang zum Obergeschoß der Kapelle führte. Die Wirtschafts- u. Wehrbauten umschlossen zwei Höfe. Auf dem höchsten Punkt des Kapellenberges, in der Oberburg, befand sich der Bergfried.

Einzig die Kapelle St. Crucis hat von den Burgbauten die Zeiten überdau-

ert. Es handelt sich um eine Doppelkapelle, eine nur für Deutschland u. nur für die Hohenstaufenzeit bezeichnende Form von Herrschaftskapellen. Die beiden übereinanderliegenden Kapellenräume werden durch eine Öffnung in der Zwischendecke miteinander verbunden, so daß die Gottesdienstteilnehmer aus beiden Räumen die Messhandlung am Altar verfolgen können.
Eine einheitliche Bauform weisen Doppelkapellen nicht auf. Ihr Grundriß konnte polygonal o. rechteck. sein, als Stützen konnten Pfeiler o. Säulen Verwendung finden u. die Mittelöffnung konnte von verschiedener Größe u. Form sein. Immer wurde die Oberkapelle, in der sich der Herrensitz befand, reicher gestaltet als die Unterkapelle. Ideelles Vorbild war die Pfalzkapelle Karls d. Gr. in Aachen, die gleichfalls zweigesch. ausgebildet war. Die Form der Landsberger Doppelkapelle erinnert an karolingische Westwerkanlagen, wie z.B. in der Abteikirche Corvey, die zwei- o. mehrgesch. u. mit Arkadenbögen gegliedert waren. Westwerke erfüllten z.T. auch die Funktion von Herrschaftskapellen. In einer Zeit der zunehmenden Selbständigkeit der Territorialfürsten wollten diese mit dem königlichen Architekturzitat ihre Machtfülle demonstrieren.
Das Mauerwerk der Kapelle besteht, wie bei den übrigen Gebäuderesten der Burg, überwiegend aus Porphyr-Bruchstein, der am Ort ansteht. Sandstein verwendete man für die Pfeiler, Säulen, Fenster- u. Portalgewände sowie für Sockel, Eckleisten u. Lisenen. Ungewöhnlich für ein romanisches Bauwerk dieser Region ist der Einsatz von Backstein. Nicht nur die Obergeschoßapsiden, der Entlastungsbogen am N-Portal u. der Rundbogenfries am Außenbau bestehen aus Ziegeln, sondern auch die

*Landsberg, Doppelkapelle, Ansicht von SO*

Innenwände der Mauern u. die Gewölbe. Am Außenbau wurden die Ziegel zur Hervorhebung einzelner Bauteile eingesetzt, im Innenbau nutzte man ihre günstigen Eigenschaften für die Wölbtechnik aus. Der Backsteinbau wurde in den an Naturstein armen nordostdeutschen Landschaften erst in der 2. H. des 12. Jh. eingeführt.
Landsberg hat die für eine Doppelkapelle ungewöhnliche Gestalt einer dreischiff. doppelgesch. Halle. Zwei Joche im Stützenwechsel schließen im W mit einem kräftigen Pfeilerpaar ab, das einen schmalen W-Riegel begrenzt. Drei eng ineinander geschobene Apsiden bilden den o. Schluß. Ein schmaler Anbau an der S-Wand birgt die geradläufige Treppe zu den Obergeschossen. Die Öffnung im Mitteljoch ist so weit nach

*Landsberg,
Inneres der Doppelkapelle*

O verschoben, daß sie die Basen des O-Pfeilerpaares unterschneidet. Das ermöglicht den Sichtkontakt zum Altarraum von unt. u. ob. Denkbar ist auch ein Planwechsel während der Bauzeit. Die östl. Säulenkapitelle im Untergeschoß weisen nicht nur im Dekor sondern auch in der Bossenform auffällige Asymmetrien auf, vermutl., weil ursprl. Wandkapitelle nachträglich zu Freikapitellen umgearbeitet wurden.
Die Bauornamentik ist von hervorragender Qualität. Die Palmettenwürfelkapitelle u. die mit Eckspornen versehenen Basen der Säulen gehören wie die zartprofilierten Pfeiler zu einem in den letzten beiden Jz. des 12. Jh. im sächsisch-thüringischen Raum verbreiteten Typus. Das nordöstl. Kapitell im Untergeschoß weist zum Mittelschiff hin an den Ecken zwei reichgekleidete Halbfiguren auf. Vermutl. handelt es sich um das Bauherrenehepaar. An den Kapitellen der Untergeschoßapsiden stehen Halbfiguren von Frauen u. Männern in geistlicher u. weltlicher Kleidung einander gegenüber. Sie sind wohl als Vertreter ihrer Stände zu verstehen. Besonders reich sind die »Königslutterer« Kapitelle der beiden östl. Freisäulen im Obergeschoß gestaltet. Vorbild waren die aus der oberitalienischen Baukunst abgeleiteten Kapitelle des Kreuzganges der Stiftskirche zu Königslutter. Bei dem südl. Säulenschaft handelt es sich, wie schon erwähnt, um eine Marmorspolie. Ihre hervorgehobene Stellung weist darauf hin, daß sie wie eine Reliquie aus dem Land des frühen Christentums behandelt wurde u. zugleich fürstliches Machtsymbol war: Beim Neubau des Magdeburger Domes verwendete man die antiken Säulen wieder, die Otto I. für den Bau des ersten Domes aus Italien hatte herbeischaffen lassen.
Bemerkenswert ist der Schmuck der beiden Portale. Das Tympanon des Hauptportals an der N-Wand zeigt Christus als Weltenrichter, auf dem Regenbogen thronend, umgeben von der Mandorla, die von Engeln getragen wird. Zu beiden Seiten sind Heilige u. Auferstehende angeordnet. Der Engelfries ist nur auf der re. Seite des Bogens ausgeführt, – die Bildhauerarbeit ist also vorzeitig abgebrochen worden. Die stark verwitterten Seitenpfosten zeigen jeweils zwei übereinanderstehende Figuren. Li. ist noch ein Mann (Heiliger?) in ritterlicher Kleidung zu erkennen, re. eine Gestalt in Pontifikalkleidung. Das künstlerisch hochrangige Tympanonrelief setzt die Kenntnis französischer Kathedralplastik voraus. Der Türsturz der kl. Pforte an der S-Wand ist mit einer Ritzzeichnung von gegenständigen, in ein Palmet-

tenornament eingebundenen Vögeln geschmückt.
Von der alten Ausstattung hat sich nichts erh. Im Erdgeschoß ist in der Apsis ein romanischer Grabstein mit der Ritzzeichnung eines Stabkreuzes aufgestellt. Der spätgotische Flügelalter (um 1525) im Obergeschoß stammt aus der Zwochauer Dorfkirche. Er wird Stephan Hermsdorf zugeschr. Im Mittelschrein sind der hl. Martin mit Bettler, umgeben von Mauritius u. Antonius, dargestellt. Die Innenseiten der gemalten Flügel tragen die Bilder von Margarete u. Katharina sowie von Johannes d. Täufer u. Philippus. Auf den Außenflügeln befinden sich vier weitere Heilige.
Im späten Mittelalter ist die Kapelle um das zweite Obergeschoß erw. worden. Das Dach entstand in seiner heutigen Form im 17. Jh.
Unterhalb des Burgberges befindet sich ein weiteres romanisches Bauwerk: die Pfarrkirche St. Nikolaus. Bemerkenswert ist das figurengeschmückte Tympanon über dem Eingang. Die stehende Gestalt des heiligen Bischofs Nikolaus wird von zwei Christussymbolen begleitet: dem Lamm mit der Kreuzesfahne u. dem Löwen.

*H.L.N.*

Lit.:
*A. Stapel:* Die Doppelkapelle im Schloß zu Landsberg. Halle 1844; *O. Schürer:* Romanische Doppelkapellen. Marburg 1929; *H. Nickel:* Die Doppelkapelle zu Landsberg. Berlin 1960 (Das Christliche Denkmal H. 48); *R. Kutscher:* Geschichte Landsbergs 10.-14. Jh. Landsberg 1979; *G. Sehmsdorf; G. George:* Die Doppelkapelle auf der Burg Landsberg. Landsberg 1989; *G. Sehmsdorf:* Die Doppelkapelle zu Landsberg. München; Berlin 1993 (Große Baudenkmäler H. 450)

**Leitzkau**

Das Bistum Brandenburg, zu dem Leitzkau während des Mittelalters gehörte, wurde 948 unter Otto I. gegr. Als nach dem Slawenaufstand 983 die ostelbischen Bischofssitze wieder aufgegeben werden mußten, blieb Leitzkau als deutscher Brükkenkopf u. Missionsstation erhalten. Bischof Hartbert v. Brandenburg ließ in der Nähe seines Hofes in Leitzkau 1107 eine hölzerne Kapelle errichten, die er 1114 durch eine steinerne Kirche ersetzte. Am Mittellauf der Elbe war die dem hl. Petrus gew. Kirche der erste sakrale Steinbau östl. des Flusses.
Seine mittelalterliche Glanzzeit erlebte Leitzkau, als Norbert v. Xanten (um 1085-1134), der Begründer des Prämonstratenserordens u. Erzbischof v. Magdeburg, 1133 an der Peterskirche als Filiation des Magdeburger Liebfrauenklosters das erste Prämonstratenserstift im Missionsgebiet einrichtete. Den Kanonikern wurden großzügige Privilegien verliehen, u.a. das Vorrecht, aus ihrer Mitte den Bischof v. Brandenburg zu wählen.
Offensichtlich machte die neue Nutzung der Kirche Umbauten notwendig; für 1140 ist eine Weihenachricht erh. Trotzdem genügte sie den Ansprüchen des Ordens nicht mehr, denn etwa gleichzeitig wurde in unmittelbarer Nähe auf einer Anhöhe mit dem Bau einer neuen repräsentativen Kirche u. dazugehörigen Stiftsgebäuden beg. Diese Marienkirche, ihrer Lage wegen »Sancta Maria in Monte« gen., wurde am 9. September 1155 durch den Brandenburger Bischof Wigger u. den Magdeburger Erzbischof Wichmann im Beisein des Markgrafen Albrecht d. Bär feierlich eingeweiht.
1534 wurde das Prämonstratenserstift aufgehoben u. der Klosterbesitz

durch den brandenburgischen Kurfürsten Joachim II. eingezogen. 1564 gelangten die Stiftsgebäude u. das Klostergut in den Besitz der Familie v. Münchhausen, die das Gut in einen Herrensitz umwandelte. Ab 1564 entstanden im Stile der Weserrenaissance die um einen rck. Hof angeordneten Schloßbauten. Die alte Stiftskirche wurde ab 1565 in eine Schloßkirche umgebaut, indem man die Seitenschiffsmauern u. das Chorhaus abtrug, die Langhausarkaden zumauerte u. den verbliebenen Saal mit einer neuen Ausstattung versah. In den letzten Tagen des zweiten Weltkrieges wurden durch Artilleriebeschuß der Ostflügel des Schlosses (das »Althaus«) u. die Kirche stark beschädigt. Während die Ruine des »Althauses« abgebrochen wurde, konnte man aus dem Mauerwerk der Schloßkirche den Kern der romanischen Basilika wieder herausschälen. Durch eine teilweise Rekonstruktion der Seitenschiffsmauern u. eine neue Dachkonstruktion wurde erreicht, daß man den Raumeindruck des großartigen Langhauses heute wieder nachempfinden kann.

*Leitzkau, Pfarrkirche, Inneres nach O*

***Pfarrkirche St. Peter***

Wesentliche Teile der 1140 gew. Kirche haben sich in der Kernsubstanz erh.

Das Gebäude bietet heute das Bild einer zwar recht gr., jedoch karg ausgestatteten, fast ärmlichen Dorfkirche. Das Mauerwerk besteht aus Grauwacke-Bruchstein. Lediglich für die Mauer- u. Wölbekanten wurden behauene Steine verwendet. Zwischen Kirchenschiff u. langgestrecktem rck. Chorhaus kennzeichnen Vierungsbögen das ehem. schmale Querhaus. Über dem nördl. Querhausarm, der zur Vierung hin durch eine Schrankenmauer abgegrenzt war, erhebt sich der Turm. Der südl. Querhausarm wurde in der Barockzeit als Herrschaftsloge ausgebaut. Eine barocke Sakristei wurde in Verlängerung des Chorhauses angebaut, wobei man die romanische Apsis beseitigte.

An den Außenmauern des Kirchenschiffes sind sowohl auf der S- wie auf der N-Seite zugemauerte Arkaden zu erkennen. Über den Arkaden befanden sich Rundbogenfenster, deren Spuren an der N-Mauer noch sichtbar sind. Am W-Teil des Schiffes bezeichnet ein Mauervorsprung eine um 50 cm größere Mächtigkeit des Mauerwerks.

Folgende Gestalt ist für den Kirchenbau des 12. Jh. zu erschließen: Es handelte sich um eine dreischiff. Pfeilerbasilika mit einem schmalen Querhaus, das an den O-Wänden seiner Arme hohe Seitenapsiden be-

saß. Schrankenmauern grenzten die Querhausarme zur Vierung hin ab. Das langgestreckte Presbyterium, unter dem sich eine Krypta befand, schloß vermutl. mit einer Apsis ab. Auf die Krypta deuten die Erhöhung des Chorraumes u. tiefgelegene Fenster an der nördl. Außenmauer hin. In der W-Halle des Kirchenschiffes befand sich eine Empore über einer Rundbogenwölbung, die möglicherweise von einer Mittelsäule gestützt wurde. Das Kirchenschiff besaß eine flache Holzdecke. Über den Querhausarmen befanden sich Türme. Die Raumproportionen waren schlanker als heute, denn das Bodenniveau hat sich innen um etwa einen halben Meter, außen um einen Meter erhöht. Die Kirche hatte demnach eine noch an die ottonische Baukunst erinnernde Gestalt, vergleichbar etwa dem ottonischen Vorgängerbau des Halberstädter Domes.
In der Barockzeit hat die Peterskirche einschneidende Umbauten erfahren. An die Stelle des südl. Querhausarmes baute man laut Inschrift 1737 eine Herrschaftsloge. Darunter befindet sich eine Gruft. Gleichzeitig entstand die Sakristei in der östl. Flucht des Chorquadrates. Die romanischen Obergadenfenster wurden zugemauert u. durch größere u. tiefer gelegene Fenster ersetzt. Den Innenraum überwölbte man mit einer flachen Holztonne. 1740 erhielt der Turm die bis heute erh. Bekrönung.
Der säulengeschmückte Kanzelaltar ist im Zusammenhang mit dem Umbau 1737 entstanden. Gleichzeitig wurden in der Sakristei ein Kamin mit einer als Stuckrelief ausgeführten Mosesfigur errichtet u. die Herrschaftsloge mit einer Stuckdecke bereichert. Das Chorgestühl u. der überlebensgroße Kruzifixus stammen aus dem 1. V. des 17. Jh. Das aus Sandstein gehauene, sechseck. Taufbecken, geschmückt mit Evangelistenreliefs u. mit Schriftkartuschen, entstand laut Inschrift 1620. Die Orgel besitzt einen frühklassizistischen Prospekt. An den Wänden der Kirche sind mehrere Grabdenkmäler aufgestellt. Ein trapezförm. Ritzgrabstein (an der N-Wand hinter dem Altar) für ein Ehepaar trägt die Jahreszahl 1367. 1605 starb der Amtmann Pape, der auf seinem Grabstein in spanischer Tracht dargestellt wurde. Auf dem Grabstein des Pfarrers H. Kreienberg ist das Todesdatum 1624 vermerkt.

***Stiftskirche Sancta Maria in Monte***

Die der Jungfrau Maria, der Schutzpatronin der Prämonstratenser, gew. Stiftskirche wurde in der verhältnismäßig kurzen Bauzeit von etwa 1140 bis 1155 errichtet. Für das Mauerwerk wurde Grauwacke-Bruchstein verwendet, der in der näheren Umgebung ansteht. Lediglich für die Basen, Kämpfer u. Kapitelle der Langhausstützen wählte man feinkörnigen Sandstein.
Die Gestalt des ursprl. Gebäudes läßt sich an den erh. Teilen noch gut ablesen. Die Kirche war eine dreischiff. Basilika mit einfachem Stützenwechsel. An das ungewöhnlich breite Querhaus, (das heute vermauert ist u. als Speicher genutzt wird) schloß sich das Chorquadrat mit Apsis an. Die beiden Nebenapsiden waren unmittelbar an die Querhausarme angefügt. Zwischen den schlanken W-Türmen, von denen nur der südl. bis zum Glockengeschoß erh. ist, tritt die W-Halle als Risalit an der Fassade leicht hervor. Ecklisenen u. zwei Rundbogenfriese gliedern die Eingangsfront. Zwei Rundfenster öffnen sich zum Unter- u. ein Rundbogenfenster zum Emporengeschoß der Turmhalle. Die Langhausarkaden beginnen am Querhausbogen mit zwei freistehenden Pfeilern. Darauf folgen dreimal Säu-

le u. Pfeiler im Stützenwechsel. Die Säulen haben gemauerte Schäfte. Über der ungegliederten Obergadenwand befinden sich in den Arkadenachsen gr. Rundbogenfenster. Die Langhausstützen besitzen schmale u. steile attische Basen. Die Säulenbekrönung bilden flache Kapitelle, die mit Palmetten- o. Wulstbändern geschmückt sind. Die Kämpfer tragen Schachbrettdekor. In den Bogenleibungen hat sich teilweise der Putz erhalten, der ursprl. das gesamte innere Mauerwerk überzog. Sehr interessant sind die Spuren von Architekturmalerei an den Putzfragmenten. Es handelt sich um illusionistisch aufgemalte Inkrustationen, die farbige Marmorstreifen vortäuschen.

Leitzkau ist der früheste unter den monumentalen Kirchenbauten der Diözese Brandenburg im 12. Jh. Bestimmend für den Raumeindruck war das ungewöhnlich breit angelegte Querhaus. Der Chorraum, der bis zu den Doppelpfeilern in das Langhaus vorgeschoben war, bot den Klerikern reichlich Platz. Diese Planung erfolgte in Hinblick auf die Bestimmung der Kirche als Domstift. Die gedrungene Ausführung der Pfeiler u. Säulen bei geringer Arkadenspannweite erklärt sich nur teilweise aus der Verwendung des spröden Bruchsteins als Baumaterial. Die bewußt eingeführten breitlagernden, schweren Raumproportionen wurden vorbildlich für nachfolgende märkische Klosterkirchen. Die Anregungen durch den Kirchenbau des Magdeburger Mutterstifts Unser Lieben Frauen (erkennbar z.B. an der W-Turm-Fassadenlösung) wurden durchaus selbständig weiterverarbeitet.

Von der mittelalterlichen Ausstattung der Kirche haben sich nur wenige Reste erh.

Der schöne Ritzgrabstein des Walter v. Arnstein stammt aus der 2. H. des

*Leitzkau, Ruine der Stiftskirche, Langhausstützen*

13. Jh. Auf ihm ist der Ritter barhäuptig, mit langem Gewand u. mit geschultertem Schwert dargestellt. Der zweite Ritzgrabstein des Ulrich Lindow ist durch das Todesdatum 1356 dat. Ungewöhnlich ist der Gedächtnisstein mit der im Hochrelief ausgeführten Figur eines geistlichen Würdenträgers in Pontifikalkleidung. Der Propst (o. Bischof) ist mit Mitra, langer Albe u. kürzerer Kasel bekleidet, unter der die beiden Enden der Stola hervorschauen. Während die Form der Figur u. die Faltenbildung auf eine Entstehung der Skulptur im Spätmittelalter hinweisen, trägt die Grundplatte eine Randleiste mit einem typisch romanischen Palmettenrankenornament. Die verschiedenen Stilformen sind nur dadurch zu erklären, daß im späten 15. o. frühen 16. Jh. ein be-

schädigter Grabstein aus der Gründungszeit des Klosters erneuert, also nach altem Vorbild neu hergestellt worden ist. Der Stein trägt keine Inschrift. Sicherlich handelt es sich um eine wichtige, mit der Gründung des Stifts verbundene Persönlichkeit, viell. um den Bischof Wigger.

*H.L.N.*


Lit.:
*Winter, Franz:* Die Prämonstratenser des 12. Jh. und ihre Bedeutung für das nordöstliche Deutschland. Berlin 1865; *Wernicke* 1898, S. 129-166; *Kohte, Julius:* Die Peterskirche in Leitzkau, der älteste Steinbau östlich der Elbe. In: Zeitschr. f. Gesch. der Architektur 1909, 275-280; Denkmale in Sachsen-Anhalt. 1983, S. 298-300; *Nickel, Heinrich L.:* Leitzkau. Pfarrkirche St. Peter und Prämonstratenser-Stiftskirche Sancta Maria in Monte. München; Berlin 1993 (Große Baudenkmäler H. 456)


**Loburg**

***Ruine der Liebfrauenkirche***
Die kleine Stadt entwickelte sich neben der namengebenden ehem. slawischen Grenz- und Fliehburg, die auf einem künstlichen Hügel in einem Sumpfgebiet errichtet wurde. Um 920 soll sie unter Heinrich I. ausgebaut worden sein. 965 als eine Schenkung Ottos I. an das Magdeburger Moritzkloster urkdl. erwähnt. Die aus den zwei Suburbien Ziemnitz und Möckernitz gebildete Stadt erhielt 1207 Stadt- und Marktrecht. Von der Stadtmauer mit drei Toren nur noch Reste und der Mönchetorturm erh., das übrige E. 18./A. 19. Jh. abgetragen.
Die E. des 12. Jh. erb. Liebfrauenkirche – ursprl. die vor dem O-Tor gelegene Kirche des Dorfes Ziemnitz mit rck. Chor und W-Querturm – nur als

*Loburg,*
*Ruine der Liebfrauenkirche von SW*

Ruine erh. Die ehem. dreischiff. Basilika aus gequadertem Feldstein 1601 z.T. mit Backstein instandgesetzt und verputzt, später die Seitenschiffe abgebrochen. Die Ruine 1881, 1900 und ab 1990 gesichert, die zwischenzeitlich vermauerten Arkaden des Mittelschiffs und das zweifach abgetreppte Rundbogenportal in der Turmwestwand wieder geöffnet. Der bis in Höhe des zweiten Geschosses als Ruine erh. Turm im Untergeschoß mit schmalen Schartenöffnungen in unterschiedlicher Höhe, zum Langhaus eine breite rundbogige Öffnung. Das fünfjoch. Mittelschiff zeigt einen eigenartigen Stützenwechsel: quadr. Pfeiler, Achteckpfeiler, quadr. Pfeiler, Rundpfeiler. Die massiven Stützen aus grob bearbeiteten Granitquadern und -trommeln mit breiten Mörtelfugen stecken ohne Basen in der Erde. Die Kämpfer der N-Seite aus Sandstein zeigen Ansätze zu einer Kehlung. Im Obergaden drei nicht den Jochen entsprechende Rundbogenfensteröffnungen und -ansätze der übrigen, wohl von 1601, erh., ebenso Reste des Triumphbogens mit Gewölbeansätzen zum Chor.
Die 1301 urkdl. erwähnte, später zur Stadtkirche ausgebaute Laurentiuskirche – ursprl. eine dreiteil. Anlage

um 1200 –, gotisch verändert und im letzten V. 16. Jh. spätestgotisch und mit Renaissanceformen erneuert – hat im mehrgeschoss. romanischen W-Querturm mit abgetrepptem Rundbogenportal noch eine sehr ähnliche Lösung bewahrt.

**Magdeburg**

805 »Magadaburg« im Diedenhofener Kapitular gen., Burg und Sitz eines karolingischen Grenzpostens nach O. Grabungen in den Jahren 1959-1968 brachten ca. 75 m nördl. des Domes die Reste einer großen Pfalz zutage. Frühstädtische Entwicklung als Fernhandelsplatz in der 2. H. des 10. Jh., bereits 941 eine »Kaufmannskirche« erwähnt. Mehrfache Stadterweiterung, 1129 Erhebung der Bürgerschaft gegen Erzbischof Norbert. 1188 Stadtrechtsprivileg durch Erzbischof Wichmann v. Seeburg, in der Folge Festigung der rechtlichen Grundlagen für bürgerliche Entwicklung, Handel u. Handwerk. M. des 13. Jh. städtischer Rat, seit 1294 volle Gerichtsbarkeit. Magdeburger Recht strahlt weithin aus. Der unmittelbare Einfluß des Erzbischofs, der Stadtherr bleibt, eingeschränkt. In der Folgezeit, bes. 1. H. 15. Jh., verschärfte Auseinandersetzungen zwischen Bürgerschaft u. Rat sowie dem Erzbischof, danach die erzbischöflichen Positionen wieder erstarkt.
Seit 1521 faßt die Reformation in Magdeburg Fuß, 1524 wird die erzbischöfliche Residenz nach Halle verlegt. Die Stadt gilt als ein Zentrum der Reformation. Als Mitglied des Schmalkaldischen Bundes wird Magdeburg durch Kaiser Karl V. mit Reichsacht belegt. In der Schlacht gegen das von Moritz v. Sachsen geführte Reichsheer verliert die Stadt, kann aber 1550/51 Belagerungen widerstehen. Im Dreißigjährigen Krieg erobern 1631 kaiserliche Truppen unter Tilly u. Pappenheim Magdeburg, das geplündert u. weitgehend zerstört wird. Seit 1628 war der sächsische Prinz August, Sohn von Kurfürst Johann Georg I., Administrator des Erzbistums. Nach dem Westfälischen Frieden fällt Magdeburg 1666 an das Kurfürstentum Brandenburg u. wird bis 1740 zur Festung ausgebaut, deren preußische Besatzung aber 1806 kampflos vor französischen Truppen kapituliert. 1807 Präfektensitz des Königreiches Westfalen, ab 1815 Hauptstadt der preußischen Provinz Sachsen. 1824-1829 entsteht durch Peter Joseph Lenné der erste deutsche Volkspark auf dem Gelände des von den Franzosen zerstörten Klosters Berge im S der Stadt. Mit der Industrialisierung ab M. 19. Jh. wird Magdeburg in wenigen Jz. Industriezentrum u. Großstadt. Im zweiten Weltkrieg wird die historische Substanz der Stadt durch Luftangriff im Januar 1945 schwer zerstört. Nach 1952 Bezirksstadt, ist Magdeburg seit 1990 Hauptstadt des wiedererstandenen Landes Sachsen-Anhalt.

*Dom St. Mauritius und Katharina*
Magdeburg war schon zur Zeit Karls d. Gr. ein bedeutender Grenz- u. Handelsplatz. Ins helle Licht der Geschichte führte den Ort aber erst König Otto I., der seit 936 regierte, 963 erster deutscher Kaiser wurde u. 973 verstarb. König Otto stiftete am 21. September 937 in Magdeburg ein Benediktinerkloster zu Ehren des hl. Mauritius. Zwei Erzbischöfe u. acht Bischöfe waren bei der feierlichen Beurkundung zugegen, u. alle Anwesenden konnten erkennen, daß hier Großes in Aussicht genommen wurde. Der junge König fühlte sich Magdeburg seit Jahren in bes. Weise verbunden. Diesen Ort schenkte er

seiner ersten Gemahlin Edith als Morgengabe. Die neue Klosterkirche war wohl von Anfang an dazu bestimmt, dereinst sein Grab aufzunehmen, u. als seine junge Gemahlin 946 starb, ließ er sie in der neuen Klosterkirche bestatten.

Das Bauwerk war damals vermutl. noch nicht voll.; dennoch ordnete der Bauherr knapp zehn Jahre später schon einen Neubau an. Nach der Schlacht auf dem Lechfeld im Jahre 955, deren siegreiche Beendigung den König erst zum unangefochtenen Herrn im Reiche machte, befahl er nämlich, »an der Grabstätte seiner Gemahlin, der frommen Edith, neben der er selbst nach seinem Tode zu ruhen wünschte, einen prächtigen Kirchenbau zu beginnen« (Thietmar, II, 11). Aus der Klosterkirche sollte eine Kathedrale werden. Nach langen Verhandlungen mit Päpsten u. Bischöfen gelang es dem Kaiser tatsächlich, die ehem. Klosterkirche in eine Metropolitankirche umzuwandeln. Der erste Erzbischof Adalbert bestieg 968 die neue Kathedra.

Im Jahre 1207 brannte der Dom Ottos d. Gr. aus, aber erst zwei Jahre nach dem Brand wurde mit einer feierlichen Grundsteinlegung die Errichtung der neuen Kathedrale beg. Zuerst entstand der Chor, nach ihm das Querhaus, dann das Langhaus u. schließlich der W-Bau.

Der Magdeburger Dom aus dem 13. bis 16. Jh. ist eine der größten deutschen Kirchen. Er besteht aus einem Umgangschor mit 5/10-Polygon u. Kapellenkranz aus fünf polygonalen Kapellen, einem Querhaus, je einem quadr. Turm im Winkel zwischen Chorumgang u. Querhausarm, aus einem dreischiff. basilikalen Langhaus u. einem mächtigen W-Bau. Dieser setzt sich aus einer hohen Vorhalle u. flankierenden Türmen zus. In die Vorhalle führt das Hauptportal. Zwei weitere Portale eröffnen den Zutritt zu den Querhausarmen; das nördl., mit einem quadr. Paradiesvorbau, war für die Laien bestimmt, das südl. benutzten die aus dem Kreuzgang kommenden Geistlichen.

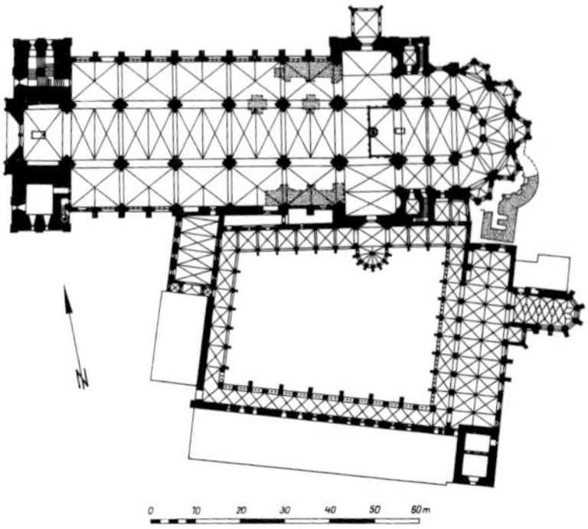


Die Errichtung des ursprl. kl. vorgesehenen Chors wurde mit den viel schwächeren Pfeilern des Polygons u. den von ihnen gestützten Umgangsjochen beg. Als man eine Erweiterung u. Erhöhung des Chores beschloß, erwies es sich als zweckmäßig, die beiden nächsten Pfeiler, die östl. des Chorquadrats, zu verstärken u. zu verbreitern. Danach lagen die Maße für die gesamten O-Teile – Chor, Chorumgang, O-Türme u. Querhaus – fest. Auch wurden gleichzeitig die Fundamente für mindestens ein Langhausjoch ausgelegt. Die Seitenschiffe sollten damals die Breite des Chorumgangs erh. Als das »Untergeschoß« des Chores, die ersten drei Geschosse der O-Türme u. der unt. Teil des Querhauses bis in Kaffgesimshöhe, die Querhaus-Ostwand sogar bis in Höhe des Obergeschosses des Chorumgangs, standen, erfolgte eine weitere Planänderung. Während ursprl. das Obergeschoß des Umgangs, der sogenannte Bischofsgang, eine stil-

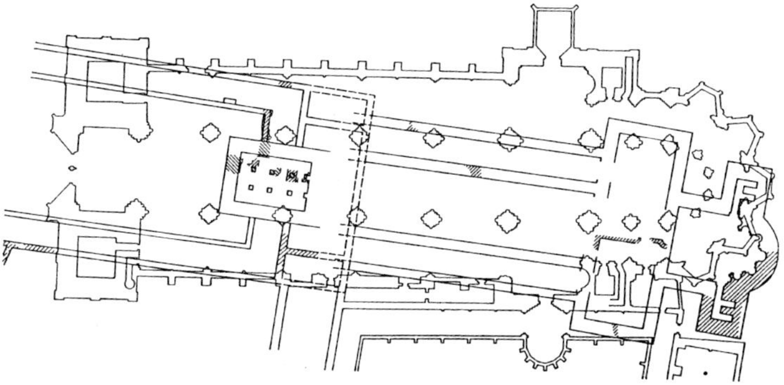

*Die Lage des ottonischen Domes*

geschichtlich dem Untergeschoß entsprechende Gestaltung erfahren sollte, was in seiner NW-Ecke noch ablesbar ist, ging man nun, in den 30er Jahren des 13. Jh., zur Errichtung der weiter u. lichter wirkenden, schon im Sinne der Frühgotik konzipierten Chorempore ohne Kapellenkranz über.
Kurz zuvor hatte man auf den alten Langhausplan verzichtet u. sich auch hier zu einer großzügigen Erweiterung u. Verlängerung entschlossen.
Als treibende Kraft für die Planänderungen, für den wiederholten Wunsch einer Vergrößerung des Bauwerks gilt Erzbischof Albrecht v. Kefernburg, dessen Regierungsdaten, 1207-1232, folglich die zeitlichen Grenzen für die Errichtung aller erwähnten Teile des Bauwerks abgeben. Die Voll. des Chores mußte er seinen Nachfolgern, Burkhard v. Woldenberg (1232-1235) u. Wilbrand v. Kefernburg (1235-1253) überlassen. Ihnen allen u. sicherlich auch dem Domkapitel dürfte die repräsentative Verwendung von Spolien aus dem ottonischen Dom zu verdanken sein. Gemeint sind vor allem jene gr. monolithen Säulenschäfte aus Marmor, Porphyr u. Granit, die Kaiser Otto dereinst aus Italien hatte heranschaffen lassen, aber auch jener Ambo mit Schranke, dessen Reste in der Marienkapelle am Kreuzgang-Ostflügel vermauert sind: Reliefs von Seligpreisungen u. eines Engels, begleitet von zwei Evangelistensymbolen, sowie Schäfte von Säulchen, zum Teil aus Marmor.
Im Jahre 1266 konnte Erzbischof Ruprecht v. Querfurt (1260-1266) im S-Arm des Querhauses bestattet werden. Das Querhaus war damals also viell. schon unter Dach, spätestens 1274 war es voll.
Die Baugeschichte der O-Teile des Doms in der 1. H. u. im 3. V. des 13. Jh. läßt den Betrachter miterleben, wie sich die französische Gotik hierzulande durchsetzte – nicht ohne in jeder Phase mitteldeutscher Bau- u. Steinmetzentradition mehr o. weniger eng verbunden zu bleiben. Obwohl der Grundriß des Chors französisch-gotisch ist, wurde das Untergeschoß noch mit den Mitteln u. in der Form mitteldeutsch-spätromanischer Architektur- u. Skulpturgewohnheiten geschaffen. Der Bischofsgang muß dagegen als ein charakteristisches Werk des vollzogenen Übergangs in die Formenwelt mitteldeutscher Frühgotik bezeichnet wer-

den, wobei Bauleute des über ganz Europa verbreiteten Zisterzienserordens als Vermittler anzunehmen sind. Der Obergaden des Chors u. die Gewölbezone zeigen rheinisch beeinflußte Frühgotik in mitteldeutschem Verständnis. Hier glaubt man nur noch in wenigen Einzelheiten Spätromanisches zu spüren, zum Beispiel in dem byzantinisierenden Schlußstein mit der Majestas Domini im östl. Gewölbe des Chorquadrats.
Im Jahre 1311 wurde mitten im Langhaus ein Altar gestiftet. Die drei östl. Joche des Schiffs konnten damals also gottesdienstlich genutzt werden – zugänglich für Laien durch das wohl gerade erst voll. Paradies vor dem neuen Jungfrauenportal in der damals modernisierten N-Fassade des Querhauses. Der Ausbau u. die Voll. des Langhauses zogen sich danach noch ein halbes Jh. hin. Erst im Jahre 1363 konnte die Weihe vollzogen werden. Obwohl einige der Arkadenpfeiler des Langhauses noch spätromanisch sind, obwohl die Seitenschiffsjoche Dienstkapitelle u. Konsolen mit teilweise typisch frühgotischem Masken- u. Blattdekor aufweisen u. obwohl westl. des dritten Jochs eine deutlich sichtbare Baunaht die Teile des späteren 13. von denen des 14. Jh. scheidet, erscheint der hallenartig wirkende, riesige Raum wie eine einheitliche hochgotische Anlage. Nur am schmükkenden Blattwerk der Kapitelle u. Schlußsteine des Mittelschiffs u. der jüngeren Seitenschiffsjoche, das nach W hin zunehmend härter u. wilder wird, kann man die lange Entstehungszeit ablesen.
Als im Jahre 1363 die gr. Domweihe gefeiert wurde, war auch die W-Fassade schon seit rd. hundert Jahren im Bau, ihre Voll. jedoch noch nicht abzusehen. Drei gr. Bauetappen sind ablesbar: Das mit breiten Lisenen eingefaßte u. gegliederte unt. Geschoß der Türme wuchs zur Zeit des Ausbaus der Seitenschiffe im 3.V. des 13. Jh. empor. Ein kräftiges Gesims mit einem Fries aus charakteristisch verbeulten Blättern markiert die ob. Grenze dieses Bauabschnittes. Im nächsten, der die Zeit zwischen 1310 u. 1363 umfaßt, entstanden das reich gegliederte u. geschmückte Hauptportal u. die beiden folgenden Geschosse der Fassade: das Geschoß hinter u. über dem Portalwimperg, dessen opulente Dekoration in den hohen Blendfenstern der Türme gleichsam ausklingt, u. das Geschoß über der die Höhe des Hauptbaus kennzeichnenden Attika. Hier bleiben die Turmwände ganz schlicht, u. von dem Bauteil zwischen den Türmen wurde wohl nur noch die aus schlichten Blendarkaden bestehende unt. Zone errichtet. Die Voll. erfolgte in den Jahren zwischen 1477 u. 1520. Der Zwischenbau wurde noch einmal aufgestockt u. erhielt einen hohen Giebel. Beide, die Aufstockung u. der Giebel, entfalten wiederum gesteigerte Pracht. Im Gegensatz zu den benachbarten Turmgeschossen, die von der glatten Wand beherrscht sind, wird ein Höchstmaß an spätgotischer Dekoration aufgeboten. Die beiden hohen achteck. Turmaufsätze mit krabbenverzierten Steinhelmen gehören der gleichen Bauetappe an. Die inschr. 1520 bezeugte Beendigung der Bauarbeiten fällt mit dem Weggang des letzten Baumeisters zus.
Die Fenster des Obergeschosses des Turmzwischenbaus rahmen Apostelstatuen. Zwei Apostel sind in die Fialen der seitl. Strebepfeiler eingefügt. An zentraler Stelle, an der mittl. Strebe, hat Christus seinen Platz. Er trägt in der Linken die Weltkugel mit

*Magdeburg, Dom, Chorraum nach O*

dem Kreuz, während seine Rechte segnet. Die Einzelheiten sind von unt. nur mit Mühe zu erkennen. Dennoch ist die künstlerische Qualität bedeutend. Der Architekturdekor dieses Geschosses wurde vermutl. noch im 15. Jh. hergestellt, die großartigen Standbilder dürften erst um 1510 geschaffen worden sein. Die in die leere Nische gehörige Statue wurde ein Opfer des zweiten Weltkrieges. – Der Giebel des Turmzwischenbaus besitzt deutlich jüngeren Architekturdekor als das Geschoß unter ihm. Er entstand gewiß erst im frühen 16. Jh., u. aus dieser Zeit stammen auch die drei Standbilder in seiner Spitze: die Madonna im Strahlenkranz, flankiert von den beiden Patronen des Doms, den Heiligen Katharina u. Mauritius.

Das W-Portal des Doms war als Hauptportal gedacht. Als dann aber Erzbischof Ernst v. Sachsen (1476 bis 1513) die Vorhalle, in die das Hauptportal mündet, als Grabkapelle für sich selbst eingerichtet u. seine gr. Bronzetumba aufstellen lassen hat, als dort eigens dafür bestellte Geistliche täglich zum Heile seiner Seele Messen zelebrierten, wurde der Hauptzugang zum Dom blockiert. Die Vorhalle hatte nun eine westchorähnliche Funktion.

Als Haupteingang für Laien diente künftig das Portal im W-Joch des N-Seitenschiffs, das im 2. Jz. des 16. Jh. die überlebensgroßen Standbilder der Dompatrone erhielt. Jetzt sieht man dort Repliken. Die großartigen Originale wurden im Innern des Doms geborgen u. stehen an der W-Wand des N-Seitenschiffs.

Der reizende kl. Anbau an der Nordfassade des Querhauses ist um 1310 nachträglich angefügt worden, eine Vorhalle, auch Paradies gen., für das in jener Zeit veränderte Portal in den N-Arm des Querhauses. Diese Vorhalle schützt das weithin bekannte, man darf wirklich sagen: das »berühmte« Magdeburger Jungfrauenportal. Sie ist selbst ein Kleinod der Architektur. Ihr steiles Steindach besitzt nach N, O u. W hohe krabbenbesetzte Giebel, in die gr., offene, mit feinem Maßwerk gefüllte Fensterrosen eingepaßt sind. Neben dem Giebel der Frontseite steigen lange, spitze Zierfialen auf. Die Wasserspeier dürften alle erneuert worden sein. Sie ragen weit vor, so daß die hereinströmende Menge dem ausgespienen Regenwasser ausweichen kann.

Der Chor entstand in horizontalen Abschnitten. Die unt. Zone mit den Umgangskapellen bildet den ersten Abschnitt: hoher Sockel, verhältnismäßig kl. Fenster, die tief in der durch Rücksprünge trichterförmig reduzierten Wand liegen. Säulchen mit prachtvollen Kapitellen anstelle der Polygonecken, als Abschluß ob. ein diamantierter, für die Endphase des spätromanischen Stils charakteristischer Rundbogenfries. Das darüber errichtete Polygon des Bischofsgangs zeigt jüngere Formen. Die Fenster sind erheblich größer. Sie reichen bis zum flachen Dach der Umgangskapellen herab. Zudem sind sie von Säulen mit Schaftringen u. einem in gedrücktem Spitzbogen umlaufenden Wulst eingefaßt. Ihre Kapitelle unterscheiden sich von denen der Ecksäulen der dreiseitig geschlossenen Umgangskapellen im gleichen Sinne: Der Kelchblock ist in den meisten Fällen durch lockeren Dekor aufgelöst. Hörner- o. Knospenkapitelle kommen in größerer Zahl vor. Spätromanischer Rankendekor ist seltener. Frühgotische Formelemente überwiegen gegenüber den spätromanischen. In charakteristischer Weise ist auch die Dachgesimszone verändert. Ein sehr kraftvoller, muldenförmiger Palmettenfries ersetzte den Rundbogen-

fries. Die Herkunft des Bischofsgangs von der burgundisch-frühgotischen Zisterzienserarchitektur, wohl über Maulbronn u. Walkenried vermittelt, zeigt sich an dieser Stelle deutlich. Auch der Fries aus sogen. stehenden Dreisprossen wechselnder Gestaltung über dem Dachgesims ist ein neues Element.
Über dem Bischofsgang kommen die ob. Teile des Chors selbst ins Blickfeld. Dieser Obergaden wirkt vergleichsweise schlicht. Zwischen gr. Fensteröffnungen, deren abgetreppte Gewände die gewaltige Mauerstärke erkennen lassen, steht glatte Wand. Die beiden Strebepfeiler sind erst im vergangenen Jh. angesetzt worden. Sie kaschieren Fallrohre für die Ableitung des Regenwassers. Der Dekor beschränkt sich auf die schlanken Säulen in den Fenstergewänden, die als Wülste in den Fensterbögen fortgeführt sind, u. das stark profilierte Kranzgesims unmittelbar über den Keilsteinen der Fensterbögen. Der zweistöckige hohe Umgang über dem Kranzgesims u. seine schmalen Fialentürmchen waren ursprl. nicht vorgesehen. Sie wurden notwendig, als die Wände des Quer- u. des Langhauses höher als im ersten Plan beabsichtigt emporwuchsen.
Der Hauptzugang des Doms ist das Portal in den S-Arm des Querhauses. Dieses entstand um 1230 u. ist ein bezeichnendes Werk des Übergangs vom spätromanischen zum frühgotischen Stil.
In die als O-Wände der Querhausarme in Erscheinung tretenden dikken W-Mauern der beiden O-Türme sind Apsiden eingetieft. In der nördlichen steht das von Ernst Barlach 1929 für diesen Platz geschaffene Ehrenmal für die Gefallenen des ersten Weltkrieges, ein Denkmal von gr. Ausdruckskraft. Das nachträglich in die S-Apsis eingesetzte Fenster sollte vermutl. Licht in die Sakristei, den unt. Raum des SO-Turms, bringen. Die Rahmung dieses Fensters u. seine Sohlbank sind mit kl. Köpfen in Relief verziert. Ihre ikonographische Deutung bedarf noch immer der Klärung.
Im S-Arm des Querhauses steht auch das überlebensgroße Standbild der sogen. wundertätigen Madonna, das im 19. Jh. in kräftigen Farben gefaßt wurde. Wahrschl. hat man sich damals bemüht, die ursprl. Farbigkeit so exakt wie möglich nachzuahmen. Die um 1270-1280 geschaffene überlebensgroße Statue repräsentiert die frühe Stufe der mitteldeutschen Hochgotik.
Zwei Bronzegrabmäler des südl. Querhausarms verdienen Erwähnung, die Grabplatte des Domherrn Cuno v. Lochow am südwestl. Vierungspfeiler u. das Epitaph dieses 1623 verstorbenen Kapitularen an der S-Wand. Beide hat der wohl bedeutendste mit Namen bekannte Magdeburger Bildhauer aus der Zeit vor dem Barock, Christoph Dehne, geschaffen.
Unter der Arkade zum südl. Seitenschiff des Chors steht am östl. Vierungspfeiler das Grabmal des Erzbischofs Otto v. Hessen, der das Erzbistum von 1327 bis 1361 regierte u. einer der tatkräftigsten Förderer des Magdeburger Dombaus gewesen ist. Vor dem Grabmal liegt der Kirchenfürst begraben.
Die Kapitelle im Erdgeschoß des Chorumgangs gehören zum Besten, das aus spätromanischer Zeit erh. ist. Ihr pflanzlicher Dekor zeigt vorwiegend Palmetten, Ranken u. mehr o. weniger langgestielte Blattformen, nicht unmittelbare Nachahmung der Natur, sondern stilisierte Gestaltungen. Daneben gibt es in dem Untergeschoß des Chorumgangs aber ungewöhnlich viele figürliche Kapitelle, u. auch sie sind ihrer hohen kün-

*Magdeburg, Dom, Chorumgang mit Grabmal der Königin Edith*

stlerischen Qualität wegen schon oft gerühmt worden. Bei weitem nicht alle der in diesen Reliefs dargestellten Szenen lassen sich mit letzter Sicherheit deuten. Man erkennt eine Verkündigung mit Maria, Gabriel u. der Taube des Heiligen Geistes, ein gekröntes Paar, viell. Kaiser Otto d. Gr. u. seine erste Gemahlin, Königin Edith, einen Kriegselefanten, der einen Turm mit Kriegern trägt, den Kampf eines Mannes mit einem Wolf, den Teufel, wie er mit einem Menschenkopf in der Hand auf einem Ungetüm reitet, Löwen mit Jungen, Pelikan u. Phönix, überhaupt viele Vogel- u. einige weitere Tierszenen. Von Ausnahmen abgesehen, ist das keine erfreuliche Welt, sondern eine der Abhängigkeit von außerirdischen Mächten, der Dämonie u. des Schreckens – wohl auch ein Ausdruck von Geborgenheitssehnsucht. Auch die vier kl. Portale vom Chorumgang in die O-Türme u. auf den Bischofsgang müssen schon im 2. Jz. des 13. Jh. hergestellt worden sein. Drei ihrer reich skulptierten Tympana zeigen prachtvolle stilisierte Ranken, die wohl alle den Lebensbaum darstellen sollen, das vierte die Weisung Christi an Maria Magdalena am Ostermorgen.

Wenige Schritte weiter lehnt am Arkadenpfeiler die Bronzegrabplatte für Erzbischof Wichmann v. Seeburg, der 1152-1192 regierte. Der idealisierte Metropolit ist als Mann in noch jungen Jahren abgebildet. Die im romanischen Stil übliche strenge Frontalität beginnt sich zu lösen; die exakte Symmetrie des Körpers u. der Gesichtshälften wurde zugunsten lebendigerer Asymmetrie aufgegeben. Bezeichnend ist auch die Modellierung der Gewandfalten in weicher u. schon kräftigerer Plastizität. Aber gerade die Gewandfalten sind zugleich spätromanisch stilisiert: Man beachte in diesem Zusammenhang insbesondere das Faltengeschlinge um die Füße u. die kragenartigen Wellen des Humerale, unnatürliche, ornamentale Gebilde wie die stilisierten Ohren.

Im frühen 16. Jh. ließen Erzbischof Ernst v. Sachsen (1476-1513) u. sein Domkapitel ein Kenotaph für Königin Edith, die schon 946 verstorbene erste Gemahlin Kaiser Ottos I., errichten. Das reich verzierte Schein-Hochgrab wurde im Scheitel des Chorumgangs, vor dem Altar der Scheitelkapelle, aufgestellt. Auf der Deckplatte liegt die Statue der Königin. Ihre Augen sind halb geöffnet, wie im Übergang vom Leben zum Tode. Eine spätgotische Haube bedeckt das Haar, u. darüber sitzt die Bügelkrone. Obwohl der Kopf auf einem Kissen liegt, steht die wie eine

junge Bürgersfrau des frühen 16. Jh. angetane königliche Stifterin auf einer Konsole.
Im nördl. Teil des Chorumgangs sind eine Maria u. ein Erzengel Gabriel zu einer Verkündigung zusammengestellt. Die neuere Forschung ist sich darin einig, daß sie zusammengehören, obwohl sie auf den ersten Blick auffällige Unterschiede aufzuweisen scheinen. Der Engel reicht der Gottesmutter nur bis knapp in Schulterhöhe. Die Größendifferenz glichen aber viell. Flügel aus, deren Befestigungsösen im Rücken der Statue erh. sind. Beide Skulpturen dürften um die M. des 13. Jh. geschaffen worden sein.
Die Bronzegrabplatte des Erzbischofs Friedrich v. Wettin (1142-1152) zeigt den Kirchenfürsten fast in Lebensgröße. Die Platte dürfte bald nach dem Tode gegossen worden sein. Das Hochrelief soll aber nicht das Aussehen Erzbischof Friedrichs verewigen. Die Darstellung eines Individuums, einer ganz bestimmten Persönlichkeit in ihrer Eigenart, war im hohen Mittelalter weder üblich noch möglich. Abgebildet wird vielmehr ein mächtiger Metropolit mit allen Insignien seiner Amtsgewalt: Pontifikalgewänder, Mitra, Stab u. Ring. Die Macht des Erzbischofs manifestiert sich auch in dem Segensgestus der übergroßen Rechten u. in dem energischen, unerbittlichen, stechend scharfen u. vergeistigten Gesicht. So unbewegt u. überirdisch fern wie das Gesicht ist auch der Körper – eine symmetrisch aufgebaute, starre Statue. Die Amtstracht ist bedeckt mit feinen gravierten u. ziselierten Ornamenten. Die Eisenspitze des Bischofsstabs, dessen Kurvatur in einen Drachen ausläuft, stößt auf einen Heiden, der, nach dem Motiv des Dornenausziehers geformt, unter der Fußplatte hockt. Die künstlerisch ungewöhnlich qua-

*Magdeburg, Dom,*
*Grabplatte Friedrichs v. Wettin (Detail)*

litätvolle u. kunstgeschichtlich außerordentlich bedeutende Grabplatte ist ein Hauptwerk des hochromanischen Stils in Deutschland.
Die sog. Marmormadonna im N-Arm des Querhauses stammt aus den 30er Jahren des 13. Jh. Das Standbild wurde aus dem Schaft einer der Säulen gehauen, die Kaiser Otto I. aus Italien für den Dombau heranschaffen ließ. Weder die tabernakelartige Nische, in der die Statue steht, noch die Gruppe von Löwe u. Basilisk, auf der die Gottesmutter Halt finden soll, waren urspr. für sie bestimmt. Die Skulptur läßt stilistische Beziehungen zur Reimser Plastik erkennen.
Das Ehrenmal für die Gefallenen des ersten Weltkrieges, das Ernst Barlach 1929 schnitzte, ist zugleich ein Mahnmal, das das seelische u. physi-

sche Leiden des Kriegers bewußt macht, u. ein Denkmal humanistischer Gesinnung.
Das Portal in der N-Wand des Querhauses führt in das Paradies, in die Vorhalle mit dem Jungfrauenportal. Die zehn Jungfrauen u. die ihnen zugeordneten Standbilder der Ekklesia u. der Synagoge wurden nach der M. des 13. Jh. geschaffen, das Portal, in dessen Gewände sie stehen, die Baldachine über ihnen u. die Konsole unter ihnen – abgesehen von den beiden wirklichkeitsnahen Blattbüscheln – entstanden dagegen erst im frühen 14. Jh. Aus dieser Zeit stammt auch das Tympanonrelief mit der Darstellung von Mariä Himmelfahrt: unt. die trauernden Apostel, darüber die Bahre mit der Toten von zwei über Wolken schwebenden Engeln getragen, ob. Christus in der Mandorla mit der Seele der Maria.
Die klugen u. die törichten Jungfrauen, angeführt von Ekklesia u. Synagoge, gemahnten den Menschen des Mittelalters an das Jüngste Gericht: Die klugen galten als Personifizierung der Seligen, in den törichten sah man die Verdammten. Jede der beiden gegensätzlichen Gruppen ist in ihrer Gefühlsäußerung, auf die allein es hier ankam, eindeutig. Alles andere tritt dagegen zurück. Während die Stärke des Gefühlsausbruchs vielfach variiert wird, wiederholen sich die Gestalten, Kleider, Gürtel, Broschen, Stirnbänder u. Öllampen, überhaupt alle Einzelheiten, innerhalb der jeweiligen Gruppe in auffälliger Weise. Sogar der Jungfrauentyp beider Gruppen ist weitgehend identisch. Darf man daraus schließen, daß nicht Individuen, nicht bestimmte Persönlichkeiten dargestellt werden sollten, sondern Schicksalsgemeinschaften? – Die unterlebensgroßen Statuen der klugen u. törichten Jungfrauen an dem Paradiesportal des Magdeburger Doms gehören zu den großartigsten Bildwerken der Frühgotik in Deutschland.
Während die Jungfrauen vermutl. in den 50er Jahren des 13. Jh. geschaffen wurden, kann man mit der Entstehung von Ekklesia u. Synagoge wohl erst danach, in den 60er Jahren, rechnen. Sie sind, anders als die weit unterlebensgroßen Jungfrauen, nahezu lebensgroß. Alle zehn Skulpturen gehören aber zus., u. es läßt sich nachweisen, daß ihre jetzige Aufstellung bereits bei der Planung von Portal u. Vorhalle, also im frühen 14. Jh., feststand. Monumentalskulpturen der klugen u. törichten Jungfrauen begegnen am Magdeburger Jungfrauenportal zum ersten Male. Die Standbilder von Ekklesia u. Synagoge kommen dagegen vor der M. des 13. Jh. schon mehrfach vor.
Ein hoher Lettner bildet die Grenze zwischen dem Chor, dem Raum der Geistlichen, u. dem Quer- u. Langhaus, wo sich die Laien aufhalten durften. Als leitender Meister des laut Inschrift 1445 begonnenen Einbaus ist Johannes Brochstete urkdl. bezeugt. Die reiche, dekorative Architektur ist mit zahlreichen Standbildern besetzt. Zwischen den beiden Portalen befindet sich der Kreuzaltar, über ihm ein Kreuzigungsrelief.
Das Chorgestühl wurde 1844 neu zusammengefügt u. in größeren Teilen ergänzt. Es stammt aus der Zeit kurz vor der Dom-Weihe 1363. Ausgezeichnete Reliefs von eindringlicher Gestik u. Lebendigkeit erzählen die Lebensgeschichte Jesu. Die Abfolge ist seit der Restaurierung willkürlich. Die dreigesch. Wangen neben den Lettnerdurchgängen zeigen außer Szenen aus der Jugendgeschichte Christi jeweils zwei Apostel u. zwei weibliche Heilige. Humorvoll anmutende Drolerien mit ernsten Hinweisen auf Sünde u. Verführung

sowie die Evangelistensymbole schmücken die Miserikordien. Die Darstellungen sind insges. genrehaft erzählend u. nicht selten ergreifend in ihrer natürlichen Empfindungswelt. Mystische Verklärung wechselt mit derbem Realismus, u. so vereinigen sich Stiltendenzen der ersten Jh.-H. mit solchen des 3. V.

Mitten im Chor steht der Sarkophag Kaiser Ottos I., eine gefelderte Grabkiste aus Stuck mit einer spätantiken Deckplatte aus Marmor. Der Schriftrost wurde 1936 nach einem Entwurf von Paul Richard Wiemer, Halle, gegossen. Den Inschrifttext entnahm man einer zu Beg. des 16. Jh. veröffentlichten Beschreibung des Grabes von Sebastian Weymann, einem Theologen des Magdeburger Domkapitels. In deutscher Übersetzung besagen die beiden lateinischen, zweisilbig gereimten leoninischen Hexameter: »Vor dem Marmorsarkophage / dreimal neigt ihr Haupt die Klage: / Königtum, der Kirche Zier, / Glanz des Reichs beweint sie hier.« (H. Goern).

Weiter östl. steht der Osterleuchter, eine reich verzierte Marmorsäule mit Dorn für eine Kerze. Die Basis aus Sandstein mit zwei Schlangen, die sich selbst in den Schwanz beißen, fügte der Magdeburger Bildhauer Heinrich Apel während der Gesamtinstandsetzung des Doms nach dem zweiten Weltkrieg hinzu.

Auf schlichten modernen Sockeln stehen vor den Chorpfeilern die Skulpturen der Patrone des Doms, der hl. Katharina u. des hl. Mauritius. In der unterlebensgroßen Statue der Katharina sah man früher Kaiser Ottos I. erste Gemahlin Edith. Die Identifizierung als Katharina ermöglichten die in der re. Hand erhaltenen Reste des Rades, ihres Attributs. Stilgeschichtlich eng verwandt ist das thronende Herrscherpaar in der sog. Sechzehneck. Kapelle im Langhaus. Die Skulptur dürfte gegen M. des 13. Jh. hergestellt worden sein.

Das Standbild des hl. Mauritius, Katharina gegenüber, zeigt einen fast lebensgroßen Neger-Ritter in voller Rüstung. Die Unterschenkel u. die Füße fehlen. Die Nase ist abgeschlagen. Die Rechte hielt eine Fahnenlanze, die Linke lag auf dem Schildrand. Von der originalen Farbfassung ist verhältnismäßig viel erh. geblieben. Der Kettenpanzer glänzte golden. Das von ihm gerahmte Gesicht hob sich schwarz ab. Die Wirklichkeitsnähe u. die hohe künstlerische Qualität beeindrucken unmittelbar, vergleichbar den Stifterstandbildern im Westchor des Naumburger Doms aus der gleichen Zeit.

Sechs überlebensgroße Sandsteinstandbilder, die Apostel Andreas, Paulus u. Petrus, Johannes d. Täufer sowie der hl. Mauritius u. sein Hauptmann Innozenz, alle auf hokkenden Königen, ihren Verfolgern, sind in Höhe des Bischofsgangs in das Stützensystem des Chorpolygons einbezogen. Schon zu Beg. unseres Jh. erkannte der Kunsthistoriker Adolf Goldschmidt, daß die Statuen ursprl. für ein Gerichtsportal bestimmt waren. Aus der Zeit des Portalplans, aus dem 3. Jz. des 13. Jh., stammen aber wohl nur die drei Standbilder der nördl. Hälfte des Polygons: Andreas, Petrus u. Paulus. Die drei der südl. wurden vermutl. erst beschafft, als die Übernahme der fertigen Portalskulpturen in den Chor beschlossene Sache war. Sie sind nämlich bereits auf starke Untersicht berechnet u. zudem im ganzen gröber.

Zu dem geplanten Portal werden auch die Hochreliefs im Mauerwerk des Chores, unter der Brüstung des Bischofsgangs, gerechnet: zwanzig kl. mit Tugenden u. Lastern, fünf gr. mit je einem Engel u. zehn mit klugen u. törichten Jungfrauen.

Am südwestl. Vierungspfeiler befindet sich in etwa sieben Meter Höhe die Konsolfigur eines mit den Schultern tragenden, hockenden Baumeisters, beeindruckend in ihrer derben Wirklichkeitsnähe u. künstlerischen Kraft.

Der Magdeburger Dom besitzt prunkvolle Wandepitaphe des späten 16. u. frühen 17. Jh. Einer der vier bekannten Bildhauer, die sie schufen, war Sebastian Ertle aus Überlingen. Von seiner Hand stammen die Wandepitaphe für den 1610 verstorbenen Wichard v. Bredow, laut Inschrift 1601 entstanden, an der N-Wand des Querhauses, für Ludwig v. Lochow († 1616) am nordwestl. Vierungspfeiler u. das 1610 errichtete schwer beschädigte gr. Epitaph für Friedrich v. Arnstedt († 1608) im südl. Seitenschiff, das reifste Werk Ertles.

Die Kanzel des Doms schuf der Bildhauer Christoph Kapup aus Nordhausen in den Jahren 1595-1597. Sie besteht in allen wesentlichen Teilen aus Alabaster. Das umfangreiche Bildprogramm ist charakteristisch protestantisch. Den Aufgang schmükken Reliefs mit Darstellungen des Alten Testaments: die Sintflut, der Sündenfall u. die Erschaffung Evas, dazu chem. die jetzt fehlenden Propheten Jesaja u. Jeremia. Am Kanzelkorb, den eine Statue des Apostels Paulus trägt, herrscht die Welt des Neuen Testaments: Die Reliefs zeigen den segnenden Christus mit der Weltkugel zwischen Johannes d. Täufer, Mauritius u. Katharina. Vor den Ecken stehen die vier Evangelisten mit ihren Symbolen u. der Apostel Petrus. Die kl. Reliefs am unt. Rand des Kanzelkorbs erzählen Christi Jugend.

Im Jahre 1592 voll. Meister Kapup das Standepitaph für den 1602 verstorbenen Ernst v. Mandelsloh im südl. Seitenschiff, dessen ob. Aufsatz u. Inschrift fehlen. Christoph Kapup, in dessen Werken man süddeutsche, viell. oberschwäbische Schulung erkennt, war einer der bedeutendsten Bildhauer der mittel- u. norddeutschen Spätrenaissance.

Auf einer virtuos unterschnittenen Konsole steht am Kanzelpfeiler in Höhe des Schalldeckels eine schöne, lebensgroße Mondsichelmadonna aus dem A. des 16. Jh. Der hochgezogene Baldachin in der Form einer mit Astwerk-Wimpergen belegten Fiale ist ebenso zeittypisch wie der Wechsel von gr., scharfen Faltenzügen mit kleinteiligen harten Knitterfalten.

Am nächsten Langhauspfeiler steht seit einigen Jahren wieder – wie bereits im 13. Jh. – die sog. Sechzehneck. Kapelle. Das kleine Bauwerk wird schon verhältnismäßig früh als Marienkapelle o. -rotunde bezeichnet. Auf dem Altar im Innern thront ein gekröntes Herrscherpaar. Früher glaubte man allgemein, die Sitzbilder zeigten Kaiser Otto d. Gr. u. seine erste Gemahlin Edith, die im Dom als Stifter verehrt wurden. Dann meinte man, es müsse sich um das himmlische Brautpaar, um Christus u. Maria-Ekklesia, handeln. Diese Identifizierung schien eine Bestätigung durch den Hinweis zu erh., daß die 19 Kugeln in der tellerartigen Scheibe, die der Herrscher vorweist, als eine Darstellung der Spheira, der Himmelskugel, des Symbols des göttlichen Weltenherrschers, aufzufassen sind. Aber die Spheira wäre auch als Herrschaftssymbol Kaiser Ottos d. Gr. denkbar. Schließlich kam man auf die alte Deutung – Otto d. Gr. u. seine Gemahlin Edith – zurück, zumal die Bekleidung der Füße für ein weltliches Paar spricht: Heilige werden immer barfuß abgebildet. – Die Kapelle u. die Thronenden entstanden um die M. des 13. Jh.

Im östl. Joch des N-Seitenschiffs befinden sich zwei Standepitaphe,

die der Pirnaer Bildhauer Hans Klintzsch aus Pirnaer Sandstein herstellte. Ein drittes Epitaph dieses Künstlers hängt an der W-Wand. In allen drei Fällen handelt es sich um Grabdenkmäler für evangelische Kapitulare des Magdeburger Doms: L. v. d. Schulenburg († 1587), J. v. Bothmar († 1592) u. W. v. Plotho († 1589). Im nördl. Seitenschiff steht auch ein Relief der heiligen Sippe. Wie üblich bildet die Gruppe von Anna, Maria u. dem Gottessohn das Zentrum der Bildkomposition. Die beiden Frauen sitzen auf einer halbrd., die Raumtiefe wirkungsvoll betonenden Bank, deren Rückenlehne mit Frührenaissance-Ornamenten verziert ist. Vor ihnen hocken die beiden Marien aus den anderen Ehen der Anna mit ihren sechs Kindern. Die drei Ehemänner der Anna u. die drei ihrer drei Töchter, der drei Marien, stehen hinter der Bank. Die Namen der Heiligen sind auf ihren Gewandsäumen verzeichnet. Das Werk entstand gegen 1520, vor dem ersten Bildersturm im Dom am 15. August 1524, auf den vermutl. die schweren Beschädigungen, vor allem der Gesichter, zurückzuführen sind.
Schon mit dreißig Jahren richtete Erzbischof Ernst v. Sachsen (1476-1513) die Vorhalle zwischen den W-Türmen des Doms als Kapelle für sein Grab ein. Die von dem Kirchenfürsten selbst besorgte Ausstattung der sog. Ernstkapelle ist weitgehend erh. geblieben. Sie umfaßt außer der freilich im gr. Partien erneuerten Ausmalung des Gewölbes mit Maßwerkrippen u. Wappen das inschr. auf das Jahr 1498 dat. prächtige Gitter mit den zwei seitl. Pforten, den Altar, das schlichte Chorgestühl, den siebenarmigen gr. Standleuchter aus Bronze von 1494, die zwei eisernen Kronleuchter u. vor allem das berühmte, 1494 bei Peter Vischer d. Ä. in Nürnberg in Auftrag gegebene Grabmal, die Bronzetumba mit der stolzen Künstlerinschrift: »gemacht zu nurmberg von mir peter fischer rotgießer u. ist vollbracht worden da man zalt 1495 iar.« Auf der Deckplatte liegt das Standbild des Erzbischofs, die Füße auf einen Wappenlöwen gestützt, über dem Haupte mit der Mitra befindet sich ein reicher, spätgotischer, virtuos modellierter Baldachin. Die Symbole der vier Evangelisten zieren die Ecken. Als sein Trauergefolge wählte der Kirchenfürst die zwölf Apostel an den Längswänden u. die Patrone der von ihm regierten Hochstifte Magdeburg u. Halberstadt, die Heiligen Mauritius u. Stephanus. Die hohe künstlerische Qualität des Werkes ist schon frühzeitig erkannt worden – ein geniales Personendenkmal im Übergang von der Spätgotik zur Renaissance.
Nicht zur ursprl. Ausstattung der Kapelle gehören der Kruzifixus über dem Gitter, ein eindrucksvolles spätgotisches Bildwerk aus dem E. des 15. Jh., u. das Alabasterstandbild des hl. Mauritius auf dem Altar. Die Statue ist inschr. 1467 dat. Das Alabasterrelief des Schmerzensmann in der südwestl. Chorumgangskapelle dürfte derselbe Bildhauer geschaffen haben.
Der Taufstein aus rotem poliertem Porphyr hat die Form eines gedrückten Kelchs. Der Rand des Beckens u. das Podest, das feingliedrig profiliert ist u. jünger als die Taufe sein dürfte, sind achteck. Man nimmt an, daß das Werk auf Geheiß Kaiser Ottos d. Gr. mit jenen schon erwähnten anderen Spolien aus Italien nach Magdeburg geschafft wurde.

*Die Klausur*
Auch die an den Kreuzgang angrenzenden Klausurräume weisen einige bedeutende Kunstwerke auf. Es lohnt sich vor allem, den O-Trakt zu

besichtigen. Hier ist dem Kreuzgang der zweischiff., zehnjoch. spätgotische Remter vorgelagert. Die Schäfte seiner Freisäulen aus Marmor u. Granit sowie einige als Basen verwendete byzantinische Kapitelle gehören zu den Architekturteilen, die Kaiser Otto I. aus Italien nach Magdeburg transportieren ließ.
Zwei Joche der O-Wand des Remters öffnen sich in die Marienkapelle, eines in die dieser benachbarte kl., einjoch. Redekinkapelle, benannt nach ihrem Stifter, Dechant Johannes Redekin. An den Wänden der 1405 gestifteten Kapelle u. in ihrem Kreuzgratgewölbe blieben Reste spätgotischer Fresken erh., die das Jüngste Gericht darstellen.
Die Marienkapelle brannte am 25. Dezember 1449 aus u. wurde danach, offensichtlich unter Verwendung von Resten der Ruine, neu aufgebaut in der Form eines gestreckten Saals mit dreiseitigem O-Schluß. In der Kapelle befinden sich Skulpturen von hohem künstlerischem Rang. Die Marmorreliefs der acht Seligpreisungen der Bergpredigt u. eines Engels mit Adler u. Löwe, den Symbolen der Evangelisten Johannes u. Markus, alle in die N-Wand eingebunden, wurden für die Kanzel bzw. für die Schranke des ottonischen Doms geschaffen. Wohl im 2. V. des 16. Jh. wurden sämtliche Köpfe abgeschlagen – die übrigens als einzige vollplastisch ausgebildet waren. Alle Merkmale sprechen für die Entstehungszeit während des Übergangs vom hoch- zum spätromanischen Stil: Die Reliefs dürften um 1160 geschaffen worden sein.
Das Steinretabel auf dem Altar der Kapelle gehört auf den Elisabethaltar im nördl. Seitenschiff des Doms. Es entstand um 1360, wahrschl. noch während der Regierungs des Erzbischofs Otto v. Hessen (1327-1361), der ein Urenkel der 1235 heilig gesprochenen Thüringer Landgräfin war. Im ob. Bildfeld sieht man den gekreuzigten Christus zwischen Maria u. Johannes, darunter Christus als Schmerzensmann zwischen der hl. Hedwig, die mehrere Klöster stiftete u. deshalb ein Kirchenmodell als Attribut vorweist, u. der hl. Elisabeth von Thüringen, vor der ein halbbekleideter, lahmer Bettler hockt. Die Heilige reicht ihm ein Hemd. Ganz li. ist ein hl. Bischof dargestellt, ganz re. ein hl. Pilger o. Einsiedler. Charakteristisch für den Stil der Zeit sind die sichere Kennzeichnung von Gemütsregungen, die Vorliebe für die Transponierung der Heiligen in die profane Sphäre irdischer Gegenwart u. die Bevorzugung des kl. Formats. Aus der gleichen Werkstatt, viell. sogar von demselben Meister, stammt der Grabstein Erzbischof Ottos v. Hessen.

*E.S.*

Lit.:
*Clemens, (Johann Andreas), (Friedrich Albert Immanuel) Mellin u. (Carl Albert) Rosenthal:* Der Dom zu Magdeburg. (1831-52); Die Magdeburger Schöppenchronik. Bearb. von K. Janicke. (Chroniken der deutschen Städte 8: Magdeburg. Bd. 1) Leipzig 1869; *Hamann, Richard; Felix Rosenfeld:* Der Magdeburger Dom. Beiträge zur Geschichte u. Ästhetik mittelalterlicher Architektur, Ornamentik u. Skulptur. Berlin 1910; *Denecke, Günther:* Magdeburgische Bildhauer der Hochrenaissance u. des Barock. Phil. Diss. Halle. Halle a. d. Saale 1911; *Giesau, Hermann:* Der Dom zu Magdeburg. Burg bei Magdeburg 1924. 2., veränderte Aufl. 1936 (Deutsche Bauten Bd. 1); *Paatz, Walter:* Die Magdeburger Plastik um die M. des 13. Jh. In: Jahrbuch der Preußischen Kunstsammlungen 46, 1925, S. 91 bis 120; *Greischel, Walter:* Der Magdeburger Dom. Berlin 1929; *Barlach,*

*Ernst:* Fragmente von weitläufigeren Auslassungen. In: Bildende Kunst (5), 1957, S. 386-388; *Thietmar von Merseburg:* Chronik. Neu übertragen u. erläutert von Werner Trillmich. Berlin 1957 (Freiherr-vom-Stein-Gedächtnisausgabe 9); *Möbius, Helga:* Der Dom zu Magdeburg. Berlin 1961. 4., neubearbeitete Aufl. 1974 (Das Christliche Denkmal, H. 50/51); *Bellmann, Friedrich:* Die klugen u. törichten Jungfrauen u. der Lettner des Magdeburger Doms. In: Festschrift für Harald Keller, Darmstadt 1963, S. 87-110; *Mrusek, Hans-Joachim:* Drei deutsche Dome. Bilder von Klaus G(ünter) Beyer. Dresden 1963. 2., überarbeitete Aufl. 1983; *Götz, Wolfgang:* Der Magdeburger Domchor. Zur Bedeutung seiner monumentalen Ausstattung. In: Zeitschr. d. deutschen Ver. f. Kunstwiss. 20, 1966, S. 97-120; *Sachs, Hannelore:* Die Bildwerke des Magdeburger Doms. Leipzig 1968; *Schubert, Ernst:* Der Magdeburger Dom. Aufnahmen von Klaus G(ünter) Beyer. Berlin 1974; Leipzig 1984

***Kloster Unserer Lieben Frauen***

Die erste urkdl. Nachricht vom Bau einer Klosterkirche stammt aus den Jahren 1012-1023. Erzbischof Gero ließ an Stelle eines zerstörten Hospitals ein Kollegiatsstift errichten u. weihte es der Jungfrau Maria. Von dieser Kirche u. den Klosteranlagen sind keine Reste mehr erh. Obwohl das Stift von Gero reich ausgestattet wurde, wird von einem nur sehr bescheidenen Bau berichtet. Erzbischof Werner (1063-1078) ließ einen Neubau errichten, der sich in der heutigen Klosterkirche noch weitgehend wiederfindet. Durch gemeinsame Reisen mit seinem Bruder, Erzbischof Anno v. Köln, lernte Werner rheinische Bauten kennen, deren Einflüsse sich in dem Magdeburger Neubau niederschlugen. Unklar bleibt, wie weit die Bauarbeiten bei Werners Tod abgeschlossen waren.

Kirche u. Klosteranlagen wurden unter Erzbischof Norbert fertiggestellt, der 1126 nach Magdeburg kam. Ihm war es besonders wichtig, den Klerikern des von ihm gegr. Prämonstratenserordens zu einem würdigen Kloster zu verhelfen. Da für einen Neubau offenbar kein Geld vorhanden war, übernahm er 1129 das Kloster Unserer Lieben Frauen. Er ließ den W-Bau der Kirche voll. u. errichtete Klosteranlagen, die den Bedürfnissen seines Ordens gerecht wurden. Norbert starb 1134 u. wurde in der Klosterkirche begraben. 1582 von Papst Gregor VIII. heiliggesprochen, wurden seine Gebeine 1626 vom Prager Prämonstratenserorden in das Strahow-Kloster überführt.

Nach der Reformation u. im 30jährigen Krieg erlebte das Kloster Unserer Lieben Frauen unruhige Zeiten. Der gesamte Kirchenschatz wie auch gr. Teile der Klosterbibliothek gingen verloren u. die letzten Ordensbrüder der Prämonstratenser wurden vertrieben. Erst im 18. Jh. traten wieder geordnete Verhältnisse ein. Das Kloster kam unter die Herrschaft des Domkapitels u. wurde mit evangelischen Geistlichen besetzt. Es erlangte eine neue Blüte als Klosterschule, die Bürgersöhnen eine umfassende Bildung vermittelte. Im Jahre 1834 wurde das Kloster säkularisiert u. die Schule den staatlichen Institutionen gleichgeschaltet. Der zweite Weltkrieg zerstörte gr. Teile von Kirche u. Kloster. Doch schon bald gelang es der Denkmalpflege, einen schnellen Wiederaufbau durchzusetzen, u. die ganze Anlage erhielt wieder ihren einheitlichen romanischen Charakter. Dabei wurden die Gebäudeteile aus dem 19. Jh. zu modernen Museumsräumen umgebaut. Sie sind heute, zus. mit den mittelalterlichen

Klausuranlagen, Teil des Kulturhistorischen Museums der Stadt Magdeburg. Die Kirche erhielt dabei die Funktion einer Konzerthalle.

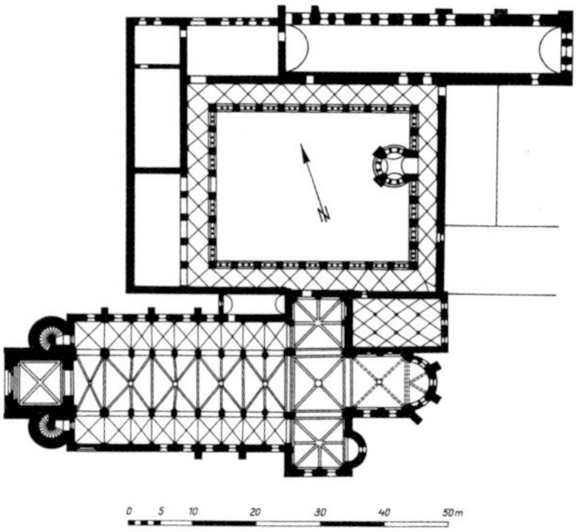


Trotz der Einheitlichkeit des äußeren Erscheinungsbildes lassen sich die verschiedenen Bauperioden an Kirche u. Kloster ablesen. Das langgestreckte basilikale Mittelschiff gehört, ebenso wie das Querschiff, zu dem ältesten Bau, errichtet unter Erzbischof Werner. Die Wände bestehen aus kleinquadrigem Bruchsteinmauerwerk, in das die Fenster glatt eingeschnitten sind. Der Außenbau besitzt kaum Schmuckformen, nur um das Querhaus ziehen sich ein Rundbogenfries u. Reste eines figürlichen Schmuckbandes. Die südl. Seitenapsis wurde erst in der Bauperiode nach 1129 angefügt. Sie weist mehr Schmuckelemente auf als das Langhaus. Die Chorfenster erhielten ihre heutige Form um 1500. Eine Erneuerung um 1700 brachte weitere Änderungen an Apsis, Chor u. S-Wand. Der W-Bau ist ein bes. auffälliges Kennzeichen der Klosterkirche. Seine Dreiturmgruppe ragt wesentlich höher auf als das Langhaus u. unterscheidet sich von ihm durch seine Formenvielfalt.

Der quadr. Mittelturm endet in einem durch gekuppelte Arkaden aufgelösten Giebel. Die beiden in die Winkel zwischen Mittelturm u. Seitenschiffe eingestellten rd. Treppentürme überragen den Mittelbau. Sie tragen hohe Kegeldächer u. haben ebenfalls gekuppelte Öffnungen. Die beiden unt. Geschosse des W-Baues bestehen aus sorgfältig gearbeiteten gr. Sandsteinquadern, die Obergeschosse aus Bruchsteinmauerwerk, wie es auch im Langhaus verwendet wurde. Alle drei Türme werden von einem Rundbogenfries u. Gesimsen mit Profilen u. Schachbrettmustern umzogen. Die Form des W-Einganges wurde mehrfach verändert.
Ursprl. führte eine gr. rundbogige Öffnung in eine offene Vorhalle. Ihr Kreuzgewölbe mit Bandrippen, die auf Ecksäulen mit Würfelkapitellen aufliegen, ist noch heute vorhanden. An der O-Seite der Vorhalle war der eigentliche Eingang zur Kirche. In seiner Leibung sind noch Reste qualitätvoller Wandmalerei aus dem 13. Jh. erh. Die Bronzetür aus den 70er Jahren unseres Jh. wurde für die neue Bestimmung der Kirche als Konzerthalle »Georg Philipp Telemann« geschaffen. Heute betritt man die Kirche durch eine Tür an der NW-Seite o. durch eine Tür im nördl. Querhausflügel. Im Gegensatz zu dem schlichten Außenbau überrascht der Innenraum durch seine Vielfalt. Bauformen aus drei Jh. fügen sich hier zu einem geschlossenen Gesamtbild. Den Kern bildet der Bau von Erzbischof Werner, eine dreischiff. flachgedeckte Säulenbasilika, deren Stützenreihe in der Mitte durch ein Pfeilerpaar unterbrochen wird. Im O schließt sich ein Querhaus mit ausgeschiedener Vierung, einem Chorquadrat, einer Hauptapsis u. einer südl. Nebenapsis an.

*Magdeburg, Liebfrauenkloster, Westbau*

Im Chor u. in der Apsis sind schmale, rundbogige Nischen eingelassen. Sie sind Merkmale einer frühen Baukunst, wie man sie in den frühromanischen rheinischen Kirchen, aber auch in Niedersachsen findet. Ebenfalls von dem Werner-Bau stammen noch Schmuckformen an den westl. Vierungspfeilern. Mit ihren Tierfriesen erinnern sie an die Ornamentik der Stiftskirche St. Servatius in Quedlinburg. Ihre ursprl. Schmuckformen zeigen auch das mittl. Pfeilerpaar u. Kapitellreste an den östl. Stützen der Seitenschiffe.
Im Jahre 1188 beschädigte ein Brand den Innenraum der Kirche, so daß aus statischen Gründen die Säulen ummantelt bzw. durch Pfeiler ersetzt werden mußten. Nur das mittl. Pfeilerpaar blieb erh. Diese Eingriffe haben den Eindruck des Werner-Baues nur wenig beeinflußt, wenn er nun auch zu einer reinen Pfeilerbasilika geworden ist. Geblieben sind die schön gestalteten Wände u. Arkaden mit ihrem Wechsel von hellem u. roten Sandstein, den zurückhaltenden Schmuckformen u. schlichten Fenstern. Durchgreifende Veränderungen erfuhren Langhaus, Querschiff u. Chor zwischen 1220 u. 1240. Sie erhielten – wohl unter dem Eindruck des Dom-Neubaues – frühgotische Gewölbe. Man legte vor die romanischen Wände u. Pfeiler in mehreren Schichten ein System von Diensten u. Blendarkaden, das die Rippen der Gewölbe aufnahm. Unter den Obergadenfenstern entstand ein schmaler Laufgang, der durch die stärksten Dienste geführt wurde. Im Chorquadrat u. in den Apsiden fehlt dieser Laufgang. Dort umschließen hochgezogene Dienstbündel die Obergadenfenster, eine Horizontalgliederung fehlt. Das Chorgewölbe wurde um 1500 erneuert. Nach der Zerstörung 1945 ersetzte man das Gewölbe durch eine flache Holzdecke.
Unter dem Chorquadrat der Apsis liegt die dreischiff. Krypta. Sie stammt aus der Zeit von Erzbischof Werner u. wirkt mit ihren schlichten Würfelkapitellen u. dem spärlichen Dekor aus Flechtband u. Rosetten recht altertümlich. In den Wänden befinden sich die gleichen halbrd. Nischen wie im Chor. Unter Erzbischof Norbert wurde die Krypta wahrschl. nach W erw. u. mit Öffnungen zum Langhaus versehen. Vergleichsbeispiele dazu finden sich in den Tochtergründungen Jerichow u. Brandenburg. In Magdeburg wurde die Erweiterung jedoch im 18. Jh. wieder rückgängig gemacht, sodaß keine genauen Aussagen über den Zustand der Krypta zur Zeit Norberts möglich sind.
Neueste Grabungen legten unter der Vierung einen Raum aus dem 16. Jh. frei, der als Grablege Norberts nach seiner Heiligsprechung 1582 diente. Als seine Gebeine 1626 nach Prag überführt waren, hat man den Raum wieder überbaut. Eine Marmorplatte aus dem 16. Jh., die in vorzüglich gestalteter Schrift an Norbert erinnert, war wohl für seine Grablege unter der Vierung bestimmt. Heute ist sie in die O-Wand des nördl. Seitenschiffs eingelassen.
Von der ursprl. Ausstattung der Kirche ist nichts mehr erh. Eine neoromanische Kanzel von 1890 wurde nach dem Wiederaufbau durch eine Renaissancekanzel, die aus Leitzkau stammte, ersetzt.
Die Klosteranlagen von Unserer Lieben Frauen gehörten einst zu den schönsten in Deutschland. Trotz der starken Kriegszerstörung ist heute wenigstens die Klausur wieder weitgehend in ihrem alten Zustand zu erleben.
Der Kreuzgang schließt sich an die N-Seite der Kirche an. Er war ursprl. doppelgesch. Heute sind seine ob. Stockwerke z.T. modern überbaut.

*Magdeburg, Liebfrauenkloster, Kreuzgangflügel mit Brunnenhaus*

Seine kreuzgratgewölbten Gänge öffnen sich in breiten Rundbögen, in die je drei kleinere Arkaden eingestellt sind, zum Hof hin. Die Kapitelle der kl. Arkadensäulchen weisen eine Fülle der unterschiedlichsten Schmuckformen auf, die sich zudem nicht einmal wiederholen.

Das Brunnenhaus an der O-Seite des Hofes ist das älteste seiner Art, das in Deutschland erh. ist. Hier nahmen die Ordensbrüder ihre Waschungen vor u. pflegten ihre Tonsur. Das Untergeschoß des Lavatoriums öffnet sich in etwas größeren, ebenfalls dreigeteilten Arkaden. Die eingestellten Stützen bestehen aus vier zierlichen Säulchen, die von je einer gemeinsamen Basis, einem Kapitel und einen Kämpfer zusammengefaßt werden. Auch hier ist eine gr. Vielfalt der Schmuckformen anzutreffen. Breite ungegliederte Strebepfeiler stützen das Gewölbe des ob. Raumes, der wahrschl. die Klosterbibliothek enthielt. Gedeckt ist das Brunnenhäuschen mit einem Kegeldach aus Sandsteinquadern.

Die übrigen Klosteranlagen sind entweder abgebrochen o. durch Umbauten u. heutige Nutzung verändert. So lag an der O-Seite des Kreuzganges ein gr. Dormitorium, das sich als eigenständiger Bau von den übrigen Gebäuden abhob. Unter dem Schlafsaal befand sich üblicherweise der Kapitelsaal. Diese Anlage wurde bereits 1631 abgebrochen.

An der W-Seite befanden sich die Küche u. das alte Refektorium mit einem gleichgroßen Keller darunter. Die tonnengewölbten Räume haben das gewaltige Ausmaß von 43 m Länge u. 8 m Breite. Sie wurden nach der Zerstörung im zweiten Weltkrieg

sorgfältig restauriert u. bergen heute mittelalterliche u. zeitgenössische Kunstwerke. Die O-Wand des Refektoriums zeigt eine reichere architektonische Gestaltung als die übrigen Außenwände. Ursprl. gab es hier einen Eingang, dessen Rundbogen heute durch Geländeaufschüttung weit im Erdreich versunken ist. Darüber unterbrechen in zwei Geschossen gestaffelte Rundbogenfenster u. kl. rd. Öffnungen die Mauer. Parallel zum W-Flügel des Kreuzganges liegt das ehem. Sommerrefektorium. Seine weiten Bögen öffneten sich ursprl. zum Kreuzgang. Heute sind sie verglast; der schöne Raum wird als Cafeteria genutzt.
Im Winkel zwischen nördl. Querschiff u. Langhaus lag das sog. Poenetarium, ein tonnengewölbter Raum, der wohl als Strafzelle für die Mönche diente.
Auf der anderen Seite des nördl. Querschiffs, im Winkel zwischen seiner O-Wand u. der nördl. Seite des Chores, befindet sich ein besonders schöner Raum, die »hochsäulige Kapelle«. Sie wurde an Stelle der nördl. Apsis errichtet u. verdankt ihren Namen den hohen, schlanken Stützen. Ihre ursprl. Nutzung ist nicht ganz geklärt. Eine schon seit langem zugemauerte Tür führte ehem. in das nördl. Querschiff, so daß der Raum evtl. als Sakristei genutzt werden konnte. Die ursprl. Tonnenwölbung ist noch an den Ansatzspuren zu erkennen.
Erst im späten 12. Jh. zog man ein Kreuzgratgewölbe ein, das die Kapelle nun zu einem lichten dreischiff. Raum macht. Die Gewölbe liegen auf sechs unterschiedlich gestalteten Stützen, die viel zu dem Eindruck der differenzierten Leichtigkeit beitragen. Statt der Kapitelle liegen stilisierte Akanthusblätter direkt am Schaft der Stützen unter den hohen, profilierten Kämpferplatten.

*Magdeburg, Liebfrauenkirche, Mittelschiff nach O*

Die Kapelle kann heute nur vom Kreuzgang aus betreten werden. Sie dient zur Aufbewahrung mittelalterlicher Skulpturen aus zerstörten Magdeburger Kirchen.
Von dem ehem. reichen Kirchenschatz findet sich noch ein Relief aus dem 14. Jh. Es zeigt die Kreuzigung Christi mit Maria, Johannes, dem hl. Christophorus u. einen Stifter mit einem begleitenden Heiligen. Auch ein Grabstein aus dem 14. Jh. u. ein Relief aus dem 15. Jh. mit Madonna u. Stifter werden in der »hochsäuligen Kapelle« aufbewahrt. Sie sollen ebenfalls aus der Kirche des Klosters stammen.

*H.N.*

Lit.:
*Hasak:* Die Liebfrauenkirche zu Magdeburg. In: Magdeburger Ge-

schichtsblätter, 49/59, 1914, S. 15; Das Kloster Unserer Lieben Frauen in Vergangenheit und Gegenwart. In: Festschrift zur Feier des 900jährigen Bestehens. Magdeburg 1920; *Weidel, Karl:* Das Kloster Unserer Lieben Frauen in Magdeburg. Augsburg 1925; *Möbius, Helga:* Das Liebfrauenkloster in Magdeburg. Berlin 1972 (Das Christliche Denkmal H. 84); *Krause, Hans-Joachim:* Das Kloster als Bauwerk – Seine Gestalt, Geschichte und denkmalpflegerische Instandsetzung. In: Basilika, Baudenkmal und Konzerthalle. Schriften des Kunsthistorischen Museums Magdeburg. Magdeburg o.J.; *Neumann, Helga:* Das Kloster Unserer Lieben Frauen in Magdeburg. München; Berlin 1993 (Große Baudenkmäler H. 438)

***St. Sebastian***

Die katholische Propsteikirche St. Sebastian wurde gegen 1015 von Erzbischof Gero als Kollegiatsstift errichtet. Von dem Gründungsbau ist heute nichts mehr erh. Auch von einem Neubau aus der M. des 12. Jh. sind nur noch Reste geblieben, die das Erscheinungsbild des gegenwärtigen Baues aber nicht unwesentlich beeinflussen: Es handelt sich um den W-Bau u. um Teile des Querschiffs. Als geschlossener Querriegel mit einem Mittelbau u. zwei Türmen an den Seiten macht die W-Seite der Kirche einen wehrhaften Eindruck. Ursprl. gab es dort keinen Eingang, das heutige Portal wurde erst am E. des 19. Jh. eingefügt u. in den letzten Jz. neu gestaltet. Das oberste Geschoß des Mittelbaues besaß eine Reihe rundbogiger Schallarkaden, die in mittelalterlicher Zeit zugemauert wurden, jetzt aber erneuert u. wieder geöffnet sind.

Die beiden Seitentürme erhielten im 13. Jh. ihre spitzbogigen, mit einem Blendbogen überfangenen Triforien u. im Barock die Zwiebelhauben. Die gr. Eingangshalle im Inneren der Turmfront wurde erst nachträglich mit einem Kreuzgratgewölbe gedeckt. Eine Empore öffnet sich ins Kircheninnere. Die romanischen Teile des Querhauses beschränken sich auf einige Reste der östl. u. südl. Wand des südl. Querarms sowie auf den Ansatzbogen der ehem. südl. Nebenapsis. An den Wänden sind zugemauerte rundbogige Fenster zu sehen. Auch die Vierungspfeiler gehören noch der Romanik an. Ihre Kämpfer sind mit Palmetten, Band- u. Schachbrettmustern geschmückt, die an die Kapitellornamentik im Kreuzgang des Magdeburger Liebfrauenklosters erinnern.

E. des 14. Jh. fügte man dem Langhaus einen langgestreckten gotischen Chor an, erhöhte das Querhaus u. brach in die Südwand zwei gr. Spitzbogenfenster ein. Die N-Wand erhielt ein zweijoch. Seitenschiff.

Im 15. Jh. erfolgte der Umbau der ehem. Basilika zur Hallenkirche. Die romanischen Grundrißproportionen wurden beibehalten u. der ursprl. Raumeindruck im Inneren blieb weitgehend erh. Bemerkenswert sind die drei unterschiedlichen Stützenpaare, die das Langhaus gliedern. Im 17. Jh. schließlich wurde das einheitliche Gewölbe erneuert. Von der Ausstattung ist nichts mehr erh.

Mit der Umwandlung der ehem. Stiftskirche in die katholische Propstei- u. Bischofskirche von Magdeburg war man bestrebt, ihre Bedeutung durch eine Reihe von Kunstwerken, die aus anderen Kirchen zusammengetragen wurden, aufzuwerten. So wurden Reste mittelalterlicher Glasfenster aus der katholischen Pfarrkirche in Hadmersleben eingebaut, die später durch moderne

Fenster ergänzt u. erw. wurden. Auch die beiden Marienaltäre aus dem 15. Jh. entstammen anderen Kirchen. Schließlich erhielt die Kirche noch ein lebensgroßes spätgotisches Kruzifix.

*H.N.*

Lit.:
*Schrader, Franz:* Stadt, Kloster und Seelsorge. Leipzig 1988

***St. Peter***

St.Peter ist eine Gründung aus dem 12. Jh. u. heute katholische Pfarrkirche. Von dem ursprl. Bau ist nur der Turm erh. Seine schwere, querrck. Anlage war Vorbild für eine Reihe von Dorfkirchen der Umgebung. Er besteht aus Bruchsteinquadern u. hammerrechten Bruchsteinen, wie sie für diese wehrhaften Bauten der Zeit typisch sind. Ein W-Eingang ist nicht vorhanden. Auch Gliederungselemente fehlen, so daß der unt. Teil des Turmes die romanische Geschlossenheit besonders eindrucksvoll verkörpert. Erst die ob. Geschosse sind durch Ecklisenen, Bogenfriese u. zwei Rundfenster aufgelokkert. Das Glockengeschoß besteht aus gepaarten Schallöffnungen, die auf kl. Säulen mit Würfelkapitellen aufliegen. Der unt. Innenraum des Turmes war ursprl. mit zwei Arkaden zum Langhaus hin geöffnet. Sie sind heute zugesetzt. Das romanische Kirchenschiff war wahrschl. einschiff. Um 1400 erfolgte nach S hin eine Erweiterung zur dreischiff, Hallenkirche. Der Turm steht damit nicht mehr in der Mittelachse, sondern an der N-Seite der W-Wand. Im O wurde ein einschiff. polygonal geschlossener Chor angebaut. Die Schmuckformen an den Strebepfeilern u. das reich gestaltete Maßwerk der Fenster verraten böhmischen Einfluß. Das Dach besteht aus quergestellten Giebeln, wie es im Mittelalter für Magdeburger Kirchen gebräuchlich war. Das Innere der Kirche war früher kreuzgratgewölbt. Heute hat es eine Flachdecke, welche die herbe Strenge des Raumes hervorhebt. Dieser Eindruck wird noch verstärkt durch die schlichten quadr. Pfeiler, die kämpferlos in die Scheidbögen übergehen. Der Chorraum unterscheidet sich von dem Langhaus durch seine Helligkeit, bedingt durch gr. spitzbogige Fenster, die die Wand weitgehend auflösen.
1945 wurde die Kirche stark zerstört. Der Wiederaufbau zog sich bis 1972 hin. Die Ausstattung ist heute modern. Die Fenster im Chor entstanden 1970 nach Entwürfen von Carl Crodel.

*H.N.*

*Magdeburg, Petrikirche von S*

**Melkow**

***Dorfkirche***

Die ursprl. slawische Siedlung wurde 1146 durch Bischof Anselm v. Havelberg neben 10 weiteren Dörfern dem Kloster Jerichow zur Bildung eines Archidiakonats übereignet. Die Kirche, im Mittelalter mit der Filiale Wust unter Patronat des Klosters, liegt inmitten des alten Dorfplatzes.

*Melkow, Dorfkirche, Ansicht von SO*

Der unverändert erh. Backsteinbau (E. 12. Jh.) besteht aus flachgedecktem Schiff, über dessen W-Teil sich ein massiver, querrck. Turmbau mit Glockenhaus u. Walmdach erhebt. Östl. anschließend der eingezogene Chor mit Kreuzgratgewölbe u. Apsis. Am Schiff befinden sich zwei genüberliegende, nachträglich als Fenster veränderte Rundbogenportale sowie drei kl., urspr. Fenster nach N u. S. Der eingezogene Chor

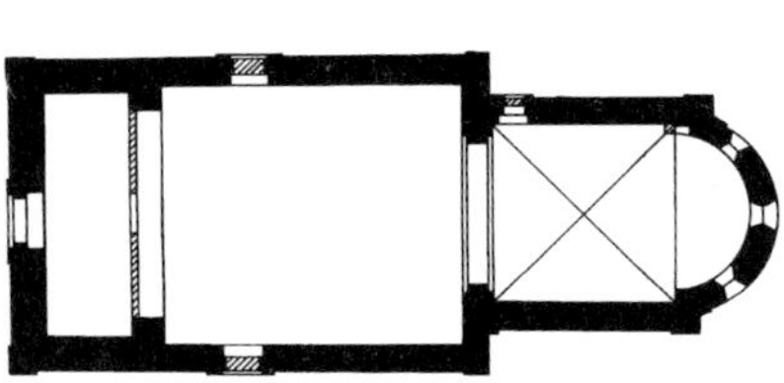

besitzt wie in Wust nur Fensteröffnungen, in der NW-Ecke die Priesterpforte sowie Reste eines Sakristeianbaues; die Apsis mit 3 hohen Rundbogenfenstern nach O. Die unverputzten Außenwände sind mit Sockel, Lisenen, einfachem Winkelfries (Schiff, Chor) u. Rautenfries (Apsis, W-Turm) gegliedert.
Der schlichte, geputzte Innenraum mit flachgedecktem Schiff, Triumphbogen u. gewölbtem Chor, 1960 restauriert ist mit einem Kruzifix (M. 15. Jh.) u. spätromanischen Taufbekken, z. T. mit figürlichen Darstellungen, ausgestattet.

*R.N.*

Lit.:
*Adler* Bd. I, 1862, S. 43, Taf. 24/5-7; *Stiehl* 1898, S. 68; *Wernicke* 1898, S. 336-337

**Memleben**

***Ruinen der Klosterkirchen***
Memleben gehörte im 9. Jh. zum Besitz des Klosters Hersfeld. Im 2. V. des 10. Jh. gab es hier eine königliche Pfalz, die der erste König aus sächsischem Geschlecht, Heinrich I. (919-936), 936 besuchte u. dabei am 2. Juli verstarb. Sein Leichnam wurde nach Quedlinburg übergeführt u. fand dort in der Pfalzkirche seine letzte Ruhe. Sein Sohn u. Nachfolger, Kaiser Otto d. Gr., hat den Sterbeort seines Vaters nicht nur häufig besucht, sondern dort 942 sehr wahrschl. eine zweite Kirche gestiftet, an der Kleriker den Gottesdienst zu Ehren der Gottesmutter versahen u. für den verstorbenen Vater beteten. Diese Kirche war eine sehr gr. Basilika mit zwei Querhäusern – wohl beide erstmals mit »ausgeschiedener Vierung« – u. zwei apsidial geschlossenen Chören mit Krypten; die Westkrypta war geplant, wurde aber nicht fertig-

gestellt. »Wenn die vorgeschlagene Datierung richtig ist, dann war die ottonische Memlebener Kirche nicht nur die größte, sondern sie ist auch die älteste bekannte Anlage dieses für die frühe deutsche Kaiserzeit charakteristischen Typus – das Leit-Bauwerk ottonisch-imperialer Klosterbaukunst« (Ernst Schubert).
Wahrschl. hatte der Kaiser also schon lange vor seinem Beschluß, in Magdeburg ein Erzbistum u. in Merseburg ein Bistum zu gründen, mit Memleben große Pläne. Zu Pfingsten 973 besuchte er die Pfalz Memleben zum letzten Male. Am 7. Mai ist er dort gestorben. Seine Eingeweide wurden in der Marienkirche beigesetzt, sein Leichnam aber nach Magdeburg übergeführt u. dort in dem von ihm gestifteten Dom bestattet.
Wie hoch Kaiser Otto II. (973-983) den Sterbeort seines Großvaters u. seines Vaters schätzte, lassen mehrfache Besuche erkennen. Darüberhinaus stiftete er spätestens im Jahre 979 bei der Marienkirche ein Benediktinerkloster mit außergewöhnlichen Rechten sowie unvergleichlich gr. Besitz. Das Kloster sollte dem Kaiser u. dem Papst direkt unterstehen, u. der Papst stellte es auf Wunsch des Kaisers sogar den beiden mächtigsten Klöstern im Reich, in Fulda u. auf der Reichenau im Bodensee, im Rang gleich. Zu vermuten ist also, daß auch Kaiser Otto II. mit Memleben gr. Pläne hatte, an deren Realisierung aber durch seinen frühen Tod verhindert wurde.
Sein Nachfolger, Kaiser Otto III. (983-1002), hat Memleben, das er 987 u. 994 besuchte, ebenfalls bes. gefördert, u. als letzter der ottonischen Herrscher bestätigte Kaiser Heinrich II. im Jahre seines Regierungsantritts, 1002, alle Rechte u. Besitzungen des Reichsklosters. Derselbe Herrscher verfügte aber 1015 Memlebens Unterstellung unter das Kloster Hersfeld, um mit dafür vom Kloster Hersfeld ertauschtem Besitz das von ihm gegr. Bistum Bamberg ausstatten zu können. Die Abtei Memleben hat aber gewiß unter Hersfelder Oberhoheit weiterbestanden u. konnte A. des 13. Jh. sogar eine neue Kirche u. neue Klostergebäude errichten. In der Reformationszeit wurde sie aufgehoben. Die Kirche brannte im 18. Jh. aus u. wurde dann zur Ruine.
Von der Kirche des 10. Jh. fällt an der nach Nebra führenden Dorfstraße das sog. »Kaisertor« ins Auge, das in der S-Wand des ehem. westl. Querhauses erh. blieb. Rechts schließen die Unterteile der S-Wand des Langhauses – mit einem halben Fenstergewände – u. der SW - Ecke des östl. Querhauses an. Nördl. des »Kaisertors« steht auf dem Hof ein ungefüger Mauerklotz, an dem einst die S-Ecke der gr. westl. Chorapsis ansetzte. Ihr Unterbau mit Wandvorlagen für eine hier vorgesehene Krypta konnte ergraben werden. Eine gr. Rundbogenöffnung an der S-Seite des Mauerklotzes führte einst vom Querhaus in einen angrenzenden Raum, viell. ein gr. Atrium westl. vor der Kirche. Darüber hinaus wurden Fundamentteile der N-

*Isometrischer Rekonstruktionsversuch der ottonischen Kirche*

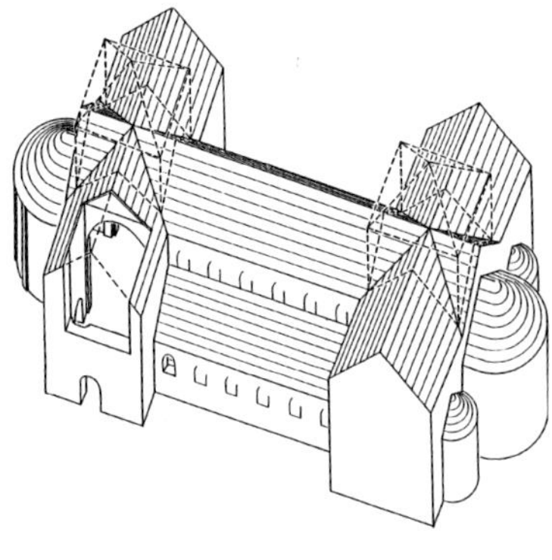

Wand und der N-Arkaden des Langhauses sowie der drei Apsiden des O-Querhauses ergraben. In nächster Nähe müssen die – sicher umfangreichen – Gebäude der zugehörigen Klausur u. vor allem die der königlichen Pfalz gestanden haben.
Das Kloster des 13. Jh. entstand nordöstl. der ottonischen Kirche. Die als romantische Ruine erh. Kirche war eine im gebundenen System errichtete, kreuzförm. Basilika mit zweitürmigem W-Bau u. einer Krypta unter dem Sanktuarium. Von der Gliederung ihrer Außenwände ist nur wenig übrig geblieben. Außer dem westl. Haupteingang, einem ehem. Säulenportal mit reich profilierter, spitzbogiger Archivolte, läßt vor allem der östl. Abschluß der Kirche eine reichere Aufteilung erkennen. Über dem rings umlaufenden Sockel des Sanktuariums steigen an dessen östl. Kanten breite Lisenen auf. Sie rahmen die zwischen ihnen vorspringende, polygonale, zweigesch. gegliederte Hauptapsis. Im unt. Geschoß, in dem jedes Polygonfeld von Lisenen u. einem doppelten Rundbogenfries gerahmt wird, befinden sich unmittelbar über dem Sockel die kl. Rundbogenfenster der Krypta, u. in halber Höhe markiert eine deutliche Grenze im Steinmaterial die Fußbodenhöhe des Sanktuariums. Von dem ob. Geschoß, das nach einer Abbildung des 19. Jh. Rundbogenfenster aufwies, stehen nur noch Ansätze. Die polygonalen Nebenapsiden an den Querhausarmen, von denen nur der Stumpf der südl. erh. blieb, besaßen offenbar ähnliche Gliederungen.
Den Innenraum betritt der Besucher von dem im S anschließenden Garten aus. In dem bes. eindruckvollen Mittelschiff tragen sorgfältig aus Sandsteinquadern hergestellte, kräftige Pfeiler mit je einer Dreiviertelsäule auf der O- und der W-Seite abgetreppte Spitzbogenarkaden u. darüber die aus Bruchsteinen aufgemauerte, ehem. sicher verputzte Hochwand. Auffälligerweise fehlen den Pfeilern seitl. Vorlagen für eine Wölbung, wie sie im 2. V. des 13. Jh. in dieser Landschaft schon zu erwarten war. Über dem heute fehlenden Obergaden war das Mittelschiff also durch eine flache Holzdecke abgeschlossen. Lebensgroße Darstellungen von Herrschern u. ihren Gemahlinnen an den Pfeilern, heute kaum noch zu erkennen, erinnerten wohl an die gr. ottonische Vergangenheit des Klosters.

*Lageplan mit den beiden Kirchenruinen*

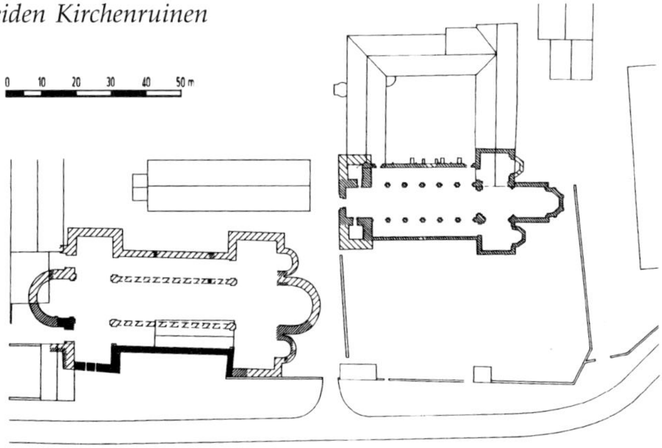

*Memleben, Krypta der jüngeren Klosterkirche*

Von dem zweitürmigen W-Bau stehen nur noch Teile der N-, W- u. S-Wand der mittl. Eingangshalle. Die monumentalen Rundbögen am O-Ende der beiden Seitenschiffe öffneten sich einst gegen das Querhaus, gegen den heute durch Überbauung verstellten N- Arm u. den in seiner ehem. Gestalt mit polygonaler Apsis noch besser erkennbaren S-Arm. Das Mittelschiff mündete in die leicht erhöhte Vierung des Querhauses, deren vier Bögen – nur noch Reste ihrer Vorlagen sind erh. – einen hochaufragenden Vierungsturm trugen. Der Fußboden des im O anschließenden quadr. Sanktuariums mit einer eingezogenen, polygonalen Apsis liegt wegen der Krypta noch erheblich höher.

Vom S-Arm des Querhauses gelangt man über eine Treppe in den dreijoch. Vorraum der Krypta. Drei rundbogige Durchgänge führen in einen quadr., von vier freistehenden u. vier Wand-Säulen in drei gleich breite Schiffe geteilten Hallenraum, dessen Kreuzgratgewölbe von sichelförm., an den Seitenwänden auf Konsolen endenden Gurtbögen getragen werden. An der O-Seite führen wieder drei Rundbogenöffnungen in die polygonale Apsis. Die durch sechs kl. Spitzbogenfenster spärlich erleuchtete Halle wirkt trotz Verwitterung großzügig u. wohlausgewogen. Die fein durchgebildeten Einzelformen, besonders der Kapitelle, lassen vermuten, daß der Bau der Kirche bereits im 1. V. des 13. Jh. mit der Krypta beg. hat.
Der annähernd quadr. Klausurhof liegt unmittelbar nördl. des Langhauses zwischen Querhaus u. nördl. W-Turm. Er war auf allen vier Seiten von einem Kreuzgang umschlossen. Die an drei Seiten angrenzenden Klostergebäude wurden nach der Aufhebung des Klosters tief eingreifend verändert. Das östl., das sog. »Mönchhaus«, läßt wenigstens von außen noch die ehem. Bestimmung erkennen. Durch die östl. Rundbogenfenster erhielten die Sakristei u. der Kapitelsaal Licht, u. hinter den Schlitzfenstern des Obergeschosses lag das Dormitorium. Von den Wölbungsvorlagen des Kreuzgang-Südtrakts sind an der N-Wand der Kirche noch Reste, von dem flachgedeckten O-Trakt der Eingang in den Kapitelsaal mit beiderseitigen Biforien zu erkennen. Der N- u. der W-Trakt haben nach den erh. Resten innerhalb der jetzt dort stehenden Gebäude gelegen, von denen der O-Abschnitt des nördl. eine moderne Ergänzung ist.

*Memleben, Ruine des Mittelschiffs der jüngeren Klosterkirche*

Zu wünschen ist, daß diese historische Stätte, die in der Frühzeit des Deutschen Reichs eine so bedeutende Rolle spielte, für viele Besucher erschlossen wird u. daß der Bestand der Ruinenmauern u. Gebäude auf lange Zeit gesichert werden kann.

*G.L.*

Lit.:
*Bellmann, Fritz; Leopold, Gerhard:* Die ottonische Abteikirche Memleben. In: Varia Archaeologica, Hrsg. Paul Grimm. Berlin 1964, S. 354-363; *Dehio* 1976, S. 271-273; *Leopold, Gerhard:* Grabungen im Bereich der ottonischen Kirche in Memleben: Westchor. In: Siedlung, Burg und Stadt. Studien zu ihren Anfängen, Hrsg. Karl-Heinz Otto, Joachim Hermann. Berlin 1969, S. 525-532; *Ders.:* Das Kloster Memleben. Berlin 1976, 2. Aufl. 1986, München; Zürich 3. Aufl. 1991; *Ders.:* In: Denkmale in Sachsen-Anhalt. 1986, S. 170-173; *Leopold, Gerhard; Schubert, Ernst:* Otto III. und Sachsen. Die ottonische Kirche in Memleben. Geschichte und Gestalt. In: Kaiserin Theophanu. Begegnung des Ostens und des Westens um die Wende des ersten Jahrtausends. Gedenkschrift des Kölner Schnütgen-Museums zum 1000. Todesjahr der Kaiserin, Hrsg. Anton von Euw, Peter Schreiner, Band 2. Köln 1991, S. 371-382; *Schubert, Ernst:* Zur Datierung der ottonischen Kirche zu Memleben. In: Siedlung, Burg und Stadt. Studien zu ihren Anfängen, Hrsg. Karl-Heinz Otto, Joachim Hermann. Berlin 1969, S. 514-524; *Ders.:* Magdeburg statt Memleben? In: Bau- und Bildkunst im Spiegel internationaler Forschung. Festschrift Edgar Lehmann. Berlin 1989, S. 35-40; *Schubert* 1990, S. 79-88; *Streich, Gerhard:* Burg und Kirche während des deutschen Mittelalters. Untersuchungen zur Sakraltopographie von Pfalzen, Burgen und Herrensitzen. Sigmaringen 1984; Vorromanische Kirchenbauten. Katalog der Denkmäler bis zum Ausgang der Ottonen, herausgegeben vom Zentralinstitut für Kunstgeschichte. München 1966/70, S. 202-204; (Friedrich Oswald); Vorromanische Kirchenbauten. Katalog der Denkmäler bis zum Ausgang der Ottonen. Nachtragsband, herausgegeben vom Zentralinstitut für Kunstgeschichte. München 1991, S. 273 (Werner Jakobsen)

## Merseburg

Merseburg wird erstmals im Hersfelder Zehntverzeichnis des 9. Jh. gen.; der Zusatz »civitas« hebt es aus der Fülle der dort aufgeführten Orte heraus u. läßt bereits in karolingischer Zeit ein regionales Zentrum vermuten. Der langgestreckte Domhügel, der sich am li., dem Hochufer der Saale zwischen den Mündungen von Geisel u. Klia inselartig entlangzieht, war schon in vorgeschichtlicher Zeit besiedelt u. zumindest teilweise befestigt. Sein mittl. u. nördl. Teil wird von dem Chronisten Bischof Thietmar v. Merseburg (1009 bis 1018) als »Altenburg« bezeichnet, spätestens seit E. 8. Jh. war auch der südl. Teil befestigt. Eine nicht erh. Martinskapelle in diesem Bereich dürfte die früheste kirchliche Gründung in Merseburg gewesen sein.
Heinrich I. gelangte durch Heirat u. eine weitere gezielte Erwerbspolitik in den Besitz des gesamten Merseburger Areals, das als Wegekreuz mit seinem Flußübergang zu dieser Zeit, als die Saale Grenzfluß zu den östl. von ihr siedelnden Slawen war, erhebliche strategische Bedeutung besaß. Er umschloß den südl. Bereich des Domhügels durch eine Befestigungsmauer u. ließ darin eine Johannes dem Täufer gew. Stiftskirche aus Stein errichten (Weihe 931),

die wohl auch die erste Pfarrkirche Merseburgs war (Siegel u. Wappen der Stadt tragen das Bild Johannes des Täufers).
Die Residenz Heinrichs I. entwickelte sich zu einer der bedeutendsten deutschen Königspfalzen des 10.-12. Jh., in der zahlreiche Hoftage stattfanden, z.T. verbunden mit sog. Festkrönungen der Könige. Der Höhepunkt liegt in der Regierungszeit Heinrichs II. (1002-1024), in der Merseburg die mit Abstand am häufigsten aufgesuchte deutsche Königspfalz war. Der genaue Ort der Pfalz ist unbekannt; der »Königshof« (der Wirtschaftshof der Pfalz?) lag im Bereich des heutigen Schloßgartens, am Saaleufer darunter die »Königsmühle«.
Ein Grafensitz existierte wohl bereits seit karolingischer Zeit; ab 965 (bis 982?) war Merseburg für kurze Zeit Hauptort einer Markgrafschaft.
968 gründete Otto d. Gr., in Einlösung eines Gelübdes vor der Schlacht auf dem Lechfeld (955), an der Johanneskirche mit dem neuen Konpatron Laurentius das Bistum Merseburg, das 981 aufgehoben, 1004 von Heinrich II. neu gegr. wurde u. dann bis zur Reformation bestand.
Im Schutz der »urbs«, in der schon zu 974 »Kaufleute u. Juden«, auch eine Münzstätte bezeugt sind, entwickelte sich die Stadt zunächst bis zur Geiselniederung (Gründung der Pfarrkirche St. Maximi gegen E. 10. Jh.; eine 1514 zerstörte Synagoge bestand vermutl. bereits vorher). Ein weiterer Stadtkern entstand jenseits der Geisel (auf dem höchsten Punkt 1045 Gründung der Pfarrkirche St. Sixti). E. 11. Jh. wurde in der Altenburg an der dort seit dem 10. (mit einem Vorgängerbau viell. auch schon seit dem 9.) Jh. bestehenden Peterskirche ein Benediktinerkloster gestiftet (Weihe der neuen Klosterkirche 1091). E. 12. Jh. greift die Stadt auf das andere Saaleufer über (1188 Urkunde Kaiser Friedrichs I. Barbarossa für den Bischof mit der Erlaubnis, den Merseburger (Straßen-) Markt um den »Neumarkt« zu erw.; in diesem Zusammenhang Ersterwähnung von Neumarktkirche u. Saalebrücke).
Parallel erfolgt der innerstädtische Ausbau: Die Geisel wird westl. der Stadt gestaut (Anlage des im 15. Jh. wesentlich erw. Gotthardtsteiches) u. die Geiselniederung, die Maximi- u. Sixtiviertel trennte, trockengelegt, die Geisel innerhalb der Stadt reguliert. Zwischen den Vierteln kann der Marktplatz angelegt werden. 1218/19 läßt Bischof Ekkehard die Stadtmauer erb., die die Grenzen der mittelalterlichen Stadt festschreibt. Die drei (im 19. Jh. niedergelegten) Stadttore waren das Gotthardtstor für den Verkehr in Richtung N u. W (Halle, Eisleben, Nordhausen), das Sixtitor nach SW (Naumburg, Weißenfels) u. das (innere) Neumarkttor unterhalb der Burg vor der Saalebrücke nach O (Leipzig, Böhmen, Schlesien), dazu am O-Ende des Neumarkts vor der Brücke über die Kleine Saale das äußere Neumarkttor. Die durch Wälle geschützte Altenburg mit dem Königshof blieb wie die Neumarkt-Insel außerhalb der Mauern; sie entwickelten sich zu eigenen Gemeinwesen, die erst 1832 unter Einbeziehung der Domfreiheit mit der Bürgerstadt vereinigt wurden.
Im sog. Großen Interregnum wird das Pfalzgelände von den Bischöfen usurpiert, deren Residenz der Stadt weiterhin regionale Bedeutung sichert. Bis in das 14. Jh. hinein bleibt Merseburg auch als Handelsort wichtig; die Fernkaufleute, durch verheerende Stadtbrände empfindlich geschädigt, bevorzugen aber zunehmend das nun günstiger gelegene u. von den Wettinern zielstrebig geförderte Leipzig.

Die Bürgerschaft (»universitas burgensium«), erstmals 1289 bezeugt, bleibt bis zum Ausgang des Mittelalters in enger Abhängigkeit von den Bischöfen. In dem vergeblichen Versuch, sich davon zu befreien, tritt die Stadt 1426 der Hanse bei. Der Ausbau der bischöflichen Zwingburg über der Stadt mit der Errichtung der Hohen Mauer in der Oberen Burgstraße u. der Befestigung des Krummen Tors um 1430 ist das äußere Zeichen der Niederlage der Bürgerschaft.
1543 wird der erste protestantische Pfarrer an die Stadtkirche berufen. 1561 setzt sich die Reformation im Hochstift endgültig durch. Neue Stadtherren werden die Wettiner, die das Stift bis 1815 als Postulierte Administratoren des Bistums regieren; 1656-1738 residiert in Merseburg eine Nebenlinie als »Herzöge von Sachsen-Merseburg«, unter denen Stadt u. Stift nach den Verwüstungen des 30jährigen Krieges wieder zu bescheidenem Wohlstand kommen. Merseburg wird zur kl. barocken Residenzstadt, in der Musikpflege (die gr. Orgel im Dom, der Hofkirche der »Geigenherzöge«) u. bildende Kunst eine Heimstatt haben (über Merseburg hinaus bedeutsam die Bildhauerfamilien Trothe, Hoppenhaupt u. Agner).
1815 werden Stadt u. Stift preußisch, Merseburg die Hauptstadt des gleichnamigen Regierungsbezirks der neugebildeten preußischen Provinz Sachsen u. damit zur Verwaltungsstadt. Nach der Jahrhundertmitte dehnt sich die Stadt in Richtung W zunächst bis zur Eisenbahnlinie Halle-Erfurt aus, die bis heute die älteren Viertel spürbar von der jüngeren Bebauung westl. von ihr trennt. Die auf der Braunkohleförderung im nahegelegenen Geiseltal basierende Industrialisierung der Stadt u. ihrer Umgebung erreicht ihren Höhepunkt mit der Gründung des Ammoniakwerks Merseburg (der späteren Leuna-Werke) 1916 u. der Gründung des Buna-Werks 1935. Zwischen 1920 u. 1932 entstehen 10 gartenstadtartige Siedlungen von z.T. hoher städtebaulicher Qualität (charakteristisch für Merseburg die vom Stadtbaurat Friedrich Zollinger entwickelten halbrunden »Zolldächer«). Die Bevölkerungszahl wächst von ca. 10.000 Einwohnern um 1840 auf über 30.000 um 1935.
Nach Zerstörungen im zweiten Weltkrieg konzentriert sich die Wohnbebauung auf die Anlage neuer Wohnviertel südl., nördl. u. westl. der Innenstadt; die Schließung der Baulükken in der Altstadt unterbleibt. Eine schon im Ansatz verfehlte »sozialistische Rekonstruktion« ab Ende der 60er Jahre zerstört, unter Beseitigung wesentlicher Teile des historisch gewachsenen Stadtgrundrisses, insbesondere den südl. Teil der Altstadt u. füllt das Gelände mit unproportionierten, beziehungslosen Plattenbauten.
Seit 1952 ist Merseburg nur noch Sitz der Verwaltung eines (damals im Umfang stark veränderten u. verkleinerten) Kreises. Die Kreisreform 1993 macht es, mit heute ca. 40.000 Einwohnern, zur Kreisstadt des neugebildeten Kreises Merseburg-Querfurt.

### *Dom St. Johannes der Täufer und Laurentius*

Der Dom, im 11. Jh. nördl. seines Vorgängerbaus, der Johanniskirche Heinrichs I., errichtet u. im 13. u. 16. Jh. auf jeweils zeittypische Weise tiefgreifend umgestaltet, birgt mit seiner Krypta eine Inkunabel der romanischen Architektur, mit der Bronzegrabplatte Rudolfs v. Schwaben eines der Hauptwerke der romanischen Plastik.
Der kreuzförm. Grundriß geht im

wesentlichen auf den Bau des 11. Jh. zurück: An das Querhaus mit ursprl. zwei Nebenapsiden (von ihnen ist nur die südl., von jüngeren Anbauten verdeckt, erh.) schließt sich östl. über einer dreischiff. Hallenkrypta das von Rundtürmen flankierte Chorquadrum mit der Hauptapsis, westl. ein dreischiff. Hallenlanghaus an, dessen Seitenschiffe im W von zwei quadr., in den Obergeschossen achteck. Türmen begrenzt werden, während das Mittelschiff bis zum Hauptportal in der W-Wand der ebenfalls dreischiff., aber basilikalen »Vorhalle« durchläuft. Die N-Seite wird von den drei Flügeln des Schlosses umfaßt. An die S-Seite lehnt sich der Klausurbereich mit dem Kreuzgang an, am westl. Kreuzgangflügel die »Tonsur«, am östl. Fürstengruft u. Michaeliskapelle, östl. davon über dem Steilhang zur Saale das Kapitelhaus.

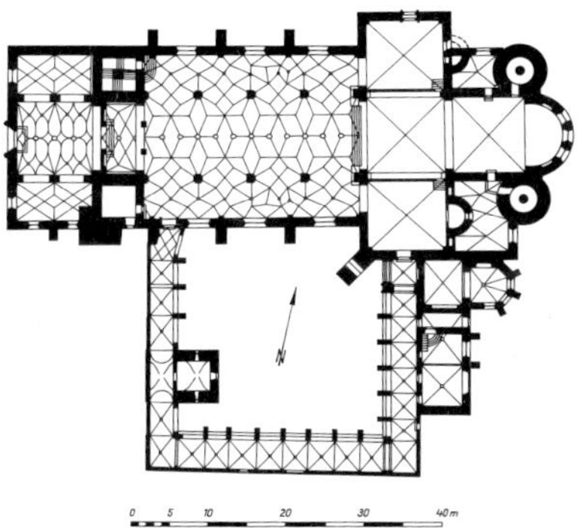


Den Grundstein legte 1015 der Chronist Bischof Thietmar; zur Weihe nach nur sechseinhalbjähriger Bauzeit erschien Kaiser Heinrich II., als Neugründer des Bistums zugleich Förderer u. wohl auch Initiator des Domneubaus. Bedauerlicherweise sind von diesem Bau keine näheren Einzelheiten bekannt; vom aufgehenden Mauerwerk sind lediglich die unt. Teile der W-Türme u. weitgehend der südl. Querhausarm mit der Nebenapsis erh. Der Chor wurde nach Einstürzen noch vor M. 11. Jh. von Grund auf erneuert u. durch die beiden (im 13. Jh. aufgestockten) Rundtürme gestützt, unter ihm die Krypta angelegt, die ihr ursprl. Raumbild im wesentlichen bewahrt hat (Weihe 1042 in Gegenwart Kaiser Heinrichs III.). Ein in der 2. H. 11. Jh. wohl über der Vierung, viell. im Zusammenhang mit dem Grab Rudolfs v. Schwaben, errichteter fünfter Turm ist nicht erh. Die Achteckgeschosse der W-Türme sind spätromanische Zutat.

Im 13. Jh. ließ Bischof Ekkehard (1215/16-1242) – der erste der Merseburger Bischöfe, die sich in dieser Zeit des Niedergangs der Königsherrschaft u. damit auch der Königspfalz Merseburg um die Errichtung einer Landesherrschaft bemühten – den Dom weitgehend erneuern: Der alte W-Abschluß aus der Zeit Kaiser Heinrichs II. mit der »Herrscherempore« zwischen den W-Türmen wurde beseitigt u. der Dom nach W um ein Joch in etwa den Proportionen des damaligen, basilikalen Langhauses verlängert, die heutige »Vorhalle« (um 1225-1230). In den 30er Jahren erneuerte u. wölbte man dann Chor u. Querhaus. Der Chorraum des Domkapitels wurde zwischen den Vierungspfeilern gegen den Gemeinderaum durch übermannshohe Lettner- u. Chorschrankenwände abgegrenzt, die den Chor zu einer Kirche in der Kirche machten. Auf sie konzentrierte sich der Bauschmuck mit kapitellverzierten Blendnischen in Formen der rheinischen Spätromanik, während die Putzwände der hellen Räume von Chorquadrum u. Querhaus zisterziensisch schmucklos blieben; die hohen rippenlosen Kreuzgewölbe

ruhen auf Konsolen bzw. eingestellten Eckpfeilern. Inwieweit sich damals die Erneuerungsarbeiten, die die Ausstattung mit einbezogen, auch auf das Langhaus erstreckten, ist unbekannt Das Langhaus wurde 1510-1517 im Anschluß an den spätgotischen Schloßneubau des Bischofs Tilo v. Trotha als dreischiff. Halle vollkommen neu aufgeführt; im Grundriß folgte man dem Fundamentverlauf des romanischen, basilikalen Langhauses, in der Raumhöhe richtete man sich nach den in den Neubau übernommenen romanischen O- u. W-Teilen. Ein Netzgewölbe mit kräftigen Schlußsteinen, die die Büsten der Hauptpatrone Johannes des Täufers u. Laurentius u. des Stifterpatrons Heinrich II., dazu die Wappen der beteiligten Bischöfe u. Domherren tragen, überspannt die gut proportionierte Halle. Ihre – durchaus beabsichtigten – Unregelmäßigkeiten, die sich aus der Zuordnung von drei Freipfeilerpaaren zu drei Fensterachsen ergeben, bemerkt man auf den ersten Blick kaum. Die ungewöhnlichen Staffelgiebel waren auf den kurz zuvor abgeschlossenen Schloßbau bezogen.
Die letzten mittelalterlichen Baumaßnahmen galten 1535-1537 der Vorhalle, deren Mittelschiff unter Aufgabe der Obergadenfenster durch den aus Basel stammenden Polier u. nachmaligen Merseburger Bürgermeister Johann Mostel mit einem schönen Schwingrippengewölbe versehen wurden; gleichzeitig erhielten die Westtürme ihre spitzen Schieferhelme.
Auffällig ist in der Ikonographie der spätgotischen Domerneuerung die demonstrative bildliche Beschwörung des kaiserlichen Stifters Heinrich II., die dem Hochstift seine Reichsunmittelbarkeit gegen die Wettiner bewahren helfen sollte (u.a. Büste mit Reichswappen im Scheitel des Hauptportals von 1515; im Vorhallenmittelschiff als zentrales Wappen ebenfalls das Reichswappen, darunter stand der Heinrichs-Altar). Die »Herzogszeit« hat den Dom, abgesehen von der Barockhaube des NO-Turmes, nicht mehr verändert; sie prägt aber mit Hochaltar (1664), Orgelprospekt (1697, 1717 verändert) u. Portalschauwand der Fürstengruft (1670) wesentlich den Innenraum.
Wie der Bau selbst ist auch die Ausstattung vielgestaltig. Aus romanischer Zeit ist nur Weniges, aber Bedeutendes erh.:
Am Anfang steht als ein Kunstwerk von europäischem Rang die Bronzegrabplatte Rudolfs v. Schwaben, des Gegenkönigs Heinrichs IV. – das älteste datierbare Grabdenkmal aus dem mittelalterlichen Deutschland mit einer Darstellung des Verstorbenen. Die Platte liegt an liturgisch ausgezeichneter Stelle in der Mitte der Vierung tumbaähnlich auf niedrigem steinernen Untersatz. Ihr ursprl. vergoldetes, flaches Relief zeigt Rudolf im Königsornat; nur der Kopf, ursprl. mit Edelsteineinlagen in Augen u. Kronreif, ist kräftiger hervorgehoben. Die Umschrift in gereimten lateinischen Distichen betont polemisch die Rechtmäßigkeit von Rudolfs Herrschaft u. rückt ihn in die Nähe eines christlichen Märtyrers. Den meisten Zeitgenossen freilich erschien sein Tod als Gottesurteil, hatte er doch im Kampf die Schwurhand verloren, mit der er einst Heinrich IV. Treue geschworen hatte.
Die nur wenige Jahrzehnte ältere, im wesentlichen unverändert erh. Hallenkrypta vermag noch etwas von der Stimmung jener Zeit zu vermitteln: Drei Paare von gut gegliederten

*Merseburg, Dom, Inneres nach W*

*Merseburg, Domkrypta*

Pfeilern teilen sie in drei gleichbreite, vierjoch. Schiffe; ihre Basen u. Kämpfer zeigen für die frühromanische Architektur typische zarte Karniesprofile; an der W-Seite des Türsturzes des westl. Annexraumes ist ein hochromanisches, ursprl. farbiges Relief einer segnenden Gotteshand zu sehen. Dieser nachträglich veränderte Raum diente ursprl. der Aufbewahrung von Reliquien; über ihnen, in ihrer wunderwirkenden Nähe, wurde im Jahre 1080 Rudolf v. Schwaben beigesetzt.
Zu der Pracht seines Grabmals kontrastieren die schlichten Memorienbögen für drei Bischöfe des 11. Jh.; sie tragen nur deren Sterbedaten und waren in die romanischen Chorschranken einbezogen (die Fragmente jetzt mit einer Replik aus dem 13. Jh. im südl. Querhausarm aufgestellt).

Der monumentale romanische Taufstein im südl. Seitenschiff der Vorhalle stammt aus der Neumarktkirche (um 1180) – ein mächtiges rundes Becken aus rotem Sandstein, ob. u. unt. durch reich ornamentierte Gesimse ins Achteck vermittelt. In den hohen, die Außenwand gliedernden Rundbogenarkaden stehen Relieffiguren alttestamentlicher Propheten, die in symbolträchtiger Weise auf ihren Schultern die Jünger Jesu tragen. Leider ist der Taufstein stark beschädigt, seine ursprl. farbige Fassung verloren.
Der gr. Holzkruzifixus im Triumphbogen zwischen Lang- u. Querhaus gehört in den Zusammenhang der Chorschranken- u. Lettnerarchitektur aus der Zeit des Übergangs zwischen Spätromanik u. früher Gotik. Leider fehlt auch bei ihm die ursprl. farbige Fassung u. sind Arme u. Kreuz moderne Ergänzungen. In den 1240er Jahren entstanden, ist es eines der jüngsten Beispiele in der Reihe der großartigen sächsisch-thüringischen Triumphkreuze des 13. Jh. Mit seinen nicht erh. Begleitfiguren stand der Kruzifixus vermutl. ursprl. auf dem Lettner, der in der Reformationszeit abgebrochen worden ist (Teile der Brüstung im südl. Querhausarm aufbewahrt).
Erwähnenswert als relativ seltene Beispiele ihrer Art sind die beiden in der Vorhalle aufgestellten romanischen Glocken: die große »Clinsa« aus dem E. 12. Jh. u. eine kleinere, bienenkorbförmige, viell. sogar aus dem 11. Jh. stammend – eine sog. Theophilusglocke mit eingetiefter Inschrift.
Aus nachromanischer Zeit sind von besonderem Rang die beiden Ladegast-Orgeln, vor allem die große, viermanualige Domorgel von 1853 bis 1855 mit 81 Registern – mit ihrer Klangfülle u. -vielfalt ein Höhepunkt deutscher Orgelbaukunst; dazu seit

1993 in der Michaeliskapelle die einmanualige Orgel von 1850 aus Klobikau-Raschwitz, das älteste aus der berühmten Weißenfelser Ladegast-Werkstatt erh. gebliebene Instrument.
Daneben ist auch auf das qualitätvolle spätgotische Gestühl hinzuweisen (Vierungsgestühl mit typologischen Dorsalreliefs »1446« von Caspar Schokholcz; nördl. Fünfsitz im Chor mit Reliefs Schmerzensmann u. Dompatrone, 2. V. 15. Jh.; südl. Fünfsitz u.a. mit Stifterrelief Heinrich u. Kunigunde, in neuzeitlicher Zusammensetzung um 1510; Kanzel mit köstlichen Evangelistenreliefs um 1517; Seitenschiffsgestühl »1519«).
Ebenso bemerkenswert ist die lange Reihe der Grabdenkmäler vom 11. bis 19. Jh. Von den nachromanischen seien hier nur die wichtigsten erwähnt: frühgotischer Rittergrabstein H. v. Hagen M. 13. Jh. in der Art des Naumburger Meisters (jetzt Vorhalle, nördl. Seitenschiff); Grabstein Bischof Friedrich v. Hoym († 1382) mit Heiligenstatuetten (nördl. Seitenschiff); Bronzeepitaph Bischof Tilo v. Trotha um 1490, mit »Gnadenstuhl«, Peter Vischer d. Ä. zugeschr. (nördl. Querhausarm); Bronzetumba Bischof Tilo v. Trotha († 1514), Peter Vischer d. Ä. zugeschr., die Deckplatte um 1470, wohl von Hermann Vischer d. Ä. (nördl. Querhausarm); Bronzeepitaph Bischof Adolf zu Anhalt († 1526, bez. NT u. SL; Querhausnordwand); Grabstein Bischof Vinzenz v. Schleinitz († 1535, nördl. Seitenschiff); Bronzeepitaph 1538, sign. HF (Hans Vischer) u. Grabstein Bischof Sigismund v. Lindenau († 1544, Vorhalle, Mittelschiff); Epitaph H. v. Bila († 1584, nördl. Seitenschiff); Epitaph J. v. Kostiz († 1611, gegenüber der Kanzel); Epitaph Frau v. Zech († 1728), wohl von Joh. Mich. Hoppenhaupt I (nördl. Querhausarm); Epitaph A. Just, bezeichnet 1755 von Joh. Heinr. Agner d. J. (nördl. Pfeiler vor der Orgelempore); Epitaph H. C. v. Tümpling († 1773), viell. von Friedr. Samuel Schlegel (südl. Seitenschiff).
Auf die zahlreichen Einzelfiguren u. Altarretabel, die derzeit nur z.T. auf-

*Merseburg, Dom,*
*Grabplatte Rudolfs v. Schwaben*

gestellt sind, kann hier nur summarisch hingewiesen werden. Ausdrücklich erwähnt werden müssen aber die frühgotischen Glasmalereien im Mittelfenster der Vorhalle (um 1270-1280).
Von den Nebengebäuden des Doms stammt aus romanischer Zeit nur noch die »Tonsur« am W- Flügel des Kreuzganges u., in den Umfassungsmauern des Erdgeschosses, das östl. der Klausur gelegene Kapitelhaus. Hier sollen nach Abschluß der Wiederherstellungsarbeiten die »Merseburger Zaubersprüche«, die die Domstiftsbibliothek weltberühmt gemacht haben, wieder ihre Heimstatt finden.

*P.R.*

***Neumarktkirche St. Thomae***
Die dem hl. Thomas Becket v. Canterbury gew. romanische Neumarktkirche ist der einzige Bau, der in Merseburg aus der großen Zeit der Stadt im Mittelalter in seinen wesentlichen Teilen erh. geblieben ist. In der Gründungsurkunde Kaiser Friedrichs I. Barbarossa für den Neumarkt aus dem Jahr 1188 wird sie bald nach ihrer Gründung erstmals urkdl. gen. – bereits mit ihrem, erst nach 1173 möglichen, Patrozinium (Heiligsprechung des 1170 ermordeten Thomas Becket). Damals waren also zumindest die O-Teile gew. u. benutzbar. Der Weiterbau erfolgte wohl ohne gr. Unterbrechungen. Baudaten sind nicht überliefert. Mit dem Abschluß ist nach der Form der Schallarkaden des NW-Turms im 2. V. 13. Jh. zu rechnen.
Die Kirche war danach eine regelmäßige Kreuzbasilika mit apsidial geschlossenem Chorquadrum u. zwei Nebenapsiden an den Armen des ohne ausgeschiedene Vierung durchlaufenden östl. Querhauses, mit einfachem Stützenwechsel im Langhaus u. 2 quadr. W-Türmen, dazwischen einem zweigesch. W-Bau mit Empore auf Kreuzgratgewölbe; eine Sakristei wurde nachträglich, aber wohl vor Abschluß des Baus zwischen Chorquadrum u. südl. Nebenapsis angefügt. Der Turmhelm stammt von 1565, der kl. Dachreiter darauf von 1713.
Nach spätmittelalterlicher chronikalischer Überlieferung war an der Thomas-Kirche bei ihrer Gründung kurze Zeit ein Benediktinernonnen-Konvent angesiedelt, was sich in den zeitgenössischen Quellen nicht belegen, vom Baubefund her aber nicht ausschließen läßt. 1324 wurde ein Chorherren-Stift gegr., das allerdings bereits 1327 an die Merseburger Sixti-Kirche umgesetzt wurde; aus dieser Zeit sind Reste einer Lettnerwand zwischen den westl. »Vierungspfeilern« erh.
Das Ansteigen des Saalespiegels infolge von Regulierungen des Flußlaufs führte über die Jh. zur sukzessiven Anhebung des Geländes auf dem gesamten Neumarkt um über 2 m, so daß die Kirche langsam im Erdreich »versank«. Die Fußbodenhöhe im Inneren wurde immer wieder dem anwachsenden Außenniveau angeglichen, was die Proportionen des Raumes schließlich völlig veränderte, bei der derzeitigen Restaurierung aber korrigiert werden konnte; dabei wurden auf der S-Seite Nebenapsis u. Sakristei ergänzt, Seitenschiff u., aus statischen Gründen, ein »Turmstumpf« neu aufgeführt. Die beiden Säulenportale sind 1825 bei Abbruch des nördl. Seitenschiffes 2 m höher u. an anderer Stelle eingebaut worden: das ursprl. neben dem Turm ins nördl. Seitenschiff führende Hauptportal in der Mitte der nördl. Stirnwand des Querhauses, das kl., ins Querhaus führende Portal in der westl. der damals zugesetzten nördl. Langhausarkaden.
Die sparsame Bauornamentik steht

in engem Werkstattzusammenhang mit den gleichzeitigen O-Teilen der Stiftskirche auf dem Petersberg bei Halle. Das kl. Portal zeigt darüber hinaus Anklänge an Königslutter. Am Hauptportal fällt das für Mitteldeutschland singuläre, aus Italien stammende Motiv einer Knotensäule auf, für das sich auch in S-Deutschland Entsprechungen finden (u.a. in Würzburg, Büdingen u. Wimpfen am Neckar). Das reiche, jedoch nur auf der dem Neumarkt zugewandten N-Seite ausgebildete Sockelprofil ist wie auf dem Petersberg nach Hirsauer Art als Rahmung um die Portale herumgeführt. Ungewöhnlich am Chorgiebel ein aus der nördl. Chorwand herauswachsender Arm, der das Dachgesims stützt. Die auffällig flachen Würfelkapitelle der Langhaussäulen erinnern an lombardische Vorbilder. Das kl. Halbsäulchen über dem Mittelpfeiler der Empore trug vermutl. einen vorgekragten Emporenaltar.
Die 1973 aufgegebene u. zunehmend in Verfall geratene Kirche wird seit 1991 mit Unterstützung der Deutschen Stiftung Umwelt umfassend saniert. Die wenigen erh. Teile der Ausstattung sind derzeit noch ausgelagert; das mächtige romanische Taufbecken aus der Bauzeit der Kirche steht seit 1831 in der Vorhalle des Domes (s. dort).

*Merseburg, Neumarktkirche, Hauptportal an der nördlichen Querhauswand*

Neben den Bauten der »Straße der Romanik« bietet Merseburg an bemerkenswerten Bau- u. Kunstdenkmälern vor allem das Schloß als eines der wichtigsten Bauwerke der deutschen Spätrenaissance (1605-08 von Melchior Brenner unter Verwendung wesentlicher Teile des spätgotischen Schloßbaus des Bischofs Tilo v. Trotha) mit Schloßgarten, Schloßgartensalon (um 1730 von Johann Michael Hoppenhaupt I) u. Ständehaus (1895). Die vom Petrikloster erh. gebliebenen Reste der Klausurgebäude aus dem 13. Jh. sind derzeit nicht zugänglich. Empfehlenswert ist ein Besuch des alten Stadtfriedhofs mit barocken Grabdenkmälern aus den Merseburger Werkstätten Trothe, Hoppenhaupt u. Agner (außen in der O-Wand der Friedhofskapelle ein qualitätvolles spätromanisches Rankentympanon mit Lebensbaum aus der Sixti-Kirche.

*P.R.*

Lit.:
*Mrusek, Hans-Joachim:* Merseburg. Leipzig 1962; *Ramm, Peter:* Der Merseburger Dom. Seine Baugeschichte nach den Quellen. 2. Aufl. Weimar 1978; *Ders.:* Der Dom zu Merseburg. München; Berlin 1993 (Große Baudenkmäler H. 464); *Ders.:* Die Neumarktkirche zu Merseburg. München; Berlin 1993 (Große Baudenkmäler H. 447)

## Michaelstein/Blankenburg

### *Kloster*

Zwischen Blankenburg u. Heimburg liegt versteckt im Wald das ehem. Kloster Michaelstein, heute ein Zentrum der Telemannpflege u. Institut für Aufführungspraxis, ihm angeschlossen ein Musikinstrumentenmuseum.

Das Kloster wurde 1147 als Tochterkloster von Zisterziensern aus Altenkampen im ob. Klostergrund errichtet, aber schon zwischen 1152 u. 1167 an den heutigen Platz im Tal verlegt. Als Rest der ersten Gründung wird der Volksmarskeller angesehen, eine Höhle, neben der sich alte Fundamente befinden. 1525 u. 1533 wurde das Kloster stark beschädigt u. 1544 säkularisiert.

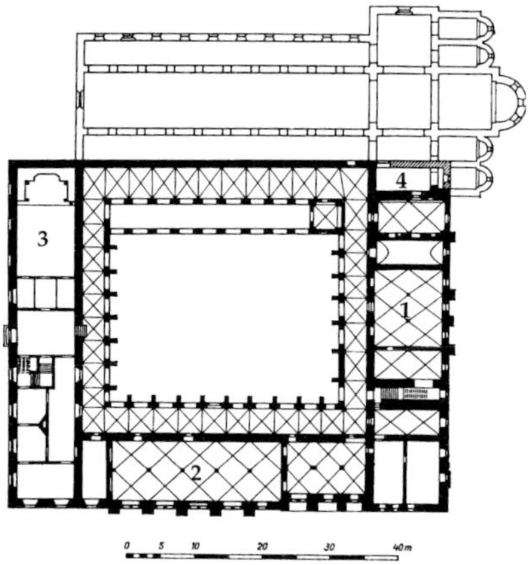


1 Kapitelsaal
2 Refektorium
3 Hofkirche
4 Raum mit Resten des Kreuzarmes

Die turmlose Basilika mit Querhaus, quadr. Chor mit Apsis u. doppelten Nebenchören ist bis auf die S-Wand des südl. Seitenschiffes abgetragen. Romanische Portale zum Kreuzgang u. zur Sakristei sind erh.
Aus dem 12. Jh. stammen die Klausurgebäude des O- u. S-Flügels, der W-Flügel dat. aus dem Jahre 1718. Der Kreuzgang ist frühgotisch.
Im O-Flügel liegt der dreijoch. Kapitelsaal, dessen sechs Gewölbe von zwei Säulen getragen werden. Sie besitzen kräftige attische Basen mit Ecksporen . Die beiden Kapitelle, ein

*Michaelstein, Refektorium*

Palmettenfächerkapitell u. ein mit Palmetten unter einem Halbkreisperlband besetztes, weisen auf Königslutter. Sie sind um 1170 entstanden. Im S-Flügel liegen das Calefaktorium und das Refektorium, beides zweischiff. kreuzgratgewölbte Räume. Das erstere ist dreijoch. auf Pfeilern, das andere ursprl. sechsjoch. mit rheinischem Stützenwechsel. Die Ornamentik ist schlichter als die im Kapitelsaal. Der um 1270 entstandene Kreuzgang wurde in der Spätgotik an der N-Seite verdoppelt.
1718 wurde in die nördl.Hälfte des W-Flügels eine Hofkirche eingebaut u. fünf Jahre früher das N-Tor errichtet. An dessen N-Seite befinden sich zwei Reliefs: Kruzifixus und St. Michael.

*H.S.*

Lit.:
*Bauerfeind, J.:* Blankenburg a.H., Regenstein, Teufelsmauer, Michaelstein (Wanderheft 23), Leipzig; Berlin 1982

## Naumburg

### *Dom St. Peter und Paul*

Die Entstehungsgeschichte der Stadt Naumburg reicht vermutl. bis in das 10. Jh. zurück. Genaue Daten o. gar Einzelheiten sind nicht überliefert. Der im Jahre 1002 ermordete Markgraf Ekkehard I. muß der Gründer der im Mittelalter weithin bekannten Stadt gewesen sein. Ekkehard war zu seiner Zeit der entscheidende Mann an der O-Grenze des Reichs. Die Verlegung seines Stammsitzes vom li., dem deutschen Saaleufer ans re., das slawische, die Gründung seiner neuen Burg, die Naumburg den

Namen gab, war ein politischer Akt. Seine beiden Söhne, Hermann u. Ekkehard II., mußten zunächst das väterliche Erbe sichern. Sie haben sich dann der Neugründung des Vaters mit aller Energie angenommen, im Vorburggelände eine Kirche gestiftet u. dorthin die Familiengruft übergeführt. Handwerker u. Arbeitsleute errichteten sich nun im Schutze der Burg ihre Wohnplätze, so daß binnen zweier Jz. aus der jungen Keimzelle ein erstarkender Organismus erwachsen konnte.

Die erste direkte Erwähnung der neuen Gründung stammt aus dieser Zeit. Die Merseburger Bischofschronik erzählt unter dem Jahre 1021, daß Markgraf Hermann seine Naumburger »Stiftskirche, die damals erst kürzlich gegründet worden war«, dem Merseburger Bistum als Tauschobjekt angeboten habe. Aus dem Handel sei jedoch nichts geworden. Die Nachricht ist von Bedeutung für die Dombaugeschichte. Sie dat. nämlich die beiden ältesten Mauern des Doms, die vom Innenraum des W-Chors aus sichtbaren Wände der W-Türme.

Nach ausgedehnten Grabungen im W-Chor des Doms konnte der Grundriß jener ersten Naumburger Kirche, der Stiftskirche der Ekkehardinger, in wesentlichen Teilen rekonstruiert werden. Es handelte sich um eine bescheidene Saalkirche mit einem dreiteil. O-Bau, bestehend aus zwei Türmen, die einen kl., fast quadr. Chor flankierten. Der apsidiale o. gerade Ostschluß des Chors u. die W-Wand der Kirche konnten nicht mehr nachgewiesen werden. Die ges. Anlage wurde um die M. des 13. Jh. eingeebnet, um Platz für den W-Chor zu schaffen. Lediglich zwei 15 m hohe Turmwände mußten stehenbleiben, da sie inzwischen in die spätromanischen Türme einbezogen worden waren. In der südl. ist vom W-Chor aus ein frühromanisches Fensterchen zu sehen, ein sog. Okulus. Bevor der spätromanische SW-Turm erbaut wurde, blickte man durch diese Öffnung nach draußen.

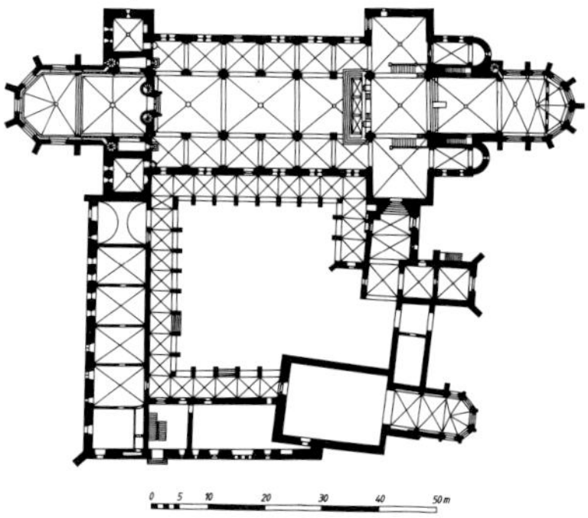


Einen Wendepunkt in der Geschichte Naumburgs brachte das Jahr 1028, als Papst Johann XIX. die Verlegung des im Jahre 968 errichteten Bischofssitzes von Zeitz in die junge Ekkehardingersiedlung genehmigte. Zu dem Glanze des markgräflichen Hofes kam nunmehr die hohe Würde eines residierenden Bischofs; u. als die beiden Söhne Ekkehards I. kinderlos verstorben waren, verbürgte das geistliche Regiment den Fortbestand der rasch aufblühenden Stadt. Ihre Entwicklung war von nun an eng verknüpft mit den Geschikken des Bistums.

Endgültige Klarheit über den frühromanischen Vorgängerbau des Doms erbrachten die archäologischen Untersuchungen von 1961 bis 1965. Danach hatte der erste Dom ein dreischiff., basilikales Langhaus u. sächsische O-Teile: ein durchlaufendes Querhaus mit zwei Nebenapsiden u. einen apsidial geschlossenen Chor –

*Naumburg, Dom, Inneres nach O*

mit Muldennischen. Der W-Abschluß bestand aus zwei quadr. Türmen, die nur wenig über die Seitenschiffswände aussprangen. Sie flankierten eine kl., apsidial geschlossene Krypta mit einem Chor darüber, der viell. ebenfalls eine Apsis besaß. Während die drei östl. Apsiden auch von außen sichtbar waren, trat die W-Apsis nur vom Innenraum her in Erscheinung. Außen war sie von einer die W- Wände der Türme verbindenden geraden Mauer verdeckt.
In den frühromanischen Dom wurde um 1160-1170 eine O-Krypta eingefügt. Sie ist als einziger Bauteil in den Neubau des 13. Jh. übernommen worden u. weitgehend erh. geblieben. Der nachträgliche Einbau bedingte zwangsläufig eine Umgestaltung des ges. frühromanischen

*Naumburg, Dom, Krypta*

Chorinneren. Nur die Apsis dieser Krypta steht nicht mehr. Sie mußte abgebrochen werden, als der Raum im frühen 13. Jh. nach O u. W erw. wurde.
Ein kleiner Holzkruzifixus aus der Zeit, in der die O-Krypta des alten Doms geschaffen wurde, fand in dem neuen Dom wieder einen Platz u. überdauerte bis heute. Der um 1170 geschnitzte Körper des Gekreuzigten beeindruckt durch starre Majestät – ein Symbol des Gottessohns, nicht das Abbild eines leidenden Menschen. Die farbige Fassung auf Kreidegrund ist nur in geringen Resten erh., das Kreuz selbst neu.
Welche Absichten und Überlegungen den vor 1213 beg. Neubau veranlaßten, kann man nur noch vermuten. Wahrschl. entsprach die alte Kirche nicht mehr den räumlichen Erfordernissen u. war zu wenig repräsentativ. Vorgesehen war zunächst nur ein neues Langhaus mit schlichten Quadratpfeilern, wie die beiden ersten Stützen jenseits der Vierung zeigen, zur ersten Planung gehören sicher auch die an den Hochwänden des östl. Mittelschiffsjochs aufsteigenden Lisenen u. die dachartig vorspringenden Arkaden-Begleitbögen, die sonst nicht vorkommen. Aber diese veraltete Konzeption wurde verworfen u. eine Basilika auf Bündelpfeilern zu bauen beg. Nun bezog man auch das Querhaus u. den Chor in den Neubau ein.
Dieser zweite spätromanische Plan wurde ohne Abänderung beibehalten. Zu ihm gehören folgende Bauteile: der O-Chor ohne den polygonalen Abschluß, die darunter liegende Krypta mit ihrem aus dem Vorgängerbau übernommenen mittl. Raum, die beiden O-Türme im Winkel zwischen Querhaus u. Chor bis zu den runbogigen Blendfenstern, das Querhaus mit der an seiner südl.

Stirnwand angelegten Vorhalle für das Hauptportal, das Langhaus u. die beiden quadr. Unterbauten der W-Türme. Der spätromanische Dombau wird mit guten Gründen in die Zeit von etwa 1210 bis 1245 dat.
In den folgenden Jahren entstanden der Kreuzgang u. die Klausur auf der S-Seite des Doms, u. zwar nach 1244 bis gegen 1250. Der ehem. vorhandene Kreuzgang an der Dom-Nordseite, von dem nur die Schildbögen der Gewölbe erh. sind, ist nachweislich schon vorher, gleichzeitig mit den entspr. Teilen des Doms, errichtet worden.
Schon in den 60er Jahren entstand das unt. der gotischen Geschosse des NW-Turms. Die beiden folgenden wurden im 14. u. 15. Jh. aufgesetzt. Alle darüber liegenden Teile – wie auch die offenen Geschosse des SW-Turms – wurden erst im 19. Jh. hinzugefügt. Auch die beiden O-Türme wurden nachträglich erhöht. Ihre mit spätgotischem Maßwerk verzierten ob. Geschosse entstammen der Zeit nach 1532, die Hauben mit zweistökkigen Laternen sind barock.
Um 1330 beseitigte man schließlich die spätromanische Apsis des O-Chors u. verlängerte diesen durch die Anfügung eines weit nach O vorspringenden, polygonalen Chorschlusses in hochgotischen Formen. Nur in der Krypta blieb die spätromanische Apsis erh.
Alle Veränderungen des Doms seit dem 16. Jh. sind Folgen notwendiger Reparaturmaßnahmen o. wurden vorgenommen, um den Innenraum neuen liturgischen u. ästhetischen Anforderungen anzupassen.
Ein verheerender Brand, mutwillig gelegt, um am Domkapitel Rache zu nehmen, verursachte im Jahre 1532 schwere Verluste. Das Feuer zerstörte die Dächer, weite Flächen des Mauerwerks, das in Schalen abplatzte, u. einen gr. Teil der Ausstattung. – In den 30er Jahren des 18. Jh. wurde das Langhausinnere im Sinne des Barock umgestaltet. Zugunsten eines geschlossenen Gemeinderaums trennte man die beiden Chöre durch Einbauten vom Schiff ab u. errichtete Emporen als Herrenstände. Das alles ist jedoch in den 70er Jahren des 19. Jh. im Zuge einer purifizierenden Restaurierung wieder entfernt worden.
Am Äußeren des Doms sind die verschiedenen Stilperioden leicht ablesbar. Das Langhaus mit Querschiff, Chorquadrat u. den unt. Teilen der vier Türme sowie die Vorhalle haben gedrungene, rundbogige Fenster, meist mit eingelegten Rundstäben, schwere Mauern u. – abgesehen von dem charakteristischen Rundbogenfries unter dem Dachansatz, dem kräftigen Sockel u. gliedernden Lisenen – nur wenige schmückende Details. Die O-Türme beleben im unt. ursprl. als Kapelle bzw. Sakristei ausgebauten Geschoß reizvolle kl. Apsiden mit Kegeldächern, deren Rundbogenfries in gleicher Höhe am Chorquadrat u. früher natürlich auch an der Hauptapsis weitergeführt wurde.
Der Stilunterschied zwischen den spätromanischen Teilen einerseits u. dem frühgotischen W- u. dem hochgotischen O-Chor andererseits ist offensichtlich. Statt der horizontalen Lagerung der Baumassen wird nun durch hohe u. weite Fenster, durch schlanke Strebepfeiler u. über die Dachlinie hinausstoßende Fialen die Vertikale, der Drang in die Höhe, betont. Der Rundbogenfries wurde nicht weitergeführt. Die Profile des Traufgesimses sind erleichtert; am W-Chor ist statt dessen ein lockerer Blattfries zwischen zarten Stäben angeordnet. Die Entwässerung erfolgt bei beiden Chören über Wasserspeierfiguren, die auf den Pultdächem der Strebepfeiler liegen. Die des W-

*Naumburg, Dom, Hauptportal*

Chors sind von großartiger Natürlichkeit. Mönch u. Nonne wie auch die Tiere scheinen der Höhe wegen, in der sie sich befinden, voller Angst zu sein.

Das spätromanische Hauptportal liegt in der Stirnwand des südl. Querhausarms. Es hatte ursprl. frei stehen sollen. Über der reich skulptierten Kapitellzone, li. mit unverändert wiederholten Adlern, re. mit stilisierten Palmetten, setzt sich das System der seitl. Gewände in leicht spitzbogigen Voluten fort. Das Relief des Tympanons zeigt den segnenden Christus in einer von zwei Engeln gen Himmel getragenen Mandorla – eine Darstellung der Himmelfahrt Christi.

Der Blick ins Langhaus wird dem Eintretenden durch die hohe Chorschranke und den O-Lettner vermehrt. Der spätromanische Naumburger O-Lettner ist der älteste auf deutschem Boden fast vollständig erh. Hallenlettner. Über der dreijoch., kreuzgratgewölbten Halle befindet sich eine weiträumige Bühne, deren Brüstung durch Blendnischen mit im 19. Jh. erneuerten Fresken gegliedert wird.

Das Langhaus ist im O und W durch sog. Lettner abgegrenzt. Es besteht aus drei quadr. Mittelschiffs-Jochen und sechs halb so gr. Jochen für jedes der beiden Seitenschiffe. Mächtige Sockel verankern die wuchtigen u. zugleich eleganten Bündelpfeiler im Boden. Kelchblockkapitelle mit feinem, nach W zunehmend »weicher« werdendem Palmettendekor markieren die Stelle, wo Stütze u. Last einander begegnen. Die Arkaden u. Gurte sind schon leicht spitzbogig.

Der hoch über der Krypta gelegene O-Chor läßt auf den ersten Blick sei-

ne Entstehung zu verschiedenen Zeiten erkennen. Das spätromanische Chorquadrat, das von den O-Türmen flankiert wird, besitzt nur zwei verhältnismäßig kl. Fenster. In den N-Turm führt ein Portal, das zu den qualitätsvollsten Beispielen spätromanischer Architekturdekoration gerechnet werden darf. Im Tympanon ist das Lamm Gottes mit dem Kreuzstab dargestellt. Die umgebende Fläche wird ausgefüllt von den Ranken eines Lebensbaums.
Der Raum des Chorquadrats erhält sein Licht vor allem aus dem Querhaus u. den hohen Fenstem des gotischen Polygons, dessen vier mittelalterliche Glasfenster während des Krieges geborgen waren. Der in Höhe der Fenstersohlbänke angelegte Umgang, vor dem wie im W-Chor Standbilder vorgesehen waren, erinnert an das Vorbild, den achtzig Jahre früher entstandenen W-Chor.

Die Krypta
Abgesehen von der exakt halbkreisförm. Apsis des östl. Teils entsprechen der östl. und der westl. spätromanische Teilraum der Krypta einander fast vollständig. Beide Male bestehen die Freistützen aus vier um einen schlanken, im Grundriß quadr. o. rd. »Kern« gestellten Freisäulchen. Im O-Teil der Krypta korrespondieren mit ihnen doppelte Wandsäulen, im W-Teil nur einfache. Die sehr qualitätvollen Kapitelle sind mit lebhaft bewegtem, tief unterschnittenem Palmettendekor belegt. Zwischen diesen beiden Raumteilen ist die um 1160-1170 angelegte Krypta des Vorgängerbaus erh. geblieben. Ihr sechsjoch. Raum wird im W begrenzt von einer einfallsreich gegliederten Portalwand, im O geht er in den breiteren O-Raum über. Besonders schön u. zudem ausgezeichnet erh. sind die Freistützen: Über attischen Basen stehen verschieden profilierte Säulenschäfte, u. die flach skulptierten Würfelkapitelle wiederholen mit ihrem Palmettendekor dieses Prinzip der Variation.

Während der erste spätromanische Plan – Quadratpfeiler mit Lisenen darüber u. Lisenen auch an den Seitenwänden außen – noch hirsauisch-sächsischen Baugewohnheiten folgte, dominiert im zweiten – gewölbte Bündelpfeilerbasilika im gebundenen System – der rheinische Einfluß. Das gilt sowohl für die Architektur als auch für die Ornamentik.

Die Ausstattung
Neben den Skulpturen des Naumburger Meisters finden zahlreiche andere Werke meist zu wenig Beachtung. Auf die wichtigsten soll im folgenden hingewiesen werden.
In der Sakristei steht eine unterlebensgroße Steinfigur der hl. Elisabeth von Thüringen aus der Zeit kurz nach ihrer Heiligsprechung 1235. Der Diakon u. die Bischofstumba im O-Chor sind Arbeiten des Naumburger Meisters. Eine gr. Pietà aus Holz, ein um 1320-1330 geschaffenes bedeutendes Werk, zählt zu den frühesten deutschen Andachtsbildern. Der Spätzeit des sog. Süßen Stils ist ein um 1350 geschaffenes kl. Altarretabel aus Stein zuzurechnen, das jetzt auf dem O-Chor-Altar steht. Es zeigt den Gekreuzigten mit Maria u. Johannes, die hl. Katharina u. die hl. Agnes, alle in Architekturnischen. Die inschr. 1466 dat. Kanzel wurde 1935/36 weitgehend erneuert; die schönen Relieftafeln des zwölfjährigen Jesus im Tempel u. der beiden Kirchenväter li. daneben gehören zum originalen Bestand. Die an den Pfeilern des Mittelschiffs angebrachten Bronze-Grabplatten Naumburger Bischöfe u. Kapitulare vorwiegend des 15. Jh. u. die

Grabsteine des Burkhard v. Bruchterte († 1391) im südl. Seitenschiff u. des Johann v. Eckartsberga († 1406) im nördl. Arm des Querhauses sowie der spätgotische Grabstein des Naumburger Domherrn u. späteren Merseburger Bischofs Vinzenz v. Schleinitz († 1535) im W-Joch des südl. Seitenschiffs verdienen hervorgehoben zu werden.

Der Westchor und der
Naumburger Meister

Obwohl der frühgotische W-Chor um Wandstärke breiter ist als das Mittelschiff, füllt er längst nicht den Raum zwischen den spätromanischen W-Türmen aus. An einen nahezu quadr. Teil, der von einem sechsteil. Rippengewölbe überdeckt ist, schließt ein polygonaler aus fünf Seiten des Achtecks an. Das Gewölbe darüber ist sternförm. Die Belichtung erfolgt durch fünf gr. Fenster im Polygon. Das mittl. u. das SW-Fenster sind im 19. Jh. neu verglast worden. Die andern drei haben noch den größten Teil ihrer originalen Scheiben. Sie gehören zum Kostbarsten mittelalterlicher Glasmalerei in Deutschland.
Der Dekor der Kapitelle u. Schlußsteine zeigt scheinbar natürliche Pflanzen. An den Diensten – ausgenommen die östl. – und vor den Wänden des Chorquadrats stehen die Standbilder der Naumburger Stifter. Die Entwürfe für die Architektur u. für die Skulptur des W-Chors und des sog. W-Lettners werden dem in aller Welt bekannten Naumburger Meister zugeschrieben.

Der sog. Westlettner

Die Bildwerke dieser Portal-Fassade sind von ihrer Aussage her eindeutig. In einer Folge von acht Reliefs wird die Leidensgeschichte Christi vor Augen geführt. Den »Höhepunkt« bildet eine lebensgroße Kreuzigungsgruppe. Das Fresko des auf dem Throne sitzenden Weltenrichters im Vierpaß über dem Portal erläutert eine lateinische Inschrift: Der Richter hier auf dem Throne scheidet die Lämmer von den Böcken; mag sein Urteil hart sein o. gnädig, es ist unabänderlich. Die Nimben Christi u. der begleitenden Engel, die Marterwerkzeuge, die sie in den Händen halten, sowie die sichtbaren Teile des Throns u. die Gewandsäume sind mit ehem. vergoldetem Stuck hervorgehoben.
In den Reliefs werden die wichtigsten Szenen der Passion nachvollzogen, als habe sie sich nicht vor zwölfeinhalb Jahrhunderten, sondern gerade jetzt ereignet. Die Akteure sind gekleidet, wie man sich um die M. des 13. Jh. in Naumburg anzog. Die Juden tragen die obligatorischen Spitzhüte. Auch der pflanzliche Dekor an Friesen u. Kapitellen ist der heimischen Flora nachgebildet. Alle diese lebendig erscheinenden u. exakt identifizierbaren Blätter, Blüten u. Früchte wuchsen damals wie heute in u. um Naumburg.
Die Szenenfolge beginnt mit dem Abendmahl. Christus reicht dem Judas den Bissen u. kennzeichnet ihn damit als Verräter. In dem nächsten Relief zahlt der thronende Hohepriester dem gebeugt vor ihm stehenden Judas den Verräterlohn aus. Im dritten wird die Gefangennahme Christi gezeigt. Judas gibt ihm den Verräterkuß, u. einer der Kriegsknechte ergreift ihn, um ihn wegzuzerren. Im Vordergrunde schlägt Petrus dem Malchus das re. Ohr ab; re. im Bilde stehen Apostel, li. Schergen. In diesem u. im nächsten Relief wird der Geschichte des Apostels Petrus in besonderer Weise nachgegangen. Da der Naumburger Dom den Aposteln Peter u. Paul geweiht ist, kann das nicht verwundern. Eben noch in mutiger, zupackender Aktion, flieht er

in der Verleugnungsszene vor den entlarvenden Worten der Magd. Zur Szene der Verleugnung Christi durch Petrus gehören auch die beiden Kriegsknechte re. neben der Giebelschräge. Das letzte original erh. Relief zeigt Christus vor Pilatus u. dessen Urteilsspruch. Christus ist ruhig u. gefaßt, ergeben in sein Schicksal. Seine stille Gestalt beherrscht die Szene. Re. von ihm sitzt Pilatus auf einem Thronstuhl, den Mund zum Urteilsspruch geöffnet. Über seine Linke gießt ein Diener Wasser: Er wäscht seine Hände in Unschuld.
Die beiden folgenden Reliefs sind barocke Ergänzungen aus Holz, eine Geißelung u. eine Kreuztragung. Den thematischen Abschluß des Passionsfrieses bildet die monumentale Kreuzigungsgruppe im Portal: der Gekreuzigte zwischen Maria, seiner Mutter, u. Johannes, auf dem Kreuzbalken zwei Engel, die Weihrauchfäßchen schwingen.
Über die dem Bildhauer im W-Chor gestellte Aufgabe kann man nur Vermutungen anstellen. Wir wissen, daß jene zwölf hochadligen Frauen u. Männer sehr beträchtliche Stiftungen für den Dombau gemacht hatten. Sie erwarben sich damit ein Anrecht auf Fürbitten für ihre Seelen u. durften hoffen, beim Jüngsten Gericht nicht zu den Verdammten, sondern zu den Seligen zu gehören. Damit ist aber noch nicht geklärt, wie es zu ihrer denkmalhaften Verehrung durch die Aufstellung lebensgroßer Standbilder gekommen ist.
Welche Persönlichkeiten sind dargestellt? Markgraf Ekkehard u. seine Gemahlin Uta, das Paar vor dem nördl. Dienstbündel zwischen Polygon u. Quadrum waren durch Ekkehards Schildinschrift »Markgraf Ekkehard« leicht zu identifizieren. Da an ebenso ausgezeichneter Stelle, ihnen gegenüber, ranggleiche Stifter vermutet werden müssen, hat man

*Naumburg, Dom, Stifterfiguren im Westchor: Hermann und Reglindis*

in jenem Paar Ekkehards Bruder Hermann u. seine Gemahlin Reglindis zu sehen. Die vier Grafen im Polygon sind auf ihren Schilden namentlich genannt. In deutscher Übersetzung: »Graf Dietmar, der getötet wurde«; »Graf Syzzo von Thüringen«; »Graf Wilhelm, einer der Stifter«; »Thimo von Kistritz, der der Kirche sieben Anwesen schenkte«. Die vier Standbilder im Chorquadrat können bisher nicht mit letzter Sicherheit identifizert werden. Die Forschung hat sie auf Grund urkdl. Nachrichten, die jedoch keinen direkten Bezug auf den W-Chor nehmen, wie folgt benannt: auf der S-Seite Graf Konrad, ein Oheim von Hermann u. Ekkehard, sowie Gerburg, die Gemahlin des ihr gegenüber stehenden Grafen Dietrich;

die Frauenstatue gegenüber Konrad wird als Gepa, Graf Wilhelms Gemahlin, o. als Berchta, die Mutter von Wilhelm u. Dietrich, o. als eine Stifterin Adelheid gedeutet.
Die Auswahl der Darzustellenden besorgten der Bischof u. sein Kapitel. Niemand konnte wissen, wie diese Stifter ausgesehen hatten. Sogar über das Leben o., wie man präziser sagen sollte, über die Geschichte jener Damen u. Herren war u. ist nur wenig bekannt; denn um die M. des 13. Jh., als ihre Statuen geschaffen wurden, waren sie schon 150 bis 200 Jahre verstorben.
Trotz sich wiederholender Form-Motive ist jede Figur bis in die Haltung u. in die Falten des Gewands, ganz zu schweigen von den Gesichtern u. Köpfen als Individuum durchgebildet. Diese Stifter sollen Persönlichkeiten darstellen, u. sie sehen so aus, wie man sich den hohen Adel des 13. Jh. vorzustellen hat. Als die Statuen noch die frische Farbigkeit der originalen Bemalung besaßen, wirkten sie täuschend lebenswahr.
Die Gesamtheit des Zyklus läßt erkennen, daß alle Entwürfe auf einen genialen Meister zurückgehen. Sogar in der Aktion u. bei starker innerer Bewegung und Erregtheit bleiben diese »Stifter« voller Würde, Gemessenheit u. Vollkommenheit.

*E.S.*

Lit.:
*Lepsius, Carl Peter:* Über das Alterthum und die Stifter des Domes zu Naumburg und deren Statuen im westlichen Chor. In: Mitteilungen historisch-antiquarischer Forschungen Heft 1, 1822; *Ders.:* Der Dom zu Naumburg. Beschrieben und nach Anleitung urkundlicher Quellen archäologisch erläutert. Leipzig 1841. In: Denkmale der Baukunst des Mittelalters in der Königlich Preußischen Provinz Sachsen. Hrsg. von Puttrich und Geyser. Bd. 1. Leipzig 1836-1843; *Schmarsow, August; Eduard Flottwell:* Meisterwerke der deutschen Bildnerei des Mittelalters. Teil 1. Die Bildwerke des Naumburger Domes. Magdeburg 1892; *Bergner, Heinrich:* Die Stadt Naumburg. Beschreibende Darstellung der älteren Bau- und Kunstdenkmäler der Provinz Sachsen und angrenzender Gebiete. H. 24. Halle a. d. S. 1903; *Panofsky, Erwin:* Die deutsche Plastik des elften bis dreizehnten Jh. München 1924; *Pinder, Wilhelm:* Der Naumburger Dom und seine Bildwerke. Berlin 1925; *Jantzen, Hans:* Deutsche Bildhauer des 13. Jh. Leipzig 1925; *Küas, Herbert:* Die Naumburger Werkstatt. Aufnahmen von Erich Kirsten. Berlin 1937 (Forschungen zur deutschen Kunstgeschichte 26); *Schubert, Ernst:* Der Westchor des Naumburger Doms. Ein Beitrag zur Datierung und zum Verständnis der Standbilder. Berlin 1964 (Abhandlungen der Deutschen Akademie der Wissenschaften zu Berlin, Klasse für Sprachen, Literatur und Kunst, 1964, 1); *Ders.:* Der Naumburger Dom. Fotos von Fritz Hege. Berlin 1968; *Leopold, Gerhard; Ernst Schubert:* Die frühromanischen Vorgängerbauten des Naumburger Doms. Berlin 1972 (Corpus der romanischen Kunst im sächsisch-thüringischen Gebiet, Reihe A Architektur, Band IV); *Schubert, Ernst:* Naumburg, Dom und Altstadt. 2. Aufl. Leipzig 1989; *Ders.:* Der Dom zu Naumburg. Architektur und Bildwerke. 2. Aufl. Berlin 1992

## Nienburg

### *Benediktiner-Klosterkirche St. Marien und Cyprian*

Nienburg, an der Einmündung der Bode in die Saale gelegen, wird 961 erstmals urkdl. erwähnt. Der Name

(»Neue Burg«) erklärt sich wohl aus der Unterscheidung zur älteren Burg im benachbarten Grimschleben, dem Zentrum eines Burgwardbezirkes. Das Kloster in Nienburg wurde 975 gegr. In diesem Jahr verlegte man die reichsunmittelbare, also nicht dem Bischof der Diözese unterstehende Benediktinerabtei von Thankmarsfelde bei Gernrode im Harz nach hier.
Der Benediktinerorden war geistiger Arbeit gegenüber aufgeschlossen. Ein Abglanz der theologischen u. wissenschaftlichen Studien der Mönche ist noch in der erh. bildlichen Ausstattung der Klosterkirche zu entdecken.
Kaiser Otto II. stattete das Kloster 978 mit reichen Besitzungen aus, u.a. mit dem oben erwähnten Burgward Grimschleben östl. der Saale. Mittel für einen Klosterbau waren also reichlich vorhanden, so daß rasch eine Kirche errichtet werden konnte, Die 1004 gew. Abtei brannte jedoch im Jahre 1042 nieder, so daß in den darauffolgenden zwei Jz. in der Amtszeit des Abtes Albuin u. mit Förderung durch Kaiser Heinrich III. ein neues Gotteshaus errichtet werden konnte.
Das 11. u. die 1. H. des 12. Jh. waren für das Kloster u. die Stadt eine Glanzzeit. Der Ort erhielt Münz- u. Marktrecht. Gerühmt wurden die Klosterschule u. die -bibliothek. Mehrfach waren in der Abtei gekrönte Häupter zu Gast. Nienburger Äbte wurden zu Bischöfen in Prag, Basel u. Verden erhoben.
Einen Eingriff in die Privilegien erfuhr das Klosters, als Friedrich I. 1166 es im Tausch dem Magdeburger Erzbischof Wichmann unterstellte. Dadurch büßte es seine Reichsunmittelbarkeit ein, behielt aber seine ausgedehnten Besitzungen, die es ihm erlaubten, nach den Zerstörungen, die Markgraf Otto v. Brandenburg bei einem Angriff 1242 angerichtet hatte, einen aufwendigen Kirchenneubau in den Formen der frühen Gotik aufzuführen.
Während des Bauernkrieges 1525 wurden die Klostergebäude beschädigt, in der Folge der Reformation wurde das Kloster 1552 aufgehoben. Es folgte eine Nutzung als Domäne u. E. des 17. Jh. der Umbau zu einem Schloß als Witwensitz der Fürsten v. Anhalt-Köthen. Im 19. Jh. wurde im ehem. Kloster eine Fabrik eingerichtet.
Vom ersten, 1004 gew. Kirchenbau konnten bisher keine Reste gesichert nachgewiesen werden. Der Neubau von 1042-1060 hatte die Ausmaße der heutigen Kirche. Es handelte sich um eine dreischiff. Basilika mit Stützenwechsel. An die Vierung schlossen sich nach O. das Chorquadrat u. die Hauptapsis an. Unter dem Chorquadrat befand sich eine Krypta. Die beiden Nebenapsiden setzten unmittelbar an die Querhausarme an. Den W-Abschluß des Langhauses bildete ein Emporenquerbau, der in Form u. Größe dem Querschiff entsprach. Die Klausurbauten lagen nördl. der Kirche.
Der Neubau nach dem Brand von 1242 ist im wesentlichen bis heute erh. geblieben. Für den Chorbau u. das Querhaus verwendete man die Mauerzüge der romanischen Basilika. Der Chor wurde polygonal geschlossen. Die O-Teile der Klosterkirche waren dem Vorbild des Magdeburger Domes verpflichtet, mit dessen Neubau 1209 beg. worden war. An das Chorquadrat baute man im N u. S Chornebenräume an. Die Krypta wurde zugeschüttet u. der Chorfußboden tiefer gelegt. Das Langhaus war zunächst basilikal geplant, wie an dem tiefer sitzenden Kämpfer an der Nebenschiffseite des südwestl. Vierungspfeilers zu erkennen ist. Nach dem Brand von

*Nienburg, Klosterkirche, Inneres nach NO*

1280 führte man das Langhaus aber als dreischiff. u. dreijoch. Halle, in Anlehnung an die Elisabethkirche in Marburg, aus. Der westl. Emporenbau der romanischen Kirche blieb zunächst bestehen. Er wurde erst in der Spätgotik durch ein Schiffsjoch ersetzt, das sich an die Formen des hochgotischen Langhauses anlehnte. Der W-Turm wurde 1520 errichtet, jedoch im 18. Jh. wegen Baufälligkeit bis zur Mittelschiffshöhe abgetragen. Die Klosterkirche Nienburg ist die früheste Hallenkirche u. darüber hinaus eines der schönsten Beispiele der Baukunst des Übergangsstils u. der frühen Gotik im mittleren Saale-Elbe-Raum. An die schwereren Formen des Chorhauses fügt sich harmonisch das leichte, aufstrebende Langhaus an. Die Vierungspfeiler haben einen kreuzförm. Querschnitt. Über den Gewölbegurten erheben sich gebauchte Kreuzgratgewölbe. Die Kreuzrippengewölbe des Langhauses werden von Rundpfeilern mit halbrd. Diensten mit abschließenden zweireihigen Blattkapitellen getragen. An den Seitenschiffswänden befinden sich Bündelpfeiler. Unter dem Bauschmuck ist das in das Mauerwerk eingetiefte Kreuz am O-Giebel hervorzuheben. Die Apsis wurde mit einem Spitzbogenfries auf Kelchblockkonsolen ausgestattet. Die Dachtraufe des Langhauses ist mit figürlichen Wasserspeiern versehen. An der S-Wand befindet sich ein Säulenportal mit zierlichen Knospenkapitellen. Das Kielbogenportal an der W-Front entstammt dem spätgotischen Erweiterungsbau.

Von der Ausstattung der romanischen Klosterkirche haben sich Fragmente eines figürlich geschmückten Estrichs erh., der urspr. den Fußboden des Chorquadrats bildete. Die Bruchstücke entdeckte man bei einer Grabung 1926 als Füllmaterial in der beim frühgotischen Neubau aufgegebenen Krypta. Die Herstellungstechnik solcher Schmuckfußböden ähnelte der von Putzritzzeichnungen: In den noch nicht voll abgebundenen Gipsestrich wurde die Figu-

*Nienburg, Klosterkirche, Fragmente des Fußbodenestrichs*

renzeichnung eingeschnitten u. mit dunkler Stuckpaste ausgefüllt. Nach dem Rekonstruktionsvorschlag von U. Lorenz befand sich im Zentrum ein Medaillon mit der Darstellung des alttestamentlichen Königs Salomon, umgeben von Rundbildern mit den vier Kardinaltugenden. Außerdem können anhand der Inschriftenfragmente die im Mittelalter hochgeschätzten römischen Gelehrten Varro u. Seneca identifiziert werden. Gerahmt wurde das Bildfeld durch einen Ornamentstreifen mit Darstellungen von Tieren u. Fabelwesen. Das intellektuell anspruchsvolle Bildprogramm stellt eine Allegorie auf die Weisheit, Tugend u. Gelehrsamkeit dar u. spiegelt den hohen Bildungsstand der Mönche des Klosters wider. Nach dem Figurenstil zu urteilen, entstand der Fußboden zu Beg. des 13. Jh.

Ein weiteres hochrangiges Kunstwerk ist die Bildsäule, die im 6. o. 7. Jz. des 13. Jh. entstand. In zwei Zonen übereinander sind auf dem im Chor aufgestellten Pfeiler Monatsdarstellungen untergebracht. Es handelte sich wohl um einen Osterleuchter. In Hochrelief ausgeführte Figuren verrichten die für die Monate typischen Arbeiten: in der ob. Zone die des Sommerhalbjahres, in der unt. die des Winters. Den Figuren sind Tierkreiszeichen zugeordnet. Die Thematik ist für Deutschland ungewöhnlich. Sie dürfte von ähnlichen Darstellungen an französischen Kathedralfassaden angeregt worden sein.

Unter den Grabplatten ist der Gedächtnisstein des Klosterstifters, des Markgrafen Thietmar u. seines Sohnes, aus der M. des 14. Jh. bemerkenswert.

Von den ursprl. Klausurbauten haben sich nördl. der Kirche im Mauerwerk des späteren Schlosses nur unwesentliche Reste erh. Eine Doppelkapelle südöstl. der Kirche aus dem späten 13. Jh. wurde nach der Auflösung des Klosters in ein Wohnhaus umgebaut.

*H.L.N.*


Lit.:
*Rudolph, G.:* Die Schloßkirche zu Nienburg a. S. In: Anhaltische Geschichtsblätter 1/1925; *Grote, L.:* Die Ausgrabungen in der Schloßkirche zu Nienburg im Jahre 1926. In: Jb. der Denkmalpflege in der Prov. Sachsen und Anhalt 1931; Denkmale in Sachsen-Anhalt, Weimar 1983, S. 16, 28, 505


## Osterwieck

### *Stephanikirche*

Der Ort liegt an einer alten Heerstraße, die von Braunschweig nach Halberstadt führt. Um 780-800 richtete Karl d. Gr. Osterwieck als Missionsstützpunkt für die Bekehrung der Sachsen ein, verlegte ihn aber um 804 nach Halberstadt. Bereits 974 erhielt der Ort das Münz- u. Zollrecht verliehen. 1073 ist er als Kaufmannssiedlung bezeugt. 1108-1112 gründete der Halberstädter Bischof Reinhard in Osterwieck ein Augustiner-Chorherrenstift, das aber 1112 nach Hamersleben verlegt wurde. 1215 ist ein Rat bezeugt u. die Stadt erscheint als »civitas«. Eine Erweiterung der Stadt erfolgte im 13. Jh. im Umfeld der Nikolaikirche. 1488 wurden beide Stadtteile vereinigt u. mit einer Mauer umgeben. Unter Kardinal Albrecht, Markgraf v. Brandenburg u. Bischof v. Halberstadt wurde die Stadt weiter befestigt (1. H. 16. Jh.). Sie besaß nun drei Tore u. 13 Türme. Es sind nur noch spärliche Reste erh. 1650 gelangte der Ort als Bestandteil des neueingerichteten Fürstentums an Kurbrandenburg. Von der Wohlhabenheit der Oster-

*Osterwieck, Stephanikirche, Westpartie*

wiecker Bürger im Mittelalter zeugen noch heute die wunderschönen Fachwerkhäuser im Kern der Stadt.
Von der romanischen Stephanikirche aus der M. 12. Jh. ist nur der W-Bau erh. Er gleicht einem Querriegel, der bis zur Glockenstube geschlossen ist. Die glatte Wand ist durch senkrechte Halbrunddienste aufgelockert Die beiden Turmaufbauten sind quadr. Es ist durchaus möglich, daß sie ursprl. ebenso achteck. ausgeführt waren wie in Drübeck bzw. in Goslar am Dom. Die Säulchen der Glockenstube sind mit Würfelkapitellen bestückt. Die Öffnungen in den Türmen sind gekuppelt. Das dreifach abgetreppte W-Portal zeigt in den Archivolten kräftige Wülste. Die drei Innenräume des Erdgeschosses sind kreuzgratgewölbt u. mit einem Rundbogendurchgang verbunden. Die Kanten der Wandpfeiler sind mit halbrd. Säulen besetzt. Anstelle von Kapitellen tragen sie Masken. Langhaus u. Chor sind nach einem Brand 1511 spätgotisch erneuert worden. Der 1516 vollendete Chor ist zweijoch. mit 5/8-Schluß. Das dreischiff. Langhaus ist fünf Joche lang. Die Achteckpfeiler besitzen keine Kämpfer. Beide Räume tragen ein Kreuzrippengewölbe. In den Arkadenbögen sitzen zahlreiche Wappen, vermischt mit stilisierten Pflanzenmotiven. Hervorzuheben ist das südöstl. Portal. Es ist reich gegliedert mit Stabwerkrahmung, Eselsrückenbogen, katzenartigen Tieren zwischen Ranken. Die schmalen hohen Fenster besitzen spätgotisches Maßwerk. Die Nikolaikirche wird urkdl. 1262 genannt. Das in der S-Wand stehende Rundbogenportal ist aufgrund der Details von einem älteren Bau (A. 13. Jh.) herübergenommen worden. Das Schiff wurde 1583 erb., der Turm dagegen stammt noch aus der Zeit um 1260.

*H.S.*

Lit.:

*Gille, Theo:* Osterwieck. 2. Aufl., Braunschweig 1992

**Petersberg**

***Stiftskirche St. Petrus***

Schon vor Gründung des Augustiner-Chorherrenstifts 1124 stand auf der weithin sichtbaren Porphyrkuppe des Petersbergs – im Mittelalter »Lauterberg« (mons serenus) genannt – ein kl. Sakralbau: die »Alte Kapelle«, eine Rotunde mit gestelzter Halbkreisapsis. Im Grundriß folgte sie dem Typus der böhmischen Rundkirchen, wie ihn auch die Burgkapellen des Grafen Wiprecht v. Groitzsch in Groitzsch u. Knautnaundorf bei Leipzig sowie die im 18. Jh. beseitigte Jakobskapelle auf dem

Sandberg in Halle (gew. 1118) vertraten, u. gleich diesen Beispielen dürfte der Petersberger Bau wahrschl. ebenfalls im ausgehenden 11. bzw. A. 12. Jh. errichtet worden sein. Als Kirche eines großen Pfarrsprengels u. – nach M. 12. Jh. – außerdem interimistische Stiftskirche durch ein einschiff. Langhaus u. einen Querturm nach W erw., ist der Bau heute nur noch teilweise in seinen Umfassungen knapp über dem Boden erh.

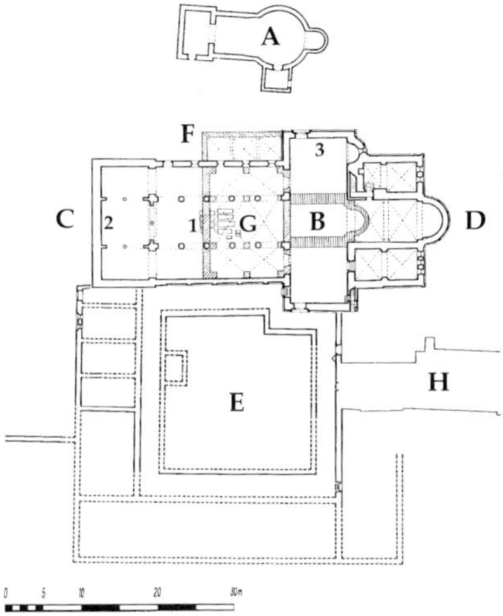


Grundriß der erhaltenen und rekonstruierbaren Bauten
A Alte Kapelle
B (senkrecht schraffiert) Erstes Sanktuarium der Stiftskirche
C Westturm und Langhaus
D Neubau der Ostteile
E Klausur
F (schräg schraffiert nach links) Kapelle von 1208
G (schräg schraffiert nach rechts) Mausoleum des 16. Jh.
H Pfarrhaus
1 Grablege der wettinischen Stifterfamilie
2 Heutiger Standort des Kenotaphs
3 Kruzifixus

Die Planung der unmittelbar südl. daneben errichteten »großen Kirche« u. Klausurgebäude des neues Stifts geht auf Graf Dedo IV. v. Wettin zurück. Die Kirche sollte als künftige Grablege des Geschlechts dienen, da das bisherige Hauskloster, das im 10. Jh. gegr. Kanonissenstift Gerbstedt, dieser Aufgabe nicht mehr genügen konnte. Dedo starb aber noch 1124 auf einer Jerusalem-Wallfahrt, so daß die Ausführung des Plans seinem Bruder, Markgraf Konrad v. Meißen, zufiel. Konrad u. seine Familie statteten das neue Chorherrenstift, dem auch umfassende missionarische Aufgaben im Rahmen des Landesausbaus übertragen wurden, reich aus u. erwirkte in Rom die Bestätigung der Gründung u. den päpstlichen Schutz. Der erste Propst Herminold wurde aus Gerbstedt berufen, mehrere der folgenden kamen aus dem kurz zuvor (1114) vor den Toren Halles gegr. Neuwerkstift, dem nach Hamersleben ältesten Augustiner-Chorherrenstift Mitteldeutschlands. Von dem viell. noch unter Dedo beg. Gründungsbau auf dem Petersberg nur das gestreckt rck. Sanktuarium mit eingezogener Apsis durch Grabungen bekannt. Die wenig spätere Errichtung von Querhaus u. W-Bau erfolgte bereits nach verändertem Plan u. war bis zur Weihe der Kirche zwischen 1142 u. 1151, möglicherweise noch vor Beisetzung von Konrads Gemahlin Lukardis 1146, abgeschlossen. Das Langhaus war eine flachgedeckte, dreischiff. Pfeilerbasilia, in den Grundrißproportionen vergleichsweise kurz, doch mit auffallend breiten Seitenschiffen. Das Hauptschiff nahm im Mittelteil die Grablege der Stifterfamilie auf. Der heutige Aufriß mit den Arkaden über Achteckpfeilern u. den zu gr. Obergaden- u. Seitenschiffenstern stellt im wesentlichen eine Rekonstruktion des 19. Jh.

dar. Im Gegensatz dazu stammt der mächtige W-Turm mit Ausnahme der erneuerten Schallarkaden noch aus dem 2. V. 12. Jh.: außen kaum gegliedert, öffnet er sich innen als durchgehender Steilraum zu allen drei Schiffen in gr. Rundbogenstellungen. Er besaß ursprl.keine Empore; die vorhandene ist ein neuromanischer Einbau von 1856. – In den Jahren 1174-1184 wurde das den Bedürfnissen der Kanoniker u. der Entfaltung der Liturgie nicht mehr genügende Sanktuarium durch den gr. bestehenden Neubau der O-Teile ersetzt. Die ungewöhnliche Konzeption verbindet ein weites, ohne ausgeschiedene Vierung durchgehendes Querhaus mit einem dreiteil. Sanktuarium. Den Altarraum mit der halbkreisförm. Hauptapsis flankieren zweigesch., gerade schließende Chorannexe, die unt. im N die Sakristei, im S das 1183 geweihte Marienoratorium aufnahmen, ob. jeweils eine zum Sanktuarium u. Querhaus in Arkaden geöffnete Empore. Das Querhaus mit Flachdecke versehen, die übrigen Räume kreuzgratgewölbt. Entgegen der Auffassung älterer Forschungen ist die Baueinheitlichkeit der bestehenden O-Teile bauarchäologisch erwiesen, die Zugehörigkeit der Emporen zur 1184 gew. Choranlage also gesichert. Über den östl. Emporenjochen waren Türme geplant; statt dessen ein stattlicher Giebel in voller Breite des Sanktuariums für das mächtige Satteldach ausgeführt. Querhaus u. Sanktuarium außen durch Lisenen u. Bogenfriese in einer für den sächsischen Raum charakteristischen Formgebung gegliedert, an beiden Querhausfronten zudem gr. Stufenportale mit Umlaufsockel, die Säulen u. Kapitelle z.T. im 19. Jh. erneuert. – Wie die O-Teile entstand auch die Klausur südl. der Kirche zur Zeit des Propstes Ekkehard (1152-1192):

*Petersberg, Stiftskirche, Ansicht von SW*

ein großes Geviert mit Kreuzgang, auf teilweise hohen Substruktionen über dem nach S u. W abschüssigen, schwierig zu bebauenden Gelände, beg. 1154. Von der imposanten Anlage nach der Zerstörung im 16. Jh. u. späterer Nutzung als »Steinbruch« heute nur noch wenige Mauerpartien, z.T. eingebaut, vorhanden; außerdem am südl. Seitenschiff der einstige Anschluß des Kreuzgang-Nordflügels an den Wandpfeilern u. Gewölbeanschlägen erkennbar. Von den verschiedenen zum Stift gehörigen Gebäuden außerhalb der Klausur lediglich das Gästehaus (domus hospitum) als Ruine erh. – Eine Anzahl von Kapitellen u. anderen bauornamentalen Fundstücken aus dem Klausurbereich von hoher Qualität (im Lapidarium der Kirche) zeigen einen für das östl. Mitteldeutschland im späteren 12. Jh. kennzeichnenden Dekor, der traditionell Sächsisches mit oberitalienischem Formengut (Königslutter) u. westdeutsch-französischen Einflüssen zu einer eigenen spätromanischen Gestaltungsweise verschmolzen hat. Außerdem bezeugen die in der 2. H. 12. Jh. errichteten Bauteile der Kirche mit ihren Eigenheiten (z.B. Umlaufsockelportal, Chorflankentürme, Verzicht auf Krypta) u. die dem Klosterschema benediktinischer Prägung folgende Anlage der Klausur den engen Anschluß an die allgemeine Reformbewegung, die seit dem 11. Jh. die Kanonikerstifte wie die Mönchsorden erfaßt hatte: Auch die Petersberger Augustiner-Chorherren gehörten als Regularkanoniker – wie die übrigen mitteldeutschen Chorherrenstifte – einer ordensgleichen Kongregation an, die klösterliche Gemeinschaft (vita communis) mit Seelsorgedienst (vita activa) verband. Zwischen den Stiften bestanden teilweise filiationsähnliche Beziehungen, so daß es u.a. zur Berufung Petersberger Kanoniker zu Pröpsten anderer Stifte kam (Wechselburg u. Meißen, viell. auch Altenburg). Über das Leben im Stift im ersten Jh. seines Bestehens unterrichtet die auch allgemein klostergeschichtlich wie landesgeschichtlich bedeutsame »Chronica Montis Sereni«, die ein Stiftsangehöriger zwischen 1185 u. 1225 verfaßte. – Von der mittelalterlichen Ausstattung der Kirche allein das Triumphkreuz erh., das ursprl. über dem Lettner am O-Ende des Mittelschiffs angebracht war u. im Zuge der Reformation u. Aufhebung des Stifts 1538/40 in die Stadtkirche nach Zörbig kam. Das überlebensgroße Schnitzbild des Gekreuzigten, neuerdings in die Zeit um 1240-1245 dat., ist eng verwandt mit dem älteren Kruzifixus der Halberstädter Liebfrauenkirche u. ein beachtliches, spä-

*Petersberg, Stiftskirche, Inneres nach O*

tes Glied in der stattlichen Reihe der mitteldeutschen Großkreuze des 13. Jh. Weitere Kostbarkeiten sind der Kelch mit dem spätromanischen Fuß u. die kl. Schnitzfigur einer thronenden Madonna aus Bein von etwa 1180 aus dem Sepulcrum des einstigen Kreuzaltars. – Nach der Säkularisierung u. Umwandlung des Stifts in ein sächsisches Amt zerstörte ein verheerender Brand 1565 den Großteil der ehem. Stiftsgebäude einschließlich Kirche u. Klausur. In der Kirchenruine ließ Kurfürst August v. Sachsen 1567 über den Gräbern seiner wettinischen Vorfahren ein Mausoleum errichten, das später auch als Pfarrkirche diente. Architektonisch unscheinbar, nahm der kl. Einbau das in prächtigen Renaissance-Formen neugeschaffene Prunkgrab über den Bestattungen des 12. u. 13. Jh.

auf, ausgeführt von den Dresdner Bildhauern Hans u. Christoph Walther II, dat. 1567; heute in der Turmhalle aufgestellt. Entsprachen Aufbau u. Dekor ganz dem Zeitstil, so hielt sich die Wiedergabe der zehn Grabfiguren offensichtlich an die figürliche Gestaltung der älteren, angeblich bronzenen Grabplatten des 13. Jh. Von H. Walther dürfte auch der Kruzifixus stammen, der ursprl. über dem Altar der Grabkapelle angebracht war; jetzt an der nördl. Querhauswand. – In der Zeit der Wiederentdeckung der »vaterländischen Vergangenheit« u. ihrer Monumente fand auch die Ruine der romanischen Kirche bald gr. Beachtung u. wurde eines der frühen Beispiele denkmalpflegerischer Bemühungen in den preußischen Provinzen. K. F. Schinkel befaßte sich schon 1816 mit den Überresten. Unterschiedliche Maßnahmen einschließlich einer Bauaufnahme ab 1822 u. der »Nachgrabungen« 1827, nicht zuletzt das persönliche Interesse des kunstbegeisterten preußischen Kronprinzen Friedrich Wilhelm u. seines sächsischen Vetters Johann führten ab 1842 zur Ausarbeitung eines Restaurierungsplans für die Kirche durch F. A. Ritter, den F. A. Stüler u. F. v. Quast revidierten. 1847 genehmigt, kam die Restaurierung 1853-1857 durch Ritter, C. Wolff u. A. Stark zur Ausführung. Nach Abbruch des Renaissance-Mausoleums wurde die Wiederherstellung des Langhauses weitgehend eine Rekonstruktion, d.h. ein Neubau unter Berücksichtigung der vorgefundenen mittelalterlichen Bauformen, während man bei Erneuerung der O-Teile u. des W-Baus die größtenteils vorhandene Originalsubstanz nur geringfügig zu ergänzen brauchte. Die gleichzeitig geschaffene neuromanische Ausstattung – außer den Prinzipalstücken auch die Anlage mit den figürlichen Deckplatten über den Wettinergräbern – im Zuge der Instandsetzungen des Innern zwischen 1958 u. 1971 mit der Absicht einer besseren Präsentation des Originalbestands u. im Hinblick auf die veränderten liturgischen Erfordernisse großenteils wieder entfernt. Verdankt das Äußere der Stiftskirche durch die im 19. Jh. wiedergewonnenen Gesamtgestalt seine bes. in der Berglage eindrucksvolle Erscheinung, so vermittelt das Innere trotz der Freilegung ein einprägsames »Bild« romanischer Baukunst des 12. Jh.

*H.-J. K.*

Lit.:

*Bothe, Heinrich Gottvertrau:* Kurtz gefassete historische Beschreibung des ehemaligen berühmten Augustinerclosters auf dem Petersberge. Halle 1748; *Dreyhaupt, Johann Christoph von:* Pagus Neletici et Nudzici Oder ausführliche diplomatisch-historische Beschreibung des ... Saal-Creyses, 2. Teil. Halle 1750, S. 864-874; *Hendel, Johann Christian:* Historische Beschreibung des hohen Petersberges im Saalkreis, und des auf demselben ehedem berühmten Augustiner-Klosters. Halle 1808; *Puttrich, Ludwig:* Denkmale der Baukunst des Mittelalters in der Königl. Preußischen Provinz Sachsen, Lief. 19-23: Mittelalterliche Bauwerke zu Halle, Petersberg und Landsberg. Leipzig 1845; *Wichmann, C.R.:* Chronik des Petersberges bei Halle a. d. Saale. Halle 1857; *Köhler, Gustav:* Das Kloster des Heiligen Petrus auf dem Lauterberge bei Halle und die ältesten Grabstätten des erlauchten sächsischen Fürstenhauses. Dresden (1857); *Ritter, (Friedrich August):* Die Klosterkirche auf dem Petersberg bei Halle und ihre Restauration in den Jahren 1853 bis 1857. In: Zeitschr. f. Bauwesen 8. 1858, S. 31-64; *Quast, Ferdinand von:* Die Kirche und das

Kloster auf dem Petersberge bei Halle. In: Zeitschr. f. christliche Archäologie u. Kunst 2. 1858, S. 145-160, 205-212, 269-280; Beschreibende Darstellung der älteren Bau- und Kunstdenkmäler der Stadt Halle und des Saalkreises. Bearb. von Gustav Schönermark. Halle 1886 (Beschreibende Darstellung der älteren Bau- u. Kunstdenkmäler der Provinz Sachsen u. angrenzender Gebiete NF 1), S. 553-565; *Nebel, Arthur:* Die Anfänge und die kirchliche Rechtsstellung des Augustinerchorherrenstifts St. Peter auf dem Lauterberge (Petersberg bei Halle). In: Thür.-Sächsische Zeitschr. f. Geschichte u. Kunst 6. 1916, S. 113-176; *Schultze-Galléra, Siegmar v.:* Die alte Kapelle auf dem Petersberge. In: Kalender f. Ortsgeschichte u. Heimatkunde von Halle, Saalkreis und Umgebung 1916, S. 51 bis 58; *Spindler, Rudolf:* Das Kloster auf dem Petersberge bei Halle. Seine Baugeschichte bis zur Restauration durch Schinkel. Berlin 1918; *Plathner, Carl:* Zur Baugeschichte des Klosters auf dem Petersberge. In: Thür.-Sächsische Zeitschr. f. Geschichte u. Kunst 10. 1920, S. 65-93, und 11. 1921, S. 1-36; *Rauda, Fritz:* Neues über das Kloster auf dem Petersberg bei Halle. In: Heimatkalender f. Halle u. den Saalkreis 4. 1923, S. 65-69; *Kunze, Hans:* Die kirchliche Reformbewegung des zwölften Jahrhunderts im Gebiet der mittleren Elbe und ihr Einfluß auf die Baukunst. In: Sachsen und Anhalt 1. 1925, S. 388-476, bes. 462-469; *Weißenborn, Bernhard:* Der hohe Petersberg als Problem der Geschichte, der Landeskunde und der Baukunst. In: Forschung und Leben 1. 1927, S. 324-347; *Plathner, Carl:* Die Ruine des ehemaligen Klosterhospizes auf dem Petersberge. In: Heimatkalender f. Halle u. den Saalkreis 10. 1929, S. 49-51; *Schultze-Galléra, Siegmar v.:* Der Petersberg und sein Augustiner-Chorherrenstift. Halle 1933; *Schlesinger* 1962, Bd. 2, S. 205-210, 621; *Hampel, Konrad; Erich Neuss:* Lauterberger Studien zu Fragen der Chronica Montis Sereni (Petersberger Chronik). In: Wiss. Zeitschr. d. Martin-Luther-Universität Halle-Wittenberg. Gesellschafts- u. sprachwiss. Reihe 14. 1965, S. 372-400; *Krause, Hans-Joachim:* Die romanische Klausur auf dem Petersberg bei Halle. In: Kunst des Mittelalters in Sachsen. Festschrift Wolf Schubert, Weimar 1967, S. 60-85; *Ders.:* Die Stiftskirche auf dem Petersberg bei Halle, Berlin 1974 (Das Christliche Denkmal H. 89), 2. Aufl. München; Zürich 1991 (Schnell Kunstführer 1907); Handbuch der historischen Stätten Deutschlands. Bd. 11, S. 364-365 (Erich Neuss); *Dehio* 1976, S. 348-351 (Hans-Joachim Krause); *Nier, Klaus:* Die mittelalterliche Skulptur der ersten Hälfte des 13. Jahrhunderts. Weinheim 1992; Lexikon des Mittelalters 6. München; Zürich 1993, Sp. 1941 (Karlheinz Blaschke); *Wippermann, Axel:* Friedrich August Ritter 1795-1869. Ein preußischer Provinzial-Baumeister in der Zeit des Klassizismus und des Historismus. Alfter 1993; zugl. Phil. Diss. Aachen 1993

## Pretzien

### *Dorfkirche St. Thomas*

Die romanische Thomaskirche zeichnet sich durch ihre Lage auf einer Anhöhe über der Elbniederung, die sorgfältige Bauausführung, aber besonders durch den reichen Schmuck an Wandmalerei gegenüber anderen Dorfkirchen der Gegend aus.
1973 wurden in dem damals nicht mehr in kirchlicher Nutzung befindlichen Gotteshaus Spuren der hochrangigen spätromanischen Ausmalung entdeckt.
Nach Sanierung des Bauwerkes u.

*Pretzien, Dorfkirche, Inneres mit Wandmalereien*

behutsamer Befreiung der Malerei von den sie überdeckenden Tüncheschichten ist die Thomaskirche eines der eindrucksvollen Zeugnisse der Einheit von mittelalterlicher Architektur u. malerischer Ausstattung an der Straße der Romanik.
Zur mittelalterlichen Geschichte des Dorfes u. der Kirche Pretzien sind nur dürftige urkdl. Nachrichten erh. Die ältesten aus der M. des 12. Jh. beziehen sich auf Schenkungen des Markgrafen Albrecht v. Brandenburg an das Liebfrauenkloster zu Magdeburg.
Folgende Rechtslage läßt sich für Pretzien im 12. und 13. Jh. aus den erh. Nachrichten zusammenfassend ableiten: Albrecht d. Bär schenkte das Dorf dem Magdeburger Liebfrauenkloster, behielt sich u. seinen Nachkommen jedoch die Schutzvogtei vor. Geistlich unterstand Pretzien dem Bistum Brandenburg. Der Bischof übertrug die Pfarrechte an das Pretzien benachbarte Prämonstratenserstift Leitzkau. Schutzvögte u. Gerichtsherren waren in der 1. H. des 13. Jh. in askanischer Nachfolge die Ritter v. Dornburg. Die bevorzugte Stellung von Pretzien ist durch seine Lage als Wegestation zwischen Magdeburg u. Leitzkau, dem wichtigen Heeressammelplatz u. ersten ostelbischen Prämonstratenserstift, zu erklären.
Die Architektur der Kirche ist aufwendiger, als bei einer kl. Pfarrkirche üblich. Es handelt sich um einen flachgedeckten, vierteil. Saalbau: Apsis, Chorquadrat, langgestrecktes Schiff u. quergestellter W-Bau. Ein umlaufendes Sockelprofil sowie Lisenen u. Rundbogenfries an der Apsis bereichern das Bauwerk. Bis auf die aus Sandstein gehauenen Glie-

derungselemente besteht das Mauerwerk aus Quarzit-Bruchstein, der zwischen Pretzien u. Gommern ansteht. Ursprl. waren die Mauern außen verputzt u. mit einer aufgemalten Quaderung versehen. Reste davon haben sich oberhalb der Fenster an der S-Wand erh.

Auch der Innenraum war reicher ausgestattet, als sonst bei Dorfkirchen zu beobachten. Hausteinkämpfer gliedern Apsiswand u. Triumphbogen. Möglicherweise waren Chorquadrat u. Schiff noch durch eine bemalte Holzbretterdecke bereichert. Darauf deuten Nute an den Trägerbalken hin, in die man Holzplatten einschieben konnte. Im S-Teil der Turmhalle befindet sich ein massiver, tonnenüberwölbter Raum mit kl. Türöffnung. Seine Funktion ist ungeklärt. Es könnte sich um einen Verwahrraum o. um ein Heiliges Grab für Osterspiele gehandelt haben.

Merkwürdig sind die mehrfach am Innenputz der Kirche zu beobachtenden Putzritzungen. Sie wurden mit einem scharfen Werkzeug in den noch feuchten Putz eingekratzt. Am besten sichtbar ist ein schmaler Kopf in Vorderansicht an der O-Wand des Turmhalleneinbaues. Formelhaft erscheinen die Gesichtszüge: knopfartige Augen, die Augenbrauen-Nasenlinie wie ein gestrecktes Fragezeichen, Mund aus drei Wellenlinien gebildet, zweispitziger Bart. Im Haar erkennt man die Andeutung eines Kreuznimbus. Gemeint ist also ein Christuskopf.

Einen besonderen Schatz stellen die spätromanischen Wandmalereien dar, die sich in der Apsis, dem Chorquadrat u. am Triumphbogen erh. haben. Sie gehören zu den qualitätvollsten Bildwerken Mitteldeutschlands aus der 1. H. des 13. Jh. Gegenüber den meisten vergleichbaren romanischen Wandmalereien haben sie den Vorzug, nach der Aufdeckung nicht ergänzend restauriert, sondern lediglich konserviert worden zu sein. Sie haben ihren Urkundenwert bewahrt. Freilich erfordert der schlechte Erhaltungszustand mancher Bilder ein genaues Hinsehen, um den Inhalt ablesen zu können.

Am besten hat sich die Malerei in der Apsishalbkuppel erh. Dargestellt ist die Maiestas Domini: der auf dem Regenbogen thronende Christus, umgeben von einer Mandorla. Christus hat die Rechte zum Segensgestus erhoben. In der Linken hält er die Buchrolle, deren Form der Beschädigung des Putzes wegen nicht genau zu bestimmen ist. Zu Seiten der Mandorla stehen mit fürbittend erhobenen Händen Maria u. Johannes d. Täufer. Die Gestalten sind ungewöhnlich schlank proportioniert. Die feingefälteten Gewänder schmiegen sich eng an die Körper an. Maria trägt über dem Kopf- u. Schultertuch (dem byzantinischen Maphorion) eine blattgeschmückte Krone. Ihr langes, welliges Haar fällt zopfartig zu beiden Seiten der Wangen auf die Brust herab.

Der Raum zwischen den Fürbittenden u. der Mandorla wird durch zwei frontal dargestellte, sechsflügl. Cherubim ausgefüllt. Die ob. und die unt. Flügel überkreuzen sich. Die seitl. Flügel verlaufen parallel zum Körper. Die jünglinghaft ernsten Gesichter werden von vollem, lockigen Haar umgeben. Die Zwickel am unt. Ende der Mandorla werden zwei nicht eindeutig zu identifizierenden Figuren ausgefüllt – vielleicht schwebenden Engeln, die die Mandorla stützen.

Der heutige Zustand der Malerei in der Apsishalbkugel stellt im wesentlichen nur die Vorzeichnung u. Untermalung des ursprl. Bildes dar. Darüber folgten noch die Flächenausmalung mit Lokalfarben u. eine abschließende Konturenzeichnung. Die obersten u. empfindlichsten Malschichten sind (wie auch bei den meisten anderen Denkmälern mittelalterlicher Wandmalerei) im Laufe der Jh. verlorengegangen.

Die feine, äußerst routinierte Linienführung u. die Schattenschraffuren an Gesichtern u. Gewändern weisen den Maler als einen mit den Kunstströmungen seiner Zeit vertrauten Meister aus.

Im Halbrund der Fensterzone sind acht männliche u. weibliche Heilige dargestellt – je drei an den Seitenflächen, je eine Figur zwischen den Fenstern – die teils durch Palmenwedel als Märtyrer ausgewiesen werden. Der fragmentarische Erhaltungszustand erlaubt keine nähere Bestimmung.

Ein reiches ikonographisches Programm weist die malerische Ausstattung des Chorquadrates auf. Der Erhaltungszustand der Malereien ist hier gegenüber der Apsishalbkugel wesentlich schlechter.

In den ob. Wandzonen sind in feingliedrig gemalten, fenstergroßen Arkaden die Klugen u. die Törichten Jungfrauen angeordnet. Die marmorierten Säulen haben Kelchkapitelle u. gleichgestaltige Basen. Die Jungfrauen tragen hochgegürtete modische, bodenlange Kleider. Das wellige Haar fällt über ihre Schultern. Die Klugen Jungfrauen an der S-Wand sind durch Kronen ausgezeichnet. Überraschend ist die große Variationsbreite in der Haltung der Frauen u. die damenhaft grazilen Bewegungen.

In der Höhe der Fensterbänke begrenzt ein doppelter Farbstreifen den Jungfrauenfries nach unt. Es folgt an beiden Chorhauswänden ein Fries von fünf Rundbögen mit dazwischengesetzten Palmetten. Die Rundbogen umrahmen – bzw. umrahmten – die Halbfiguren von disputierenden Propheten. (Zwei Felder sind auf jeder Wand durch die Fenstervergrößerungen zerstört worden.)

Der unt. Begrenzungsstreifen, der auch als Schriftband dient, verläuft in der Höhe des Kämpfers der Triumpbogenwand. In dem darunter befindlichen Bildstreifen wird die Jakobsgeschichte erzählt (Gen 27,1 bis 28,22). Der Fries beginnt an der S-Wand. Von li. nach re. sind folgende Szenen dargestellt: Der auf einem Bett liegende Isaak sendet Esau zur Jagd; Jakob übergibt Rebekka die Böcklein, die er auf ihr Geheiß von

der Weide geholt hat, zur Bereitung des Mahles in einem am Gewölbe hängenden Kessel. Im Eckfeld am Triumphbogen hilft Rebekka Jakob, Esaus Kleider anzuziehen u. schickt Jakob mit der Speiseschüssel zu Isaak. Der Bildstreifen an der N-Wand beginnt an der Wandvorlage des Triumphbogens mit der Figur Rebekkas. Anschließend wird zweimal Isaak gezeigt, wie er den gebeugten Jakob segnet, wie ihm Esau die Speise bringt u. der Betrug offensichtlich wird. Nach einem Architekturelement folgen eine weibliche u. eine männliche Figur, die in der ob. Hälfte zerstört sind. Es schließt sich Jakobs Traum von der Himmelsleiter an. Den Abschluß bildet eine Figurengruppe mit einem erhöht sitzenden alten Mann, die vermutl. den alten Jakob darstellt, der seinen Sohn segnet. Auf dem ob. Begrenzungsstreifen begleiten romanische Majuskelinschriften, die teilw. noch zu lesen sind, die Handlung. Es werden u. a. die Namen der darunter befindlichen Personen gen. An der Leibung des Triumphbogens hat sich die Malerei relativ gut erh. Unterhalb der Kämpfer sind die vier Evangelisten dargestellt, die mit erhobener Hand nach ob. weisen. Im Scheitel des Bogens befindet sich die Darstellung der Wurzel Jesse.
Am südl. Bogenansatz stehen zwei nach ob. blickende Propheten u. darüber befinden sich sechs Medaillons mit Bildern der Kleinen Propheten.
An der dem Kirchenschiff zugewandten Seite des Triumphbogens sind übereinander drei Bildstreifen zu erkennen. An der li. (nördl.) Wand ist eine Gastmahlszene, wohl die Feier zur Rückkehr des verlorenen Sohnes, dargestellt. Am gegenüberliegenden südl. Wandfeld wird das Gleichnis vom reichen Mann u. vom armen Lazarus erzählt. Im ob. Streifen erkennt man das Gastmahl des Reichen, in den beiden darunterliegenden Bildfeldern den Tod des Gerechten u. den Tod des Reichen. Der unt. Streifen zeigt Lazarus bei Abraham u. den Reichen in der Hölle.
Ohne Zusammenhang mit dem Bildprogramm der O-Teile stehen die beiden Wandmalereien im W der Kirche. An der N-Wand des Schiffes ist westl. des Portals ein Christophorusbild angebracht, das die volle Höhe der Schiffswand einnimmt. Christophorus ist der Schutzheilige der Schiffer u. Fährleute. Seine Darstellung in einer am Strom gelegenen Kirche war daher sehr naheliegend. Während des Mittelalters wurde ein gr. Christophorusbild häufig an der dem Kircheneingang gegenüberliegenden Wand aufgemalt, so daß es von keinem Kirchenbesucher übersehen werden konnte. Sein Anblick sollte vor einem plötzlichen Tod bewahren.
Die Seelenwägung in der benachbarten Turmbogenleibung wird in heiterer Erzählfreude ausgesponnen. Der Erzengel Michael trägt die Balkenwaage. Er ist als schwebender Engel mit langem Gewand dargestellt. In einer Waagschale steht ein kl. nackter Mensch mit einer brennenden Kerze in der Hand. Die andere Waagschale ist mit Gewichten vollgestapelt. Teufelchen mit Hörnern u. Hahnenfüßen o. Bocksklauen versuchen mit Gewalt o. List, die Waage zu ihren Gunsten zu senken, doch Maria errettet mit einer leichten Bewegung ihrer Hand die Seele.
Die Seelenwägung war die populäre, drastische Version des Jüngsten Gerichts, bei der die guten gegen die schlechten Taten aufgewogen wurden.

Der Kirchenbau ist um Jz. älter als die darin angebrachten Wandmalereien. Die Gebäudeform entspricht

einem in der 2. H. des 12. Jh. im Magdeburger Bereich verbreiteten Dorfkirchentypus. Die Gliederung der Apsis u. die Gestalt der Konsolen des Rundbogenfrieses ähneln den Ziergliedern der 1155 gew. Klosterkirche von Leitzkau, so daß die Entstehung in der 2. H. des 12. Jh. angenommen werden kann.
Die Malereien im Chor sind vermutl. von einer Magdeburger Werkstatt im 4. o. zu Beg. des 5. Jz. des 13. Jh. geschaffen worden.
Die Seelenwägung u. der Christophorus im W-Teil der Kirche sind das Werk einer lokalen Werkstatt des 14. Jh., obwohl die Kleidung des Christophorus noch Merkmale des 13. Jh. aufweist.

*H. L. N.*

Lit.:
*Justus Christian Thorschmidt:* Antiquitates Plocenses et dajunctarum Prezzin et Elbenau, Burggraviatus Magdeburgici. Leipzig 1725; Deutsche Übersetzung: Altertümer von Plötzky, Prezzin und Elbenau, übersetzt und mit Anmerkungen versehen von Martin Jordan. Burg bei Magdeburg 1939; *Heinrich L. Nickel:* Mitteldeutsche Wandmalerei in der DDR. Leipzig 1979, S. 40-51; *Helga Neumann:* Neuentdeckte Malerei im Schnittpunkt östlicher und westlicher Stileinflüsse. In: Eikon und Logos, Hrsg. H. Goltz, Martin-Luther-Universität Halle-Wittenberg, Wiss. Beitr. 1981/35 (K6), Halle 1981, Bd. 2, S. 239-252; *Matthias Sußmann:* Die Thomaskirche zu Pretzien. In: Ausgrabungen und Funde, Bd. 31, H. 4, Berlin 1986, S. 183-186 (Baugeschichtlicher Befund); *Heinrich L. Nickel:* Die Wandmalerei der Thomas-Kirche zu Pretzien. In: Europäische Kunst des 13. Jh., Hrsg. Hans-Joachim Krause. (Erscheint demnächst); Heinrich L. Nickel: Pretzien – Die Dorfkirche St. Thomas und ihre Wandmalereien. München; Berlin 1993 (Große Baudenkmäler H. 434)

## Quedlinburg

Im 9. Jh. gründete das Kloster Hersfeld in Quedlinburg, das damals zu seinem Besitz gehörte, eine Missionskirche zu Ehren des hl. Wigbert. In den ersten Jahren des 10. Jh. müssen Ort u. Kirche Eigentum des Liudolfingers u. Sachsenherzogs Otto geworden sein. Mit der Wahl seines Sohnes, Heinrichs I., zum deutschen König im Jahre 919 begann für Quedlinburg der bedeutendste Abschnitt seiner Geschichte. Unmittelbar neben der Wigbertkirche verfügte der Herrscher über einen nunmehr königlichen Hof. Wenige Jahre später, als er wegen der Ungarneinfälle ringsum im Lande Burgen zu bauen befohlen hatte, ließ er auch den Quedlinburger Burgberg befestigen u. zu einer Pfalz ausbauen. Er hat sie vor allen anderen geschätzt, bes. häufig besucht u. ihre Kapelle zu seiner letzten Ruhestätte bestimmt. Ein Kanonikerstift betete hier täglich für den König u. seine Familie. Als er 936 in der Pfalz Memleben gestorben war, wurde sein Leichnam nach Quedlinburg übergeführt u. dort vor dem Petersaltar der Pfalzkapelle beigesetzt.
Seine Witwe, Königin Mathilde, der der König Quedlinburg schon 929 als Witwengut übereignet hatte, gründete 936 auf dem Berg ein Damenstift, das vor allem dem frommen Gedenken an den verstorbenen König u. seine Familie dienen sollte. Die Kanoniker der Pfalzkapelle versahen ihren Dienst nunmehr in der Kirche des Damenstifts. Noch in demselben Jahre bestätigte der Sohn u. Nachfolger Heinrichs I., der spätere Kaiser Otto d. Gr., die Stiftung auf

dem Burgberg. Sie erhielt eine außergewöhnliche rechtliche Stellung: unterstand sie doch unmittelbar dem Papst u. dem König, der zugleich Schutzherr des Stifts war; die Äbtissinnen sollten nur aus der königlichen Familie kommen. Die Leitung übernahm zunächst die Königin selbst. Erst 966, zwei Jahre vor ihrem Tode, ließ sie ihre Enkelin Mathilde, Tochter Kaiser Ottos d. Gr., als erste Äbtissin einführen.

Neben dem Stift gab es in Quedlinburg weiterhin die königliche Pfalz. Sie erfreute sich auch bei den auf Heinrich I. folgenden ottonischen Herrschern einer bes. Wertschätzung. Diese benutzten die Pfalz Quedlinburg gern, um Entscheidungen von hoher Tragweite zu fällen, Gesandte fremder Völker mit allem Zeremoniell zu empfangen u. vor allem, um hier mit ihrem Hofstaat in traditioneller Weise das Osterfest zu feiern. Als Kaiser Otto II. 983 unerwartet früh in Italien gestorben war, wurde die Pfalz sogar zu einer Art Zentrum des Reichs. Zunächst führten die Kaiserinnen Adelheid u. Theophanu zeitweise von hier aus für ihren Enkel u. Sohn, den minderjährigen Otto III., die Regierungsgeschäfte, u. ab 997 lag die Regierung sogar in den Händen der Äbtissin Mathilde, nachdem Otto III. (980-1002) seine Tante vor seinem Aufbruch nach Italien für die Zeit seiner Abwesenheit als Reichsverweserin – »matricia« – einsetzte. Schon 986 hatte die Äbtissin auf dem Quedlinburger Münzenberg ein Benediktinerinnen-Kloster gegr. Von dessen Marienkirche sind zwar beträchtliche Mauerreste erh., wegen ihrer Überbauung durch Wohnhäuser aber schwer zugänglich. Der Burgberg sah auch im 11. u. 12. Jh. viele glänzende Reichsversammlungen. Die Äbtissinnen – bis in das 12.Jh. hinein ausschließlich Angehörige des Königshauses – konnten den Reichtum u. die Macht des Stifts ständig mehren. In der Reformationszeit wurde es in ein freiweltliches evangelisches Damenstift umgewandelt u. hat in dieser Gestalt bis zu seiner Auflösung im Jahre 1803 bestanden. Damals übernahm der preußische Staat mit dem ges. Stiftsbesitz auch die nunmehr funktionslose Stiftskirche. Er sorgte dafür, daß die evangelische Gemeinde der Wipertikirche ihr Gotteshaus aufgab u. in die Stiftskirche umzog, die dann in der 2. H. des 19. Jh. unter Beseitigung ihrer barokken Ausstattung einer grundlegenden Restaurierung unterzogen wurde. 1938 schien das Ende ihrer kirchlichen Nutzung gekommen zu sein. Damals begann ein Umbau der Stiftskirche mit dem Ziel, hier eine »Weihestätte« der faschistischen SS einzurichten. Die Gemeinde durfte ihr Gotteshaus nicht mehr betreten. Den ersten Gottesdienst konnte sie in der Kirche erst 1945 wieder feiern.

Seit dem frühen 19. Jh. hat man sich darüber Gedanken gemacht, wie die Pfalz u. besonders die Pfalzkapelle König Heinrichs ausgesehen haben, welche Veränderungen sie bei der Gründung des Damenstifts u. in späterer Zeit erfuhren. Erst die Ergebnisse der umfassenden Grabungen u. Baubeobachtungen in den Jahren 1938 bis 1942 brachten dafür bessere Grundlagen, die für die Stiftskirche selbst aber inzwischen durch neue Untersuchungen ergänzt u. vielfach auch korrigiert werden konnten.

### *Stiftskirche St. Servatius*

936 begann anstelle der Pfalzkapelle über dem Grab Heinrichs I. der Bau der ersten Stiftskirche, als deren Hauptpatron schon bald der hl. Servatius gen. wird. Die Anlage war ein etwa 60 m langer u. 9,5 m breiter Saal, beiderseits von niedrigen Querarmen flankiert, die im Obergeschoß

Emporen für die Damen enthielten. Da der S-Arm auf hohen Fundamenten über dem steil abfallenden Hang des Berges errichtet werden mußte, begnügte man sich mit einer verhältnismäßig geringen Tiefe der Annexe. Sie ist noch heute im hochromanischen Querhaus erkennbar, dessen Umfassungswände auf den alten Fundamenten stehen. Vor dem Hauptaltar im O-Abschnitt des Saals lag das Grab des Königs. Als die Königin in den Jahren 962-964 bedeutende Reliquien erwerben konnte, ließ sie diese unter dem Altar in der dafür angelegten sog. »Confessio« deponieren, in deren W-Wand der Sarg König Heinrichs sichtbar blieb. Nach ihrem Tode fand sie 968 südl. neben ihrem Gemahl ihre letzte Ruhe.

Ihre Enkelin, Äbtissin Mathilde, entschloß sich, die relativ bescheidene erste Stiftskirche zu einer »modernen«, kreuzförm. Basilika mit ausgedehnter Krypta ausbauen zu lassen. Die Arbeiten begannen mit der Errichtung eines dreischiff., basilikalen Langhauses – an der Stelle des heutigen –, das 997 feierlich gew. werden konnte. 999 starb die Äbtissin u. erhielt ihr Grab »zu Häupten ihres Großvaters«, wo sich ihr Bleisarg noch heute befindet. Ihre Nachfolgerin, Äbtissin Adelheid, sorgte für eine zügige Weiterführung des Neubaus. Zur Voll. der Krypta mußten die »Confessio« eingeebnet u. der Sarg König Heinrichs verlegt werden. Er fand wahrschl. im Chor über dem W-Abschnitt der Krypta eine neue Aufstellung. 1021 war die zweite Stiftskirche voll. u. konnte in Gegenwart Kaiser Heinrichs II. u. seiner Gemahlin, der Kaiserin Kunigunde, unter Teilnahme vieler Großen des Reichs feierlich eingeweiht werden. Nur die Kapelle St. Nicolai in vinculis unter dem südl. Seitenschiff u. die beiden westl. Joche der Krypta stehen von diesem Bauwerk heute noch aufrecht. Denn als 1070 ein verheerendes Schadenfeuer alle Gebäude auf dem Berg vernichtete, wurde auch die Kirche ein Opfer der Flammen.

*Quedlinburg, Stiftskirche, Ansicht von S*

Der Nachfolgebau, die im wesentlichen bis heute existierende dritte Stiftskirche, gilt als eine der eindrucksvollsten u. am besten erh. Kirchen des hochromanischen Baustils in Deutschland. Sie konnte erst 1129 gew. werden. In ihrer fast 60jährigen Bauzeit, deren ungewöhnliche Länge bis heute Rätsel aufgibt, entstand über dem Grundriß des Vorgängerbaus eine kreuzförm. Basilika mit zweitürmigem W-Bau sowie einer ausgedehnten Krypta unter dem Sanktuarium u. dem Querhaus, dessen knappe Ausladung, wie erwähnt, auf die erste Stiftskirche zurückgeht.

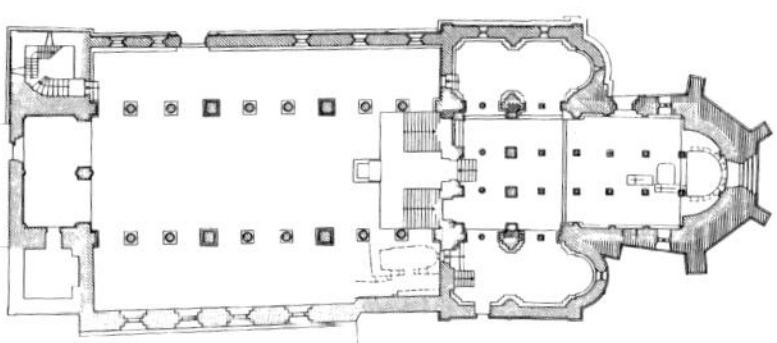

Der hoch aufragende, von der Stiftskirche bekrönte Quedlinburger Burgberg zeugt bis in unsere Zeit von der gr. Vergangenheit des Ortes. Zwar stehen an der Stelle der mittelalterlichen Pfalz- u. Stiftsgebäude heute repräsentative Bauten aus dem 16. u. 18. Jh. Doch die Stiftskirche hat ihre hochromanische Gestalt zum gr. Teil bewahrt. Daß sie zu den königlichen Bauten der Zeit gehörte, macht schon die qualitätvolle Dekoration ihrer Außenwände deutlich. Die Umfassungswände des Lang- u. des Querhauses stehen – außer der im 18. Jh. erneuerten S-Wand des Langhauses – auf einem attisch profilierten Sockel u. sind darüber durch Rundstäbe, Ecklisenen u. einen ob. abschließenden Rundbogenfries gegliedert. An den Seitenwänden u. dem Obergaden des Langhauses befindet sich darüber als bes. Schmuckelement ein reliefierter Plattenfries, an dem nebeneinander Ranken mit Blättern u. Früchten, Tiergestalten, palmettenähnliche Blattgruppen u. verschlungene Knoten dargestellt sind. Die relativ kl. Rundbogenfenster haben abgetreppte Leibungen, im ob. Bereich mit eingestellten Säulchen u. Wulstbogen. Der Haupteingang in der N-Wand des Langhauses ist ein prächtiges Säulenportal, eines der frühesten Beispiele dieses Typs in Deutschland. Bei der grundlegenden Restaurierung der Kirche im 19. Jh. wurde es, ebenso wie ein Teil der Fenstergewände u. Friese, nach den erh. Resten rekonstruiert.

Der monumentale W-Bau der Kirche mit seinen zwei Türmen stammt aus den Jahren 1877-1882. Doch dürfte seine Gestalt, abgesehen von den typisch neuromanischen Details, weitgehend der seines Vorgängers von 1129 entsprechen, von dem vor der Wiederherstellung der Stiftskirche nur noch Teile des N-Turms u. des Zwischenbaus erh. waren. Die neuen Türme besaßen allerdings zunächst wenig passende, giebelgeschmückte Spitzhelme, die 1947/48 nach Beschädigungen infolge Artilleriebeschuß durch die bestehenden Zeltdächer ersetzt werden konnten.

An der O-Seite des Querhauses sind zwar dessen beide Nebenapsiden erh., doch von dem einst zwischen diesen ansetzenden, hochromanischen Sanktuarium erkennt man nur noch die Anfänge von Rundbogenfries u. Traufgesims der Seitenwände. An seiner Stelle ließ die Äbtissin Jutta v. Kranichfeld (1308-1347) ein neues, gotisches Sanktuarium errichten. Dessen schlanke, kräftig hervortretende Strebepfeiler u. seine hohen Spitzbogenfenster geben ihm eine Vertikaltendenz, die sich deutlich von der Blockhaftigkeit des hochromanischen Baus unterscheidet.

Hinter dem für den gotischen Bau ungewöhnlich hohen Sockelgeschoß verbirgt sich die fast unverändert gebliebene romanische Krypta, die damals nur zwei neue Fenster u. auf der N-Seite ein prächtiges, inschr. auf 1320 dat. gotisches Portal erhielt. Auch von diesem Sanktuarium stehen heute nur noch die Umfassungsmauern, weil man 1939/40 innen ein »romanisches« Sanktuarium mit Apsis einfügte u. dadurch die gotischen Fenster des Hauptgeschosses ihrer Funktion beraubte.

Das Langhaus der Quedlinburger Stiftskirche gehört zu den eindrucksvollsten Kirchenräumen der Hochromanik. Im Mittelschiff scheinen die horizontale Reihung der Arkadenstützen u. darüber die der Obergadenfenster mit dem unter diesen durchlaufenden Gesims den Blick auf die beiden Zentren der mittelalterlichen Stiftskirche hinzulenken, das Sanktuarium mit dem Hauptaltar im O u. die Empore mit dem Thron der Äbtissin im W. Das Gesims unter den Obergadenfenstern weist über einem doppelten Zahnschnittfries übrigens wieder einen skulptierten Plattenfries auf, der in seiner Ausbildung dem außen an der Traufe befindlichen entspricht. Die W-Wand vor der gen. Empore öffnet sich im Untergeschoß in zwei breiten Arkaden u. darüber vor der Empore selbst in zwei Doppelarkaden. Zwei waagerechte Friese u. zwei scheinbar vom Fußboden bis zur Decke reichende, rundbogige Blendnischen, deren Bögen auf einer mittl. hohen Wandsäule ansetzen, gliedern diese Wand zugleich horizontal u. vertikal. Der reiche Reliefschmuck der W-Wand u. der hinter ihr liegenden Räume ist wieder mit jenem äußeren Plattenfries verwandt.

Die Arkadenstützen sind im sog. »niedersächsischen Stützenwechsel« angeordnet: Auf einen Pfeiler folgen jeweils zwei Säulen. Die quadr. Arkadenpfeiler stehen auf einem Sockel mit niedriger, attisch profilierter Basis. Bei den viel dünneren Säulen erweckt die ausgewogene Abfolge von hoher attischer Basis, leicht verjüngtem Schaft u. kraftvollem Kapitell den Eindruck, daß sie die auf ihnen lastende gewaltige Mauermasse mit Leichtigkeit tragen. Die Kapitelle sind mit Reliefdekor unterschiedlicher Art bedeckt. Neben Adlerkapitellen gibt es solche, die an das antike Kompositkapitell erinnern, u. andere, die mit stilisiertem Blattwerk o. einem verschlungenen Flechtmuster überzogen sind o. Fabeltiere u. symbolische Gestalten darstellen. Die Kapitelle der beiden Säulen am O-Ende der N- u. S-Arkaden sind Nachbildungen, die man im 19. Jh. nach den schwer beschädigten, heute im Schloßpark aufgestellten Originalen hergestellt hat. Damals mußte auch der Schmuck der Kämpferplatten von Säulen u. Pfeilern weitgehend neu angefertigt werden.

Am O-Ende des Mittelschiffs steht hinter einem modernen Altar, der etwa den Platz des mittelalterlichen Kreuzaltars einnimmt, das einzige alte Ausstattungsstück des Langhauses, ein aus Freyburg a. d. Unstrut stammender, spätgotischer Kruzifixus von beherrschender Monumentalität. Dahinter führen die beiden Chortreppen zu der nach allen vier Seiten durch Gurtbögen abgetrennten Vierung empor. Hier befand sich im Mittelalter der »Chor« mit den Sitzen der zum Stift gehörenden Geistlichen. Er ist in Quedlinburg gegenüber dem Langhaus ungewöhnlich überhöht, bedingt durch die darunter befindliche, nur um 6 Stufen

*Quedlinburg, Stiftskirche, Inneres nach W*

eingetiefte Krypta. An die Vierung schließt im O das »romanische« Sanktuarium von 1939 an, in dem auf dem Altar ein dreiteiliges Retabel aus Sangerhausen aus der Zeit um 1500 mit gemalten Szenen der Passion Christi aufgestellt ist.
In den beiden Querhausarmen ist der Fußboden gegenüber der Vierung nochmals leicht erhöht, was durch die seitl. Einbauten jedoch kaum spürbar wird. Im W-Teil des N-Arms befindet sich hinter einer zugehörigen kassettierten Schrankenwand der »Zitter«, die Schatzkammer der Stiftskirche. Die neun Kreuzgewölbe des Raums ruhen auf vier Säulen. Nach der Form seiner Kapitelle u. Basen dürfte der »Zitter« in der 2. H. des 12. Jh. in das Querhaus eingebaut worden sein. Seit einigen Jahren ist auch der S-Arm durch eine niedrige Wand abgetrennt, in die man Stuckreste des 12. Jh. – wohl von der ehem. westl. Chorschranke – u. eine neue Orgel einfügte. Dahinter wurde eine weitere Kammer eingerichtet. Ursprl. könnte hier das Gestühl der Stiftsdamen gestanden haben, von dem aus sie an dem täglichen Gottesdienst teilnahmen. Das erklärt viell. auch die bes. qualitätvolle u. reiche Bauornamentik dieses Querarms. Auch in anderen Damenstiftskirchen – z.B. im benachbarten Gernrode – hat als Chor der Stiftsdamen in der Regel einer der Querhausarme gedient.
Die Apsiden der beiden Querhausarme tragen besonders reichen Schmuck. In Kämpferhöhe läuft ein Relieffries um, dessen Dekor den Friesen am Außenbau entspricht. Apsiskalotte u. Apsisfenster sind außerdem im N-Arm des Querhauses von einem Flechtbandornament, im S-Arm von fortlaufenden Rankenbändern umzogen, die symbolische Tier- u. Pflanzendarstellungen einschließen. Der reiche Schmuck der südl. Nebenapsis, aber auch die Reliefverzierungen der inneren u. äußeren Friese erinnern an ähnlichen Dekor vor allem an der Kirche S. Abbondio in Como. Deshalb sieht man in dem Quedlinburger Baudekor oberitalienische Einflüsse, speziell von Steinmetzen aus Como, den »magistri Comacini«. Bei dem Anblick der beiden Nebenapsiden wird man erst recht den Verlust der hochromanischen Hauptapsis bedauern, die sicher ähnlich reichen u. qualitätvollen Dekor aufgewiesen hat.
Wenn man von den modernen romanisierenden Details des O-Schlusses einmal absieht, ist in der Stiftskirche der Innenraum einer monumentalen hochromanischen Kirche weitgehend ungestört erlebbar. Doch darf man nicht vergessen, daß ein wichtiger Bestandteil des mittelalterlichen Kirchenraums hier fehlt, die farbige Fassung. Von ihr haben sich nur geringe Reste an dem Fries unter den Obergadenfenstern sowie am Torso eines Stuckreliefs neben dem Kryptenzugang im nördl. Seitenschiff erh. Einst besaß der Raum sicher eine ähnliche figürliche Ausmalung, wie sie heute noch teilweise die Gewölbe der Krypta tragen.

Die Krypta
Der dreischiff., acht Joche lange Hauptraum der Krypta unter der Vierung u. dem Sanktuarium schließt im O mit einer eingezogenen Apsis. Zweijoch. Seitenräume unter den Querhausarmen öffnen sich zum Mittelraum unter je zwei Doppelarkaden, die auf einem kräftigen, abgetreppten Mittelpfeiler u. neben ihm auf je einer Säule ruhen. Hier trifft der Besucher auf die einzigen noch sichtbaren Mauerreste der ersten Stiftskirche, die Königin Mathilde ab 936 errichten ließ, nämlich auf die – allerdings fast ringsum von jüngerem Mauerwerk verdeckten –

*Quedlinburg, Stiftskirche, Krypta*

Kerne der beiden Pfeiler, die einst die seitl. Emporen dieser Kirche getragen haben. Von dem alten N-Pfeiler ist die südöstl., vom S-Pfeiler die nordöstl. u. die nordwestl. Ecke, jeweils mit abgetreppter Kante u. Rechtecksockel, sichtbar geblieben, von letzterem sogar mit dem nach W abgehenden Bogen.

Die später auf der Innenseite angebauten Wandvorlagen gehören zu den beiden westl. Kryptenjochen, dem einzigen Rest der 1021 gew. zweiten Stiftskirche. Die Pfeiler, Säulen u. Wandvorlagen haben weit ausladende, zart profilierte Kämpfergesimse. Die Säulen weisen sog. Pilzkapitelle auf, eine Sonderform, die nur von wenigen Bauten aus der Zeit um 1000 bekannt ist, z.B. von der Quedlinburger Wipertikirche, vom W-Bau des Essener Münsters u. vom Westwerk der Klosterkirche in Werden/Ruhr. In der Stiftskirche fällt ihre etwas unbeholfene Ausformung ebenso auf wie die grobe Oberflächenbearbeitung, die zu einem königlichen Bau nicht recht zu passen scheinen. Die Basen der Pfeiler bestehen aus Platte u. Schräge, die der Säulen haben attisches Profil, das bei der südl. Säule besonders steil ist. Die hier fehlende Fußplatte ist sicher bei einer Erhöhung des Fußbodens beseitigt worden. Teile dieser ottonischen Säulen wurden im 19. Jh. erneuert. Pfeiler u. Säulen tragen im Gegensatz zu den Kreuzgratgewölben der übrigen Krypta ein Gewölbe aus drei parallelen Längstonnen mit verbindenden Querkappen.

Am O-Ende der Krypta stößt der Besucher auf die »Confessio«, einen hufeisenförm. in den Felsen eingetieften Raum, dessen Reste man 1868 unter dem damaligen Kryptenaltar entdeckte. An seiner Stelle erhob sich vor 936 der dem hl. Petrus gew. Altar der Pfalzkapelle Heinrichs I. u. danach der Servatiusaltar der ersten Stiftskirche. Die »Confessio« ließ die Königin um 962/64 nach dem Erwerb von bedeutenden Reliquien unter dem Altar einbauen. Die aufgedeckten Reste ihrer Umfassungswände ergänzte man 1878/79 zu dem heutigen Bild. Ihre prächtige Stuckzier rahmte einst nicht nur die rings umlaufenden Rundbogennischen, die wohl zum Aufstellen der kostbaren Reliquien-Behältnisse dienten, sondern überzog auch das ehem. Gewölbe des Raums. In seiner NW-Ecke mündete eine schmale, von W hinabführende Treppe, über die die Königin, wie es ihre Vita beschreibt, in das Innere gelangen konnte, um am Sarg ihres Gemahls zu beten.

Dieser befand sich damals noch an seiner ursprl. Stelle, etwa unter dem mittl. Eisengitter, u. seine östl. Stirnwand war in der Mittelnische der W-Wand sichtbar. Als die Königin 968 gestorben war, wurde ihr Sarg südl. neben ihrem Gemahl beigesetzt, u. seine Stirnwand blieb ebenfalls sichtbar, umschlossen von der südl. Nische – die übrigens als einzige der »Confessio« vollständig in ihrer ursprl. Gestalt erh. blieb. Der aus zwei gr. Muschelkalkblöcken gehauene Sarg der Königin, unter dem südl. Eisengitter sichtbar, ist in seiner schlichten Monumentalität charakteristisch für seine Entstehungszeit, das 10. Jh. Der walzenförm. Deckel trägt ein erhaben gearbeitetes Kreuz u. über dieses hinweg eingetieft die Inschrift: II. IDVS MAR(TII) / OBIIT REGINA MAHTILD(IS) / QVE ET HIC / REQVIESCIT / CVI(US) ANIMA / ETERNA(M) OP / TINEAT REQVI(EM) = An den zweiten Iden des März (= 14.März) starb die Königin Mathilde, die auch hier ruht, deren Seele ewige Ruhe erhalten möge. Die gr. Kalksteinplatte westl. des Sarges der Königin bedeckt den Bleisarg der Äbtissin Mathilde.

Vom S-Arm der Krypta aus gelangt man über eine Treppe zu der Kapelle St. Nicolai in vinculis unter dem südl. Seitenschiff, einen kl. tonnengewölbten Rechteckraum mit östl. Apsidiole. Den einzigen Schmuck bilden die beiden Säulchen unter den Arkaden der S-Wand. Ihre attischen Basen stehen auf einem hohen Sokkel, der ein ähnliches Profil aufweist wie die Kämpfer im W-Teil der Krypta. Die kurzen Schäfte tragen Volutenkapitelle aus Stuck, die mit dem, allerdings schlichteren, Kapitell des Pfeilerchens hinter dem Krypta-Altar der Quedlinburger Wipertikirche verwandt sind. Ein weit ausladender, reich mit Palmetten verzierter Kämpfer leitet zum Arkadenansatz über. Die Kapelle wurde vor 997 neben dem südl. Aufgang zur Kirche in die von der ersten Stiftskirche stammenden Substruktionen eingebaut, von denen der kurze Tonnengang unmittelbar westl. der Treppe noch erh. ist.

Die hochromanische Krypta gehört vermutl. zu den ersten nach der Brandkatastrophe von 1070 errichteten Teilen der 1129 gew. dritten Stiftskirche. Die Säulen des Mittelraums – vier mit oktogonalen Schäften – u. die Halbsäulen an den Wänden haben Kapitelle, die teilweise von dem antiken Blatt- u. Volutenkapitell abgeleitet sind, zum anderen aber die Grundform des Würfelkapitells zeigen. Besonders erwähnt sei das singuläre Adlerkapitell an der S-Wand. Unter den Kapitellen nach antikem Vorbild gibt es erstaunlicherweise solche, deren Grundform nur grob ausgearbeitet ist, andere, bei denen schon die Form der Akanthusblätter erkennbar wird, aber auch einige, deren Stiele u. Blätter bis zu den letzten Feinheiten, z. B. der Blattrippen, durchgeformt wurden. Die Kämpfer sind unter ihrer – zum Teil ornamentierten – Deckplatte mit einem Profil aus Wülsten, Kehlen u. Plättchen versehen o. zeigen eine reliefverzierte Schräge. Die Basen der Säulen sind durchweg attisch profiliert.

In den Gewölben der Krypta haben sich bedeutende Reste der romanischen Ausmalung erh., vermutl. aus der Regierungszeit der Äbtissin Agnes (1184-1203). Unter den qualitätvollen figürlichen Darstellungen nehmen die Szenen aus der Geschichte der Susanna den größten Raum ein, die nach dem Bericht des Propheten Daniel zunächst infolge eines Meineids zum Tode verurteilt, dann aber durch das Eingreifen des Propheten gerettet wurde. Daneben sind das Urteil Salomos, verschiedene Begebenheiten aus dem Neuen Testament sowie eine Reihe von Einzelfiguren zur Darstellung gelangt, darunter die einzige durch eine Inschrift bestimmbare Figur: Kaiser Otto d. Gr.

Von den zahlreichen Grabsteinen, die man im 19. Jh. o. zu Beg. des 20. Jh. von ihrem Platz über den Gräbern aufgenommen u. an den Wänden aufgestellt hat, können hier nur die wichtigsten erwähnt werden. Die drei ältesten an der S-Wand der Krypta sind als charakteristische Beispiele romanischer Skulptur allgemein bekannt geworden: die Stuckgrabplatten der drei Äbtissinnen aus königlichem Geschlecht, die auf die Äbtissin Mathilde folgten: Adelheid I. (999-1044), Beatrix (1044 bis 1062) u. Adelheid II. (1062-1095), deren Gräber am O-Ende des Mittelschiffs vor dem Platz des ehem. Kreuzaltars freigelegt worden sind. Das »Standbild« der Verstorbenen ist jeweils in eine Muldennische gestellt u. wird von einem Schriftband sowie einer Schmuckleiste gerahmt. Die in hohem Relief ausgeführten Figuren zeigen, dem Stil der Zeit entsprechend, noch keine individuellen Züge. Ohne Zweifel wurden die Steine lange Zeit nach dem Tode der Äbtissinnen hergestellt, u. zwar wohl nicht lange vor der Schlußweihe von 1129. Neben diesen Grabsteinen steht der Stein der Äbtissin Agnes v. Meißen (†1203). Einen Hinweis verdienen die Grabsteine der 1224 verstorbenen Äbtissin Sophia v. Meißen (?) an der S-Wand des südl. Nebenraums u. der Äbtissin Gertrud v. Amfurt (†1270) an der N-Wand des Hauptraums.

*Der Schatz der Stiftskirche St. Servatius*

Das von der Königinwitwe Mathilde 936 gegr. u. von ihrem Sohn König Otto I. bestätigte reichsunmittelbare Kanonissenstift wurde von Anfang an mit ungewöhnlich kostbaren Evangeliaren, Reliquiaren u. anderen für den Gottesdienst bestimmten Kleinodien bedacht. Im Lauf seiner tausendjährigen Geschichte erlitt dieser Kirchenschatz schwere Verluste. Dennoch sind auch aus der Anfangszeit erlesene Stücke erh. geblieben. Von der Zeit der Romanik zeugen noch einige damals neu geschaffene sowie einige für die Bedürfnisse des Stiftes umgearbeitete Gegenstände. Ein kl. Teil des heutigen Bestandes stammt nicht aus dem ursprl. Besitz, sondern aus benachbarten säkularisierten Klöstern. Die Schatzkammer der Servatiuskirche, den Zitter, einen gewölbten quadr. Raum im nördl. Querhausflügel, ließ vermutl. die Äbtissin Agnes II. (1184-1203) einbauen. Er birgt den Schatz mindestens seit 1225, wenn nicht von Anfang an. 1956 erhielt die Schatzkammer im südl. Querhausflügel ein Gegenstück. Dieser Raum nahm die bis dahin mit im Zitter aufbewahrten, im 19. Jh. entdeckten Teile eines spätromanischen Bildteppichs auf. Bei der Neuordnung der Sammlung im Jahre 1993, nach der Rückkehr von acht im zweiten Weltkrieg nach Amerika verbrachten Kleinodien, wurden die beiden Räume im Querhaus umgestaltet. Zur Präsentation der Teppichteile dient seitdem ein neu hergerichteter kl. Barocksaal an der W-Seite der Kirche. Aus der überwältigenden Fülle dieser Schatzsammlung können hier nur einige wenige ausgewählte Stücke vorgestellt werden: zwei mit Prachteinbänden versehene Evangelienhandschriften, zwei besonders reich ausgestattete Reliquienkästen, ein zum Reliquiar umgearbeiteter fatimidischer Flakon aus Bergkristall, ein antikes Steingefäß, ein Prunkkamm, ein Krummstab u. die genannten Teppichteile.

Das Samuhel-Evangeliar, benannt nach dem am Ende der Handschrift erwähnten Schreiber Samuhel, wurde bereits im 9. Jh. in Süddeutschland geschrieben u. illuminiert. Die durchgehend verwendete goldene Tinte läßt auf einen sehr hochgestellten Auftraggeber schließen. An das Stift in Quedlinburg gelangte das Buch vermutl. schon früh als Geschenk. Dort erhielt es um 1225, viell. in der Regierungszeit der Äbtissin Bertradis, seinen prächtigen Einband. Im vertieften Mittelfeld thront ob. die Gottesmutter Maria, darunter stehen die Hauptpatrone des Stiftes, Dionysius u. Servatius. Im Rahmenwerk sieht man Filigran mit farbigen Steinen, Glasflüssen, Perlen, Korallen, Perlmutter u. mit kostbaren Goldzellenemails, die damals schon Altertumswert hatten.

Die zweite Prachthandschrift ist unter dem Namen Otto-Adelheid-Evangeliar bekannt. Sie enthält neben den vier Evangelien einen kurzen Text zur liturgischen Kerzenweihe u. darin ein Gebet, in das Papst Silvester (999-1003), Otto III. u. Äbtissin Adelheid eingeschlossen werden. Der Vorderdeckel zeigt ein byzantinisches Elfenbeinrelief mit Darstellungen der Geburt, der Taufe, der Kreuzigung u. der Kreuzabnahme Christi. Dieses Elfenbein mit den Bildern aus dem Festkreis des Jahres bildete ursprl. das Mittelstück einer triptychonförm. Ikone, die aus dem Brautschatz der Theophanu stammen dürfte. Am Bucheinband fand das Elfenbein bereits seine zweite Verwendung, gestiftet wohl von der Äbtissin Adelheid I. o. von Otto III. Die Filigranbeschläge, deren Formen nicht in die Zeit um 1000, sondern in das 13. Jh. gehören, könnten in der Zeit der Äbtissin Bertradis erneuert worden sein.

Ein Elfenbeinkasten, den eine reiche Fassung mit Goldfigran, farbigen Steinen, Emails u. einem antiken Dionysoskopf aus Amethyst umschließt, zeigt an den Wänden unter Arkaden zwölf männliche Gestalten in antiker Tracht mit den zwölf Tierkreiszeichen. Eine von ihnen ist durch einen Kreuznimbus ausgezeichnet. Die Schnitzarbeit wurde wohl schon um 870, viell. am Hofe Karls d. Kahlen, geschaffen. Die reiche Goldmontierung ist eine Stiftung der Äbtissin Agnes II. Eine lateinische Inschrift auf der niellierten silbernen Platte, die den ursprl. Kastenboden ersetzt, teilt mit: »Dir Herr zum Ruhm wurde in der Zeit der Äbtissin Agnes und der Pröpstin Oderadis dieses Behältnis gemacht.« Nach einer zweiten Inschrift war der Kasten dem Hauptpatron der Kirche, dem »seligen Servatius«, gew. u. enthielt mehr als zwanzig einzeln aufgelistete verschiedene Reliquien, an ihrer Spitze »vom Leib und Holz des Herrn, von den Gewändern der Herrenmutter Maria und Johannes des Täufers, vom Schenkel und Rückgrat des heiligen Servatius...«

*Quedlinburg, Schatzkammer, Servatiusreliquiar*

Ein zweiter reich ausgestatteter Kasten, ungewöhnlich hoch u. schmal in seinen Proportionen u. mit auffallenden Korallen- sowie Perlenschnüren besetzt, entstand, gleichzeitig mit seinen jüngsten Elementen, gestanzten u. vergoldeten Reliefs, im 2. V. des 13. Jh. Zwei lange schmale Walroßzahnreliefs aus dem 11. Jh. sowie vier hochrck. Elfenbeinschnitzereien des 10. Jh. wurden wiederverwendet. Die Tradition verbindet den herausragenden Gegenstand, ohne erkennbaren besonderen Grund, mit dem hoch verehrten König Heinrich I., dem Gründer der Pfalz auf dem Burgberg.
Der gr. Flakon aus geschnittenem Bergkristall mit zwei Vögeln zu seiten eines Palmettenbaumes besitzt drei röhrenförm., ursprl. für kosmetische Essenzen bestimmte Aushöhlungen. Derartige Gefäße entstanden zur Zeit der Herrschaft der Fatimiden (909-1171) in Ägypten u. gelangten schon früh in christliche Länder. Quedlinburg besaß einst mehrere unterschiedliche Exemplare. Der Flakon mit den Vögeln diente, wie auch andere fatimidische Gefäße, zur Aufnahme von Reliquien, die in ihnen geschützt u. dennoch sichtbar verwahrt werden konnten. Die Verschlüsse der beiden seitl. Röhren zeigen einen in der Matrize geschlagenen Christuskopf im Stil des 13. Jh.
Das hohe antike Gefäß (46,5 cm) aus geädertem gelblichen Alabaster hat einen ovalen Körper u. einen kurzen Hals. An der Innenseite des Lippenrandes ist ein Falz für einen heute verlorenen Deckel eingearbeitet. Die Formen der Henkel, die aus jeweils zwei streng stilisierten Zweigen bestehen, weisen auf eine Entstehung im ersten nachchristlichen Jh. Das erlesene Material u. die sorgfältige Verarbeitung derartiger Urnen setzen eine sehr gehobene Schicht als Besitzer voraus. Nach Quedlinburg kam das Gefäß möglicherweise durch Otto I. o. Otto II. Man hielt es für einen der Krüge, in denen Christus nach Johannes 2,1-11 bei der Hochzeit in Kana Wasser in Wein verwandelte, u. setzte es am Tage der Verlesung dieses Textes im Januar auf den Altar der Stiftskirche.
Den Prunkkamm aus Elfenbein schmücken stilisierte Blattranken, deren Formen eine Entstehung im 7. bis 8. Jh. im östl. Mittelmeerraum vermuten lassen. Die Goldmontierung mit farbigen Steinen, Glasflüssen u. gegossenen Silberperlen, die das Rankenwerk teilweise verdeckt, wurde wohl im 10. Jh. hinzugefügt. Die Überlieferung verbindet den Kamm mit König Heinrich I.
Der lange, ob. hakenförm. gebogene Stab ist mit in Resten erh. Purpurseide bekleidet u., an der Krümme gänzlich, am Schaft jedoch in senkrechten u. waagerechten Streifen, mit filigrangeziertem Goldblech beschlagen. Die Gestalt der Krümme u. die Filigranformen weisen auf eine Entstehung im 10. Jh. Auf Quedlinburg bezogene Schriftquellen lassen es zu, den Stab mit zwei verschiedenen Persönlichkeiten zu verbinden, dem hl. Bischof Servatius o. der Quedlinburger Äbtissin Adelheid I.

In den barocken hölzernen Logen der Stiftskirche wurden in den 30er Jahren des 19. Jh. die berühmten Teile eines spätromanischen geknüpften Bildteppichs aufgefunden. Sie waren als wärmende Decken für die Stiftsdamen in größere, annähernd rck. Teile zurechtgeschnitten worden u. auf diese Weise der völligen Zerstörung entgangen. In der kunstgeschichtlichen Überlieferung nehmen sie eine einzigartige Stellung ein. Ungefähr die Hälfte des Teppichs blieb erh. Gestiftet von der Äbtissin Agnes, schmückte er einst an Festtagen den Boden vor dem Hochaltar. Fünf figurenreiche Bildfriese gliederten den Teppich. Wer zum Chor schritt, erblickte zuerst die unt. Randzeile. Inmitten der vier Elemente u. der vier Jahreszeiten herrschte die durch eine Krone ausgezeichnete Venus bei dem von ihrem Sohn Amor bewegten Rad der Zeit. Die drei Binnenzeilen enthielten eine mittelalterlich abgewandelte Nachschöpfung der damals vielgelesenen romanhaften Erzählung des Marcianus Capella über die Hochzeit der Philologie mit Merkur. Die ob. Randzeile mit den von hohen Tugenden umgebenen Personifikationen der weltlichen u. der geistlichen Herrschaft bildete einen monumentalen Abschluß. Zwei eigenständig konzipierte mittelalterliche Bilder von der Ordnung der Natur u. des menschlichen Lebens umrahmten die antike Geschichte.

*J. F.*

### *Der Königshof im Tal und St.Wiperti*

Die von Hersfeld aus gegr. Wigbertkirche des 9. Jh. u. der königliche Hof Heinrichs I. haben sicher in dem vom »Mühlgraben«, einem alten Bodearm, umflossenen Gelände gelegen. Die Jakob- u. Wigbert-Kirche, die die 961 erstmals erwähnten Kanoniker wohl bald nach 936 auf dem Königshof zu errichten begannen, nahm bereits den heutigen Platz ein. Sie besaß ein außen gerade, innen aber mit einer eingezogenen Apsis schließendes Sanktuarium, ein ungeteilt durchlaufendes Querhaus, ein dreischiff. basilikales Langhaus sowie einen gegenüber dem Mittelschiff leicht eingezogenen W-Bau. Bald nach 1000 wurde in das Sanktuarium die bestehende Krypta eingebaut u. über dieser bald darauf ein neues Rechtecksanktuarium errichtet. Von den daneben zu vermutenden Stiftsgebäuden u. den Anlagen des Königshofs ist bisher nichts bekannt. Zur Zeit Kaiser Ottos III. muß es im Tal jedoch eine richtige Pfalz wie auf dem Berg gegeben haben.

1148 machten die Kanoniker einem Prämonstratenser-Konvent Platz, der Querhaus, Langhaus u. W-Bau der Kirche abbrach u. an ihrer Stelle eine Pfeilerbasilika mit zweitürmigem W-Bau errichtete. Auch diese Kirche blieb nicht unverändert. So verlängerte man im A. des 14. Jh. das Sanktuarium u. erneuerte noch später auf der N-, S- u. W-Seite die Umfassungswände. In der Reformationszeit wurde das Stift aufgehoben, u. eine evangelische Gemeinde baute die Kirche zu ihrer Pfarrkirche aus. Als 1803 das Ende des Damenstifts gekommen war, zog sie jedoch aus u. übernahm die Stiftskirche auf dem Berg. Der verlassene Bau diente dann – nach erheblichen Eingriffen – als Scheune, die Krypta als Milchkammer u. ab 1936 sogar als »Weihestätte« der SS. 1955 gelang es, die Kirche aus dem landwirtschaftlichen Bereich herauszulösen. Sie wurde nun unter Bewahrung des mittelalterlichen u. nachmittelalterlichen Bestandes instandgesetzt, u. die katholische St. Mathildis-Gemeinde übernahm sie als Pfarrkirche. Die Zeit des Umbaus wurde zu begrenzten archäologischen Ausgrabungen u. Unter-

suchungen des Mauerwerks benutzt, die neue Erkenntnisse zur Baugeschichte erbrachten.
An dem langgestreckten Baukörper der Wipertikirche fällt über den gotischen Seitenschiffen die Reihe der schlichten, rundbogigen Obergadenfenster der Prämonstratenserkirche des 12. Jh. bes. ins Auge. An ihrem O-Ende ist sogar noch Mauerwerk des 11. Jh. erh., auf der N-Seite leicht an der zugehörigen Vierpaßöffnung zu erkennen. Unmittelbar dahinter beginnt der A. des 14. Jh. in sauberem Werksteinmauerwerk angebaute neue O-Schluß. Hingewiesen sei noch auf das romanische Stufenportal aus der Zeit um 1230, das 1956 in die S-Wand der Wipertikirche eingefügt wurde u. von der Marienkirche auf dem Münzenberg stammt.

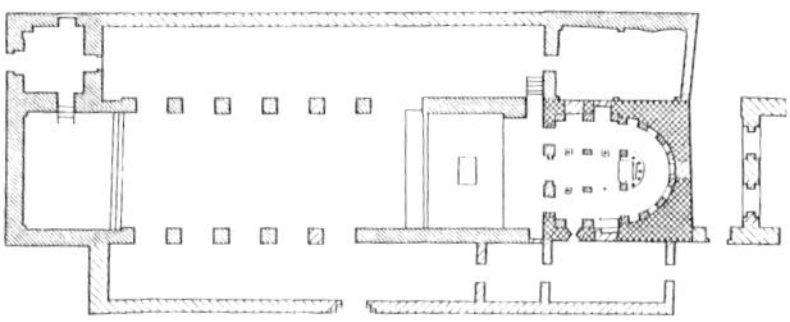

Der Innenraum hat heute eine moderne Gestalt, die sich bei der Restaurierung fast zwanglos aus der Bewahrung u. Benutzung der überkommenen Substanz ergeben hat. Die lichterfüllte Dreifenstergruppe der gotischen O-Wand beherrscht den Raum. Vor ihr ist der Fußboden über der ottonischen Krypta um mehr als drei Meter angehoben. Hier stand einst inmitten des Sanktuariums, zu dem von W her eine Mitteltreppe emporführte, der Hauptaltar. Die Treppe setzte etwa dort an, wo heute der neue Altar von 1955 steht. Vor ihr befand sich der Chor mit dem Gestühl der Stiftsherren, das vor den langen Seitenwänden aufgestellt war – die östl. Rundbogenöffnung der N-Wand wurde erst später eingebrochen. Im W war der Chor von einer quer durch den Raum geführten Schranke abgeschlossen, gegen die sich auf der W-Seite der Kreuzaltar lehnte. Der hier beginnende Laienraum wird beiderseits von niedrigen Rundbogenarkaden auf stämmigen, kraftvoll profilierten Pfeilern eingefaßt – die beiden östl. waren im 19. Jh. beseitigt worden u. wurden 1955 ergänzt. Er endete einst vor dem mehrstöckigen, mittl. Turmbau, der die Stelle des erhöhten westl. Podiums einnahm, auf dem heute das aus Rieder stammende, um 1300 hergestellte Taufbecken steht.

## Die Krypta

Durch das nördl. Seitenschiff gelangt man zu der Krypta, dem ältesten erh. u. bekanntesten Raum der Wipertikirche. Sie galt wegen ihrer altertümlich anmutenden Gestalt lange als karolingische »Missionskapelle«, ist tatsächlich aber nachträglich, u. zwar bald nach 1000, in das Sanktuarium der nach 936 errichteten Kirche eingefügt worden.
An der Wand ist noch heute abzulesen, daß diese sich im N u. S gegen die erh. Unterteile der ottonischen Chorbogenvorlagen lehnt u. auf deren Sockel stützt. Vor den drei Rundbogenöffnungen der W-Wand befand sich ehem. noch ein schmaler Vorraum, von dem heute nur noch die Ansätze seiner Tonnenwölbung zeugen. Den Innenraum der Krypta teilen zwei Stützenreihen aus je drei Pfeilern u. zwei zwischen ihnen eingefügten Säulen in drei Schiffe. Das Mittelschiff endet im O in einer Apsis, deren Rund von einem gemauerten Sockel u. über ihm von einer Stützenfolge aus vier Säulen u. einem zierlichen mittl. Pfeilerchen mit Volutenkapitell gebildet wird. Der Altar wurde wohl erst im 12. Jh. eingefügt. Die Seitenschiffe münden in

*Quedlinburg, Krypta der Wipertikirche*

einen um die Apsis geführten Umgang. Ganz ungewöhnlich ist der über allen Stützen in gleicher Höhe umlaufende Sandstein-Architrav, auf dem die Tonnengewölbe der drei Schiffe u. die Apsiskalotte ruhen. Er trägt im südl. Seitenschiff einen Stucküberzug mit einem eingekerbten, fortlaufenden Ornament aus zwei ineinander verflochtenen Zickzacklinien, die von lilienartigen Ornamenten unterbrochen sind.
In den Umfassungswänden sind in regelmäßiger Folge Rundbogennischen ausgespart, im Umgang kleinere, im »Schiff« größere, von denen nur die südwestl. mit ihrem in die Wand des Sanktuariums eingefügten Fenster unversehrt blieb. Die Kapitelle der vier Säulen des Schiffs sind wieder Pilzkapitelle aus der Zeit um 1000 wie in der Stiftskirche auf dem Berg, jedoch kleiner u. sorgfältiger gearbeitet als dort. Sie wurden nachweislich für ihren jetzigen Standort hergestellt. Andere Werksteine wurden beim Einbau der Krypta zum zweiten Mal verwendet, so zum Beispiel die beiden ehem. Grabsteine bei dem nördl. Mittelpfeiler des Schiffs und im NO der Umgangswand.
Umstritten ist, wo sich die Klausur der Wipertikirche befand. Die gotische Verlängerung des Sanktuariums überbaute die SW-Ecke eines älteren Ganges, dessen Weiterlauf nach O u. nach N nachgewiesen werden konnte u. für einen ehem. Kreuzgang spricht. Andererseits ist südl. der Kirche der Teilabschnitt eines romanischen, vermutl. bald nach 1150 entstandenen Traktes mit monumentalen Rundbogenfenstern an der O-Seite erh., der einst bis an die Kirche reichte u. als O-Trakt einer S-Klausur angesprochen werden müßte. Klärung können in dieser u. anderen offenen Fragen – zum Beispiel auch zum Königshof – nur neue Untersuchungen bzw. archäologische Ausgrabungen bringen.

*G. L.*

Lit.:
*Fritz Bellmann:* Die Krypta der Königin Mathilde in der Stiftskirche zu Quedlinburg. In: Kunst des Mittelalters in Sachsen. Festschrift Wolf Schubert, dargebracht zum sechzigsten Geburtstag am 28. Januar 1963. Weimar 1963, S. 44-59; *Adolf Brinkmann:* Beschreibende Darstellung der älteren Bau- und Kunstdenkmäler des Kreises Stadt Quedlinburg. Berlin 1922; *Dehio* 1976, S. 360-368; *Josef Fleckenstein:* Pfalz und Stift Quedlinburg. Zum Problem ihrer Zuordnung unter den Ottonen. In: Nachrichten der Akademie der Wissenschaften in Göttingen I. Philologisch-historische Klasse 1992 Nr.2, S. 9-21; *Horst Fuhrmann:* Vom einstigen

Glanze Quedlinburgs. In: Das Quedlinburger Evangeliar. Das Samuhel-Evangeliar aus dem Quedlinburger Dom. München 1991, S. 13-22, hier bes. S.14-17; *Hermann Giesau; Karl Schirwitz:* Die Grabungen auf dem Schloßberg in Quedlinburg. In: Deutsche Kunst und Denkmalpflege 1939/40, S. 104-118; *Edgar Lehmann:* Die »Confessio« in der Servatiuskirche zu Quedlinburg. In: Skulptur des Mittelalters. Funktion und Gestalt. Hrsg. Friedrich Möbius und Ernst Schubert. Weimar 1987, S. 9-26; *Gerhard Leopold:* In: Denkmale in Sachsen-Anhalt. 2. Aufl. 1986, S. 163-189; *Ders.:* Skulptierte Werkstücke in der Krypta der Wipertikirche zu Quedlinburg. In: Skulptur des Mittelalters. Funktion und Gestalt. Hrsg. Friedrich Möbius und Ernst Schubert. Weimar 1987, S. 27-43; *Ders.:* Die Stiftskirche der Königin Mathilde in Quedlinburg. Ein Vorbericht zum Gründungsbau des Damenstifts. In: Frühmittelalterliche Studien, Jahrbuch des Instituts für Frühmittelalterforschung der Universität Münster 25, 1991, S. 145-170; *Ders.:* Die erste Damenstiftskirche auf dem Quedlinburger Burgberg, Vorbericht über neue Forschungen. In: Gebaute Vergangenheit heute. Berichte aus der Denkmalpflege, hrsg. von den Landesämtern für Denkmalpflege Sachsen, Sachsen-Anhalt, Mecklenburg-Vorpommern und dem federführenden Brandenburgischen Landesamt für Denkmalpflege, Landeskonservator Dr. Ing. Detlef Karg. Berlin; München 1993, S. 7-20; *Ders.:* Damenstiftskirche und Wipertikirche in Quedlinburg zur Zeit der ottonischen Herrscher. In: Bernward von Hildesheim und das Zeitalter der Ottonen. Kat. d. Ausstellung, Band 2. Hildesheim 1993, S. 371-375; *Gerhard Leopold; Johanna Flemming:* Die Stiftskirche und die Wipertikirche in Quedlinburg. Berlin 1988 (Das Christliche Denkmal H.37/37A); *Uwe Lobbedey:* Zu eingetieften Räumen in früh- und hochmittelalterlichen Kirchen. In: Frühmittelalterliche Studien. Jahrbuch des Instituts für Frühmittelalterforschung der Universität Münster 20, 1986, S. 391-413, bes. S. 399-402; *Schmitt, Reinhard:* Der Schloßberg zu Quedlinburg. Zum Stand der baugeschichtlichen Forschung. In: Festschrift 1000 Jahre Markt-, Münz- und Zollrecht. Hg. Stadt Quedlinburg. Quedlinburg 1994, S. 121-133; *Schubert* 1990, S. 41-78; *Ders.:* Quedlinburg, Stadt und Stätte deutscher Geschichte. In: Der Quedlinburger Schatz wieder vereint, Hrsg. Dietrich Kötzsche, Katalog zur Ausstellung im Kunstgewerbemuseum, Staatliche Museen zu Berlin – Preußischer Kulturbesitz vom 31.10.1992 bis zum 30.5.1993, S. 3-19; *Klaus Voigtländer:* Die Stiftskirche St. Servatii zu Quedlinburg. Geschichte ihrer Restaurierung und Ausstattung, mit einem Beitrag von Hans Berger. Berlin 1989; Vorromanische Kirchenbauten. Katalog der Denkmäler bis zum Ausgang der Ottonen, herausgegeben vom Zentralinstitut für Kunstgeschichte. München 1966/1970, S. 263-268 (Friedrich Oswald); Vorromanische Kirchenbauten. Katalog der Denkmäler bis zum Ausgang der Ottonen, Nachtragsband. München 1991, S. 332-334 (Werner Jakobsen); *Hermann Wäscher:* Der Burgberg in Quedlinburg, Geschichte seiner Bauten bis zum ausgehenden 12. Jahrhundert nach den Ergebnissen der Grabungen von 1938 bis 1942. Berlin 1959

## Querfurt

### *Burg*

Neben der Neuenburg eine der größten u. bedeutendsten Burganlagen Mitteldeutschlands, bereits im sog.

Hersfelder Zehntverzeichnis 881-899 gen. Von dieser karolingischen Burg außer Wällen südl. der hochmittelalterlichen Anlage keine Reste bekannt, auch nicht ergraben, nur Keramikfunde 9./10. Jh. Im Laufe des 10. Jh. Bau einer kleineren Adelsburg der Edelherren v. Querfurt im nördl. Bereich der ursprl. größeren Anlage des 8./9. Jh., gelegen hoch über dem Quernetal. Bedeutendster Vertreter der Burgherrenfamilie: Brun, »Apostel der Preußen«, 1009 als Missionar der Pruzzen gefallen. Blütezeit im 12. u. 14. Jh. Nach dem Aussterben der Familie 1496 kam die Herrschaft an das Erzstift Magdeburg. Von 1635 bis 1815 in sächsischer Verwaltung, danach preußischer Domänen- u. Verwaltungssitz. Heute Museum u. Ausbau zum Hotel in einigen Gebäuden.
Bei Ausgrabungen wurde eine ausgedehnte Siedlungstätigkeit des 9./10. Jh. festgestellt (Kirche, Kornhaus, Marterturm, Fürstenhaus). Erste Steinbauten wohl 10. Jh.: nördl. des Kornhauses Rest einer ältesten Burgringmauer; zerstört durch den nächstfolgenden querrck. Wohnbau (23 x 11,5 m), unter der W-Hälfte des Kornhauses gelegen; mindest zweigesch., ein Fenster erh. Unter dem Bergfried »Dicker Heinrich« um 1940 ein zweiter Wohnbau ergraben (17,3 x 13,7 m); an der O-Seite ein runder Anbau (Treppe?). Beide Steingebäude mit sorgfältigen Eckquaderungen, gegen 1000 entstanden. Der erste Kirchenbau 2. H. 10. Jh.: kl. Saalkirche mit Apsis. Nachgewiesen ein Stiftergrab, Teile eines Taufbeckenunterbaues. Nach Stiftung eines Priesterkollegiums an dieser Kirche durch den hl. Brun v. Querfurt um 1004 Neubau beg., zunächst Apsis u. Chorraum, Verlängerung nach W geplant, aber nicht ausgeführt. Mehrere Anbauten im 11. Jh. hinzugefügt u. für Grablegen benutzt, auf der W-Seite evtl. mit Empore darüber. M. 11. Jh. Bau eines Torhauses unter der O-Hälfte des Kornhauses: aufwendig gewölbt mit verschiedenen Kämpferprofilen (danach zu dat.); südl. Torbogen erh., der nördl. im späten 17. Jh. beseitigt. Geschosse darüber unbekannt. Vgl. Toranlagen in Donaustauf, Klingenmünster. Zur ältesten steinernen Bebauung (Periode II) gehören noch starke Fundamente nordwestl. u. unter dem Fürstenhaus. Periode III ist die romanische Hauptbauphase: einziger romanischer Bergfried im W (»Dicker Heinrich«); Durchmesser unt. 14,5 m, Höhe heute 27,5 m, Mauerstärke unt. 4,35 m; reiner Wehrturm ohne Fenster, Kamin, Abort, Mauertreppen, Gewölbe. Im ob. Eingang (o. nur Ausgang auf Balkon?) mehrere Steinmetzzeichen, gegen 1200. Dat. des Turmes schwierig., aber nicht »um 1075«, wie seit H. Wäscher angenommen; vermutl. 2. H. 12. Jh. Im 14. Jh. aufgestockt u. mit Schlitzscharten versehen; im 16. Jh. bekannt als Archiv der Edelherren, von Chronist C. Spangenberg benutzt. Nach Kriegsschäden vor 1680 repariert, im 18. Jh. zunehmender Verfall (Dach). Im 2. V. des 13. Jh. Neubau eines gr. Palas im Bereich des Kornhauses (27 x 11,5 m) unter Verwendung von Teilen des Torhauses u. des ersten Wohnbaues. Untergeschoß mit steinerner Arkade u. Holzbalkendecke; Erdgeschoß unterteilt, darüber repräsentativer Festsaal; davon im N ein Fenster mit eingestellter Säule erh., weitere nachgewiesen. Zwei hofseitige Anbauten: der östl. turmartig, viell. Treppenhaus (?), der westl. ein Altan mit Kellerzugang. Ähnliche Vorbauten am Palas der Runneburg in Weißensee. Westl. der Burgkirche ein zweiter Palas, mit jener zeitgleich. Drei Geschosse auf etwa quadr. Grundriß, im ersten Obergeschoß ein

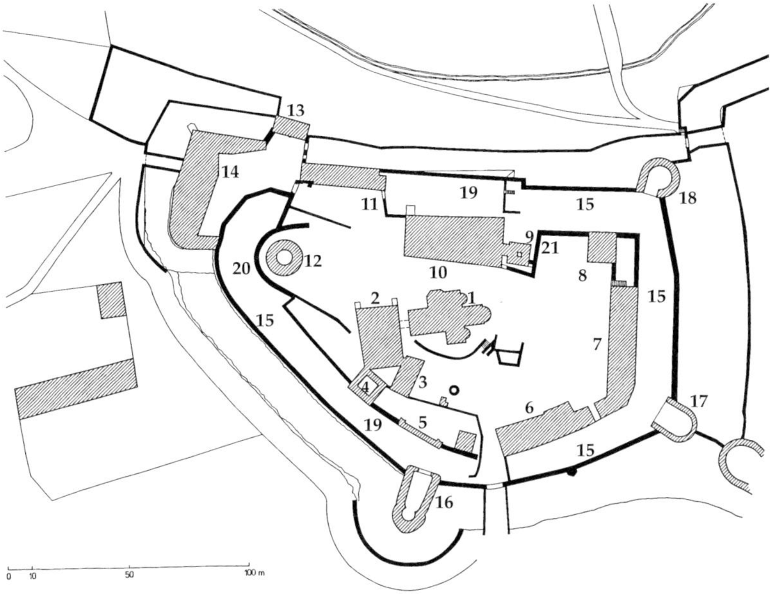


1 Burgkirche
2 Fürstenhaus
3 Brauhaus
4 Marterturm
5 sog. Mauerhaus (gotischer Wohnbau)
6 Wohnhaus des Domänenpächters (Gesundheitsamt)
7 Scheune
8 sog. Eselstall
9 Pariser Turm
10 Kornhaus
11 Amtshaus
12 Dicker Heinrich
13 Streichwehr »Merseburg«
14 Westtoranlage
15 gotische Ringmauer
16 Südrondell
17 Südostrondell
18 Nordostrondell
19 romanische Ringmauer
20 romanische Mantelmauer um den Dicken Heinrich
21 romanisch-gotische Ringmauer und Ringmauer um den Pariser Turm

Wandkamin; Türen in der N-Wand. Vom zweiten Obergeschoß Übergang auf Empore der Kirche (nachgewiesen). In spätromanischer Zeit Erd- u. erstes Obergeschoß als ein Raum zusammengefaßt u. gewölbt. Jetzt viell. Keller. – Burgkirche nach Niedergang des Stiftes im 11. Jh. u. Gründung eines neuen Hausklosters der Edelherren westl. Querfurts (Marienzell) im 3. V. des 12. Jh. völlig neu erb. Kreuzförm. Bau mit Turm über der Vierung für Glocke. Hauptapsis u. zwei Querhausapsiden. W-Empore mit steinerner Arkade. Gestufte Portale im N u. S; Haupteingang im N. Löcher für Balken einer Triumphkreuzgruppe am östl. Vierungsbogen freigelegt; Chorabschrankung darunter anzunehmen. Baugeschichte durch Grabungen im einzelnen geklärt. Der Neubau als »Memorialbau« für den hl. Brun zu verstehen.

Südl. des Palas unter dem Fürstenhaus im 2./3. Jz. 13. Jh. ein quadr.

*Burg Querfurt, Ansicht von S*

Wohnturm erb.; neben Wohntürmen auf der Neuenburg, Eckartsburg u. Burg Giebichenstein bedeutendster Vertreter in Mitteldeutschland. Kamine in den beiden Obergeschossen, diese über Mauertreppe verbunden. Eingangstüren im O hoch gelegen, leicht spitzbogig. Hauptgeschoß mit reicher Fenstergliederung nach S; Reste von Wandmalerei in Fensternische (wohl 14. Jh.). Östl. davon rck. Bau (»Brauhaus«), dessen Wände bis auf die im S alle romanisch, in O-Wand Tür- u. Fensterreste. Der Bau viell. Wohnsitz der Priester des Stifts. Ringmauerreste im N, um den Bergfried u. im O sowie im S. Periode IV: Gotische Ausbauten, vermutl. im frühen 14. Jh. äußere Ringmauern mit tiefem Graben (ca. 11 m breit, 5 m tief in den Felsen gehauen). Im 2. V. des 15. Jh. Bau des S-Rondells, im mittl. 15. Jh. verändert, gleichzeitig die Rondelle im SO u. NO errichtet. Bemerkenswerte Wehrbauten mit vielgestaltigen Schießscharten, z.T. rd. Maulscharten, Kugelschutzbohlen. Wölbungen der Untergeschosse wohl bauzeitlich. In einer zweiten Bauphase Fertigstellung der gewaltigen W-Toranlage 1479 (inschr. dat.); ohne Beispiel; riesige Scharten, gewölbte Kasematten; Obergeschoß nur z. T. rekonstruierbar. Auf der Feldseite Reste von Wappentafeln u. figürlichen Reliefs, z.T. museal sichergestellt.
Noch in der 2. H. des 14. Jh. Aufstokkung des romanischen Wohnturmes zum Bergfried (Marterturm, Bezeichnung 19. Jh.), gleichzeitig Ummauerung des Palas im Bereich des Kornhauses u. Bau des Hausmannsturmes (seit dem 18. Jh. »Pariser Turm« gen.), beide in verwandter Bautechnik. An der südl. Ringmauer ein gotischer Wohnbau (10,4 x 19,4 m), mehrgesch., 1522 das Hohe Haus. Diese Baumaßnahmen mit Gebhard XIV. zu verbinden; seine Grabtumba in einem nördl. Kapellenanbau der Kirche: vollplastische Figur in Rüstung mit Plattengürtel u. Topfhelm. An Längs- u. Stirnseiten der Tumba Zug von Trauernden. Stilistisch mit der Werkstatt Peter Parlers zu verbinden. Bestattung Gebhards u. weiterer Vertreter der Edelherrenfamilie in Grabkammer unter der Kapelle.
Periode V (16. Jh. bis 1815): Unter Kardinal Albrecht Modernisierungen u. Ausbauten am Marterturm, am Palas westl. der Kirche (Erweiterung nach W, 1528; spitzbogige Tür im W erhalten), Errichtung des Rüst- u. Kornhauses 1535 unter Verwendung älterer Bauteile, Bau eines Gebäudes über dem Tor beim »Dicken Heinrich« 1541. 1635 Neubau eines Amtshauses im NW. Nach Zerstörungen im 30jährigen Krieg zahlrei-

che Instandsetzungen: an den Wehrmauern, den Rondellen (Obergeschosse 1665-1667 gewölbt; in die z. T. aufgefüllten Zwinger gewölbte Treppen zu den Untergeschossen), der W-Toranlage, am Pariser Turm (neue Haube 1659/60), im Marterturm (Gewölbe im ersten Obergeschoß eingezogen, neue Balkendekken für Kornschüttböden), Erweiterung des Fürstenhauses westl. der Kirche nach S, Einbau einer Wendeltreppe, neue Raumaufteilungen, genutzt nach langer Planungsgeschichte als fürstliche Absteige. Sog. Brauhaus zur Schloßküche adaptiert (Schlot z. T. erh.). Nachdem der Plan, das Kornhaus zu einem gr. »Residenzhaus« auszubauen, aufgegeben worden war, Erweiterung nach O u. Überbauung der Torhalle des 11. Jh. als »Neues Kornhaus«. 1698 bis 1717 Umbau der Kirche zur barocken Schloßkirche mit Übergang vom Fürstenhaus; Abbruch der vier steinernen Giebel, Öffnung in den Turm über der Vierung von unt.; Stukkierungen u. Ausmalungen u.a. von Francesco Domenico u. Abondio Minetti. – Nach längeren Bemühungen 1752 in der aus dem mittl. 17. Jh. stammenden Streichwehr »Merseburg« östl. der W-Toranlage eine neue Fronfeste eingerichtet (Gefängnis u. Wohnung eines Landsknechtes). In den 90er Jahren des 18. Jh. Neubau eines Pächterwohnhauses im S, des Amtshauses im NW (letzter barocker Neubau); »Tauben-, Hühner- u. Käsehaus« im S über hohen Schuttbergen 1785, darunter z. T. unbekannte Gewölbe. Neues Wachthaus neben NO-Rondell 1799/1800. Periode VI umfaßt die Zeit der preußischen Domäne. Nach 1820 Erweiterung der Fronfeste nach O, Gefäng-

*Querfurt, Burgkapelle von O*

nisneubau hinter dem Fürstenhaus 1834/35; Abbruch des Gebäudes über Tor beim Dicken Heinrich 1830, des Brau- u. Brunnenhauses um 1882/83 (Brunnen heute 32 m tief). Restaurierung der Kirche 1846-1850 u. 1906. 1894 Neubau des Pächterwohnhauses im S, 1912/13 nach O erw.; neuer S-Zugang zur Burg 1894 angelegt.
Abbruch der Gefängnisse beim Fürstenhaus 1939, von Ställen östl. der Kirche u. östl. des Pariser Turmes ebenfalls 1939, z. T. gegen Protest der Denkmalpflege. Insbesondere seit den 70er Jahren umfangreiche Instandsetzungs- u. Restaurierungsarbeiten, jüngst der Kirche.

*R. S.*

Lit.:
*Bergner, Heinrich:* Beschreibende Darstellung der älteren Bau- und Kunstdenkmäler des Kreises Querfurt. Halle 1909; *Voigt, Heinrich G.:* Burg Querfurt, ihre Anlage und Entwicklungsgeschichte. Querfurt 1915; *Webel, Christian:* Historisches Denckmahl der Haupt-Stadt des Hochlöblichen Fürstenthums Sachsen-Quernfurth. Hg. H. G. Voigt. Querfurt 1928; *Wäscher, Hermann; Hermann Giesau:* Burg Querfurt. Querfurt 1941; *Wäscher, Hermann:* Die Baugeschichte der Burg Querfurt. Halle 1956; *Schmitt, Reinhard:* Archäologische und baugeschichtliche Untersuchungen in der Burgkirche zu Querfurt. In: Querfurter Heimatkalender 1987/88. S. 20-25; *Ders.:* Das Kornhaus der Burg Querfurt. Neue Erkenntnisse zur Baugeschichte. In: Querfurter Heimatkalender 1989/90. S. 25-34; *Ders.:* Das Fürstenhaus der Burg Querfurt. Neue Erkenntnisse zur Baugeschichte. In: Querfurter Heimatblätter 1 (1991). S. 8-14; *Ders.:* Der Marterturm auf der Burg Querfurt. In: Querfurter Heimatblätter 2 (1992). S. 9-11; *Ders.:* Die Westtoranlage auf der Burg Querfurt. In: Querfurter Heimatblätter 3 (1994); *Ders.:* Bauarchäologische Untersuchungen auf Burgen – Forschungen des Landesamtes für Denkmalpflege Sachsen-Anhalt. In: Burgen und Schlösser 32 (1991). Sonderh. »Neue Bundesländer«, S. 50-63; *Ders.:* Zu den Baulichkeiten des Klosters Marienzell. In: Querfurter Archäologische Mitteilungen 1 (1991). S. 12-20; *Glatzel, Kristine; Reinhard Schmitt:* Burg Querfurt. Leipzig 1991 (Baudenkmale 46); *Schmitt, Reinhard:* Burg Querfurt. München; Berlin 1993 (Große Baudenkmäler H. 436)

## Redekin

### *Dorfkirche*

Der Ort wird in der Gründungsurkunde des Klosters Jerichow (1144) als Teil der Erstausstattung erwähnt, gelangte aber bereits 1148 durch Tausch an das Erzbistum Magdeburg u. wurde dem Amt Jerichow unterstellt. Nach ständig wechselnden Gutsherrschaften kam Redekin 1780 an die Familie v. Alvensleben. Das M. 18. Jh. errichtete barocke Gutshaus mit Park u. Gartenpavillon wurde nach 1945 zerstört.
Die E. 12. Jh. erb. spätromanische Backsteinkirche, nahezu unverändert erh., mit fünfgesch. W-Turm, in dem sich das aufwendige W-Portal mit zwei Rundfenstern sowie Glokkenhaus mit gekuppelten Rundbogenöffnungen befinden. Das schlichte, durch Sockel, Lisenen u. Friese gegliederte Außenmauerwerk zeigt zahlreiche mittelalterliche Rüstlöcher. Östl. schließt sich das Schiff mit drei jetzt z.T. vermauerten Seitenportalen sowie je fünf Rundbogenfenstern an. An der südöstl. Ecklisene zwei übereinander angeordnete mittelalterliche Ritzsonnenuhren. Der zurückspringende Chor

*Redekin, Dorfkirche, Ansicht von SO*

mit je zwei Fenstern nach N u. S u. der Priesterpforte in der SW-Ecke, im N der noch spätromanische tonnengewölbte Sakristeianbau mit Pultdach.
Die Apsis öffnet sich mit drei breiten Rundbogenfenstern; an der SW-Ecke ein geputztes Tatzenkreuz, vermutl. von einer Grablege. Im Innenraum sind alle Wandflächen geputzt u. z.T. E. 19. Jh. ausgemalt; zwischen dem flachgedeckten Schiff u. gewölbten Chor der Triumphbogen mit Kämpfergesims aus Backstein.
Zur romanischen Ausstattung gehört das Taufbecken mit halbkugelförm. Kuppa u. Palmettenfries; der Schaft im 16. Jh. ergänzt. Von überregionaler Bedeutung ein Bronzekruzifix (M. 12. Jh.) mit Frontaldarstellung des Gekreuzigten, ursprl. als Vortragekreuz benutzt. Aus der 2. H. des 15. Jh. stammt ein Altarschrein mit Darstellung der Gottesmutter zwischen zwei knieenden Engeln, seitl. je vier Heilige; die übrige Ausstattung M. 17. Jh. (Gestühl) u. 18. Jh. (Kanzel, Emporen, Orgel).

*R.N.*

Lit.:
*Adler* Bd. I, 1862, S. 43, Taf. 24/1,2,7; *Stiehl* 1898, S. 68; *Wernicke* 1898, S. 352-355; *Naumann* 1989, S. 49-52

## Rohrberg

***Dorfkirche***

Die Gründung des Ortes Rohrberg ist nicht exakt zu bestimmen, jedoch muß es ihn in der 2. H. des 12. Jh. bereits gegeben haben, da die Dorfkirche aus eben dieser Zeit stammt; aber auch hier fehlen genauere Angaben. Es handelt sich bei der Kirche um einen aus ungleich gr., eng stehenden Feldsteinen mit Mörtelfugen abgesetzten Bau mit rck. Chor u. halbrd. Apsis. Der mächtige, querrck. W-Turm ragt mit seinem Glokkengeschoß, das durch rundbogig gekuppelte Schallöffnungen mit moderner Backsteinlaibung gekennzeichnet ist, über das Dach des flachgedeckten Kirchenschiffes hinaus. In jedem Geschoß des Turmes befinden sich an den Schmalseiten Licht-

*Rohrberg,*
*Turm der Dorfkirche*

schlitze, wobei der unt. an der südl. Mauer beim Einbau eines Portales zu einem Flachbogenfenster umgewandelt wurde. Vermauert sind hingegen ein Rundbogenportal sowie ein darüberliegendes, ebensolches Fenster an der N-Wand des Langhauses. In der Zeit des Barock wurde 1752 mit einem Fachwerkaufsatz der Turm aufgestockt. Im Ansatz ein längliches Satteldach, liegt darüber nun ein flacher quadr. Sockel mit einem polygonalen Helm; eine Konstruktion, wie sie zumindest in der Altmark sehr selten zu sehen ist. (Ein ähnlicher Turmabschluß ist beispielsweise noch in Iden, Landkr. Osterburg, zu finden, dort fehlt aber der Podest zwischen der Turmoberkante des Querriegels u. dem Helm.)
1884 erfuhr die Kirche weitere Veränderungen. Aus Backstein wurde ein Querhaus angebaut, das auf beiden Giebeln mittels lanzettartiger Blendnischen sowie Fenster in etwa der Größe der im Langhaus befindlichen Öffnungen gegliedert ist. Gleichzeitig wurde die Gestaltung des Innenraumes durch den Einbau von Emporen an der nördl. Langhauswand u. an der W-Wand bereichert.
Erwähnenswerte Ausstattungsstücke sind der Altaraufsatz aus der Zeit um 1700 u. die Kanzel von 1691, deren reich verzierter Kanzelkorb von einer Mosesfigur getragen wird. Die kielbogenförm., in Sandstein gehauene spätgotische Sakramentsnische, mit Fialen u. Krabben geschmückt, muß darüber hinaus ebenso Beachtung finden wie die auf einem Würfelkapitell stehende, in Kelchform gestaltete romanische Taufe.
Eine Kostbarkeit von besonderem Rang ist eine Glocke aus dem Jahre 1337 im Turm. Nicht allein das Alter macht den Wert dieses Kunstwerkes aus, vielmehr ist es die Ritzzeichnung mit der figürlichen Darstellung des Gießers, Hermann. Dieses Bildnis gehört zu den frühesten Selbstdarstellungen von Künstlern – wenn man vom Darstellungen auf Miniaturen absieht –, die der Kunstgeschichte bekannt sind.

*D. H.*

## Salzwedel

### *Lorenzkirche*

Die kl., heute aus dem Stadtbild nicht herausragende Lorenzkirche erhebt sich südwestl. einer Niederungsburg, die wahrschl. bereits im 10. o. 11. Jh. angelegt u. bis zum frühen 13. Jh. als weiträumige Rundburg ausgebaut worden ist. Sie diente der Sicherung der hier die Flußniederung der Jeetze überquerenden alten Salzhandelsstraße, die von Hamburg bzw. Lübeck über Lüneburg nach Magdeburg führte (Salzwedel = Salzfurt o. Furt an der Salzstraße), sowie als zeitw. Sitz der Markgrafen der Nordmark. Am A. des 12. Jh. kann eine im Schutz dieser Burg entstandene kl. vorstädtische Ansiedlung angenommen werden, für die vermutl. die an der Holzmarktstraße gelegene Lorenzkirche als Pfarrkirche erb. worden ist. Eine Fernhändlersiedlung befand sich wahrschl. östl. der Jeetze um die ehem. Nikolaikirche (1797 abgebrochen). Ein kirchliches Zentrum ohne Marktplatz entwickelte sich im SW um die Marienkirche, die spätere Hauptpfarrkirche. Diese verschiedenen Siedlungskerne dürften im Laufe des 12. u. frühen 13. Jh. zur Altstadt zusammengewachsen sein, die 1233 als »civitas« urkdl. bezeugt wird. 1247 wurde die nordöstl. an Burg u. Altstadt angrenzende Neustadt mit der Pfarrkirche St. Katharinen gegr. u. wie viele märkische Städte von den Markgrafen Johann I. u. Otto III. v. Brandenburg privile-

giert. Altstadt u. Neustadt – erst 1713 vereinigt – entwickelten sich vom 13. bis 16. Jh. zu einer der bedeutendsten u. reichsten Städte der Mark Brandenburg, mit Salzwedeler Stadtrecht u. zur Hanse gehörig.
Der heutige Backsteinbau der Lorenzkirche – ein zu vermutender Vorgängerbau konnte bislang nicht nachgewiesen werden – ist um die M. des 13. Jh. als ursprl. dreischiff., querschifflose Basilika mit eingezogenem längsrck. Chor u. eingebautem W-Turm errichtet worden. Trotz stilistischer Unterschiede der einzelnen Bauteile u. mehrerer Planwechsel ist der Bau ohne größere Unterbrechungen vonstatten gegangen. Die Einwölbung des Langhauses dürfte im späten 14. Jh. o. um 1400, die des Chores in der 2. H. des 15. Jh. erfolgt sein. Zu dieser Zeit wurde auch die spätgotische Sakristei an der N-Seite des Chores angebaut.
Die Bedeutung von St. Lorenz als Pfarrkirche ging aber schon seit dem 14. Jh. zugunsten der Marienkirche zurück, so daß sie im 15. u. frühen 16. Jh. lediglich Gilden u. Bruderschaften diente.
Nach der 1541 durchgeführten Reformation wurde die Kirche nur noch selten benutzt u. baulich vernachlässigt. Wesentlich beeinträchtigt wurde ihre Baugestalt im 18. Jh., als man die Seitenschiffe abtrug u. 1794 den Turm abbrach. Ursache dafür war die Nutzung als Salzmagazin (1692-1859).
Nachdem die katholische Gemeinde die Kirche übernommen hatte, wurde sie 1859/60 umfassend restauriert. Die Wiederherstellungsarbeiten 1961-1964 u. 1983-1990 galten vor allem der Beseitigung der Schäden des infolge der langen Salzlagerung stark durchfeuchteten Mauerwerks. Außerdem wurde 1961-1964 das nördl. Seitenschiff auf den mittelalterlichen Fundamenten u. Mauerre-

*Salzwedel, Lorenzkirche, Ostpartie*

sten neu errichtet, so daß der ursprl. Raumeindruck dieses Kleinods spätromanischer norddeutscher Backsteinarchitektur teilweise wiederhergestellt werden konnte.
Den bes. Reiz des Baues macht die spätromanische Vielfalt der Einzelformen, vor allem an Fenstern u. Stützen, aus. Fensterleibungen u. -gewände, Portalgewände, Gurtbögen, Gesimse u. Kapitelle werden von Rundstäben u. Wülsten eingefaßt, die im Scheitel u. in der Kapitellzone teilweise einen wirtelartigen Schaftring – Rezeption einer Form der Hausteinbaukunst – aufweisen u. durch schwarz glasierte Ziegel optisch betont werden. Rundbogenfriese u. einfache u. doppelte Zickzackfriese (Deutsches Band) bilden den ob. Abschluß der Außenwände. Die Wirkung des Baues wird ferner

*Salzwedel, Lorenzkirche, Inneres nach O*

durch den Wechsel von rotem, weiß gefugtem Backstein, weiß verputzten Wänden u. Blenden sowie schwarz glasierten Formsteinen bestimmt, ebenso durch den Kontrast einfacher, glatter Flächen zu stark plastischen Baugliedern u. kleinteil. Einzelformen.
Der Chor zeichnet sich durch eine bes. reiche Gliederung aus. Die Wände sind außen durch tiefe, spitzbogige Fenster- u. Blendnischen aufgelöst u. strebepfeilerartig gegliedert – wohl eine Form der spätromanischen Wandaufschichtung. Die O-Seite ist mit einer hohen Dreifenstergruppe sowie drei gr. Rundblenden im Giebel als Schaufassade ausgebildet, die als Vorgriff auf die Ziergiebel plattgeschlossener Chöre der Hochgotik erscheint. Das Innere überspannt zweijoch. das spätgotische Gewölbe, dessen Birnstabrippen auf qualitätvollen kl. Stuckbüsten aufsitzen. Ursprl. wird der Chor flachgedeckt o. tonnengewölbt gewesen sein. Der rck. Chor kann auf den starken zisterziensischen Einfluß, aber auch auf ostelbische Backsteinhallenkirchen zurückzuführen sein. Denkbar ist ferner eine Herleitung von romanischen Kirchen im Bistum Verden/Aller, bes. auch hinsichtlich der vermuteten Tonnenwölbung, die dort mehrfach auftritt.
Das Mittelschiff durchbrechen im Obergaden Rundfenster, die für die spätromanische Baukunst charakteristisch sind, aber als durchgehende Fensterform sich im norddeutschen Backsteingebiet wohl nur noch an der etwas älteren Nikolaikirche in Brandenburg feststellen lassen. Das Innere des kurzen Langhauses ist reicher als das Äußere gestaltet. Die Seitenschiffswände, von denen nur ein Sockelrest an der N-Seite erh. ist, waren durch Nischen aufgelockert. Der Obergaden des Mittelschiffs besitzt durch die plastisch betonten Schildflächen eine ähnliche nischenartige Gliederung, die an anderen Backsteinbauten der Altmark wiederkehrt und wohl auf westfälische Vorbilder zurückzuführen ist. Die Mittelschiffswände über rundbogigen Arkaden werden außerdem plastisch gegliedert durch halbrd. Wandvorlagen u. verschieden geformte kräftige Rundpfeiler, die Trapezkapitelle tragen u. sich auf ungewöhnlich hohen einfachen Basen erheben. Auf diese Weise wird der Raum in schwer ruhende Kompartimente geteilt. Aus der Wandgliederung ist zu schließen, daß das Mittelschiff ursprl. zweijoch. u. mit sechsteil. Gewölben – wohl unter Einfluß des Magdeburger Doms sowie des Doms zu Bremen – angelegt worden ist, die jedoch nicht ausgeführt wurden. Das spätgotische Gewölbe teilt

das Mittelschiff in vier Joche u. besteht aus gebusten Kreuzgewölben, deren birnstabförm. profilierte Rippen auf konsolartigen Stuckmasken ruhen, wie sie in der märkischen Architektur seit M. des 14. Jh. wiederholt auftreten. Diese Stuckmasken besitzen Ähnlichkeit insbes. mit den um 1350 entstandenen Stuckkonsolen in der Salzwedeler Marienkirche, wenn sie auch nicht deren Qualität u. Variationsvielfalt erreichen.

Im W schloß den Bau der Turm in Mittelschiffsbreite ab, eingefaßt einst von den Seitenschiffen. Erh. hat sich nur der vor allem von der W-Fassade der Klosterkirche Diesdorf herzuleitende unt. Teil mit rundbogigem, rck. umrahmtem Gewändeportal u. Dreifenstergruppe, die das Fenstermotiv der O-Fassade vereinfacht aufnimmt. Das dreifach abgetreppte Portal mit eingestellten Rundstäben, die sich in den Archivolten fortsetzen, ist auf das Säulenportal der niedersächsischen Hausteinbaukunst zurückzuführen. Das sich zum Mittelschiff öffnende Turmuntergeschoß ist von diesem u. den Seitenschiffen durch breite Gurtbögen getrennt u. wird von einem Kreuzgratgewölbe aus der Erbauungszeit der Kirche überspannt, das wohl die älteste erh. Wölbung in Salzwedel darstellt. Die Pfeiler zwischen Turmuntergeschoß u. Mittelschiff mit je einem kräftigen Halbsäulenpaar (ähnlich Doppelsäulen in norddeutschen u. dänischen Backsteinkirchen) sind einer kl. Säule unvermittelt vorgesetzt worden, die erkennen läßt, daß nach ursprl. Plan das Langhaus nach W fortgeführt werden sollte u. außerdem eine Doppelturmfassade vorgesehen gewesen sein könnte. Dieses Vorhaben muß aber frühzeitig zugunsten des Einturms aufgegeben worden sein.

Die spätgotische Sakristei überspannt in zwei Jochen ein Kreuzgewölbe mit Birnstabrippen. Die O-Seite zieren außen gestufte Blenden. Die nördl. Rundbogenfenster sind nachmittelalterlich verändert. Die rundbogige Priesterpforte gehört dagegen der M. des 13. Jh. an.

Die Lorenzkirche hat in Gesamtform u. Detailformen vor allem Anregungen aus dem niedersächsischen u. westfälischen Gebiet verarbeitet u. ist beeinflußt von den Backsteinbauten der Mark u. Schleswig-Holsteins, von den Klosterkirchen Jerichow, Arendsee u. bes. Diesdorf. Stärkere Beziehungen sind zu romanischen Backsteinbauten im Bistum Verden/Aller anzunehmen. Diese Verbindungen sind auch begründet in der Zugehörigkeit Salzwedels zu diesem Bistum sowie im Verlauf der erwähnten Salzhandelsstraße. Die Lorenzkirche hat ihrerseits offenkundig auf den ersten bald nach 1247 errichteten Bau der Katharinenkirche, der Pfarrkirche der Salzwedeler Neustadt, ausgestrahlt, einer ebenfalls dreischiff., querschifflosen, flachgedeckten Backsteinbasilika mit rck. Chor u. eingebautem W-Turm.

Darüber hinaus scheint von St. Lorenz keine weitere Ausstrahlung ausgegangen zu sein, da offenbar die aufkommende Gotik die Wirkung dieses Bauwerks begrenzt hat. Innerhalb der altmärkischen Backsteinarchitektur der M. des 13. Jh. stellt die Lorenzkirche ein charakteristisches Werk dar. Der Chor in seiner beweg-ten Wandaufschichtung hat jedoch als eine eigenwillige Leistung zu gelten, die den Übergang von der Spätromanik zur Frühgotik kennzeichnet.

Von der Ausstattung der Lorenzkirche hat sich leider nichts erh. Allein ein bei einer Suchgrabung 1962 zutage getretener spätromanischer Bronzeleuchter (Pfarrhaus), der um 1240-1250, möglicherweise in einer Magdeburger Gießerwerkstatt, entstanden sein dürfte, stammt aus der Bauzeit der Kirche. Die spätgotischen Figuren der Maria u. des Johannes (um 1500), die Teil einer Triumphkreuzgruppe gewesen sein können, sowie ein Kruzifix (2. V. 16. Jh.) hatten ihren Platz einst in der 1797 abgetragenen Nikolaikirche. Die Klinke an der westl. Tür hat der Magdeburger Bildhauer Heinrich Apel 1964 gearbeitet; dargestellt ist der Kirchenpatron auf dem Feuerrost, auf dem er sein Martyrium erlitten haben soll.

*I.R.*

Lit.:
*Berger, H.:* Denkmalpflege an romanischen Bauten zwischen Harz und Elbe. In: Kunst des Mittelalters in Sachsen. Festschrift Wolf Schubert. Weimar 1967, S. 17-36; *Danneil, J. F.:* Kirchengeschichte der Stadt Salzwedel. Halle 1842; *Leopold:* In: Denkmale in Sachsen-Anhalt. 2. Aufl. 1986, S. 163-189; *Leopold, G.; P. Roland:* Die Katharinenkirche zu Salzwedel. Instandsetzung und baugeschichtliche Forschung. In: Denkmale in Sachsen-Anhalt, 2. Aufl. 1986, S. 190 bis 206; *Roch, I.:* Die Lorenzkirche in Salzwedel. Phil. Dipl.-Arb. Leipzig 1962 (Maschinenschr.); *Dies.:* Die Lorenzkirche in Salzwedel. München; Berlin 1993 (Große Baudenkmäler, H. 455); *Roland, P.:* Kirchen in Salzwedel. Berlin 1987 (Das Christliche Denkmal H. 131/132); *Stoob, H.:* Deutscher Städteatlas, Lief. III, Nr. 8 Salzwedel. Altenbeken 1984

## Sandau

### *Stadtkirche St. Nicolai*

Der E. 12. Jh. als »villa« gen. Ort mit markgräflicher Burg besaß im Mittelalter strategische u. wirtschaftliche Bedeutung als Elbübergang, der die bei Havelberg gebündelten Straßen auf die li. Elbseite überführte. Als Handelsplatz im 13. Jh. planmäßig angelegt, mit Mauer, vier Wehrtürmen u. drei Toren, erlangte Sandau vermutl. im Laufe des 13. Jh. das Stadtrecht sowie 1272 das Fährrecht auf der Elbe, blieb aber während des Mittelalters als Ackerbürgerstadt ohne wirtschaftliche Bedeutung. 1354 gelangte die Stadt an das Erzbistum Magdeburg u. blieb bis A. 19. Jh. administrativ einem landesherrlichen Amt unterstellt. Von der mittelalterlichen Stadtbefestigung sind durch Zerstörung im 30jährigen Krieg u. Schleifung im 18. Jh. keine nennenswerten Reste erh. 1695 vernichtete ein Stadtbrand den alten Ortskern. 1793 erhielt Sandau eine Garnison, doch stagnierte die Entwicklung bis E. 19. Jh. bei ca. 2000 Einwohnern.

Die E. 12. Jh. errichtete spätromanische Stadtkirche, eine dreischiff., flachgedeckte Backsteinbasilika mit W-Querturm (1945 stark zerstört), gehört zu den bedeutendsten Nachfolgebauten der Klosterkirche Jerichow. Der wehrhafte, mit 18 Meter Breite über Mittelschiff u. Seitenschiffe hinausragende Turmbau besaß im Erdgeschoß ein aufwendiges W-Portal. Die Wandflächen sind schlicht mit Sockel, Lisenen u. Friesen gegliedert. Über dem Glockenhaus befand sich bis 1945 ein Walmdach mit Laterne u. Spitzhelm (A. 18. Jh.). Im Mauerwerk sind überall die mittelalterlichen Rüstlöcher erh.

Das lange Mittelschiff ruht innen auf Pfeilern mit Rundbogenarkaden, in der Mitte der S-Seite zwei Rundpfeiler mit trapezförmig gemauerten Kapitellen (vgl. Jerichow), im Obergaden je sechs ursprl. Rundbogenfenster, die M. 19. Jh. nach Abriß eines gotischen Kreuzrippengewölbes freigelegt u. restauriert wurden, aus dieser Zeit stammt auch die flache Holzdecke.

Das Außenmauerwerk zeigt die für

den romanischen Backsteinbau typische Wandgliederung mit Sockel, Lisenen u. Kreuzbogenfries mit Deutschem Band, die Konsolsteine des Frieses z.T. als stereometrische Figuren gestaltet. Am östl. Abschluß schiebt sich der Fries etwa 1 m über den tiefer liegenden Fries des Chores, woraus sich der Bauablauf Chor – Turmuntergeschoß – Mittelschiffwände mit Änderung der Frieshöhe ergibt. Die Seitenschiffe wurden M. 19. Jh. abgebrochen u. rekonstruiert. Der östl. anschließende Chor mit Rücksprung in Höhe u. Breite, je zwei Rundbogenfenstern u. Kreuzrippengewölbe des 15. Jh. im Innenraum, im S der als »Totenkammer« bezeichnete spätromanische Anbau mit Pultdach u. gekuppelten Rundbogenfenstern, nördl. die kl. tonnengewölbte Sakristei. Im O schließt der

*Sandau, St. Nicolai, Inneres nach O*

Chor mit der im 19. Jh. weitgehend restaurierten Apsis ab, die sich mit drei hohen Rundbogenfenstern nach O öffnet, außen die Wandgliederung mit Sockel, Rundstablisenen u. Kreuzbogenfries. Der 1977/78 stilgerecht restaurierte Innenraum enthält neben der neuzeitlichen Ausstattung ein spätromanisches Taufbecken, achteck., mit Blattfries.

*R.N.*

Lit.:
*Adler* Bd. II, 1898, S. 9-10; *Schütze, Th.:* Einige geschichtliche Nachrichten über die Stadt Sandau. In: Geschichtsblätter für Stadt und Land Magdeburg, 28 (1893), S. 243 ff.; *Stiehl* 1898, S. 68; *Wernicke* 1898, S. 359-367; *Naumann* 1989, S. 54-57

## Sangerhausen

### *St. Ulrichskirche*

Im Hersfelder Zehntregister wird bereits E. 9. Jh. ein Dorf »Sangerhus« gen., mit einer Kapelle, die dem hl. Bonifatius, dem Bekehrer der Sachsen, gew. war. Sie soll noch im 16. Jh. vorhanden gewesen sein. Südl. dieses Dorfes entstand im 10. Jh. eine urkdl. 991 gen. Fronhofsiedlung gleichen Namens. Innerhalb dieser Siedlung stand eine Ulrichskapelle, an deren Stelle Ludwig d. Springer, Thüringer Landgraf, die heutige St. Ulrichskirche zwischen 1116 u. 1123 errichten ließ, – im Zusammenhang mit einem Kloster, das mit Benediktinermönchen besetzt wurde. Die Burg der Thüringer Landgrafen lag westl. der Ulrichskirche. Südl. der Fronhofsiedlung entwickelte sich in der Folgezeit eine Marktsiedlung mit dem Alten Markt. Beide Ortsteile wuchsen im 12. Jh. zu einer »Altstadt« zusammen. 1204 wird eine Stadtmauer erwähnt. Nachdem 1247 Sangerhausen an den Wettiner

Markgrafen Heinrich d. Erlauchten fiel, ließ er die Stadt gegen die Thüringer Landgrafen befestigen. So kam im SO auf der höchsten Erhebung des Ortes eine Burg hinzu u. im S wurde die Stadtbefestigung verstärkt. Parallel dazu entstand aufgrund von nun eingetretenen Zugangsschwierigkeiten zum Alten Markt eine Neustadt mit einem zweiten Markt. In dieser Neustadt befindet sich die gotische Jacobikirche u. das 1358 schon gen. Rathaus. Die vier einstigen Stadttore wurden bis 1880 abgerissen. Reste der Stadtmauer sind erh.

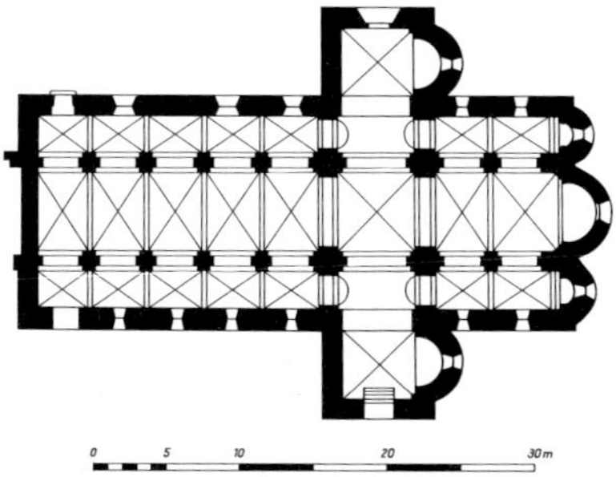


Die St. Ulrichskirche ist eine gewölbte, dreischiff., kreuzförm. Pfeilerbasilika. Ähnlich dem Drübecker Bau (um 1100) o. Paulinzella (1111) ist diese Kirche im Sinne der Hirsauer Bauschule errichtet worden: rck. Chor mit Hauptapsis, zwei Nebenchöre mit je zwei Durchgangsarkaden zum Chor u. Apsis sowie je eine Apsis an den Querhausarmen. Die Apsiden sind einheitlich sehr hochgezogen u. schmal. Sie verleihen so dem O-Komplex eine monumentale einheitliche Wirkung. Die relativ schmalen, niedrigen Seitenschiffe werden fast gotisierend als Nebenchöre bis zum Chorende durchgezogen. In Triumphbogenhöhe sind die Querhausarme durch ein breites Gurtband abgeschnürt. Der Zwischenraum in Seitenschiffbreite ist mit einer Tonne gewölbt, im Gegensatz zu den Kreuzgratgewölben in allen anderen Jochen u. Räumen. Der Kirchenraum wird bestimmt durch die relativ niedrigen schmalen Seitenschiff u. das schmale, aber hohe Mittelschiff. Geprägt wird der Raum durch die kreuzförm. Pfeiler, auf denen die Arkadenunterzüge lasten. Die Wölbung selbst ist wohl um 1300 teilweise erneuert worden, darauf weisen auch die leicht spitzbogigen Triumphbögen hin. Kurz davor, um 1270, wurde die Kirche Teil eines neu gegr. Zisterzienserinnenklosters, dessen Klausur hinter dem nördl. Querhausflügel errichtet wurde. In diesem Zusammenhang kam auch im westl. Teil des Langhauses eine Nonnenempore hinzu.

Die nur mit Platte u. Schräge gebildeten Kämpfer sind im Chor plastisch dekoriert mit Schachbrettmustern, Palmetten, Weinranken, Knotenwerk, Löwen, Tauben. Die Kämpfer im Langhaus dagegen wurden E. 19. Jh. mit Pflanzenornamenten, Knoten u. Sternen bemalt (weiß/rot). Im Mittelschiff wird die Obergadenzone von der Arkadenflucht ähnlich wie in Hamersleben u. Paulinzella durch einen Schachbrettfries getrennt. Dieser Fries wird von breiten Wandvorlagen durchbrochen, die die Gurtbögen des Mittelschiffes tragen. Ähnliche Vorlagen befinden sich auch in den Seitenschiffen, an deren Innenwänden sie die Kämpfer durchstoßen u. am Pfeiler auslaufen. Der Innenaufbau der Basilika, vor allem das Durchlaufen der Seitenschiffe über die Querhausarme hinaus, deuten auf französische Einflüsse, vor allem aus der Normandie u. Auvergne. Die Ornamentik im Chor dagegen hat verwandte Züge mit der lombardischen Ausführung an der Stiftskirche St. Servatius in Quedlinburg.

*Sangerhausen, St. Ulrich, Inneres nach O*

Eine W-Turmfassade fehlt. Wurde sie um 1270 beseitigt o. ist die turmlose Kirche von vornherein eine Zisterzienserkirche? Am E. des 13. Jh. wurde in Mittelschiffbreite ein zweigesch. Bau mit der schon gen. Nonnenempore im W angefügt, die durch einen kl. Treppenturm an der S-Seite zu betreten war. Wohl gleichzeitig entstand der quadr. Unterbau des Vierungsturmes. Dabei wurden die Vierungspfeiler verstärkt. Der achteck. Aufbau kam um 1400 dazu, die hohe Turmspitze dagegen ist barock. Die Strebepfeiler an den Seitenschiffen stammen aus verschiedenen Zeiten. 1892-1894 wurde die Kirche vor allem außen restauriert, dabei sind verschiedene Teile ergänzt worden, wie die Portale u. die Friese unter den Dächern. Bei einem Stadtbrand 1389 wurde der nördl. Querhausarm stark beschädigt, so daß er abgetragen und ebenfalls erst 1894 erneuert wurde.
Im nördl. Querhausarm befindet sich ein eingemauertes Tympanon aus der 1. H. 12. Jh. Es zeigt als Flachrelief eine männliche Figur auf einem Faltstuhl, wohl Ludwig d. Springer als Stifter darstellend, u. zwischen zwei Säulen eine weitere Figur, wohl St. Ulrich als Patron. In der Rahmung sind Reste einer Inschrift u. eine Wellenranke erh.

*H.S.*

Lit.:
*Mrusek, H.-J.:* Von der ottonischen Stiftskirche zum Bauhaus. Halle 1967

## Schönhausen

### *Dorfkirche St. Marien und Willibrord*

Das schon im Mittelalter bes. gr. Dorf, im 16. Jh. zeitw. als »Stedtlein« bezeichnet, erscheint 1202 erstmals urkdl. als bischöflich Havelbergisches Tafelgut. Neben der 1212 gew. Kirche stand bis 1958 das Schloß der Familie v. Bismarck, die 1562 auf Betreiben von Kurprinz Johann Georg ihren Stammsitz von Burgstall (Landkr. Stendal) nach Schönhausen verlegten, ihren Anspruch auf Zugehörigkeit zur Altmark jedoch aufrecht erhielten. Nach Zerstörungen im 30jährigen Krieg ließ August v. Bismarck A. 18. Jh. neben dem alten Schloß eine neue dreiflügl. Schloßanlage mit ausgedehntem Park errichten. Durch Erbteilung entstand im Dorf ein zweites Gut der Familie, das 1730 im Barockstil umgebaut wurde, 1830 in bürgerliche Hände fiel, 1885 dem Reichskanzler Otto v. Bismarck als »Nationalgabe des deutschen Volkes« übergeben u. als Bismarck-Museum eingerichtet wurde.

Die als dreischiff., flachgedeckte Backsteinbasilika errichtete Dorfkirche gehörte neben Sandau zu den bedeutendsten Nachfolgebauten der Klosterkirche Jerichow; wie in Sandau mit W-Querturm, der die gesamte Breite des Schiffes überragt, im Erdgeschoß mit gestuftem W-Portal. Die Turmhalle war ursprl. gewölbt. Durch Brand (1642) erlitt der Turm schwere Schäden, wobei beim Absturz der Glocken das Gewölbe zerstört wurde. Seit E. 17. Jh. dient die Turmhalle als Familiengruft. Die Turmobergeschosse zeigen schlichte Wandgliederungen mit Lisenen u. Friesen, über dem Glockenhaus mit zehn ehem. gekuppelten Rundbogenöffnungen das querliegende Satteldach.

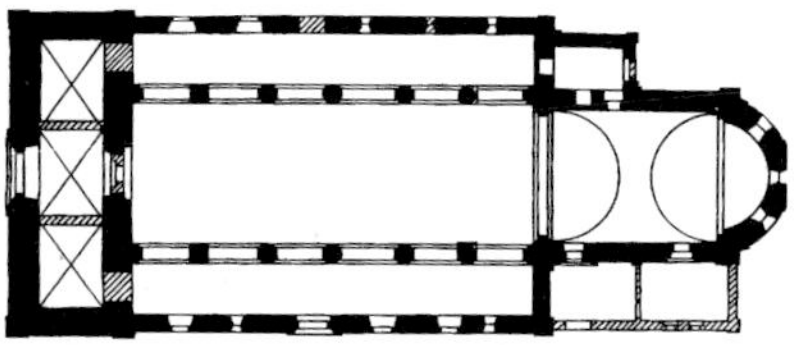

*Schönhausen, Dorfkirche, Inneres nach O*

Das lange Mittelschiff ruht mit je sechs Rundbogenarkaden auf fünf unterschiedlichen Stützenpaaren, u. a. Rundpfeiler mit Trapezkapitellen (vgl. Jerichow). Im Obergaden je sechs Rundbogenfenster mit regelmäßiger Anordnung über den Scheitelpunkten der Arkadenbögen. Die Außenwände sind durch Eck- u. Mittellisenen in drei gleichgroße Felder geteilt, mit je zwei Fenstern u. drei verschiedenen Friesen (Rauten-, Kreuzbogen- u. gebrochener Rautenfries), die sich an der gegenüberliegenden Seite in umgekehrter Folge wiederholen. Die Seitenschiffe mit Pultdächern u. nachträglich veränderten Fensteröffnungen, neben dem S-Portal zahlreiche rillen- u. näpfchenförm. Schürfungen im Mauerwerk, deren Ursprung umstritten ist, sowie mehrere Ritzsonnenuhren. Östl. schließt sich der in Höhe u. Breite zurückspringende Chor mit je zwei tiefliegenden Rundbogenfenstern u. der Priesterpforte an, die jetzt innerhalb eines Anbaues des 18. Jh. liegt. An der NW-Ecke die kl., tonnengewölbte Sakristei, als O-Abschluß die Apsis mit drei hohen Rundbogenfenstern, außen mit Sokkel, Lisenen u. Kreuzbogenfries gegliedert. Der Innenraum wurde A. 18. Jh. einheitlich barock ausgestattet, mit Spiegelgewölbe anstelle der Flachdecke aus Holz. Triumphbogen, tonnengewölbter Chor u. Aufbau des Mittelschiffs entsprechen jedoch dem ursprl. Bau. Im Triumphbogen hängt das spätromanische Kruzifix (um 1212), eines der bedeutendsten Werke dieser Zeit, das eine Entwicklungsstufe charakterisiert, die wenig später in der Halberstädter Triumphkreuzgruppe ihre Fortsetzung findet. Von der mittelalterlichen Ausstattung sonst nur das Taufbecken (A. 13. Jh.) mit runder Kuppa u. Blattfries sowie die Altarplatte erh. Altaraufsatz, Kanzel, Patronatsloge u. Emporen gehören dem 17. u. 18. Jh. an, ebenso wie zahlreiche Grabsteine u. Epitaphe der Familie v. Bismarck.

*R.N.*

Lit.:
*Lindstedt, J. A.:* Geschichte und Topographie des Dorfes Schönhausen an der Elbe bis zum Jahre 1857. Manuskr. Univ.-Bibl. Halle/S.; *Adler* Bd. I, 1862, S. 43-44, Taf. 24/3,4,8; *Stiehl* 1898, S. 67, Taf. 24/1; *Wernicke* 1898, S. 374-378; *Kamphausen, A.:* Die Baudenkmäler der deutschen Kolonisation in Ostholstein und die Anfänge der nordeuropäischen Backsteinarchitektur. Neumünster/Holst. 1938, S. 200-202; *Naumann* 1989, S. 60 bis 64

## Schulpforte

### *Kloster Pforta*

Bau- und kunstgeschichtlich sowie kulturgeschichtlich höchst bedeutsame Klosteranlage westl. Naumburgs a. d. Saale. Ein 1127 in Schmölln bei Altenburg gegr. Benediktinerkloster 1132 mit Zisterziensermönchen besetzt, diese 1137 wegen der Ungunst der örtlichen Verhältnisse an die Saale verlegt u. 1138 bestätigt. Der Name »ad portam« wurde gelegentlich auf eine ältere Kirche bezogen, deren aus dem späten 10. Jh. stammende Reste sich in der Mühle westl. der Kirche erh. haben sollen. Durch zahlreiche Schenkungen im 13. u. 14. Jh. zu einer der wohlhabendsten Abteien im mitteldeutschen Raum geworden. Schon 1175 neu gegr. Klöster in Leubus/Schlesien u. Altzella/Sachsen mit Mönchen besetzt. Im Saaletal förderten die Zisterzienser insbesondere Landwirtschaft, Weinbau, Mühlen-, Wehr- u. Brückenbau, Uferbefestigungen. Bau von Kirche u. Klausur M. 12. Jh.; gotischer Neubau der Kirche 2. H. 13. Jh. Spätgotische Umbauten (Kirche). 1540 Kloster aufgelöst, 1543 sächsische Landesschule neben Grimma u. Meißen, v. a. im 18./19. Jh. mit bedeutenden Schülern (Klopstock, Fichte, v. Ranke, Lepsius, Nietzsche). 1935-1945 Nationalpolitische Erziehungsanstalt, danach Heimoberschule, seit 1990/91 wieder Landesschule.

Von der romanischen Klosterkirche im heutigen Bau größere Partien erh.; es fehlen vor allem der O- u. W-Schluß. Dreischiff. Basilika, nicht gewölbt; Langhaus mit vier Jochen, niedrig sitzende Obergadenfenster. Einfacher Stützenwechsel. Im O halbrd. Apsis am Altarraum; seitl. je eine rck. Kapelle u. eine Apsis (»Staffelchor«). W-Abschluß kompliziert, Bauuntersuchungen längst nicht beendet: An gerade W-Wand etwas später ein quadr. Vorbau angesetzt. Weiter westl. Rundbogenarkaden, der Zusammenhang noch unklar (Atrium?).

Kirche ohne Turm in sorgfältigem Quadermauerwerk. Gotischer Umbau in den 40er Jahren des 13. Jh. im Querhaus beg.; um 1251 (Inschrift) Chor neu errichtet u. gleichzeitig Querhaus nochmals erhöht; anschließend Langhauswände aufgestockt, S-Seitenschiff erb. Wohl 1268 W-Bau fertig (dat.)

S-Seitenschiff um S-Querarm herumgezogen (Evangelistenkapelle). Danach bis gegen 1300 Verlängerung nach W um 2 Joche im Mittelschiff u. S-Seitenschiff, Verlängerung im N erst im späteren 15. Jh. (Moritzkapelle), bis zur W-Fassade erst im 19. Jh. Bis auf die W-Fassade in strengen Formen. Strebepfeiler an Chor u. Langhaus. Fenster z.T. dreiteil. mit reichen Maßwerkformen, nach W zu in jüngeren Formen. Zwei S-Portale. W-Fassade vom hohen Giebelaufbau in Mittelschiffbreite bestimmt. Tür zum S-Seitenschiff mit kl. geradem Sturz, darauf Reliefs von Verkündigung, Geburt u. Anbetung. Strebepfeiler in Verlängerung des Mittelschiffs, dazwischen das spitzbogige Portal mit heute leeren Figurennischen. Gr. Giebel mit Kreuzblume. Über Giebel in W-Wand des Mittelschiffes gr. fünfbahniges Maßwerkfenster u. darüber eine spitzbogige Nische mit Figuren einer Kreuzigungsgruppe (li. Maria, Johannes, ein Schächer; re. zwei Marien, ein Schächer), Figuren stärker verwittert. Vor der Nische eine Brüstung mit Laufgang dahinter. Im Portalgiebel eine Madonna, darüber vier Apostel, z. T. erneuert. Kreuzigungsgruppe mit Plastik am Naumburger W-Lettner zu vgl. Altarraum (»Chor«) baukünstlerisch vom Mutterkloster Walkenried abhängig, ebenso dem Naumburger W-Chor. In niedriger Erdgeschoßzone eine hoch bedeutende Aneinanderreihung von Wandnischen, Sitznischen, Piszinen u. Wandschränken (Holztüren erneuert); in Nischen einst Bestattungen. Im 15. Jh. auf Nischenbekrönungen Plastiken von Stiftern u. Patronen gestellt, etwas ungeschickt wirkend. Fensterzone der Chorwände lichtdurchflutet. Auf Sockelmauer ein breiter Laufgang, der auch zu den ob. Chornebenräumen führt (im N Trinitatis-, im S Margarethenkapelle). Gewölbe von Diensten mit schweren Schaftringen getragen, reiches Laubwerk an den Kapitellen. Querhaus wegen Anbauten ungünstig belichtet, im N ein Rundfenster. Langhaus neben den romanischen Pfeilern gotische an Stelle der älteren Säulen. Im Obergadenbereich regelmäßig angeordnete Fenster u. Wölbsystem; Bauzier nach W großblättriger, doch noch dem Chor verwandt; in den beiden W-Jochen hochgotisch. Reiche Schlußsteinornamentierungen, auch in der Evangelistenkapelle (deren Symbole namengebend).

Von der reichen Ausstattung heute sichtbar: Frühgotischer Hochaltar mit Blendarkaden an den Seiten (Kleeblattbögen); gemaltes Triumphkreuz im Langhaus, wohl 3. V. 13. Jh.; auf der Vorderseite der ans Kreuz genagelte Christus u. 4 Evangelistensymbole in Medaillons an den Kreuzenden; geringe Bemalungsreste auf Rückseite. Spätromanischer Paramentenschrank jetzt im Romanischen Haus Bad Kösen, weiterer Schrank zur Restaurierung, beide viell. zur Ausstattung der Trinitatiskapelle mit benutzt, wohl aber älter. An liturgischen Geräten: romanischer Holzkelch mit Bemalungsresten; fünfeck. Holzlaterne, spätgotisch, Deckel eines Holzkästchens, Kästchen aus Weidengeflecht (wohl Reliquiare). Derzeit ausgelagert u. a. ein Dreisitz aus dem Chor (E. 13. Jh.), spätromanisch-frühgotische Fensterverglasungen, Holz- und Steinplastiken.

Bauten der Klausur nördl. der Kirche: Im wesentlichen noch romanisch. Im O-Flügel mit Sakristei u. Armarium (kl. Bibliothek) nördl. des Querhauses, gewölbt; nördl. der Kapitelsaal mit Portal u. seitlichen Fenstern zum Kreuzgang; flach gedeckt, Gräber 1889 freigelegt. Weiter der Gang vom Kreuzgang nach O zum Friedhof, Außenportal um 1900 ins Fürstenhaus versetzt (1220/30). Im Zwickel zum N-Flügel der Aufgang zum Obergeschoß, das den Schlafsaal (Dormitorium) enthielt, heute völlig verbaut; ehem. Zugang auch über eine Treppe aus dem nördl. Querhausarm. Im N-Flügel von O nach W eine Wärmestube (Calefactorium, beheizt vom Keller darunter), der Speisesaal für die Mönche (Refektorium) mit zehn Fenstern im N, einer Tür im SW; westl. die (ursprl. gewölbte?) Küche mit Essendurchreiche zum Speisesaal sowie zum Speisesaal der Laienmönche im Erdgeschoß des W-Flügels mit Zugang zum Zwickelraum zwischen Kirchenvorhalle u. nördl. Seitenschiff; von dort über Treppe der Schlafsaal im Obergeschoß zu erreichen. Funktion der Räume im Obergeschoß des N-Flügels unbekannt. Fenster in W-Wand von Erd- u. Obergeschoß des Laientraktes jüngst freigelegt; danach ist im Erdgeschoß eine Raumteilung möglich. In Verlängerung des N-Flügels nach W ein Trakt abknickend, wohl das Cellarium, der Wirtschafts- u. Speicherbau für die Küche (rundbogiges Portal u. mehrere Fenster in S-Wand). Zeitliche Stellung zu Klausurflügeln noch nicht geklärt. Den drei Klausurflügeln u. dem N-Seitenschiff der Kirche Kreuzgänge vorgelagert; deren Bogenöffnungen einst mit eingestellten Drillingsarkaden, davon noch Reste vorhanden (Ecksäulchen, Kämpfer mit Palmetten- und Schachbrettornamenten), alles noch M. 12. Jh. S-Gang von Anfang an zweischiff., nur die W-Säule original, alle anderen 16. Jh. (Parallelen im Mutterkloster Walkenried o. Königslutter). Kreuzgänge wohl von Anfang an gewölbt. Im NW zwei gr. Öffnungen zum Hof, vermutl. Stelle des ehem. Brunnenhauses. Am S-Gang zur Hofseite zwei muldenförm. Piszinen für die Fußwaschung der Mönche. Strebepfeiler viell. sekundär, aber mittelalterlich.

Am N-Ende der Klausur bog nach O ein gewölbter, gangartiger Raum ab (evtl. Parlatorium, Sprechraum), von

*Schulpforte,*
*Abtskapelle des Klosters*

dem aus man zum Krankenhaus (Infirmarium) im Bereich des heutigen Fürstenhauses kam. Südl. des Parlatoriums im Keller romanische Heizungsreste. Krankenhaus ursprl. eingesch. mit mehreren Fenstern im O u. W. sowie zwei Türen im W (in gotischer Zeit z. T. aufgestockt). Um 1220-1230 an SO-Ecke eine Krankenhauskapelle angebaut (sog. Abtskapelle), ein zweijoch., kreuzrippengewölbter Raum mit polygonaler Apsis; z. T. in spätromanischen Formen (Fenster, Strebepfeiler), zumeist frühgotisch (Wandaufbau, Rippen, Dienste, Profile von Kämpfern u. Kapitellen). Abhängig von Bauten wie Maulbronn, Walkenried, Michaeliskapelle Ebrach, Bischofsgang am Magdeburger Dom; vom sog. »Meister des Maulbronner Paradieses« (in nachmittelalterlicher Zeit durch Ein-

bau von Gewölben zu Kellern u. Archiv umgebaut).
An weiteren mittelalterlichen Gebäuden innerhalb des gr. ummauerten Klosterareales sind noch zu nennen: ein kl. romanischer Wohnbau westl. der Kirche, viell. für hohe Gäste o. einen Naumburger Bischof (um 1200). Noch weiter westl. vermutl. die Reste einer romanisch-frühgotischen Mühlenanlage, kaum ein Kirchenbau des 10. Jh., doch noch nicht wieder untersucht. Ein spätromanisch-frühgotisches Gebäude an der westl. Ringmauer, wohl Hospiz. Die Stelle des heutigen Torhauses wahrschl. mittelalterlich. Ein weiteres frühgotisches Torhaus wohl im NO auf dem heutigen Gutshof mit spitzbogigen Toröffnungen, tief im Boden versunken; im 19. Jh. angeblich Reste eines Pflasters gefunden.
Seit dem mittl. 16. Jh. ständig Umbauten für Schulzwecke: 1567-1572 das romanische Cellarium zu einem Schulbau erw., 1571/72 das ehem. Krankenhaus zum Fürstenhaus ausgebaut (zuvor Erweiterung von 1503, dat.) Raumunterteilungen in den einstigen Klausurräumen, so 1551 im W-Flügel; zusätzliche Strebepfeiler am N-Kreuzgang 1573 nach Teileinstürzen der Gewölbe. Aufstockungen der Schulflügel im späten 18. u. frühen 19. Jh. Neubauten von Aula- und Rektoratsgebäude seit 1878, Torhaus im W bereits 1855/56. Ansonsten, auch im 20. Jh., Neubauten für Lehrer, an der Mühle (um 1900), v. a. auf dem Gutshof.
Denkmalpflege seit dem frühen 19. Jh., zunächst an der Kirche (W-Portal, Strebepfeiler, Ausstattung), E. des 19. Jh. an der Abtskapelle, am Fürstenhaus; 1939/40 statische Sicherungen im Klausurbereich, Umbau des Speisesaals. Friedhof: Südöstl. der Kirche mit bemerkenswerten Grabsteinen; hoch bedeutend eine sog. Totenleuchte (bezogen auf eine Urkunde um 1268 dat.).

*R. S.*

Lit.:
*Corssen, W.:* Altertümer und Kunstdenkmale des Cistercienserklosters St. Maria und der Landesschule zur Pforte. Halle 1868; *Hirschfeld, W.:* Zisterzienserkloster Pforte. Geschichte seiner romanischen Bauten und ein älteres Westwerk. Burg 1934; *Holtmeyer, A.:* Cisterzienserkirchen Thüringens. Ein Beitrag zur Kenntnis der Ordensbauweise. Jena 1906 (Beiträge zur Kunstgeschichte Thüringens Band 1); *Lutze, E.:* Das romanische Triumphkreuz in Schulpforta. In: Jahrbuch der Denkmalpflege in der Provinz Sachsen und in Anhalt 1935/36, S. 43-47; *Pahncke, R.:* Schulpforte. Geschichte des Zisterzienserklosters Pforte. Leipzig 1956; *Prieß, F.:* Die Glasfenster der Cistercienser-Abteikirche Pforte. In: Zeitschrift für Bauwesen 43 (1893), Sp. 585-588 *Schmitt, R.:* Katalogartikel zum Paramentenschrank, Reliquienkästchen, Laterne und Holzkelch (mit Clemens Kosch). In: Saint Bernard & le monde cistercien. Paris 1992, S. 221-222, 231, 232; *Ders.:* Neue baugeschichtliche Forschungen in der romanischen Klausur des Zisterzienserklosters Schulpforte bei Naumburg. In: Koldewey-Gesellschaft. Bericht über die 37. Tagung für Ausgrabungswissenschaft und Bauforschung vom 27.5. bis 30.5.1992 in Duderstadt (im Druck); *Schubert, E.:* Der Westchor des Naumburger Doms, der Chor der Klosterkirche in Schulpforta und der Meißner Domchor. In: Architektur des Mittelalters. Funktion und Gestalt. Hrg. von Friedrich Möbius und Ernst Schubert. Weimar 1983, S. 160 bis 183; *Schreiber, R.; M. Köhler:* Die »Baugesetze« der Zisterzienser. Studien zur Bau- und Kunstgeschichte des Ordens. Meßkirch 1989; *Köhler,*

*Mathias; Reinhard Schmitt:* Schulpforte. München; Berlin 1993 (Große Baudenkmäler H 477); *Schmitt, Reinhard:* Dokumentationen am Klausurwestflügel des ehemaligen Zisterzienserklosters Pforta (Schulpforte). In: Denkmalpflege in Sachsen-Anhalt 2 (1994) H. 1, S. 77-80

**Seehausen (Börde)**

***Dorfkirche St. Paul***

Von 890 bis 1207 war Seehausen Sitz eines Gaugrafen. Im 13. Jh. ging der Ort in den Besitz des Magdeburger Erzbischofs über. 1563 galt Seehausen nur noch als Flecken, aber seit der 2. H. 17. Jh. in preußischem Besitz wieder als Stadt bezeichnet. Der Ort besaß eine Stadtmauer mit drei Toren. Vor dem Hohen Tor entstand seit 1785 die Neustadt. Daneben lag das Nordendorf, das aber bereits um 1400 wüst war. Hier befindet sich noch heute die bereits 1148 urkdl. erwähnte Kirche St. Paul. Sie liegt auf einer Anhöhe u. gehört zu den sogen. vollständigen Dorfkirchentypen, wie wir sie in der Altmark dicht verbreitet finden: Breiturm mit Satteldach, gleichbreites Schiff, eingezogener rck. o. quadr. Chor, Apsis. Die Turmwestwand der Kirche weist keine Öffnungen auf, die 3:1 verteilten Schallöffnungen sind gekuppelt. Die Mittelsäulchen mit Würfelkapitellen sind erh. In der S-Wand des Schiffes sitzt ein ursprl. Portal. In die Abtreppung ist an beiden Seiten eine Säule mit Würfelkapitell eingestellt. Von den alten Fenstern sind eins in der Apsis, ein weiteres in der S-Wand u. zwei in der N-Wand erh. Der N-Eingang ist vermauert. Sämtliche Dächer wurden 1993 neu gedeckt. Restaurierungsarbeiten an der Friedhofsmauer sind noch nicht abgeschlossen.

*H. S.*

*Seehausen (Börde), St. Paul, Ansicht von O*

**Tilleda**

***Königspfalz***

Erstmals wird die Königspfalz Tilleda, heute Freilichtmuseum, 972 urkdl. gen. Sie lag im Schutze der Burg Kyffhausen auf dem Pfingstberg oberhalb des Dorfes Tilleda. In der Pfalz urkundeten mehrere Könige u. Kaiser. So weilten danach 974 Kaiser Otto II., 993 sein Sohn Otto III. mit seiner Mutter Theophanu in dieser Pfalz. Ihnen folgten u. a. Kaiser Konrad II., Heinrich III., Friedrich I. (Barbarossa). Kaiser Heinrich IV. u. Heinrich d. Löwe beendeten in Tilleda ihre jahrelang währende Fehde (1194). Nachdem die Pfalzen ihre Bedeutung verloren hatten, wurden sie aufgegeben o. in Burgen umgewan-

*Tilleda,*
*Ruine der Pfalz*

delt, auch Tilleda. Aber nachdem sie seit 1250 als Reichlehen wiederholt den Besitzer gewechselt hatte, verfiel sie immer mehr u. verschwand schließlich ganz aus dem Bewußtsein. Der Heimatforscher Karl Meyer entdeckte sie wieder. 1935-1939 veranstaltete das Landesmuseum für Vorgeschichte Halle auf dem Pfingstberge umfangreiche Grabungen, die bei Kriegsausbruch zum Erliegen kamen u. erst 1959 von der Akademie der Wissenschaften der DDR unter der Leitung von Prof. Dr. Paul Grimm wieder aufgenommen u. bis 1979 fortgeführt wurden. Diesen Ausgrabungen verdanken wir die Möglichkeit der Rekonstruktion der Pfalz u. der Errichtung eines Freilichtmuseums. Tatkräftige Heimatfreunde begannen 1983 unter fachlicher Anleitung auf den Fundamenten einiger ergrabener Grubenhäuser mit Schilf gedeckte Lehmhäuser zu errichten, die den originalen in ungefähr entsprechen könnten.
Ergraben wurde eine 350 x 250 m gr. Anlage, die aus einer Haupt- u. Vorburg bestand. Beide Burgbereiche waren durch eine Mauer eingefaßt, aber nur die Hauptburg mit einem Wall- u. Grabensystem versehen. Insgesamt wurden die Grundrisse von 220 Gebäuden ermittelt, die größtenteils in der Vorburg lagen. Sie gehörten Handwerkern u. Bauern, o. in ihnen lagen die Wachmannschaften, arbeiteten Weber, Töpfer, Tuchmacher. Daneben standen Vorratshäuser u. solche, in denen Eisenverhüttung betrieben wurde. Der Hautzugang erfolgte über die Vorburg an der deren N-Seite. Die Torwangen dieses Tores waren 30 m lang. Von der Vorburg gelangt man über ein dreifaches Wall- u. Grabensystem durch ein Kammertor, von dem Reste aus dem 12. Jh. erh. sind, in die Hauptburg. Da der östl. Teil des Sporns abgestürzt ist, ist auch ein Teil eines größeren rck. Gebäudes verloren gegangen. Als Ersatz wurde westl. an der N-Seite eine neue gr. Festhalle errichtet, deren Pfostenlöcher ermittelt werden konnten. Günstiger ist die Situation auf der S-Seite der ca. 70 x 110 m gr. Hauptburg. Die Gebäude in der Hauptburg waren Steinbauten, im Gegensatz zu den Lehmbauten in der Vorburg. Unter den freigelegten Fundamenten befinden sich die der ehem. Pfalzkapelle. Mehrere Baufolgen sind rekonstruierbar. Klar erkennbar ist ein rck. Saal mit Apsis (1000-1. H. 11. Jh.) Der westl. Teil war durch eine dreiteil. Arkade abgetrennt. Darüber befand sich vermutl. die Empore, die wohl mit einem westl. sich anlehnenden quadr. Wohnturm in Verbindung stand. Schon im 12. Jh. wurde dieser Emporenbereich dem Wohnkomplex zugeschlagen, dabei wurde das Portal in der nördl. Hälfte der W-Wand zugunsten eines neuen in der N-Wand des Schiffes aufgegeben. Schon im Spätmittelalter war die Anlage eine Ruine. Im 15. Jh. wurde in den Saalbereich eine kl. Kapelle gesetzt. In ihrer SO-Ecke wurde ein Grubenhaus aus dem 10. Jh. gefunden, das als erste Kapelle gedeutet wird. An die Kapelle schließen sich nach O. rck. Wohn- bzw. Palasgebäu-

de an. Interessant ist, daß die Wohngebäude mit einer Fußbodenheizung ausgestattet waren.

*H. S.*

Lit.:
*Grimm, P.:* Die Pfalz Tilleda am Kyffhäuser. Sangerhausen 1963; *Eberhardt, H., u. Grimm, P.:* Die Pfalz Tilleda am Kyffhäuser. Ein Führer durch Geschichte und Ausgrabungen. 2. erw. Aufl., Tilleda 1966

## Walbeck

*Walbeck, Ruine der Stiftskirche, Mittelschiff nach O*

### *Ruine der Stiftskirche*

Auf seinem Burggelände ließ 942 Lothar II. v. Walbeck ein Benediktinerkloster errichten. Er plazierte die Kirche so, daß sie seiner Burg gleichzeitig als Flankenschutz dienen konnte. Die Basilika wurde um 1000 nach W erw. u. erhielt einen Emporenquerbau, der 100 Jahre später wiederum verändert u. schließlich 1219 abgetragen wurde. Die Kirche ist heute nur noch eine imposante Ruine, deren Rekonstruktion durch Grabungen möglich wurde. Die Basilika war flachgedeckt u. bestand aus vier Langhausjochen, einem durchlaufenden Querhaus u. querrck. Chor mit Apsis. Das Querhaus ist schmaler als das Mittelschiff u. über drei Stufen erreichbar. Es tritt nur geringfügig über die Langhauswände hinaus. Vermutlich führten vom Querhaus keine Durchgänge zu den Seitenschiffen. Gr., auf starken Wandvorlagen ruhende Triumphbögen öffnen es zum Mittelschiff u. Chor. Vom ottonischen Bau sind noch vorh.: das südl. Mauerwerk der Apsis mit dem Wölbungsansatz, die unt. Teile der Chorseitenwände, die Umfassungsmauern des Querhauses u. dessen östl. Triumphbogen. Zu diesem Bau gehört im Langhaus die südl. Mittelschiffswand mit den vier östl. Arkaden. Der ursprl. W-Abschluß ist an einer Baunaht zu erkennen. Von den Erweiterungsbauten um 1000 u. 1100 (vermutl. zweigesch., dreigeteilter Querbau mit Emporen u. seitl. Türmen, ähnlich einem Westwerk) ist die O-Wand mit drei Durchgangsbögen zum Mittelschiff u. die gr. rundbogige Emporenöffnung sowie Reste der Teilungswände erh. Beim Abriß der W-Partie 1219 wurden die Arkadenbögen zum Mittelschiff hin geschlossen u. eine schlichte Rundbogenpforte in die südl. Arkadenvermauerung eingefügt. In der 1. H. 13. Jh. bekam die Kirche hohe Rundbogenfenster. Dabei blieben die alten in der S-Wand erh. Am Chor kamen eine zweigesch. Sakristei u. eine Kapelle hinzu.
Inmitten des Querhauses wurde 1934 das Grab des Stifters gefunden. Die geborgene Grabplatte als Stuckaufsatz über der Grabkammer wurde in der Dorfkirche Walbeck aufgestellt.

*H. S.*

Lit.:
*Feldtkeller, H.:* Die Stiftskirche zu Walbeck. Ein Bauwerk des 10. Jh.. In: Harz-Zeitschrift 1952; *Meyer, Angelika:* Ruine der Stiftskirche in Walbeck. München; Berlin 1993 (Große Baudenkmäler H. 437)

## Westerburg

*Burg*

Nordwestl. Halberstadts innerhalb des Großes Bruches gelegene reizvolle Burganlage mit Resten von der Spätromanik bis ins 19. Jh. Geschichte u. Baugeschichte bisher kaum erforscht. Jüngste Instandsetzungsarbeiten durch das Landesamt für Denkmalpflege betreut u. anfallende Baubefunde dokumentiert. Fragwürdig sind Behauptungen, die Burg sei 1052 u. 1180 erwähnt. Lediglich das Gebiet nördl. Halberstadts ist gemeint. Die Anlage vermutl. E. 12./A. 13. Jh. später im Besitz der Grafen v. Regenstein bis 1599, zum Teil vom Lehnsherren Braunschweig eingezogen, seit 1701 preußisch, an preußische Prinzen vergeben. Von 1802 bis 1945 Domäne, danach landwirtschaftlich u. zu Wohnzwecken benutzt; seit 1976 verstärkt Bemühungen um Pflege u. Instandsetzung, umfänglich seit 1990.

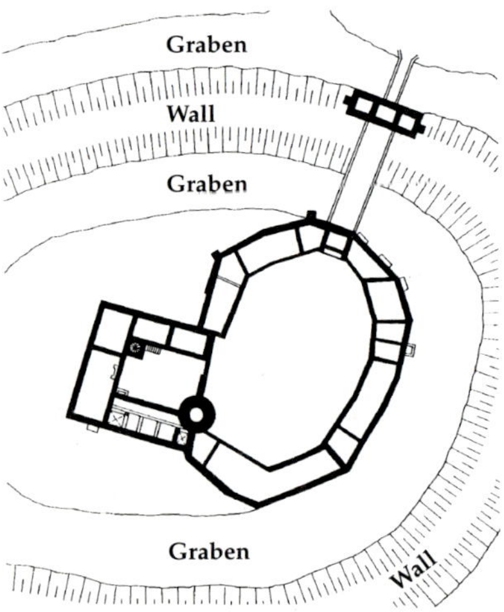


Nur der hohe Bergfried spätromanisch, doch auch nicht exakt zu dat. Keine weiteren Baureste aus ro-

*Westerburg, Ansicht von S*

manischer Zeit. Durchmesser 10 m, unt. Mauerstärke 3,5 m, Höhe ohne Haube ca. 32 m. Ursprl. Eingang in ca. 12,5 m Höhe im NW, also zur Kernburg gehörig. Wölbung des ob. Turmgeschosses wohl im 16. Jh. Erste Ringmauern im S u. SO, viell. auch die W-Wand. Danach kl. Kernburg mit etwa quadr. Grundriß von 34 x 32 m. An die W-Wand später ein Palas angebaut (32 x 11,5 m), 1799 noch spitzbogige Fenster vorhanden, 14. o. frühes 15. Jh. (auch zwei Kreuzstockfenster erh.). In der dritten Bauphase um 1500 weiterer Ausbau mit N-Flügel, Küche u. Brauhaus im S-Flügel (gemauerte Schlote, der östl. in Resten erh., gewölbte Räume), Keller auch im W- u. N-Flügel, O-Wand mit spitzbogigem Tor. Küche mit Essendurchreichefenster bedeutsam u. gut vgl. mit ähnlichen Anlagen in Allstedt, Kriebstein, Rochlitz, Rochsburg, Zilly, Schkopau.

In einer vierten Bauphase um 1520-1530 neue Fenster- u. Türgewände in allen vier Schloßflügeln eingebaut. Dazu Treppenturm im NW mit Portalen. Im mittl. 16. Jh. weitere Ausbauten in Wohnräumen mit reichen Formen der Renaissance: Erker am N-Flügel, Portal am S-Flügel, N- u. S-Giebel des W-Flügels. Im späten 17. Jh. Modernisierungen im Inne-

ren, Kamine, Kapelle mit Empore, Kanzelaltar, Gestühl.
Von den einstigen Festsälen u. Gemächern in den Obergeschossen von W- u. N-Flügel nichts erh., da im Verlauf des 18. Jh. verbaut. In der 2. H. des 19. Jh. der Rittersaal im ersten Obergeschoß des W-Flügels »rekonstruiert«, mit Resten der alten Balkendecke aus dem 16. Jh.
Nach der jüngsten Instandsetzung der Kernburg präsentiert sich diese als geschlossene Hofanlage in den Formen von Spätgotik und Renaissance.
Die gr. Vorburg mit einem äußeren Vortorhaus aus dem späteren 15. Jh. u. einem Torhaus im N der Vorburg im Kern viell. spätgotisch (Ringmauerreste), ansonsten häufig umgebaut. Heutiges Erscheinungsbild im Prinzip seit frühem 18. Jh. nachweisbar. Gräben u. Wälle dürften zur spätgotischen Anlage gehören, sie umschlossen Vor- u. Kernburg u. dienten der Sicherung der in einer weiten Ebene gelegenen Burg.

*R. S.*

Lit.:
*Niemeyer, Christian:* Die Westerburg. In: Neue Mitteilungen aus dem Gebiet historisch-antiquarischer Forschungen 6 (1842) S. 54-70; *Doering, Oskar:* Kreise Halberstadt Stadt und Land. Halle 1902, S. 150-154 (Beschreibende Darstellung der älteren Bau- und Kunstdenkmäler der Provinz Sachsen, H. 23); *Clajus, Hermann:* Aus alter und neuer Zeit vom Dorfe Rohrsheim und der Domäne Westerburg im Kreise Halberstadt. Osterwiek 1907 (Neudruck 1990); *Wäscher* 1962, S. 79-80; *Heuser-Kruskopf, Ursula:* Die Westerburg (Harzvorland). In: Burgen und Schlösser 1972, S. 76-79; *Biller, Thomas:* Rechteckburgen im nordöstlichen Harzvorland – zur Entwicklung der norddeutschen Burgen im 14. Jahrhundert. In: Burgen und Schlösser 1986, S. 21-28; *Schmitt, Reinhard:* Die Westerburg. München; Berlin 1993 (Große Baudenkmäler H. 453)

## Wiepke

### *Dorfkirche*

Als »wybeke« wird der Ort Wiepke zum ersten Mal in den Schadensrechnungen 1420 gen. In dieser Zeit harter Auseinandersetzungen war Wiepke wie seine Nachbargemeinden Estedt u. Berge 1417 in Auftrag des Erzbischofs Günther v. Magdeburg geplündert u. gebrandschatzt worden. Spätestens seit dem Beg. des 15 Jh. gehörte der Ort der Familie v. Alvensleben. Im zweiten Lehensbrief des Kurfürsten Albrecht

*Wiepke, Dorfkirche von SW*

v. Brandenburg vom 11. Januar 1472 als Lehen aufgeführt, verzeichnet ein Lehensbrief des Kurfürsten Friedrich Wilhelm 1646 Wiepke als Teil von Schloß u. Vogtei Gardelegen.
Die auf einer leichten Anhöhe liegende Kirche ist erheblich älter als die erste urkdl. Erwähnung der Ortschaft. Sie wurde E. des 12. Jh. erb. Der spätromanische, flachgedeckte Baukörper aus Feldsteinmauerwerk besitzt – in Relation zu anderen romanischen Dorfkirchen gleichen Typs – ein kurzes Schiff mit einem eingezogenen. quadr. Chor. Der W-Turm ist als Querriegel ausgeführt. Das Glockengeschoß mit dem Satteldach besitzt mit Backsteinen eingefaßte Schallöffnungen u. ist gegenüber dem Untergeschoß des Turmes leicht zurückgesetzt. Den Abschluß bildet ein auf quadr. Grundriß stehender, helmbekrönter Dachreiter. Die Fenster in Schiff u. Chor sind in klassizistischem Stil zu gr. stehenden Rechteckfenstern mit Putzbändern und -laibungen umgeformt. Die ursprl. rundbogigen Öffnungen wurden bis auf die Priesterpforte an der N-Seite verändert; erh. geblieben ist hingegen ein Rundbogenportal auf derselben Seite, das jedoch zugemauert ist.
Bei der Betrachtung der W-Wand des Kircheninneren erkennt man unter dem Putz zwei zugesetzte Bögen, die zum Teil von der Orgel verdeckt sind. Es handelt sich hierbei um eine ehedem durch eine Mittelsäule abgestützte Doppelarkade. Sie stellte ursprl. die Verbindung zwischen Turm u. Schiff dar, ein Gestaltungselement, das in ähnlicher architektonischer Konstruktion auch in Klein Schwechten, Landkr. Osterburg, o. auch in Rochau, Landkr. Stendal, vorkommt.
Besondere Erwähnung muß die 1602 entstandene, in geometrischen Formen reich bemalte hölzerne Kassettendecke im Chor finden. Sie wurde 1954 restauriert u. stellt unter den sonst eher nüchtern u. schmucklos gehaltenen Dorfkirchen romanischen Ursprungs eine Seltenheit dar.
Weitere Ausstattungsstücke der Kirche sind die frühgotische Taufe aus in Pokalform gehauenem Sandstein, mit acht halbkreisförm. Kugeln am Schaft geschmückt, der klassizistische Altar aus der M. des 18. Jh. mit seiner korinthischen Säulenstellung u. die etwa ebenso alte hufeisenförm. hölzerne Empore, die sich im Chor an der N-Seite bis zum Altar fortsetzt. Die Empore ist sehr zurückhaltend verziert u. weist lediglich im Chor einen Zahnschnittfries auf. Die Kanzel u. die Fenster an der Chorostwand, die li. Moses mit den Gesetzestafeln u. re. Christus zeigen, sind im 19. Jh. eingefügt worden.
Im Turm befindet sich noch eine spätgotische Bronzeglocke mit Dreiklangrippen aus dem 16. Jh. Ihre Inschrift lautet: ANNO · M · CCCCC · IXXVII · VOLTIN VALDICK · THILE PIPER · KARSTEN LUTER

*D. H.*

## Wust

### *Dorfkirche*

Der Ort war seit 1380 einer der Hauptsitze der Familie v. Katte, die bes. im 17./18. Jh. weitverzweigt im Elbe-Havel-Gebiet ansässig war (sog. »Kattenwinkel«). Anstelle eines im 30jährigen Krieg zerstörten Herrenhauses ließ Feldmarschall Graf Heinrich v. Katte 1727 eine schlichte, dreiflügl. Schloßanlage mit Park errichten; A. 19. Jh. klassizistisch umgestaltet.
Die im Kern spätromanische Backsteinkirche gegenüber dem Schloß wurde urkdl. zwischen 1191 u. 1206 erb., im 17. u. 18. Jh. eingreifend barockisiert. Anstelle eines massiven,

*Wust, Dorfkirche, Inneres nach O*

wohl später zerstörten W-Querturmes ließ Heinrich v. Katte 1727 den hohen quadr. Fachwerkturm errichten. An das langgestreckte, flachgedeckte Schiff mit nachträglich geschlossenen seitl. Rundbogenportalen u. barock erw. Fenstern schließt sich der Chor mit Gewölbe und Apsis an. Die schlichte romanische Wandgliederung mit Sockel, Lisenen u. Fries wurde im 18. Jh. weiß übermalt.
Die Innenausstattung hauptsächlich 2. H. 17. Jh., bes. die bemalte Kassettendecke, Altar, Kanzel u. Emporen, daneben Grabdenkmäler u. Epitaphe der Familie v. Katte. Ein Gruftanbau östl. des Chores enthält z. T. prunkvolle Sarkophage des 18. Jh. sowie den Holzsarg für Hans Hermann v. Katte, der 1730 nach einem mißglückten Fluchtversuch mit Kronprinz Friedrich v. Preußen hingerichtet wurde.

*R. N.*

Lit.:
*Wernicke* 1898, S. 391-394; *Naumann* 1989, S. 67-68

## Zeitz

### *Dom St. Peter und Paul*

Das Bistum Zeitz wurde 968 zus. mit den anderen Suffraganbistümern Merseburg u. Meißen in der neu geschaffenen Erzdiözese Magdeburg durch Kaiser Otto I. gegr., doch bereits 1028-1030 unter Bischof Hildeward auf Betreiben der Ekkehardinger nach Naumburg verlegt. Am Ort blieb ein Kollegiatstift (seit 1555 evangelisch). Zur Zeit der Gründung war auf einem Geländesporn in der Elsteraue eine deutsche Königsburg vorhanden, die dem Bischof zugewiesen u. 976 endgültig von ihm in Besitz genommen wurde. Nach der Verlegung des Hochstifts diente sie seit dem ausgehenden 13. Jh. den Naumburger Bischöfen als ständiger Wohnsitz. Vermutl. auf dem Platz des 1657-1673 erbauten Schlosses Moritzburg gelegen, wurde die in spätgotischer Zeit stark befestigte Bischofsburg im 30jährigen Krieg zerstört. Die Burgkirche St. Peter dürfte zur ersten Zeitzer Kathedrale erhoben worden sein. Sichere Nachrichten über einen Dombau des 10. Jh. fehlen ebenso wie für alle Baumaßnahmen bis zum 15. Jh.; bauarchäologische Forschungen im Rahmen der gegenwärtigen Instandsetzung angelaufen. Ein Neubau um M. 11. Jh. wird aufgrund der umfangreich vorhandenen Reste angenommen. Sie gehören zu einer dreischiff. kreuzförm. Basilika mit ausgeschiedener Vierung, von der Teile der Umfassungsmauern von Sanktuarium, Querhaus, südl. Seitenschiff u. W-Bau erh. sind, insbesondere aber die Krypta: Unter dem Chorquadrat gelegen u. mit dem W-Abschluß ein Viertel der Vierung einnehmend, ist sie als dreischiff., vierjoch. Hallenraum mit leicht eingezogener Halbkreisapsis ausgebildet u. vom südl. Querhausarm zugänglich (ursprl. außerdem durch eine nördl. gegenüberliegende, jetzt vermauerte Tür). Die zwischen Gurte gespannten Kreuzgratgewölbe ruhen auf schmalen Pilastern u. vier Säulenpaaren, von denen die drei östl. kämpferlos gebildete Pyramidenstumpfkapitelle u. einfachste Wulstbasen aufweisen. Das westl. Säulenpaar – von einer etwas jüngeren Instandsetzung o. Umgestaltung? – mit schlichten, geometrisch naiv verzierten Würfelkapitellen; an der südwestl. Stütze statt der Basis ein hoher gotischer Sockel eingefügt. Die in Abschnitten erfolgte »modernisierende« Neugestaltung der Stiftskirche unter weitgehender Beibehaltung des romanischen Grundrisses etwa M. 14. Jh. mit dem hochgotischen fünfseitigen Chorpolygon als Ersatz für die ursprl. Hauptapsis beg. Die Einwölbung des neuen Chorschlusses zus. mit der des Sanktuariums erst um 1400. In der Folgezeit auch das Querhaus gewölbt. Noch vor 1433 der zweigesch. Choranbau mit Sakristei u. Singchor angefügt. Wenig später Erneuerung des bislang basilikalen Langhauses als gr., nach N und – über den Kreuzgang-Nordflügel hinweg – nach S erw. dreischiff., vierjoch. Halle beg. u. nach mehrfachem Planwechsel im ausgehenden 15. Jh. abgeschlossen (Schlußsteindat. 1481 u. 1497). Das Äußere mit schlanken Strebepfeilern u. gr. Maßwerkfenstern von schlichter Formgebung, das Innere dagegen ein weiter, lichter Raum u. in seiner aufwendigen Einzelgestaltung von kathedralem Anspruch. Die Frei- u. Wandpfeiler – in ihrer Bündelform von starker Plastizität – nehmen kämpferlos die kräftig profilierten Scheid- u. Gurtbogen u. in den Zwikkeln dazwischen – z. T. auf kleinen Trennplatten – die Rippen der Kreuz- bzw. Netzgewölbe auf; die hohen Sockel für den Anschluß der einst

*Zeitz, Domkrypta*

vorhandenen Nebenaltäre ausgebildet. An den Pfeilern unter Baldachinen ein Zyklus von paarweise aufgestellten Aposteln, dazu der hl. Leonhard, 3. V. 15. Jh.; nur die beiden qualitätvollen Standbilder der Kirchenpatrone Peter u. Paul am ersten östl. Pfeiler der S-Seite aus Holz, die übrigen aus Sandstein. Nach einem Einsturz 1536 die Umfassungen u. Gewölbe des nördl. Querhausarms vollständig erneuert, dabei außen seitl. des Portals die Renaissance-Inschrifttafeln angebracht. – Das heutige Raumbild der Kirche wesentlich geprägt durch die barocke Ausstattung der unter Herzog Moritz v. Sachsen-Zeitz (1619-1681) eingerichteten u. 1664 der hl. Dreifaltigkeit gewidmeten Schloßkirche. Bereits 1683 Einbau der Doppelorgel auf hölzernen Emporen in beiden Querhausarmen, die südl. mit klingendem Werk, die nördl. nur ein spiegelbildlich gleichender Scheinprospekt. 1664 Einfügung der gr., die West-Joche einnehmenden Hofloge. Der mächtige zweigesch. Aufbau des Hochaltars, mit Palmbaum-Säulen, üppigen Blatt- u. Fruchtgehängen sowie zahlreichen Kindengeln in Verbindung mit christlichen Inschriften u. den herzoglichen Initialen, 1671 von Hans Caspar Sandtmann, wohl unter maßgeblicher Beteiligung des Zeitzer Hofbildhauers Heinrich Schau, das zentrale Kreuzigungsbild von Hofmaler Christian Schäfer. Von Schau auch die Chorschranken mit dem Pultengel geschaffen u. 1674 schließlich die Kanzel in großartigen Frühbarockformen. Unter den zahlreichen Grabmälern u. Epitaphen auch die Bronzeplatten für die in Zeitz bestatteten Naumburger Bischöfe Johann II. v. Schleinitz († 1434), Peter v. Haugwitz u. Georg v. Haugwitz (beide † 1463), der Vischer-Werkstatt zugeschr. Künstlerisch bedeutend das Renaissance-Epitaph des letzten katholischen Bischofs Julius v. Pflug († 1564) mit vorzüglicher lebensgroßer Darstellung des auch als Diplomat u. Humanist hervorgetretenen Kirchenfürsten. – 1982 der südwestl. Vierungspfeiler samt den darauf ruhenden Gewölben eingestürzt, ihr Wiederaufbau 1993 abgeschlossen; die denkmalpflegerische Wiederherstellung des Gesamtbaus im Gange.

*H.-J. K.*


Lit.:
*Liebner, Christian Gottlieb:* Chronik der Stadt Zeitz, ca. 1782 bis 1807 (Hs. im Stadtarchiv Zeitz); *Lepsius, Carl Peter:* Geschichte der Bischöfe des Hochstifts Naumburg vor der Reformation, 1. Teil. Naumburg 1846; *Rothe, Louis:* Aus der Geschichte der Stadt Zeitz. Culturhistorische Skizzen, nach urkundlichen Quellen bearb. Zeitz 1876; *Rothe, Louis:* Historische Nachrichten der Stadt Zeitz. Zeitz (1882); Beschreibende Darstellung der älteren Bau- und Kunstdenkmäler des Kreises Zeitz. Bearb. von Gustav Sommer unter Mitwirkung von Heinrich Otte. Halle 1879 (Beschreibende Darstellung d. älteren Bau- u. Kunstdenkmäler i. d. Provinz Sachsen u. angrenzender Gebiete 1); *Zergiebel, Ernst:* Chronik von Zeitz und den Dörfern des Zeitzer Kreises nach Urkunden und Akten aus den Jahren 968-1895. Zeitz 1896; *Brinkmann, (Adolf):* Der Peter-Paulsdom in Zeitz. Zeitz 1906 (Wiss. Beilage z. Jahresprogramm des Königl. Stiftsgymnasiums zu Zeitz, Progr. Nr. 313); *Sell, Eva Lieselotte:* Studien zum romanischen Bau des ehemaligen Domes St. Peter und Paul in Zeitz. Leipzig, Phil. Dipl.-Arbeit 1956 (Maschinenschr.); *Schlesinger* Bd. 1. 1962, S. 32 ff., 52-54, 92-98; *Pappe, Otto:* Tausend Jahre Stadt und Kirche Zeitz. Zeitz 1967; *Roland-Krahl, Pia:* Der Kelchfund von Zeitz. In: Kunst des Mittelalters in Sachsen. Festschrift Wolf Schubert. Weimar 1967, S. 274-278; Handbuch der historischen Stätten Deutschlands, Bd. 11. 1975, S. 519-523 (Walter Schlesinger/Herbert Wolf); *Dehio* 1976, S. 527 bis 531 (Ernst Schubert/Hans-Joachim Krause); *Koch, Ralf Albert, und Hans-Joachim Richter:* Der Dom zu Zeitz. Berlin 1976 (Das Christliche Denkmal 101); *Leopold.* In: Denkmale in Sachsen-Anhalt. 2. Aufl. 1986, S. 163 bis 189, 175 f.; *Meinel, Sabine:* Der Zeitzer Dom – Hofkirche des sächsischen Sekundogeniturfürstentums Sachsen-Zeitz. Die barocke Innenausstattung und die daran beteiligten Meister. Leben und Werk des Hofbildhauers Heinrich Schau. Halle, Kunsthist. Dipl.-Arbeit 1993 (Maschinenschr.)

**Die »Straße der Romanik«**

*Nordroute*

1. Magdeburg:
Dom St. Mauritius u. Katharina,
Kloster Unser Lieben Frauen,
St. Sebastian, St. Peter
2. Groß Ammensleben:
Klosterkirche St. Peter u. Paul
3. Hillersleben: Klosterkirche
St. Stephanus, Petrus u. Laurentius
4. Hundisburg: Ruine Nordhusen
5. Bebertal: Friedhofskapelle
6. Walbeck: Ruine der Stiftskirche
u. Grabmal Graf Lothars II.
7. Wiepke: Dorfkirche
8. Engersen: Dorfkirche
9. Rohrberg: Dorfkirche
10. Diesdorf: Stiftskirche St. Marien
u. St. Crucis
11. Salzwedel: Lorenzkirche
12. Arendsee: Klosterkirche
St. Marien, Johannis u. Nikolai
13. Havelberg: Dom St. Marien
14. Sandau: Stadtkirche St. Nicolai
15. Schönhausen: Dorfkirche
St. Marien u. Willibrord
16. Wust: Dorfkirche
17. Melkow: Dorfkirche
18. Jerichow: Stadtkirche,
Prämonstratenserkloster
19. Redekin: Dorfkirche
20. Genthin-Altenplathow:
Figurengrabstein
21. Burg: Unterkirche St. Nikolai,
Oberkirche Unser Lieben Frauen
22. Loburg:
Ruine der Liebfrauenkirche
23. Leitzkau: Pfarrkirche St. Peter,
Stiftskirche Sancta Maria in Monte
24. Pretzien: Dorfkirche St. Thomas

*Südroute*

25. Seehausen (Börde):
Dorfkirche St. Paul
26. Hadmersleben: Benediktinerinnenkloster St. Peter u. Paul
27. Kloster Gröningen:
Klosterkirche St. Cyriakus
28. Hamersleben: Stiftskirche
St. Pankratius
29. Westerburg
30. Huysburg/Dingelstedt:
Klosterkirche
31. Halberstadt: Dom St. Stephanus
u. Sixtus, Liebfrauenkirche
32. Osterwieck: Stephanikirche
33. Ilsenburg: Kloster St. Peter u. Paul
34. Drübeck: Klosterkirche St. Veit
35. Michaelstein: Kloster
36. Quedlinburg: Stiftskirche St. Servatius, Krypta der Wipertikirche
37. Gernrode: Stiftskirche St. Cyriakus
38. Ballenstedt: Schloß
(ehem. Benediktinerkloster)
39. Burg Falkenstein
40. Frose: Stiftskirche
41. Ermsleben-Konradsburg:
Klosterkirche
42. Klostermannsfeld: Klosterkirche
Mariä Himmelfahrt
43. Sangerhausen: St. Ulrichskirche
44. Tilleda: Königspfalz
45. Allstedt: Burg (Schloß)
46. Burg Querfurt
47. Memleben:
Ruinen der Klosterkirchen
48. Eckartsberga: Eckartsburg
49. Bad Kösen: Romanisches Haus,
Rudelsburg, Burg Saaleck
50. Schulpforte: Kloster Pforta
51. Naumburg: Dom St. Peter u. Paul
52. Zeitz: Dom St. Peter u. Paul
53. Freyburg: Neuenburg
54. Merseburg: Dom St. Johannes
der Täufer u. Laurentius,
Neumarktkirche St. Thomae
55. Halle: Oberburg Giebichenstein,
Dorfkirche Böllberg
56. Landsberg:
Doppelkapelle St. Crucis
57. Petersberg: Stiftskirche St. Petrus
58. Bernburg-Waldau:
Dorfkirche St. Stephan
59. Nienburg: Klosterkirche
St. Marien u. Cyprian
60. Hecklingen: Klosterkirche
St. Georg u. Pankratius

Magdeburg 1.
2. Groß Ammensleben
3. Hillersleben
4.
Hundisburg
5. Bebertal
6. Walbeck
7. Wiepke
8. Engersen
9. Rohrberg
10. Diesdorf
Salzwedel 11.
12. Arendsee
Havelberg 13.
14. Sandau
Schönhausen 15.
Wust 16.
17. Melkow
Jerichow 18.
19. Redekin
Altenplathow/Genthin 20.
21. Burg
22. Loburg
23. Leitzkau
Pretzien 24.
Seehausen 25.
26. Hadmersleben
27. Klostergröningen
28. Hamersleben
Dedeleben 29.
Huysburg 30.
31. Halberstadt
Osterwieck 32.
33. Ilsenburg
34. Drübeck
Michaelstein 35.
Quedlinburg 36.
Gernrode 37.
38. Ballenstedt
39. Burg Falkenstein
40. Frose
41. Ermsleben
42. Klostermansfeld
Sangerhausen 43.
Tilleda 44.
Allstedt 45.
46. Querfurt
Memleben 47.
Eckartsberga 48.
49. Bad Kösen
Schulpforta 50.
51. Naumburg
52. Zeitz
Freyburg 53.
Merseburg 54.
55. Halle
Landsberg 56.
57. Petersberg
Waldau/Bernburg 58.
59. Nienburg
Hecklingen 60.
Dessau
Lutherstadt Wittenberg
Elbe
Saale
Unstrut
Sachsen-Anhalt

**Abkürzungen**

| | |
|---|---|
| A. | Anfang |
| a. | an (bei Ortsnamen) |
| -achs. | -achsig |
| anl. | anläßlich |
| Beg. | Beginn |
| beg. | begonnen |
| bes. | besonderes, besondere(r) |
| bzw. | beziehungsweise |
| d.Ä. | der/die Ältere |
| d.J. | der/die Jüngere |
| d.M. | der/die Mittlere |
| dat., Dat. | |
| Dr. | Drittel |
| E. | Ende |
| -eck. | -eckig(e/r) |
| ellipt. | elliptisch(e/r) |
| entspr. | entsprechend |
| erb. | erbaut |
| erh. | erhalten |
| erw. | erweitert |
| evtl. | eventuell |
| -flügl. | -flüglig(e/r) |
| -förm. | -förmig(e/r) |
| gegr. | gegründet |
| gen. | genannt |
| -gesch. | -geschossig(e/r) |
| gew. | geweiht |
| gr. | groß(e/r) |
| H. | Hälfte |
| inschr. | inschriftlich |
| insges. | insgesamt |
| Jh. | Jahrhundert |
| -joch. | -jochig(e/r) |
| Jt. | Jahrtausend |
| Jz. | Jahrzehnt |
| kl. | klein(e/r) |
| li. | links, linke(r) |
| M. | Mitte |
| mittl. | mittlere(r) |
| N | Nord, Norden (und Zusammensetzungen) |
| nörd. | nördlich (und Zusammensetzungen) |
| O | Ost, Osten |
| o. | oder |
| ob. | oben, obere(r) |
| östl. | östlich |
| quadr. | quadratisch(e/r) |
| rck. | rechteckig(e/r) |
| rd. | rund(e/r) |
| re. | rechts,rechte(r) |
| S | Süd, Süden |
| -schiff. | -schiffig(e/r) |
| seitl. | seitlich(e/r) |
| sign., Sign. | signiert, Signatur |
| sog. | sogenannt(e/r) |
| südl. | südlich |
| -teil. | -teilig(e/r) |
| u. | und |
| unt. | unten, untere(r) |
| urkdl. | urkundlich |
| ursprl. | ursprünglich |
| V. | Viertel |
| v. | von (bei Titeln) |
| vermutl. | vermutlich |
| vgl. | vergleiche |
| viell. | vielleicht |
| voll., Voll. | vollendet, Vollendung |
| W | West, Westen |
| wahrschl. | wahrscheinlich |
| westl. | westlich |
| -winkl. | -winklig(e/r) |
| zeitw. | zeitweise, zeitweilig(e/r) |
| zugeschr. | zugeschrieben |
| zus. | zusammen |
| Zuschr. | Zuschreibung |

# Reiseinformationen

**Stationen an der »Straße der Romanik«**

**Öffnungszeiten und Ansprechpartner**

| | |
|---|---|
| **Allstedt** | *Burg und Schloß Allstedt*<br>Herr Böge, Museumsdirektor, Tel. 034652/519, Sommer: Di-So: 10-17.00 Führung n.V., Winter: Di-Fr: 10-16.30, Sa/So: 13-17.00, Herr Böge, 06542 Allstedt, Schloßberg |
| **Arendsee** | *Klosterkirche*<br>Frau Güde, Tel. 039384/274, Di+Do: 10.00 u. 15.30 Führung, sonst n.V.; Mai-Sept.: Di-So: 14-17.00 sowie Führung n.V., Evang. Pfarramt, Herr Pfarrer Simon, 39619 Arendsee, Am Markt 2 |
| | *Benediktiner-Nonnenkloster*<br>Frau Güßfeld, Tel. 039384/479, Museum+Klosterruine: Mai-Sept.: Di-Fr: 9.00-16.00; Sa/So: 14.00-17.00; Rest: So 13-16.00, Evang. Pfarramt, Herr Pfarrer Simon, 39619 Arendsee, Am Markt 2 |
| **Bad Kösen** | *Romanisches Haus*<br>Herr Toepfer, Tel. 034463/668, Di-Fr: 9-12.00 u. 13-16.00, Sa/So: 10-12.00, Mai-Sept.: 10-16.00; Führung: Mi 14.30, Herr Toepfer, 06628 Bad Kösen, Am Kunstgestänge 4 |
| | *Rudelsburg*<br>Herr Pokrant, Tel. 034463/325, Mo-So: 10-18.00, Herr Pokrant, 06628 Bad Kösen, Burgstr. 33 |
| | *Burg Saaleck*<br>Herr Andree, Tel. 034463/745, 15.04.-15.10.94: Mi-So: 9-17.00, Herr Andree, 06628 Bad Kösen/Ortst. Saaleck, Burgstr. 32 |
| **Ballenstedt** | *Schloß Ballenstedt*<br>Frau Ahne, Tel. 039483/267, Mo+Di: Ruhetag; Mi-So: 10-16.00, Frau Ahne, 06493 Ballenstedt |
| **Bebertal** | *Friedhofskapelle*<br>Herr Pfarrer Steinacker, Tel. 039062/402, immer offen, wird als Friedhofskapelle genutzt, Führung n. tel. V., Evang. Kirchengemeinde, Herr Pfarrer Steinacker, 39343 Bebertal, Am Markt 11 |
| **Bernburg** | *Museum Schloß Bernburg* (gehört offiziell nicht zur »SdR«, aber Reste einer romanischen Kapelle)<br>Herr Weigelt, Tel. 03471/25007, Di-Fr: 9-13.00, 14-16.30; Sa/So: 10-13.00, 14-17.00; Führung n.V. |

| | |
|---|---|
| **Bernburg (Waldau)** | *Dorfkirche St. Stephan*<br>Herr Pfarrer Heimrich, Tel. 03471/21231 u. 26096, keine Öffnungszeiten, Führung n. V., Evang. Kirchengemeinde, Herr Pfarrer Heimrich, 06406 Bernburg/Waldau, Breite Str. 81 |
| **Blankenburg** | *Kloster Michaelstein* (Museum für Musikinstrumente)<br>Frau Lustig, Tel. 03944/2796, Sommer: Di-Sa: 14-17.00, So+Feiert.: 10-17.00, Winter: Mi-So: 14-17.00; Führung n.V., Postfach, Frau Lustig, 38889 Blankenburg, Markt 8 |
| **Burg** | *Unterkirche St. Nicolai*<br>Herr Pfarrer Gremmes, Tel. 03921/3741, Mai-Okt.: 15-17.00; Führung n. V., Gemeindekirchenrat, Herr Pfarrer Gremmes, 39288 Burg, Kreuzgang 7 |
| | *Oberkirche Unser Lieben Frauen* (Marienkirche)<br>Herr Pfarrer Ebers, Tel. 03921/2293, Führungen n. V., Evang. Kirchengemeinde, Herr Pfarrer Ebers, 39288 Burg, Kirchhof 1 |
| **Dedeleben** | *Wasserschloß in Westerburg*<br>Herr Kaisan, Tel. 039422/534, Sa+So: Führung stündlich ab 14.00, Herr Kaisan, 38836 Wasserschloß Westerburg |
| **Diesdorf** | *Klosterkirche*<br>Herr Pfarrer Hofmüller, Tel. 03902/327, keine festen Öffnungszeiten; Führung: Herr Gruss, Tel. 03902/361, Evang. Kirchengemeinde, Herr Pfarrer Hofmüller, 29413 Diesdorf, Schäfertor 7 |
| **Dingelstedt/ Huysburg (Röderhof)** | *Benediktinerpriorat »Maria Aufnahme«*<br>Herr Pater Henke, Tel. 039425/2035, Mo-Fr: 8-17.00, Sa/So: 11-17.00, Führung n.V., Kath. Pfarramt Huysburg, Herr Pater Henke, 38838 Röderhof bei Halberstadt |
| **Drübeck** | *Klosterkirche*<br>Herr Pfarrer Schmidt, Tel. 039452/644, Mo-Sa: 10-15.30, So: 11-12.00+13-14.00; Führung zur voll. Std. u. n. tel. V., Kuratorium Klosterstiftung/Evang. Pfarramt, Herr Pfarrer Schmidt, 38871 Drübeck, Schulstr. 12 |
| **Eckartsberga** | *Eckartsburg*<br>Herr Witt, Tel. 034467/291, z.Z. im Umbau, Herr Witt, 06648 Eckartsberga, Burgstr. |

| | |
|---|---|
| **Engersen** | *Dorfkirche*<br>Herr Pfarrer Hofmüller, Tel. 03907/5690, Führung n. V., Evang. Pfarramt Estedt, Herr Pfarrer Hofmüller, 39638 Estedt |
| **Ermsleben** | *Chor und Krypta der ehemaligen Klosterkirche Konradsburg*<br>Frau Wycisk, Tel. 034743/325, Winter: 10-16.00 (ab 7.00 besetzt); Sommer: 9-18.00, Förderverein Konradsburg e.V., Frau Wycisk, 06463 Ermsleben |
| **Freyburg** | *Schloß Neuenburg*<br>Frau Glatzel, Herr Tempel, Tel. 034464/27336, Di-Fr: 10-17.00, Sa/So: 9-17.00; Führungen stündlich, Museum Schloß Neuenburg, Frau Glatzel, 06632 Freyburg |
| **Frose** | *Stiftskirche Frose*<br>Herr Pfarrer Schedler, Tel. 034741/577, ab Mitte Mai: Führung: Sa+So ab 15.00; Mo-Fr: n. telef. V., Evang. Kirchengemeinde, Herr Pfarrer Schedler, 06464 Frose, Jahnplatz 402 |
| **Genthin** | *Genthin-Altenplathower Kirche mit Figurengrabstein*<br>Herr und Frau Schattanik, Tel. 03933/4864, Mo-Fr: 8-16.00, Besichtigung + Führung n. V., Evang. Kirchengemeinde Altenplathow, Frau Pastorin Schattanik, 39307 Genthin, Altenplathower Str. 74 |
| **Gernrode** | *Stiftskirche St. Cyriakus*<br>Herr Pfarrer Günther, Tel. 039485/275, Winter: Mo-Fr: 9-12.00 o. Führung, ab 15.00 mit Führung, Sommer: 9-12.00 u. 13.30-18.00 tägl., Evang. Pfarramt, Herr Pfarrer Günther, 06507 Gernrode, Burgstr. 3 |
| **Gröningen** | *Klosterkirche in Kloster Gröningen St. Vitus*<br>Herr Struy, Tel. 039403/244, Mo-Sa: 8-12.00, 13-16.00 n. V., So: 9.45-12.00, 13.30-16.30 bei Herrn Ochel (Beim Pfarramt klingeln), Evang. Kirchengemeinde, Herr Pfarrer Simon, 39397 Gröningen, Kirchenplatz 2 |
| **Groß Ammensleben** | *Benediktinerkloster*<br>Herr Pfarrer Helmich, Tel. 039202/6429, nach Anmeld. beim Pfarrer, Evang. Pfarramt, Herr Pfarrer Hellmich, 39326 Groß Ammensleben, Herr Pfarrer Kopetzky, Tel. 039202/6312, Kath. Pfarramt, Herr Pfarrer Kopetzky, 39326 Groß Ammensleben, Kirchplatz 10 |

| | |
|---|---|
| **Hadmersleben** | *Kloster Hadmersleben und Museum*<br>Herr Dr. Merfert, Tel. 039408/211, Mo-Fr: 8-12.00, 14-17.00; am Wochenende bei Dr. Merfert, Römersiedlung 26 melden, Kath. Pfarramt, Herr Kantor Behrens, 39393 Hadmersleben, Planstr. 18 |
| **Halberstadt** | *Dom St. Stephanus u. Sixtus*<br>Herr Kustos Leuschner, Tel. 03941/24237, Mo-Sa: Führung: 10.00+14.00; So+Feiertag: 11.30; Evang. Kreiskirchenamt, Herr Kustos Leuschner, 38820 Halberstadt, Domplatz 20 |
| | *Liebfrauenkirche*<br>Frau Pfarrerin Beck, Tel. 03941/24210, tägl. 11-16.00, Führung: 13.00; Führung anmelden bei Frau Beck, Evang. Pfarramt Liebfrauenkirche, Frau Pfarrerin Beck, 38820 Halberstadt, Domplatz 46 |
| **Halle** | *Oberburg Giebichenstein/Stadtmuseum Halle*<br>Herr Werner, Tel. 0345/24751, 1.4.-14.5.+16.9.-30.10.: 10-17.00; 15.5.-15.9.: Di-Fr: 9-18.00, Sa/So: 9-18.30, Stadtmuseum Halle, Herr Werner, 06108 Halle, Lerchenfeldstr. 14 |
| | *Unterburg Burg Giebichenstein*<br>Frau Fritz, Tel. 0345/38661, Führung n. V., Hochschule für Kunst und Design, Sekretariat, Frau Fritz, 06108 Halle, Seebener Str. 1 |
| | *Kirche Böllberg*<br>Frau Pastorin Richter, Tel. 0345/39117, nur nach Voranmeldung, Evang. Pfarramt, Frau Pastorin Richter, 06128 Halle, Richard-Schatz-Str. 30 |
| **Hamersleben** | *Stiftskirche St. Pankratius*<br>Herr Pfarrer Kemming, Tel. 039401/483, 8-16.00 tägl., Kath. Kirchengemeinde, Herr Pfarrer Kemming, 39398 Hamersleben, Klosterhof 8 |
| **Havelberg** | *Dom St. Marien*<br>Herr Dr. Werner, Tel. 039387/702, tägl.: 10-12.00, 13-18.00 (17.00 im Winter), Führung: Mi-So: 11.00+14.00 u. n.V.; Mo+Di über Evang. Pfarramt, Herr Pfarrer Dr. Werner, 39539 Havelberg, Propsteiplatz 1 |
| **Hecklingen** | *Klosterkirche St. Georg u. Pankratius*<br>Frau Pfarrerin Berenbruch, Tel. 03925/601201, z.Z. Baumaßnahmen, Evang. Kirchengemeinde St. Georg, Frau Pfarrerin Berenbruch, 39444 Hecklingen |

| | |
|---|---|
| **Hillersleben** | *Benediktinernonnenkloster St. Laurentius*<br>Frau Köhling, Tel. 039202/6372, wegen Baumaßnahmen nur von außen zu besichtigen, Herr Pfarrer Kahlbaum, 39345 Wedringen, An der Kirche |
| **Hundisburg** | *Ruine Nordhusen*<br>Herr Schreiber, Tel. 03904/44195, Bauwerk frei zugänglich, Führung n.V. bei Herrn Storaczek, Tel. 03904/41628, Kreisverwaltung Haldensleben, Herr Hauer, 39340 Haldensleben, Lange Str. 17 |
| **Ilsenburg** | *Klosterkirche*<br>Frau Haberlag, Tel. 039452/271, Führung: Mai-Okt.: Di-Fr: 13.00; Sa+So: 11.00 sowie n. V., Förderverein »Kloster Ilsenburg e.V.«, Tel. 039452/8112, Frau Kettner, 38871 Ilsenburg, Hüttenmuseum |
| **Jerichow** | *Prämonstratenserstift*<br>Herr Naumann, Museumsleiter, Tel. 039343/285, Winter tägl.: 10-16.00, 1.4.-31.10.: 10-17.00; Führung n. V., Evang. Kirchengemeinde, Frau Pfarrerin Schwarzkopf, 39319 Jerichow |
| | *Stadtkirche*<br>Herr Mittendorf, Tel. 039343/245, Winter tägl.: 10-16.00, 1.4.-31.10.: 10-17.00; Führung n. V. |
| **Kloster-mansfeld** | *Klosterkirche Mariae Himmelfahrt*<br>Herr Pfarrer Eber, Tel. 034772/5250, Besuch jederzeit möglich; Führung n.V., Juni-September: Führung: 10-13.00, 15-17.00, Evang. Kirchengemeinde, Herr Pfarrer Eber, 06308 Klostermansfeld, Kirchstr. 2 |
| **Landsberg** | *Doppelkapelle St. Crucis*<br>Herr George, Tel. 034602/20690, Sa/So: 15.00 Führung; sonst n.V.; Museum: Di+Do: 10-15.00, Sa/So: 10-13.00; Nov-April: Di/Do: 10-15.00, Heimatmuseum Landsberg, Herr George, 06188 Landsberg, Hillerstr. 8 |
| **Leitzkau** | *Pfarrkirche St. Petri*<br>Herr Pfarrer Arnold, Tel. 039241/290, Führung n.V., Evang. Kirchengemeinde, Herr Pfarrer Arnold, 39279 Leitzkau, Kirchstr. 1 |
| | *Klosterkirche St. Maria*<br>Frau Mrotzek, Führung ab Febr.: Sa+So+Feiert.: 10.00, 14.00 und n.V. bei: Frau Mrotzek, Tel. 039241/257, Herr Mewes, Tel. 039241/3 65, 39279 Leitzkau, Zerbster Str. 26 |

| | | |
|---|---|---|
| **Loburg** | *Ruine Unser Lieben Frauen*<br>Frau Skopp, Tel. 039245/436, ständig zugänglich; Führung n. V.; Frau Skopp, 39279 Loburg, Burgstr. 22 |
| **Magdeburg** | *Propsteikirche St. Sebastian*<br>Herr Propst Kuschel, Tel. 0391/30831, Sommer: tägl. 10-16.30; Winter tägl. bis 15.30; Kath. Pfarramt St. Sebastian, Herr Propst Kuschel, 39104 Magdeburg, M.-J.-Metzger-Str. 1a |
| | *St. Petri-Kirche*<br>Herr Vornewald, Tel. 0391/551651, tägl. von 10-18.00; Führung n.V., Kath. Kirchengemeinde, Herr Pfarrer Krenz, 39104 Magdeburg, Neustädter Str. 1a |
| | *Kloster Unser Lieben Frauen*<br>Frau Dr. Hagedorn, Tel. 0391/33741, Di-So: 10-18.00; Führung: Di+Sa: 14.30; Frau Dr. Hagedorn, 39104 Magdeburg, Regierungsstr. 4-6 |
| | *Dom St. Mauritius u. Katharina*<br>Herr Jerratsch, Tel. 0391/32414, Nov.-März: 10-16.00; So: 11.30-16.00; Okt.: bis 17.00; Sommer: bis 18.00; Führung: Mo-Sa: 10.00, 14.00; So: 11.30-14.00; Evang. Domgemeinde Magdeburg, Herr Pfarrer Quast, 39104 Magdeburg, Am Dom 1 |
| **Melkow** | *Dorfkirche*<br>Frau Bienemann, Tel. 039323/579, keine festen Öffnungszeiten, Führung n.V.: Tel. 039323/321 /540, Evang. Pfarramt Wulkow, Herr Pfarrer Stephan, 39307 Wulkow, Dorfstr. 31 |
| **Memleben** | *Klosterruine St. Marien*<br>Frau Dietrich, Mo-So: 9-12.00+13-18.00, Frau Dietrich, 06642 Memleben, Th.-Müntzer-Str. 13 |
| **Merseburg** | *Dom St. Johannes d. Täufer u. Laurentius*<br>Frau Watzel, Tel. 03461/210045, Winter: Mo-Sa: 9-16.00; So: 13-16.00, Sommer: Mo-Sa: 9-18.00, So: 13-18.00, Domstift Merseburg, Herr Pfarrer Schlase, 06217 Merseburg, Domplatz 6 |
| | *Neumarktkirche St. Thomae*<br>Herr Superintendent Kühn, Tel. 03461/214137, z.Z. nur von außen zu besichtigen, Domstift Merseburg, Herr Pfarrer Schlase, 06217 Merseburg, Domplatz 6 |

**Naumburg** *Dom St. Peter u. Paul*
Herr Gebhardt, Tel. 03445/202095, 1.4.-30.9.: Mo-Sa: 9-18.00, So ab 12.00; März+Okt.: wie vor., aber nur bis 17.00; 1.11.-28.2.: wie vor., aber nur bis 16.00, Domstift Naumburg, Herr Gebhardt, 06618 Naumburg, Domplatz 16-17

**Nienburg** *Schloßkirche St. Marien u. Cyprian*
Herr Kreisoberpfarrer Birkner, Tel. 034721/(2)2348, So: 17-18.00, ansonsten n.V., Evang. Kirchengemeinde, Herr Kreisoberpfarrer Birkner, 06429 Nienburg, Goetheplatz 8

**Osterwieck** *Stephanikirche*
Frau Pastorin Göbel, Tel. 039421/613, Evang.-lutherische Kirchengemeinde Osterwieck, Frau Pastorin Göbel, 38835 Osterwieck, Unterpfarre Hagen 7

**Pansfelde** *Burg Falkenstein*
Frau Templin, Tel. 034743/8135, Nov.-Febr.: Di-So: 9-16.00, März-Okt.: Di-Fr: 9-17.00, Sa/So: 9-18.00, Frau Templin, 03543 Burg Falkenstein

**Petersberg** *Stiftskirche St. Petrus*
Herr Pfarrer Loske, Tel. 034606/20409, ständig geöffnet; Museum: Di-So: 10-17.00, Evang. Kirchengemeinde, Herr Pfarrer Loske, 06193 Petersberg, Bergweg 11

**Pretzien** *Dorfkirche St. Thomas*
Herr Pfarrer Meußling, Tel. 039200/52957, Jan.-März: Sa+So: 14-16.00; ab April: Di-So: 14-16.00; ansonsten beim Pfarrer melden, Evang. Pfarramt, Herr Pfarrer Meußling, 39245 Plötzky, Magdeburger Str. 21

**Quedlinburg** *Klosterkirche St. Wigpertus, Krypta der Wipertikirche*
Herr Kabat, Tel. 03946/2866, Winter: geschlossen; Mai-Okt.: Führ. tägl. 11.00 ab Quedlinburg-Information und n.V.; Nov.-April: n.V., Kath. Pfarramt »St. Mathilde«, Herr Pfarrer Kabat, 06484 Quedlinburg, Neuendorf 7

*Stiftskirche St. Servatius*
Herr Diakon Bley, Tel. 03946/3552, Di-Sa: 10-17.00; So: 12-17.00; Führung: 11.00 (außer So), 13.00, 15.00 sowie n.V., Domküsterei, Herr Küster Bley, 06484 Quedlinburg, Schloßberg 1

**Querfurt** *Burg Querfurt*
Frau Rudolf, Direktorin, Tel. 034771/2064, Di- So: 9-17.00, Führung: Sa+So 10.00+14.00, sonst n.V.; Burgmuseum Querfurt, Frau Rudolph, 06268 Querfurt

**Redekin** *Dorfkirche*
Frau Kliem, Tel. 039341/214 u. 222, April-Okt.: tägl. 10-17.00; Führung n. V.; im Winter nach Abspr. mit Pfarramt, Evang. Kirchengemeinde, Frau Pastorin Schwarzkopf, 39319 Redekin, W.-Külz-Str. 9

**Rohrberg** *Dorfkirche*
Herr Pfarrer Vibrans, Tel. 03900/437, keine Öffnungszeiten; Gottesd.: So 10.15; Führung n. V., Evang. Kirchengemeinde, Herr Pfarrer Vibrans, 38489 Rohrberg

**Salzwedel** *Lorenzkirche*
Herr Pfarrer Rother, Tel. 03901/23357, Mo-Sa: 10-11.00+ 14-15.00; So: 9.30-11.00, 14-15.00, n. tel. V., Kathol. Pfarramt, Herr Pfarrer Rother, 29410 Salzwedel, An der Marienkirche 5

**Sandau** *Kirche St. Nicolaus*
Herr Pfarrer Breit, Tel. 039383/236, im Pfarramt melden bei Frau Bihank; Evang. Pfarramt, Herr Pfarrer Breit, 39524 Sandau, Kirchberg 9

**Sangerhausen** *St. Ulrichskirche*
Frau Thom, Tel. 03464/613330, 1.5.-31.10.: Mo-Sa: 10-12.00, 14-16.00; So. 14-16.00, Gemeindekirchenrat St. Ulrici, Herr Pfarrer Appel, 06526 Sangerhausen, Hüttenstr. 15

**Schönhausen** *Dorfkirche*
Herr Wagner, Tel. 039323/490, keine festen Öffnungszeiten; Führ. n. tel. V.: Tel. 039323/206, Herr Wagner, 39524 Schönhausen, Fontanestr. 28

**Schulpforte** *Kirche*
z.Z. wegen Baumaßnahmen nur nach Anmeld. zugänglich

*Zisterzienserkloster*
Landesschule Pforta, Herr Dahnke, Tel. 03445/5 0170, 06628 Schulpforte, Schulstr. 12

**Seehausen/ Börde** *Paulskirche*
Herr Pfarrer Seiler, Tel. 039407/425, April-Okt.: Di: 10-12.00, 13-15.00, Do: 10-12.00, 13-15.00, Evang. Pfarramt, Herr Pfarrer Seiler, 39365 Seehausen/Börde, E.-Thälmann-Str. 17

**Tilleda** *Königspfalz*
Frau Peter, Tel. 034651/2923, April-Okt.: tgl. 10-18.00; Nov.: 10-16.00; Dez.-März: Sa+So: 10-16.00; ab Herbst 1994: tägl. 10-16.00, Frau Peter, 06537 Tilleda, Pfingstberg

| | | |
|---|---|---|
| **Walbeck** | *Stiftskirchenruine*<br>Frau Fucke, Tel. 039061/276, immer zugänglich, Pfarramt Weferlingen, Herr Pfarrer Ingelmann, 39356 Weferlingen, Kirchplatz 3 |
| | *Dorfkirche St. Michaelis*<br>Frau Fucke, Tel. 039061/276, März-Okt.: 9-19.00; Sept.-Febr.: im Gemeindebüro melden; außerh. d. Öffnungsz.: bei Frau Fucke, Bergstr. 18, Pfarramt Weferlingen, Herr Pfarrer Ingelmann, 39356 Weferlingen, Kirchplatz 3 |
| **Wiepke** | *Dorfkirche*<br>Herr Pfarrer Könecke, Tel. 08935/236, z.Z. nur nach Anmeldung, Herr Leichsenring |
| **Wust** | *Dorfkirche*<br>Herr Meier, Tel. 039323/524 /321, keine festen Öffnungszeiten; Führung n. V.: 039323/321 /540, Evang. Pfarramt Wulkow, Herr Pfarrer Stephan, 39303 Wust, Dorfstr. 31 |
| **Zeitz** | *Moritzburg mit Dom St. Peter u. Paul*<br>Herr Fiedler, Museumsleiter, Tel. 03441/752040, Di-So: 9-17.00, Herr Fiedler, 06712 Zeitz |

**Museen an der »Straße der Romanik«**

| | | | | |
|---|---|---|---|---|
| **Allstedt** | ***Burg- und Schloßmuseum*** | | | |
| | Schloßberg, 06542 Allstedt, | | | |
| | Tel.: (034652) 5 19, | | | |
| | ÖZ: | April-Okt. | Di-So | 10.00-17.00 |
| | | Nov.-März | Di-Fr | 10.00-17.00 |
| | | | Sa/So | 13.00-17.00 |
| **Arendsee** | ***Heimatmuseum*** | | | |
| | Am See 3, 39619 Arendsee, | | | |
| | Tel.: (039384) 4 79, | | | |
| | ÖZ: | Mai-Sept. | Di-Fr | 09.00-16.00 |
| | | | Sonntag | 14.00-17.00 |
| | | Okt.-April | Di-Fr | 09.00-16.00 |
| | | | jeden 3. Sonntag im Monat | 14.00-16.00 |
| **Bad Kösen** | ***Romanisches Haus/Kunsthalle*** | | | |
| | Am Kunstgestänge 4, 06628 Bad Kösen, | | | |
| | Tel.: (034463) 6 68, | | | |
| | ÖZ: | vom 01.05-14.10.93 | | |
| | | | Sa/So | 10.00-16.00 |
| | | vom 15.10.-30.04.94 | | |
| | | | Sa/So | 09.00-12.00 |
| | | ganzjährig | Di-Fr | 09.00-12.00 |
| | | | | 13.00-16.00 |
| | ***Burg Saaleck*** | | | |
| | Burgstr., 06628 Bad Kösen, OT Saaleck, | | | |
| | Tel.: (034463) 7 45, | | | |
| | ÖZ: | vom 15.04.-15.10.93 | | |
| | | | Mi-So | 09.00-17.00 |
| **Ballenstedt** | ***Schloßmuseum*** | | | |
| | 06493 Ballenstedt/Harz, | | | |
| | Tel.: (039483) 2 67, | | | |
| | ÖZ: | | Di-Sa | 09.00-12.00 |
| | | | | 14.00-16.00 |
| | | Mai-Sept. | | 14.00-17.00 |
| | | | Sonntag | 09.00-12.00 |
| | ***Städtisches Museum*** | | | |
| | Allee 37, 06493 Ballenstedt, | | | |
| | Tel.: (039483) 88 66, | | | |
| | ÖZ: | | Di-Sa | 09.00-12.00 |
| | | | | 14.00-17.00 |
| | | Okt.-April | | 14.00-16.00 |
| | | | Sonntag | 09.00-12.00 |

**Bernburg**

***Schloßmuseum***
06406 Bernburg
Tel.: (03471) 31 20,

| | | | |
|---|---|---|---|
| ÖZ: | | Di-Fr | 09.00-13.00 |
| | | | 14.00-16.30 |
| | | Sa/So | 10.00-13.00 |
| | | | 14.00-17.00 |

**Diesdorf**

***Freilichtmuseum***
Molmker Str. 29a, 29413 Diesdorf,
Tel.: (03902) 4 50,

| | | | |
|---|---|---|---|
| ÖZ: | April-Okt. | Di-So | 10.00-17.00 |
| | Nov.-März | Di-So | 09.00-18.00 |

**Ermsleben**

***Konradsburg***
06463 Ermsleben,

| | | | |
|---|---|---|---|
| ÖZ: | April-Okt. | Mo-Fr | 09.00-17.00 |
| | | Sa/So | 09.00-18.00 |
| | Nov.-März | täglich | 09.00-16.00 |

***Gleimhaus***
Siederstr. 20, 06463 Ermsleben
(z.Zt. keine Öffnungszeiten)

**Burg Falkenstein/Pansfelde**

***Burgmuseum***
06543 Falkenstein,
Tel.: (034743) 81 35,

| | | | |
|---|---|---|---|
| ÖZ: | | Di-So | 08.30-16.30 |

**Freyburg/Unstrut**

***Museum Schloß Neuenburg***
06632 Freyburg/Unstrut,
Tel.: (034464) 3 36,

| | | | |
|---|---|---|---|
| ÖZ: | April-Sept. | Di-So | 10.00-18.00 |
| | Okt.-März | Di-So | 10.00-17.00 |

***Friedrich-Ludwig-Jahn Museum***
Schloßstr. 11, 06632 Freyburg/Unstrut,
Tel.: (034464) 4 26,

| | | | |
|---|---|---|---|
| ÖZ: | | Di-Fr | 09.00-12.00 |
| | | | 13.30-16.00 |
| | | Sa/So | 10.00-12.00 |
| | | | 13.30-16.00 |

**Genthin**

***Kreisheimatmuseum***
Mützelstr. 22, 39307 Genthin,
Tel.: (03933) 5 92 96,

| | | | |
|---|---|---|---|
| ÖZ: | | Di-Fr | 08.00-12.00 |
| | | | 14.00-17.00 |
| | | Sonntag | 10.00-12.00 |

| | | | |
|---|---|---|---|
| **Halberstadt** | ***Städtisches Museum*** | | |
| | Domplatz 36, 38820 Halberstadt, | | |
| | Tel.: (03941) 2 42 16/2 43 65, | | |
| | ÖZ: | Di-Fr | 09.00-17.00 |
| | | Sa/So | 10.00-17.00 |
| | ***Museum Heineanum, Naturkundemuseum*** | | |
| | Domplatz 37, 38820 Halberstadt, | | |
| | Tel.: (03941) 2 30 10, | | |
| | ÖZ: | Di-Fr | 09.00-17.00 |
| | Nov.-April | | 09.00-16.00 |
| | | Sa/So | 10.00-16.00 |
| | ***Gleimhaus, Literatur- und Memorialmuseum*** | | |
| | Domplatz 31, 38820 Halberstadt, | | |
| | Tel.: (03941) 2 43 04, | | |
| | ÖZ: | Mi-Mo | 09.00-12.00 |
| | | | 13.00-16.00 |
| | | Sonntag | 09.00-12.00 |
| | ***Museum bürgerlicher Wohnkultur*** | | |
| | Voigtei 48, 38820 Halberstadt, | | |
| | Tel.: (03941) 5 83 16, | | |
| | ÖZ: | Mi-Mo | 09.00-12.00 |
| | | | 13.00-16.00 |
| | | Sonntag | 09.00-12.00 |
| | ***Domschatzsammlung im Dom*** | | |
| | Domplatz 16a, 38820 Halberstadt, | | |
| | Tel.: (03941) 2 42 37, | | |
| | ÖZ: Mai-Okt. | Mo-Fr | 10.00, 11.30, |
| | | | 14.00, 15.30 |
| | | Sa | 10.00, 14.00 |
| | | So/Ft. | 11.30, 14.30 |
| | Nov.-April | Mo-Sa | 10.00, 14.00 |
| | | So/Ft. | 11.30 |
| **Halle** | **Staatliche Galerie Moritzburg** | | |
| | Friedemann-Bach-Platz 5, 06108 Halle, | | |
| | Tel.: (0345) 3 70 31, | | |
| | ÖZ: | Di | 11.00-20.30 (Eintritt frei) |
| | | Mi,Do,Fr | 10.00-17.30 |
| | | Sa, So | 10.00-18.00 |
| | ***Stadtmuseum im Schützenhaus Glaucha*** | | |
| | Lerchenfeldstr. 14, 06110 Halle, | | |
| | Tel.: (0345) 2 47 51, | | |
| | ÖZ: | täglich | 10.00-17.00 |
| | | Do | 10.00-20.00 |

***Christian-Wolff-Haus***
Große Märkerstr. 10, 06108 Halle,
Tel.: (0345) 2 62 43,

| | | |
|---|---|---|
| ÖZ: | täglich | 10.00-17.00 |
| | Do | 10.00-20.00 |

***Händel-Haus***
Große Nikolaistr. 5/6, 06108 Halle,
Tel.: (0345) 2 46 06,

| | | |
|---|---|---|
| ÖZ: | täglich | 09.30-17.30 |
| | Do | 09.30-19.00 |

***Technisches Halloren- und Salinemuseum***
Mansfelder Str. 52, 06108 Halle,
Tel.: (0345) 2 50 34,
Wiedereröffnung steht bevor

***Landesmuseum für Vorgeschichte***
Richard-Wagner-Str. 9-10, 06114 Halle,
Tel.: (0345) 2 98 69,

| | | |
|---|---|---|
| ÖZ: | Di, Do, Sa, So | |
| | | 10.00-16.00 |
| | Mi | 10.00-17.00 |
| | Fr | 10.00-15.00 |

***Museen und Sammlungen der Martin-Luther-Universität Halle-Wittenberg***

***a) Museum Universitatis »Börse zur Tulpe«***
Universitätsring 5, 06108 Halle,
Tel.: (0345) 83 23 45,

| | | |
|---|---|---|
| ÖZ: | Di-Fr | 10.00-13.00 |
| | | 14.00-17.00 |
| | Sa | 10.00-13.00 |
| | So | 14.00-17.00 |

***b) Archäologisches Museum Robertinum***
Universitätsplatz 12, 06108 Halle,
Tel.: (0345) 83 23 58,
ÖZ: nach Vereinbarung

***c) Münzsammlung***
Universitätsplatz 12, 06108 Halle,
Tel.: (0345) 83 23 55,
ÖZ: nach Vereinbarung

***d) Lehrsammlung des Anatomischen Instituts***
Große Steinstr. 52, 06108 Halle,
Tel.: (0345) 83 23 55,
ÖZ: nach Vereinbarung

e) *Zoologische Sammlung des Institutes für Zoologie*
Domplatz 4, 06108 Halle
Tel.: (0345) 2 66 49,
ÖZ: nach Vereinbarung

f) *Herbarium*
Neuwerk 21, 06108 Halle,
Tel.: (0345) 2 38 67,
ÖZ: Mo-Fr 08.00-17.00

g) *Mineralogisch-Petrographische Sammlung*
Domstr. 5, 06108 Halle,
Tel.: (0345) 3 77 81/83 24 41,
ÖZ: nach Vereinbarung

h) *Geiseltalmuseum*
Domstr. 5, 06108 Halle,
Tel.: (0345) 3 77 81,
ÖZ: Mo-Fr 09.00-12.00
14.30-17.00

i) *Museum für Haustierkunde Julius Kühn*
Adam-Kuckhoff-Str. 35, 06108 Halle,
Tel.. (0345) 81 83 01,
ÖZ: nach Vereinbarung

**Havelberg**

*Prignitz-Museum*
Am Dom, 39539 Havelberg,
Tel.: (039387) 4 22,
ÖZ: im Sommer Mi-So 10.00-12.00
13.00-18.00
im Winter Mi-So 10.00-12.00
13.00-17.00

*Heimat- und Naturmuseum*
Sandauer Str. 1, 39539 Havelberg,
Tel.: (039387) 2 66,
ÖZ: bis April Do-Fr 13.00-16.00
ab Mai Do-So 14.00-18.00

**Hundisburg**

*Technisches Denkmal/Schauanlage Ziegelei*
39343 Hundisburg,
Tel.: (03904) 42 65,
ÖZ: Mo-Fr 07.00-15.15

**Ilsenburg**

*Hüttenmuseum*
Ernst-Thälmann-Str. 9b, 38871 Ilsenburg,
Tel.: (039452) 6 39,
ÖZ: Di-Fr 09.00-17.00
Sa/So 09.00-12.00

| | | | | |
|---|---|---|---|---|
| **Jerichow** | *Museum Kloster Jerichow*<br>39319 Jerichow,<br>Tel.: (039343) 2 85, | | | |
| | ÖZ: | April-Okt. | täglich | 10.00-17.00 |
| | | Nov.-März | Di-Fr | 10.00-12.00<br>13.00-17.00 |
| **Kloster-mansfeld** | *Mansfeld Museum*<br>Schloßstr. 7, 06308 Hettstedt,<br>Tel.: (03476) 4 21/6 37, | | | |
| | ÖZ: | | Di-So | 10.00-17.00 |
| **Landsberg** | *Heimatmuseum*<br>Hillerstr. 8, 06188 Landsberg,<br>Tel.: (034602) 6 90, | | | |
| | ÖZ: | Mai-Okt. | Di/Do | 10.00-15.00 |
| | | | Sa/So | 10.00-13.00 |
| | | Nov.-April | Di/Do | 10.00-15.00 |
| **Magdeburg** | *Kulturhistorisches Museum*<br>Otto-von-Guericke-Str. 68, 39104 Magdeburg,<br>Tel.: (0391) 3 26 45, | | | |
| | ÖZ: | | Di-So | 10.00-18.00 |
| | *Kloster Unser Lieben Frauen*<br>Regierungsstr. 4, 39104 Magdeburg,<br>Tel.: (0391) 3 37 41, | | | |
| | ÖZ: | | Di-So | 10.00-18.00 |
| | *Lucasklause*<br>Schleinufer 1, 39104 Magdeburg,<br>Tel.: (0391) 55 13 97, | | | |
| | ÖZ: | | Di-So | 10.00-18.00 |
| | *Literaturmuseum*<br>Thiemstr. 7, 39104 Magdeburg,<br>Tel.: (0391) 4 49 95, | | | |
| | ÖZ: | | Mo-Fr | 09.00-17.00 |
| | *Museumsschiff Württemberg*<br>Heinrich-Heine-Platz 1, 39114 Magdeburg | | | |
| | ÖZ: | | Mi-So | 10.00-18.00 |
| | *Schulmuseum*<br>Grundschule Leipziger Straße<br>Leipziger Str. 46, 39120 Magdeburg,<br>Tel.: (0391) 61 63 28,<br>ÖZ: nach Vereinbarung | | | |

| | | | |
|---|---|---|---|
| **Merseburg** | ***Kulturhistorisches Museum*** | | |
| | Domplatz 9, 06217 Merseburg | | |
| | Tel.: (03461) 21 11 21, | | |
| | ÖZ: | Di-So | 09.00-17.00 |
| **Michaelstein/ Blankenburg** | ***Herbergsmuseum/Historische Gesellenherberge*** | | |
| | Bergstr. 15, 38889 Blankenburg, | | |
| | Tel.: (03944) 25 57, | | |
| | ÖZ: | Mo-Fr | 09.00-17.00 |
| | ***Instrumentenmuseum*** | | |
| | Kloster Michaelstein, 38889 Blankenburg/Michaelstein, | | |
| | Tel.: (03944) 27 95, | | |
| | ÖZ: | Di-Sa | 14.00-17.00 |
| | | So/Ft. | 10.00-17.00 |
| | ***Museum Kleines Schloß am Barockgarten*** | | |
| | Schnappelberg 6, 38889 Blankenburg, | | |
| | Tel.: (03944) 26 58, | | |
| | ÖZ: | Di-Sa | 10.00-17.00 |
| | | So/Ft. | 14.00-17.00 |
| **Naumburg** | ***Museum der Stadt*** | | |
| | Grochlitzer Str. 49, 06618 Naumburg, | | |
| | Tel.: (03445) 49 74, | | |
| | (z.Zt. wegen Rekonstruktion geschlossen) | | |
| **Osterwieck** | ***Heimatmuseum*** | | |
| | Am Markt, 38835 Osterwieck, | | |
| | Tel.: (39421) 94 41, | | |
| | ÖZ: | Di-Do | 10.00-12.00 |
| | | | 13.00-16.00 |
| | | So | 10.00-12.00 |
| **Petersberg** | ***Landwirtschaftsmuseum*** | | |
| | Hallesche Str. 28, 06193 Petersberg, | | |
| | Tel.: (034606) 4 45, | | |
| | ÖZ: | Di-So | 10.00-12.00 |
| | | | 14.00-17.00 |
| **Quedlinburg** | ***Lyonel-Feininger-Galerie*** | | |
| | Finkenherd 5a, 06484 Quedlinburg, | | |
| | Tel.: (03946) 22 38, | | |
| | ÖZ: | täglich | 09.00-12.00 |
| | | | 13.00-17.00 |
| | ***Fachwerkmuseum Ständerbau*** | | |
| | Wordgasse 3, 06484 Quedlinburg, | | |
| | Verwaltung: Schloßberg 1, Tel.: (03946) 38 28, | | |
| | ÖZ: Mai-Sept. | Fr-Mi | 10.00-14.00 |

*Klopstockmuseum*
Schloßberg 12, 06484 Quedlinburg,
Tel.: (03946) 26 10,
ÖZ: Mai-Sept. 10.00-17.00
Okt.-April 09.00-16.00

*Historische Bibliothek*
Schloßberg 1, 06484 Quedlinburg

*Schloßmuseum*
Schloßberg 1, 06484 Quedlinburg,
Tel.: (03946) 27 30,
ÖZ: Mai-Sept. 10.00-17.00
Okt.-April 09.00-16.00

**Querfurt**

*Burgmuseum*
Burgring, 06268 Querfurt,
Tel.: (034771) 20 64,
ÖZ: Mi-So 09.00-12.00
13.00-17.00

*Bauernmuseum*
Burgring, 06268 Querfurt,
Tel.: (034771) 20 64,
ÖZ: Mo-Fr 09.00-16.00
Sa/So 13.00-17.00

**Salzwedel**

*Danneil-Museum und Jenny-Marx-Haus*
An der Marienkirche 3, 29410 Salzwedel,
Tel.: (03901) 2 33 80/2 30 81,
ÖZ: Di-Fr 10.00-12.00
13.00-17.00
Sa/So 11.00-17.00

**Sangerhausen**

*Spengler-Museum*
Bahnhofstr. 33, 06526 Sangerhausen,
Tel.: (03464) 30 48,
ÖZ: Di-Fr 08.00-12.00
14.00-17.00
Juni-Aug. Sa 10.00-12.00
So 14.00-17.00
April-Sept. So 10.00-12.00

**Tilleda**

*Freilichtmuseum Pfalz Tilleda*
Pfingstberg, 06537 Tilleda,
Tel.: (034651) 29 23,
ÖZ: täglich 09.00-17.00

**Zeitz**

*Museum Schloß Moritzburg*
Schloßstr. 6, 06712 Zeitz,
Tel.: (03441) 25 46,
ÖZ: Di-So 09.00-17.00

*Hermannsschacht*
Naumburger Str., 06712 Zeitz

## Sehenswürdigkeiten an der »Straße der Romanik«

Entlang der »Straße der Romanik« könnte und müßte eigentlich an vielen Stellen – in zu durchfahrenden Orten oder nur wenige Kilometer abseits der Route – auf sehenswerte und historisch bedeutsame Städte oder einzelne Bauten hingewiesen werden. Aschersleben, Stendal, Tangermünde, Weißenfels und viele andere Orte verdienten mit ihren Sehenswürdigkeiten aus verschiedenen Jahrhunderten genannt zu werden. Auch die romanischen Bauwerke sind viel zahlreicher, als die Route Stationen hat, so müssen wichtige Burgen ebenso unerwähnt bleiben wie die beeindruckende Fülle romanischer Dorfkirchen z.B. in der Altmark. Die folgenden Hinweise müssen sich auf die Städte und Orte beschränken, die als Stationen ausgewählt worden sind.

**Magdeburg** Rathaus, Barock (1691-1698). – Magdeburger Reiter (Abguß nach dem Original im Kulturhistorischen Museum. – Halle an der Buttergasse (Gaststätte), Tonnengewölbe, Spätromanik (1200). – Zwei Bürgerhäuser, Breiter Weg (um 1728). – Pfarrkirche St. Johannis, Hallenkirche, Spätgotik (15. Jh.), 1945 ausgebrannt, mit dem Wiederaufbau wurde begonnen. – Kapelle St. Maria Magdalena, Gotik (1315). – Pfarrkirche St. Petri, Hallenkirche, Spätgotik (14./15. Jh.). – Wallonerkirche (ehemalige Augustiner-Klosterkirche), Hallenkirche, Gotik (1285-1366). – Lucasturm, als Stadtbefestigung errichtet (1460). – Nikolaikirche, Saalkirche, Klassizismus (1821-1824). – Kulturhistorisches Museum (1906), Malerei des 19./20. Jh., Plastik des 19./20. Jh. und Ur- und Frühgeschichte. – Ausstellungsgelände auf dem Roten Horn, 1927 für eine Theaterausstellung erbaut.

**Groß Ammensleben** Klostergebäude, Pferdestall (1600), Torhaus (»Schäfertor«).

**Hillersleben** Klostergebäude, Kreuzgang (um 1280/90), Dormitorium, Spätgotik (1436).

**Hundisburg** Schloß, Ruine, Barock (1694-1705). – Dorfkirche, Renaissance/Barock (1708). – Pfarrhaus, Barock (1720).

**Bebertal** Dorfkirche, Barock (1697). – Glockenturm, Feldsteinbau (18. Jh.). – Pfarrkirche St. Jakob, Romanik (um 1200) und Barock (17. Jh.). – Burg, Reste der Ringmauer erhalten. – Herrenhaus, Barock (18. Jh.). – Dorfkirche, Renaissance (1597). – Pfarrhaus, Fachwerkbau (1743). – Herrenhaus, Barock ( 1734).

**Wiebke** Freilichtmuseum, Bauernhaus, Bäuerliche Volkskunst der Altmark (1787).

**Salzwedel** Stadtbefestigung, Stadtmauer und Backstein-Bergfried erhalten (14./15. Jh.). – Jenny-Marx-Geburtshaus, Barockpalais (18. Jh.). – Altstädtisches Rathaus, Spätgotik (1509). – Pfarrkirche St. Marien, Feldsteinbau (12. Jh.). – Johann-Friedrich-Danneil-Museum, ehemalige Propstei (1578). – Bürgerhäuser (16. Jh.). – Franziskaner-Klosterkirche, (Mönchskirche), Spätgotik (15. Jh.). – Klostergebäude, Stadtverwaltung (13. Jh.). – Pfarrkirche St. Katharina, Frühgotik (13. Jh.). – Sechs Fachwerkhäuser (um 1500). – Spitalkapelle St. Gertrud, Spätgotik (Mitte 15. Jh.). – Stiftskirche zum Heiligen Kreuz, Spätgotik (Mitte 15. Jh.). – Spitalkapelle St. Georg, Gotik (13./15. Jh.).

**Havelberg** Prignitz-Museum, Geschichte des Bistums, Ur- und Frühgeschichte, Schiffahrt und Schiffbau. – Kapelle St. Anna, Spätgotik (15. Jh.). – Pfarrkirche St. Laurentius, Hallenkirche (15. Jh.). – Kapelle des St. Spiritus-Hospitals (um 1400). – Bürgerhäuser, Fachwerkbau (1666).

**Jerichow** Klausur, Spätromanik (um 1200). – Pfarrkirche, Spätromanik (1. Hälfte 13. Jh.).

**Burg** Pfarrkirche St. Petri, Feldsteinbau, Spätromanik (13. Jh.). – Maria-Magdalenen-Kapelle, Spätgotik (1. Hälfte 15. Jh.). – Rathaus, Barock (1702). – Wohnhäuser, bemerkenswert: Löwenapotheke. – Stadtbefestigung, Reste der Mauer und zwei Mauertürme (15. Jh.) erhalten.

**Loburg** Pfarrkirche St. Laurentius, Turm um 1200, Renaissanceumbau (1580-1584). – Pfarrhaus (»Gekreuzigter«), (1935). – Wohnhäuser, Gutshaus (1660). – Turm des Mönchentores, Granitbau, Spätgotik (15. Jh.). – Burg, nur mittelalterlicher Bergfried erhalten.

**Leitzkau** Schloß, Renaissance (1564).

**Seehausen/ Börde** Pfarrkirche St. Laurentius, Hallenkirche, Spätgotik (14./15. Jh.). – Rathaus, Klassizismus (19. Jh.). – Marktturm, Spätgotik/Barock.

**Hadmersleben** Stadtbefestigung, Torturm (15. Jh.) und »Wächterturm« (16. Jh.) erhalten. – Pfarrkirche Unser Lieben Frauen, Gotik (14. Jh.). – Rathaus, Spätrenaissance (1665). – Hansescher Hof, Spätrenaissance (1649-1652). – Schloß (Versuchsgut), nur Grabensystem und Turm erhalten (um 1500). – Stephanskirche, Barock (um 1750).

**Kloster Gröningen** Pfarrkirche St. Cyriakus, Spätgotik (um 1480/90), Turm erhalten, die Kirche 1866 erneuert.

**Hamersleben** Klostergebäude, Kreuzgang, Spätgotik (16. Jh.), Bibliothek, Marienfigur (Ende 15. Jh.).

| | |
|---|---|
| **Dedeleben** | Dorfkirche, Gotik. – Dorfkirche, Barock (1720). |
| **Huysburg** | Klostergebäude, Kreuzgang mit Kreuzgratgewölben und Kapitellen, Abtei, Barock (1746). – Röderhof mit Herrenhaus (1830-1840). |
| **Halberstadt** | Marktkirche St. Martini, Hallenkirche (2. Hälfte 13. Jh.). – Roland (1433). – Pfarrkirche St. Moritz, Pfeilerbasilika (13. Jh.). – Pfarrkirche St. Katharinen, Hallenkirche (14. Jh.). – Pfarrkirche St. Andreas, Hallenkirche, Gotik (nach 1300). – Johanniskirche, Fachwerkbau (1646-1648). – Stadtbefestigung, Wasserturm (1444) erhalten. – Glockenturm (nach 1684). – Jagdhaus Spiegelsberge (Gaststätte), Barock (1780-1782). – Parkanlage, Mausoleum des Freiherrn von Spiegel (1783). |
| **Osterwieck/ Harz** | Fachwerkbauten in Traufenstellung (16./17. Jh.). – Pfarrkirche St. Nikolai, Spätgotik (1583). – Heimatmuseum, Rathaus von 1554. |
| **Ilsenburg** | Klausur mit Kreuzgratgewölben und Kapitellen. – Dorfkirche (1551). |
| **Drübeck** | Fräuleinstift, Fachwerkbau (1735). |
| **Quedlinburg** | Kirchenschatz, wertvolle sakrale Kunstschätze (um 1200). – Schloß (16. und 18. Jh.), Thronsaal (1736), Museum, italienische und holländische Gemälde (16./17. Jh.), Möbel aus der Renaissance und dem Barock. – Klopstockhaus, Fachwerkbau (1600), (»Finkenherd«), Fachwerkbau (17. Jh.). – Stadtbefestigung (14. Jh.). – Roland (1427). – Marktkirche St. Benedikti, Hallenkirche (15. Jh.), Chor (Ende 14. Jh.). – Pfarrkirche St. Blasii, Barock (1713-1715). – Pfarrkirche St. Ägidien, Saalkirche, Spätgotik/Barock. – Fachwerkbauten (15.-18. Jh.), geschlossenes Straßenbild mit Fachwerkhäusern (meist 16./17. Jh.). – Pfarrkirche St. Nikolai, Hallenkirche (13., 14./15. Jh.). – Bürgerhäuser, Klassizismus. – Klosterkirche St. Marien (986), nur Reste erhalten. – Hospitalkirche St. Johannis, Romanik. |
| **Gernrode** | Stiftsgebäude mit Kreuzgang (3. Viertel 12. Jh.). |
| **Ballenstedt** | Schloß (Forstfachschule), Barock (1. Hälfte 18. Jh.). – Schloßtheater, Spätbarock (1788). – Jagdschlößchen, Barock (1720). – Großer Gasthof, Barock (1733), ursprünglich Jagd- und Zeughaus, Saal mit Spiegelgewölbe. – Pfarrkirche St. Nikolai, Spätgotik (um 1500). – Altes Rathaus, Fachwerkbau (1683). – Neues Rathaus, Neurenaissance (1905/06). – Oberhof (2. Hälfte 16. Jh.). – Amtshaus, Renaissance (2. Hälfte 16. Jh.). – Bürgerhäuser (1686-1765/ |

67). – Stadtbefestigung, Mauer und drei Türme erhalten. – Bergpark (»Roseburg«) mit Kleinarchitektur.

| | |
|---|---|
| **Burg Falkenstein** | Staatliches Museum, Jagdgeschichte, Jagdwaffen und Jagdzoologie. |
| **Ermsleben** | Pfarrkirche St. Sixtus, Gemengebau, Gotik/Barock. – Schloß (Wohnung), Renaissance (um 1590). |
| **Sangerhausen** | Altes Schloß, Kreuzgewölbe auf Bündelpfeilern (2. Hälfte 13. Jh.). – Rathaus, Spätgotik (1431-1437). – Neues Schloß, Renaissance (1616-1622). – Pfarrkirche St. Jacobi, Hallenkirche, Gotik (14./15. Jh.). – Gottesackerkirche St. Mariae virginis, Gotik /14. Jh.). – Spengler-Museum, Ur- und Frühgeschichte und Geschichte des Kupferbergbaus. – Katharinen-Kirche, Ruine (1220). |
| **Tilleda** | Dorfkirche, Spätromanik/Barock. |
| **Allstedt** | Pfarrkirche St. Johannes, Saalbau, Barock (1775). – Pfarrkirche St. Wigberti (»Münzerturm«) (um 1500). – Rathaus, Spätgotik (1472) und Renaissance (16./17. Jh.). – Haus Weimarische Str. 5, Barock (18. Jh.). |
| **Querfurt** | Stadtbefestigung, Innerer Ring (12./13. Jh., erneuert im 14./15. Jh.), drei Türme und einige Ruinen erhalten. – Korn- und Rüsthaus (Kreismuseum), Baugeschichte der Burg. – Rathaus (Anfang 16. Jh.). – Pfarrkirche St. Lamberti, Hallenkirche, Spätgotik (1523). – Bürgerhäuser, Apotheke, Barock (1760), Gasthof zum Goldenen Stern, Barock (1702). – Friedhofskirche, Barock (spätes 17. Jh.). |
| **Memleben** | Dorfkirche (2. Hälfte 15. Jh.). |
| **Eckartsberga** | Pfarrkirche (1928-1930). – Heimatmuseum, Diorama der Schlacht von Auerstedt (1806), derzeit geschlossen. |
| **Bad Kösen** | Heimatmuseum, Geschichte des Klosters Schulpforte und der Kösener Solequellen. – Saline mit Förderturm und Gradierwerk (18./19. Jh.). |
| **Naumburg** | Rathaus, Fürstensaal mit Stuckdecken, Spätgotik (1517-1528). – Bürgerhäuser, »Schlößchen«, mit Staffelgiebel, Spätgotik (1543). – Marktbrunnen mit Wenzelsfigur (1574). – Stadtkirche St. Wenzel, Hallenkirche (1517-1523). – Marientor (Mitte 15. Jh.). |
| **Zeitz** | Stadtbefestigung, sechs Mauertürme erhalten (15./16. Jh.). – Museum, Gemälde, Plastiken und Möbel von der Gotik bis zur Gegenwart und graphische Sammlung. |

**Freyburg**

Rathaus, Spätgotik. – Stadtkirche Unser Lieben Frauen, Hallenkirche, Spätromanik (um 1220). – Jahnmuseum, Sammlung über das Leben und Werk des Turnvaters Friedrich Ludwig Jahn.

**Merseburg**

Stadtbefestigung, Reste der Stadtmauer (Mitte 13. Jh.) erhalten. – Schloß, im Ostflügel Museum, Spätgotik/Spätrenaissance. – Kulturhistorisches Museum, Ur- und Frühgeschichte, Stadtgeschichte. – Schloßgarten (1661). – Altes Rathaus, Spätgotik (1444-1568). – Staupenbrunnen (1545), heutige Gestalt Ende des 17. Jh. – Marktkirche St. Maximi, Hallenkirche, Spätgotik (Mitte 15. Jh.). – Wasserturm (1888). – Peterskloster (1091). – Pfarrkirche St. Viti, Langhaus, Barock (1692). – Obere Wasserkunst, turmartiger Barockbau (1738). – (»Versunkenes Schlößchen«), Unteraltenburg, Barock (1744). – Palais des Grafen Zech, Altenburger Schule, Spätbarock (1782). – Ständehaus, Neurenaissance. – Stadtfriedhof (1581), Grabstätte derer von Trothe.

**Halle**

Pfarrkirche Unser Lieben Frauen, (Marktkirche), ursprünglich zwei romanische Kirchen, 1529 bis auf die Türme abgebrochen, Neubau einer spätgotischen Hallenkirche (1530-1554). – Roter Turm (1418-2. Hälfte 15. Jh.), am Turm Roland (1719). – Händeldenkmal (1859). – Rathaus (1928-1930). – Stadthaus, Pseudorenaissance (1891-1894). – Bürgerhäuser, (»Kühler Brunnen«), Frührenaissance, (»Marktschlößchen«), Renaissance (um 1600). – Pfarrkirche St. Ulrich (Konzerthalle), Spätgotik (1339). – Leipziger Turm (1. Hälfte 15. Jh.). – Stadtgottesacker, Renaissance-Anlage (1557-1594). – Bürgerhäuser, (»Goldene Rose«), Renaissance (1593), (»Riesenhaus«), Barock (1697). – Stadtmuseum, Stadtgeschichte und Autographensammlung 17.-20. Jh. – Hauptgebäude der Franckeschen Stiftungen, Barock (1668). – Naturalienkabinett und historische Sammlungen, Geschichte der Franckeschen Stiftungen und Bibelsammlungen. – Pfarrkirche St. Moritz, (ursprünglich Stiftskirche), Hallenkirche (1388-1511). – Pfarrkirche St. Georg (Glauchaische Kirche), Barock (1740). – Dom (ursprünglich Dominikaner-Klosterkirche), Hallenkirche, Frühgotik (um1280). – Kapelle der Neuen Residenz, Frührenaissance (1531). – Museum für mitteldeutsche Erdgeschichte mit Geiseltalsammlung, Fossiliensammlung. – Händel-Haus, Sammlung über das Leben und Werk des Komponisten Georg Friedrich Händel und Sammlung von Musikinstrumenten. – Pfarrkirche St. Laurentii (Neumarktkirche) (12. Jh.). – Hauptgebäude der Universität, Klassizismus (1832-1834). – Archäologisches Museum der Martin-Luther-Universität, mesopotamische Keilschriftenurkunden, Teile der Sammlung von Schliemann (Keramik von Troja), griechische und römische Keramik. – Universitätsbibliothek (1879/80). – Oberbergamt (1882-1884). – Landesmuseum für Vorgeschichte, Funde von der Altsteinzeit bis zur Eisenzeit. – Salinehalbinsel in der Saaleaue, alte Produktionsstätte der halleschen Pfännerschaft. – Hallorenmuseum, Silberschatz der Halloren. – Technisches Museum, Siedepfanne. – Moritzburg, Vierflügelanlage mit Gräben, Spätgotik (1484-1503). – Staatliche Galerie Moritzburg, Bildwerke und Bauplastik aus Halle, dt. Malerei des 19./20. Jh., Aquarelle und Zeichnungen, Münzkabinett. – Dorfkirche St. Bartholomäi, Barock (1740/42), romanischer Westturm. – Saalebrücke (1928), Brückenplastik von G. Marcks. – Dorfkirche im Ortsteil Lettin, Spätromanik (um 1150). – Dorfkirche im Ortsteil Ammendorf, Barock (1738-1742) mit gotischen Bestandteilen. – Dorfkirche im Ortsteil Trotha, Barock (1910 umgebaut), mit spätromanischem Westturm und spätgotischem Triumphkreuz (um 1500).

**Landsberg**

Pfarrkirche St. Nikolaus, Spätromanik (um 1200). – Heimatmuseum »Bernhard Brühl«, Ur- und Frühgeschichte und Stadtgeschichte. – Im Ortsteil Gollma, Kirche, Barock (1741), im Ortsteil Gütz Dorfkirche (im Kern romanisch).

**Bernburg (Waldau)**

Stadtbefestigung, um Alt- und Neustadt nahezu erhalten. – Schloß (u.a. Museum), Renaissance (16. Jh.). – Museum, Funde aus jungsteinzeitlichen Grabhügeln, Sammlung anhaltinischer Münzen, Malerei und Graphik aus den anhaltinischen Schlössern und Mineralienkabinett. – Orangerie, Barock (1732). – Marstall (1824/25). – Rathaus, Renaissance (16. Jh.). – Schauspielhaus, Klassizismus (1826/27). – Gottesacker, Barock (1551). – Pfarrkirche St. Ägidien, Barock (1752), Fürstengruft der Herzöge und Herzöginnen von Anhalt-Bernburg. – Pfarrkirche St. Marien, Hallenkirche, Gotik (14. Jh.). – Pfarrkirche St. Nikolai, Pfeilerbasilika, Frühgotik (13. Jh.). – Wolfgangsstift (Altersheim), Dreiflügelanlage, (spätes 15. Jh.). – Wohnhäuser, (»Grüne Apotheke«), Barock (1775). – Dorfkirche im Ortsteil Dröbel, Klassizismus (1827-1829). – Dorfkirche St. Stephan im Ortsteil Waldau, Feldsteinbau, Spätromanik (um 1180).

**Nienburg**

Pfarrkirche St. Johannis, Barock (1687-1693). – Hospitalkirche St. Veit, Feldsteinbau (um 1233). – Markt, barocke und klassizistische Bürgerhäuser. – Dorfkirche im Ortsteil Altenburg, barock veränderter Feldsteinbau.

**Hecklingen**

Schloß (Altersheim) im Ortsteil Gänsefurth, mittelalterliche Burganlage, im 16. Jh. zum Renaissanceschloß umgebaut und 1757 durch Barockbau ergänzt.

## Theater, Kabaretts und Konzertstätten an der »Straße der Romanik«

**06493 Ballenstedt**

*Schloßtheater*
Am Schloßplatz
Tel.: (039483) 2 63

**06406 Bernburg**

*Carl-Maria-von-Weber-Theater*
Schloßstr. 22
Tel.: (03471) 34 43

*Metropolkabarett*
Schloßstr.
Tel. (03471) 34 43

**39524 Briest/b. Schönhausen**

*Marionettenpuppenbühne*
Dorfkirche Briest
Tel.: (039341) 3 21; 3 35

**38820 Halberstadt**

*Volkstheater Halberstadt*
Str. der Opfer des Faschismus
Tel.: (03941) 2 42 02; 2 26 02

*Nebenspielstätte*
Harzer Bergtheater Thale

**06108 Halle**

*Opernhaus Halle*
Universitätsring 24
Tel.: (0345) 3 77 36

*Neues Theater – Schauspiel Halle*
Große Ulrichstr. 51
Tel.: (0345) 2 53 43; 3 77 86

*Großes Thalia Theater*
Puschkinstr. 6
Tel.: (0345) 3 78 31

*Kleines Thalia Theater*
Geiststr. 42
Tel.: (0345) 3 78 31

*Kabarett »Die Kiebitzensteiner«*
Friedemann-Bach-Platz 5
Geschäftsstelle: Mühlweg 12
Tel.: (0345) 2 49 62; 2 87 43

*Steintor-Varieté*
06112, Steintor 10
Tel.. (0345) 3 80 56; 2 63 60

*Puppentheater Halle*
06114, Mühlweg 12
Tel.: (0345) 2 49 62; 2 87 43

**39104 Magdeburg**

*Theater der Landeshauptstadt*
Großes Haus/Podiumbühne
Universitätsplatz 13
Ersatzspielstätte
*(während Rekonstruktion Großes Haus)*
Jerichower Platz
Tel.: (0391) 55 35 10; 55 18 35

*Freie Kammerspiele*
Otto-von-Guericke-Str. 64
Tel.: (0391) 3 08 93-4

*Kabarett »Die Kugelblitze«*
Breiter Weg 200
Tel.: (0391) 3 39 56

*Städtisches Puppentheater*
Warschauer Str. 25
Tel.: (0391) 4 24 29

**06618 Naumburg**

*Puppentheater der Stadt*
Salztor 1
Tel.: (03445) 27 64
donnerstags Kabarett
für Erwachsene
wochentags, außer Sonntag,
Kinderveranstaltungen

**06484 Quedlinburg**

*Kammerspiele*
Kaiserhof
Tel.: (03946) 22 88; 21 05
in Sommermonaten Spielzeit
im Bergtheater Thale

**06712 Zeitz**

*Theater der Stadt*
August-Bebel-Str. 2
Tel.: (0450) 67 07

**Konzertstätten**

**06108 Halle**

*Konzerthalle am Boulevard*
Kleine Brauhausstr. 2
Tel.: (0345) 2 89 36

*Händel-Haus*
Große Nikolaistr. 5-6
Tel.: (0345) 2 46 06

*Tschernyschewskij-Haus*
Moritzburgring 10
Tel. (0345) 2 89 36

*Philharmonisches Staatsorchester*
Direktion: Brüderstr. 2
Tel.: (0345) 2 47 54; Fax: 2 80 30

**39104 Magdeburg**

*Konzerthalle*
*»Georg Philipp Telemann«*
Regierungsstr. 4-6
Tel.: (0391) 3 37 41

**Auskunftsstellen**

Informationen zu den Übernachtungen können in den allgemeinen und lokalen Auskunftsstellen eingeholt werden.

*Allgemeine Auskunftsstellen:*

Tourismusverband
Sachsen-Anhalt e.V.
Trothaer Straße 9 h (Nordbad)
**06118 Halle/Saale**
Tel.: (0345) 34 00 86, Fax 34 00 97

FVV Altmark e.V.
Schloßfreiheit 3
**39590 Tangermünde**
Tel.: (039322) 34 60

Magdeburger Tourismusverband
Elbe-Börde-Heide e.V.
Schmidtstraße 27 a
(Congress-Center)
**39124 Magdeburg**
Tel.: (0391) 24 20

Harzer Verkehrsverband e.V.
Marktstraße 45
**38640 Goslar**
Tel.: (05321) 3 40 40

FVV Anhalt Wittenberg e.V.
Albrechtstraße 48
**06844 Dessau**
Tel.: (0340) 75 12 29 oder 75 12 43

Regionaler FVV
Halle - Saale - Unstrut e.V.
Roßmarkt 13
**06217 Merseburg**
Tel.: (03461) 24 52 48 oder 24 52 29

*Lokale Auskunftsstellen:*

Stadtverwaltung Allstedt
Markt 10
**06542 Allstedt**
Tel.: (034909) 2 23

Arendsee-Information
Friedensstr. 52
**39619 Arendsee**
Tel.: (039384) 4 06

Bad Kösen- Information
R.-Breitscheid-Str.
**06628 Bad Kösen**
Tel.: (034463) 2 89

Informationszentrum
Allee 50
**06493 Ballenstedt**
Tel.: (039483) 2 63

Gemeindeverwaltung Bebertal
Friedensstraße 72
**39343 Bebertal**
Tel.: (039062) 4 40

Fremdenverkehrsverband
Bernburg u. Anhalt e.V.
Karlsplatz 37
**06406 Bernburg**
Tel.: (03471) 81 11

Blankenburg-Information
Tränkestr. 1
38889 Blankenburg
Tel.: (03944) 28 98

Burg-Information
Magdeburger Str. 4
**39288 Burg**
Tel.: (0931) 68 95

Gemeindeverwaltung Dedeleben
(Westerburg)
Postfach 3480
**38836 Dedeleben**
Tel.: (039422) 2 90

Gemeindeverwaltung Diesdorf
Lämmerstraße 1
**29413 Diesdorf**
Tel.: (03902) 2 76

Gemeindeverwaltung Dingelstedt-Huysburg
Bahnhofstr. 243
**38838 Dingelstedt**
Tel.: (039425) 20 19

Gemeindeverwaltung Drübeck
Steinweg 1
**38871 Drübeck**
Tel.: (039452) 2 60

Eckartsberga Information
Markt 19a
**06648 Eckartsberga**
Tel.: (034467) 5 04

Stadtverwaltung Ermsleben
Markt 1
**06463 Ermsleben**
Tel.: (034743) 2 00

Verwaltungsgemeinschaft Estedt
(bezgl. d. Orte Wiepke und Engersen)
Am Bahnhof 4
**39638 Estedt**
Tel.: (03907) 56 22

FVV d. Jahnstadt Freyburg e.V.
Am Markt 1
**06632 Freyburg**
Tel.: (034464) 2 60

Gemeindeverwaltung Frose/Anhalt
Königsauer Straße 34
**06464 Frose**
Tel.: (034741) 2 45

Verkehrsverein Gardelegen e.V.
Im Salzwedeler Tor
**39638 Gardelegen**
Tel.: (03907) 4 22 66

Kreisverwaltung Genthin
Brandenburger Str. 95

**39307 Genthin**
Tel.: (03933) 24 95
Tourismus-Information
Wassertorstr.
**06507 Gernrode**

Gemeindeverwaltung
Groß Ammensleben
Große Straße 13
**39326 Groß Ammensleben**
Tel.: (039202) 2 75

Stadtverwaltung Gröningen
**39397 Gröningen**
Tel.: (039403) 2 15

Stadtverwaltung Hadmersleben
Breite Weg 35
**39398 Hadmersleben**
Tel.: (039408) 2 52

Halberstadt-Information
Am Johannisbrunnen
**38820 Halberstadt**
Tel.: (03941) 2 40 08

Haldensleben-Information
Stendaler Turm
**39340 Haldensleben**
Tel.: (03904) 7 22 92

Fremdenverkehrsamt Halle
Kleinschmieden 6
**06108 Halle**
Tel.: (0345) Zv. 2 83 71; Info 2 47 00

Gemeindeverwaltung Hamersleben
**09393 Hamersleben**
Tel.: (039401) 3 84

Verkehrsamt Havelberg
Marktplatz 1
**39539 Havelberg**
Tel.: (039387) 2 24/2 25

Stadtverwaltung Hecklingen
H.-Danz-Str. 4b
**39444 Hecklingen**
Tel.: (03925) 60 11 24

Landratsamt Hettstedt
Amt für Erholung u. Tourismus
Markt
**06333 Hettstedt**
Tel.: (03476) 6 30

Gemeindeverwaltung Hillersleben
Breite Straße 2
**39343 Hillersleben**
Tel.: (039202) 3 72

Gemeindeverwaltung Hundisburg
Hauptstr. 38
**39343 Hundisburg**
Tel.: (03904) 41 95

Kurverwaltung Ilsenburg
Vogelgesang 9
**38871 Ilsenburg**
Tel.: (039452) 81 12

Stadtverwaltung Jerichow
K.-Liebknecht-Str. 10
**39319 Jerichow**
Tel.: (039343) 2 88

Gemeindeverwaltung
Klostermansfeld
Siebigröder Str. 15
**06308 Klostermansfeld**
Tel.: (034772) 4 84

Stadtverwaltung Landsberg
Markt 1
**06188 Landsberg**
Tel.: (034602) 3 97

Gemeindeverwaltung Leitzkau
Markt 4
**39279 Leitzkau**
Tel.: (039241) 2 50

Stadtinformation
Burgstr. 22
**39279 Loburg**
Tel.: (039245) 4 36

Magdeburg-Information
Alter Markt 9
**39104 Magdeburg**
Tel.: (0391) 3 53 52/3 16 6

Amt für Fremdenverkehr u. Bäder
Schönebecker Str. 128
**39104 Magdeburg**

Tourismus-Information
Hauptstr. 202
**06463 Meisdorf**
Tel.: (034743) 82 00

Gemeindeverwaltung Memleben
Th.-Müntzer-Str. 14
**06642 Memleben**
Tel.: (034672) 2 74

Merseburg-Information
Bahnhofstr. 17
**06217 Merseburg**
Tel.: (03461) 21 41 70

Naumburg-Information
Steinweg 18
**06618 Naumburg**
Tel.: (03445) 25 14

Stadtverwaltung Nienburg
Am Marktplatz 1
**06429 Nienburg**
Tel.: (034721) 23 25

Fremdenverkehrsamt
Markt 11
**38835 Osterwieck**
Tel.: (039421) 2 13/2 20

Gemeindeverwaltung Petersberg
Petersberg Nr. 57
**06193 Petersberg**
Tel.: (034606) 2 04

Gemeindeverwaltung Plötzky
(bezgl. d. Ortes Pretzin)
Salzstr.
**39245 Plötzky**
Tel.: (039200) 9 45

Quedlinburg-Information
Fremdenverkehrsamt
Markt 2
**06484 Quedlinburg**
Tel.: (03946) 28 66/26 33
Kreisverwaltung Querfurt
Tourismusamt
Burgring 2
**06268 Querfurt**
Tel.: (034771) 5 60

Gemeindeverwaltung Redekin
K.-Liebknecht-Str. 2
**38489 Redekin**
Tel.: (039341) 2 14

Kunstverein Röderhof e.V.
(f. Dingelstedt/Huysburg)
Schlößchen
**38838 Röderhof**

Gemeindeverwaltung Rohrberg
Bahnhofstr. 11
**38489 Rohrberg**
Tel.: (039000) 5 83

Salzwedel-Information
Straße der Jugend 32
**29410 Salzwedel**
Tel.: (03901) 2 24 38

Stadtverwaltung Sandau
Markt 2
**39524 Sandau**
Tel.: (039383) 2 21

Sangerhausen-Information
Gröpenstr. 19
**06526 Sangerhausen**
Tel.: (03464) 25 75

Gemeindeverwaltung Schönhausen
Fontanestr. 7 b
**39524 Schönhausen**
Tel.: (039323) 2 04

Stadtverwaltung Seehausen
Friedensplatz 11
**39365 Seehausen/Börde**
Tel.: (03 94 07) 2 03

Gemeindeverwaltung Tilleda
Breite Str. 15
**06537 Tilleda**
Tel.: (034651) 29 20
Gemeindeverwaltung Walbeck
Kirchstr. 60a
**39356 Walbeck**
Tel.: (039061) 2 76

Gemeindeverwaltung Wust
(bezgl. d. Orte Melkow und Wust)
Breite Str. 49
**39524 Wust**
Tel.: (039323) 5 40

Zeitz-Information
Friedensplatz 5
**06712 Zeitz**
Tel.: (03441) 29 13

## Literatur (Auswahl)


*Adler, F.:* Mittelalterliche Backstein-Bauwerke des Preußischen Staates. Bd. I, Berlin 1862; Bd. II, 1898

*Bandmann, Günter:* Mittelalterliche Architektur als Bedeutungsträger. Berlin 1951

Die Bau- und Kunstdenkmäler des Landes Braunschweig. Band 6, Kreis Blankenburg. 1922

Beschreibende Darstellung der älteren Bau- und Kunstdenkmäler der Provinz Sachsen-Anhalt und angrenzender Gebiete. Hrsg. von der Historischen Kommission. 1882 ff.

Beschreibende Darstellung der älteren Bau- und Kunstdenkmäler der Provinz Sachsen und angrenzender Gebiete. XXI. Heft: Die Kreise Jerichow I und II. Bearbeitet von Ernst Wernicke. Halle/S. 1898

*Boeckh, Wolfgang; Kaps, Sebastian:* Die Straße der Romanik. Halle/S. 1992, 2. Aufl. 1993

*Dehio, Georg:* Handbuch der deutschen Kunstdenkmäler. Der Bezirk Magdeburg. München; Berlin 1974, 2. Aufl. 1990

*Dehio, Georg:* Handbuch der deutschen Kunstdenkmäler. Der Bezirk Halle. München; Berlin 1976

Denkmale in Sachsen-Anhalt. Ihre Erhaltung und Pflege in den Bezirken Halle und Magdeburg, erarbeitet im Institut für Denkmalpflege, Arbeitsstelle Halle. Weimar 1983, 2. Aufl. 1986

Deutsche Kunstdenkmäler. Ein Bildhandbuch. Sachsen-Anhalt. Ausgewählt und erläutert von Hans-Joachim Krause. Einleitung Albrecht Dohmann. Leipzig, 2. überarbeitete Aufl. 1993

*Dietel, Günther:* Reiseführer für Literaturfreunde. Brandenburg, Mecklenburg-Vorpommern, Sachsen, Sachsen-Anhalt, Thüringen. Frankfurt/Main - Berlin 1990

*Eisold, Norbert; Lautsch, Edeltraut:* Sachsen-Anhalt. Zwischen Harz und Fläming, Altmark und Unstrut-Tal – Kultur, Geschichte und Landschaft an Elbe und Saale. Köln 1991

*Felsmann, Klaus-Dieter:* Rund um Saale und Unstrut. Wanderungen in einer Kulturlandschaft. Berlin 1992

*Findeisen, Peter:* Geschichte der Denkmalpflege. Sachsen-Anhalt. Von den Anfängen bis in das erste Drittel des 20. Jh. Berlin 1990

*Gantner, Joseph:* Romanische Plastik, Inhalt und Form in der Kunst des 11. und 12. Jahrhunderts. Wien 1948

*Greiner-Mai, Herbert:* Literatur. Dichter, Stätten, Episoden. Berlin; Leipzig. 2. Aufl. 1988

*Grimm, Paul:* Von den vor- und frühgeschichtlichen Wallburgen in Sachsen-Anhalt. In: Natur und Heimat. Jahrbuch für 1952. S. 97

*Grimm, Paul:* Die vor- und frühgeschichtlichen Burgwälle der Bezirke Halle und Magdeburg. Berlin 1958

Handbuch der Historischen Stätten Deutschlands. Bd. 10. Berlin und Brandenburg. Hg. von G. Heinrich. Berlin 1985

Handbuch der historischen Stätten Deutschlands. Bd. 11. Provinz Sachsen, Anhalt. Hrsg. von Berent Schwineköper. Stuttgart 1975, 2. Aufl. 1987

*Haring, Erich:* Geschichte der Provinz Sachsen und des Freistaates Anhalt. 1931. Erweiterte Neuherausgabe durch Albrecht Timm 1965

*Harksen, Sybille:* Bibliographie zur Kunstgeschichte von Sachsen-Anhalt. Berlin 1966

*Hentschel, P.; Reichhoff, L.; Reuter, B.; Rossel, B.:* Die Naturschutzgebiete der Bezirke Magdeburg und Halle. Leipzig - Jena - Berlin. 2. Aufl. 1983

*Höh, Reiner; Höh, Peter:* Sachsen-Anhalt/Thüringen. Bielefeld 1990

Knaurs Kulturführer Sachsen-Anhalt. Hrsg. Mehling, Marianne. München 1991
*Krenzke, Hans-Joachim:* Magdeburg. Eine kulturvolle Stadtführung. Fischerhude 1991; *Kühnlenz, Fritz:* Burgenfahrt im Saaletal. Rudolstadt 1963
Kunstdenkmäler des Bezirkes Magdeburg (Bildband). Hrsg. Horst Drescher u.a. Berlin 1983
Die Kunstdenkmale des Landes Anhalt. Hrsg. Hermann Giesau. Burg 1937 ff.
*Leopold, Gerhard:* Archäologischen Forschungen an mittelalterlichen Bauten. In: Denkmale in Sachsen-Anhalt. Ihre Erhaltung und Pflege in den Bezirken Halle und Magdeburg, erarbeitet im Institut für Denkmalpflege, Arbeitsstelle Halle. Weimar 1983, 2. Aufl. 1986
*May, W.:* Stadtkirchen in Sachsen-Anhalt. Berlin 1979
*Menchén, G.; Leising, W.:* Burgen zwischen Werra und Elbe. Rudolstadt 1983
*Mrusek, Hans-Joachim:* Drei deutsche Dome. Dresden 1963, 2. überarbeitete Aufl. 1983
*Mrusek, Hans-Joachim:* Thüringische und sächsische Burgen. Leipzig 1965
*Mrusek, Hans-Joachim:* Deutsche Baukunst. Romanik. Leipzig 1972
*Mrusek, Hans-Joachim:* Gestalt und Entwicklung der feudalen Eigenbefestigung im Mittelalter. Berlin 1973
Museen in Sachsen-Anhalt. Hrsg. Museumsverband Sachsen-Anhalt e.V. Haltern 1991
*Müller, Heinz:* Vom Ringwall zur Festung. Aus der Geschichte der Feudalburg. Leipzig; Jena; Berlin 1989
*Naumann, R.:* Romanische Backsteinkirchen im Elbe-Havel-Gebiet. Genthin 1989
*Planitz, Hans:* Die deutsche Stadt im Mittelalter. Von der Römerzeit bis zu den Zunftkämpfen. Graz; Köln 1954
*Pleticha, Heinrich:* Sachsen-Anhalt. Würzburg 1990
Die Provinz Sachsen in Wort und Bild. 1. Band, Berlin 1900. 2. Band, Leipzig 1902
*Schlesinger, Walther:* Kirchengeschichte Sachsens im Mittelalter. Bd. 1: Von den Anfängen kirchlicher Verkündigung bis zum Ende des Investiturstreites. Bd. 2: Das Zeitalter der deutschen Ostsiedlung. Köln; Graz 1962 (Mitteldeutsche Forschungen 27)
*Schmidt, Marion:* Auf der Straße der Romanik. Ein praktischer Reiseführer entlang der Straße der Romanik in Sachsen-Anhalt. Wernigerode 1993
*Schmitt, Reinhard:* Bauarchäologische Untersuchungen auf Burgen. Forschungen des Landesamtes für Denkmalpflege Sachsen-Anhalt. In: Burgen und Schlösser 32 (1991). Sonderheft »Neue Bundesländer«. S. 50-63
*Scholke, Horst:* Romanische Architektur am Harz. Leipzig 1987
*Scholke, Horst:* Stille Schönheiten. Romanische Feldsteinkirchen in der Altmark. Oschersleben 1993
*Schubert, Ernst:* Stätten sächsischer Kaiser. Leipzig; Jena; Berlin 1990
*Stiehl, O.:* Der Backsteinbau romanischer Zeit, besonders in Oberitalien und Norddeutschland. Leipzig 1898
*Ullmann, Ernst:* Von der Romanik bis zum Historismus. Architektur - Stil und Bedeutung. Leipzig 1987
*Wäscher, Hermann:* Feudalburgen in den Bezirken Halle und Magdeburg. Berlin 1962
*Zahn, Wilhelm:* Die romanischen Bau- und Kunstdenkmäler der Altmark. In: Jahresberichte des Altmärkischen Vereins für vaterländische Geschichte. XXVIII. 1901 S. 1-23
*Zaske, N.:* Gotische Backsteinkirchen Norddeutschlands zwischen Elbe und Oder. Leipzig 1968

**Ortsregister**

Dieses Register verzeichnet nicht Ortsnamen, die Bestandteile von bzw. wie Familiennamen geworden sind, z.B. Adelsnamen. Die Reiseinformationen sind nicht ausgewertet.

## Abbildungsnachweis

Beyer, Constantin, Weimar S. 155, 182, Umschlagvorderseite

Beyer, Klaus G., Weimar S. 45, 59, 67, 73, 85, 86, 88, 105, 115, 118, 122, 123, 133, 136, 137, 145, 147, 148, 154, 162, 163, 169, 170, 172, 175, 183, 194, 197, 201, 204, 217, 219, 232, Umschlagrückseite

Birnbaum, Otfried, Halle S. 65, 75

Brandenburgisches Landesamt für Denkmalpflege, Meßbildarchiv S. 39, 46, 213

Brüdern, Jutta, Braunschweig S. 48, 79, 81, 107, 167, 214, 225

Krause, Hans-Joachim, Leipzig S. 95

Landesamt für Denkmalpflege Sachsen-Anhalt, Halle (Geipl) S. 56, 78, 111, (Preuß) 192

Ministerium für Wirtschaft, Technologie und Verkehr des Landes Sachsen-Anhalt (Aufn. R. Kiedrowski, Ratingen) S. 37, 41, 49, 52, 61, 63, 69, 76, 92, 94, 108, 109, 113, 116, 120, 125, 127, 128, 150, 178, 180, 208, 211, 220, 226, 227, 228, 229, 231

Nickel, Heinrich L., Halle S. 93, 186

Sächsische Landesbibliothek, Abt. Deutsche Fotothek, Dresden S. 82, 98, 106, 151, 223

Sandig, Christoph, Leipzig S. 89

Schütze/Rodemann, Halle S. 72, 160, 178, 209

Staatliche Museen zu Berlin – Preußischer Kulturbesitz, Berlin S. 118

Stekovics, Janos, Halle S. 165

## Grundrisse und Pläne sind entnommen aus:

Georg Dehio: Handbuch der deutschen Kunstdenkmäler. Bezirk Magdeburg, Berlin 1974, und Bezirk Halle, Berlin 1976: S. 77, 87, 94, 97, 109, 110, 121, 130, 144, 159, 166, 168, 218; aus: R. Naumann: Romanische Backsteinkirchen im Elbe-Havel-Gebiet. Genthin 1989: S. 112, 150, 220; P. Ramm in: Architektur des Mittelalters. Weimar 1983: S. 114

Dem Landesamt für Denkmalpflege Halle verdanken wir folgende Grundrisse: S. 36, 43, 44, 60, 70, 207, (alle R. Schmitt, Zeichn. I. Kube), 38, 90, 117, 131, 152 (G. Leopold, Zeichn. E. Weber), 153, (G. Leopold, Zeichn. R. Dworschak), 181, 193 u. 202 (G. Leopold, Zeichn. I. Kube), 208 (Zeichn. I. Kube). Die Umzeichnungen S. 187 wurden von M. Meußling gefertigt.

Rose-Marie und Reiner Frenzel

# Kunst- und Kulturführer Leipzig-Halle und Umgebung

160 Seiten mit 68 Farbabb., 35 Plänen
und Grundrissen,
Ortsregister,
13 x 20 cm, broschiert
DM 29,80 öS 233,- sFr 30,80
ISBN 3-361-00351-2

Schon in früher Zeit war die Region Leipzig und Halle von lebhaftem Handel und einer prosperierenden Wirtschaft geprägt. Dies war die Grundlage für eine bemerkenswerte Entwicklung von Kunst und Kultur. Der Kunstführer stellt profane und sakrale Bauten aus den verschiedenen historischen Epochen, Museen und Parks, Theater und Bildungseinrichtungen mit ihren Kunstschätzen, Veranstaltungen und Besonderheiten vor. Er führt den Benutzer nach
Altenburg - Bad Düben - Borna - Colditz - Delitzsch - Döbeln - Eilenburg - Eisleben - Grimma - Halle - Leipzig - Merseburg - Naumburg - Nebra - Oschatz - Pegau - Querfurt - Rochlitz - Torgau - Weißenfels - Wurzen - Zeitz
sowie in deren Umgebung.

EDITION LEIPZIG

Die Reihe

# Deutsche Kunstdenkmäler

des Verlages

## Edition Leipzig

- seit Jahren bewährt als wichtiger Kunstführer - stellt in Wort und Bild die zahlreichen Baudenkmäler vor, die es in den neuen Bundesländern zu entdecken gibt.
Am Beginn erhält der Nutzer einen Überblick über die kultur- und kunstgeschichtliche Entwicklung der Region; der umfangreiche Tafelteil wird ergänzt durch ausführliche Informationstexte zu den abgebildeten Bauten und ihren Kunstwerken.
Eine Übersichtskarte hilft bei der Orientierung, eine Chronologie der Bau- und Kunstwerke und ein Künstlerverzeichnis liefern zusätzliche Informationen für den interessierten Nutzer dieser Bände.

Jeder Band umfaßt ca. 470 Seiten mit etwa 350 Abb., einer Karte und zahlreichen Grundrissen.

Hans-Joachim Krause/Albrecht Dohmann, **Sachsen-Anhalt**
2., völlig neu bearbeitete Auflage

Albrecht Dohmann, **Sachsen**
3., völlig neu bearbeitete Auflage

Gerd Baier, **Mecklenburg-Vorpommern**
2., völlig neu bearbeitete Auflage

Joachim Feit/Reinhardt Hootz, **Berlin-Brandenburg**
4., völlig neu bearbeitete Auflage

Helga Möbius, **Thüringen**
3., völlig neu bearbeitete Auflage

EDITION LEIPZIG